"十二五"职业教育国家规划教材
经全国职业教育教材审定委员会审定

汽车底盘电控系统维修

第2版

主编　张士江
参编　刘文国　郑庆文　常玉泉
主审　卞良勇

机械工业出版社
CHINA MACHINE PRESS

本书是经全国职业教育教材审定委员会审定的“十二五”职业教育国家规划教材，是根据《教育部关于“十二五”职业教育教材建设的若干意见》及教育部新颁布的《高等职业学校专业教学标准（试行）》，同时参考汽车维修工职业资格标准，在第1版的基础上修订而成的。本书主要介绍了目前较为成熟的电控液力自动变速器、电控无级变速器、电控机械式自动变速器、助力转向系统、电控制动系统和电控空气悬架系统等装置的结构原理、检修方法、故障分析思路、拆装工艺等基本理论和操作，另外还有“知识链接”部分的阅读材料供读者参考。本书在内容编排选择上，既有规律性知识也有特殊结构知识，既有比较成熟的传统技术也有比较前沿的新技术，兼顾职业学校教学和在职培训两方面的需求，力求适应新形势下的教学需要。

为便于教学，本书配套有《汽车底盘电控系统维修学习任务单》和电子课件等教学资源，选择本书作为教材的教师可致电（010-88379865）索取，或登录 www. cmpedu. com 网站，注册、免费下载。

本书可作为高等职业院校汽车类专业教材，也可作为汽车维修岗位培训教材。

图书在版编目（CIP）数据

汽车底盘电控系统维修/张士江主编．—2版．—北京：机械工业出版社，2014.6（2021.8重印）

“十二五”职业教育国家规划教材

ISBN 978-7-111-47599-6

Ⅰ.①汽…　Ⅱ.①张…　Ⅲ.①汽车—底盘—电子系统—控制系统—车辆修理—高等职业教育—教材　Ⅳ.①U472.41

中国版本图书馆CIP数据核字（2014）第181044号

机械工业出版社（北京市百万庄大街22号　邮政编码100037）
策划编辑：曹新宇　责任编辑：于志伟
责任校对：张玉琴　封面设计：马精明
责任印制：单爱军
北京虎彩文化传播有限公司印刷
2021年8月第2版第5次印刷
184mm×260mm · 20.75印张 · 499千字
11901—13400册
标准书号：ISBN 978-7-111-47599-6
定价：48.00元

凡购本书，如有缺页、倒页、脱页，由本社发行部调换

电话服务　　　　　　　　　　　网络服务
服务咨询热线：010-88379833　机 工 官 网：www. cmpbook. com
读者购书热线：010-88379649　机 工 官 博：weibo. com/cmp1952
　　　　　　　　　　　　　　　教育服务网：www. cmpedu. com
　金 书 网：www. golden-book. com

第2版前言

本书是按照教育部《关于开展“十二五”职业教育国家规划教材选题立项工作的通知》，经过出版社初评、申报，由教育部专家组评审确定的“十二五”职业教育国家规划教材，是根据《教育部关于“十二五”职业教育教材建设的若干意见》及教育部新颁布的《高等职业学校专业教学标准（试行）》，同时参考汽车维修职业资格标准，在第1版的基础上修订而成的。

本书主要介绍了目前较为成熟的电控液力自动变速器、电控无级变速器、机械式自动变速器、助力转向系统、电控制动系统和电控空气悬架系统等装置的结构原理、检修方法、故障分析思路、拆装工艺等基本理论和操作，另外还有“知识链接”部分的阅读材料供读者参考。本书编写过程中力求体现高职特色，努力做到知识正确、内容先进、教学适用、工艺实用、方法普适、结构合理、使用灵活、文字精炼和图表简洁。本教材编写模式新颖，书中内容以具体检测过程为主线，以检修需要为目的，对接职业工作过程。

本书在内容处理上主要有以下几点说明：①本书在使用时可根据具体教学需要，增删内容或调整顺序；②本书在综合归纳维修手册的基础上，介绍了元件及电路检测的通用方法步骤，在实训操作时应参考具体车型加以灵活运用；③本书教学应在一体化教室内进行；④本书教学建议安排120学时，学时分配方案如下表，供参考。

项　目	教学内容	课时数
一	电控液力自动变速器维修	58
二	电控无级变速器维修	18
三	电控机械式自动变速器维修	10
四	助力转向系统维修	12
五	电控制动系统维修	16
六	电控空气悬架系统维修	6
总计		120

全书共六个项目，由山东省交通运输学校张士江主编，由交通运输部管理干部学院汽车技术培训中心总工程师卞良勇主审。编写人员及具体分工如下：山东省交通运输学校张士江编写项目一、二、六，山东交通职业学院刘文国编写项目四，泰安交通运输集团有限公司郑庆文、常玉泉编写项目三、五。本书经全国职业教育教材审定委员会审定，教育部专家在评审过程中对本书提出了

很多宝贵意见，在此对他们表示衷心的感谢。

编写过程中，编者参阅了国内外出版的有关教材和资料，得到了林伟群教授的有益指导，在此一并表示衷心感谢！

由于编者水平有限，书中不妥之处在所难免，恳请读者批评指正。

编 者

第1版前言

本书为汽车专业工作过程导向课程改革教材，根据当前汽车新结构机电不分家、检修一体化、重在检测的形势，书中内容以具体检测工作过程为主线，以检修需要为目的，在内容选择编排上，既有规律性知识也有特殊结构知识，既有比较成熟的传统技术也有比较前沿的新技术，兼顾职业学校教学和在职培训两方面的需求，力求适应新形势下的教学需要。

本书主要介绍了目前应用较为成熟的电控液力自动变速器、电控无级变速器、助力转向系统、电控制动系统、电控空气悬架系统等装置的结构原理、检修方法、故障分析思路、拆装工艺等基本理论和操作。另外，还有“知识链接”部分的阅读材料，供读者参考。

本书教学建议安排120学时，学时分配方案如下表，供参考。

项目	教学内容		课时数		
			合计	理论	实训
一	电控液力自动变速器维修（60）	知识准备	24	16	8
		任务实施	36	10	26
二	电控无级变速器维修（20）	知识准备	6	4	2
		任务实施	14	4	10
三	助力转向系统维修（16）	知识准备	6	4	2
		任务实施	10	4	6
四	电控制动系统维修（18）	知识准备	8	6	2
		任务实施	10	2	8
五	电控空气悬架系统维修（6）	知识准备	2	2	0
		任务实施	4	1	3
总计			120	53	67

本书由山东省交通运输学校张士江主编，参加编写的还有山东交通职业学院刘文国、山东泰安交运集团郑庆文、常玉泉。其中项目一、二、五由张士江编写，项目三由刘文国编写，项目四由郑庆文、常玉泉编写。本书由山东交通学院卞良勇主审，卞良勇教授提出了许多宝贵的修改意见，在此表示衷心的感谢。

由于编者水平有限，书中不妥或错误之处在所难免，恳请读者批评指正。

编　者

目 录

CONTENTS

CONTENTS

项目一　电控液力自动变速器维修

项目描述

由于自动变速器能够根据发动机负荷和车辆行驶速度自动换挡，从而简化了驾驶操作，使驾驶员不再需要掌握手动变速器复杂的换挡操作过程就可以轻松驾驶车辆，所以近年来自动变速器的装车率逐年上升。然而自动变速器结构复杂，制造工艺要求及制造成本较高，其维修工艺和技术要求也较高。

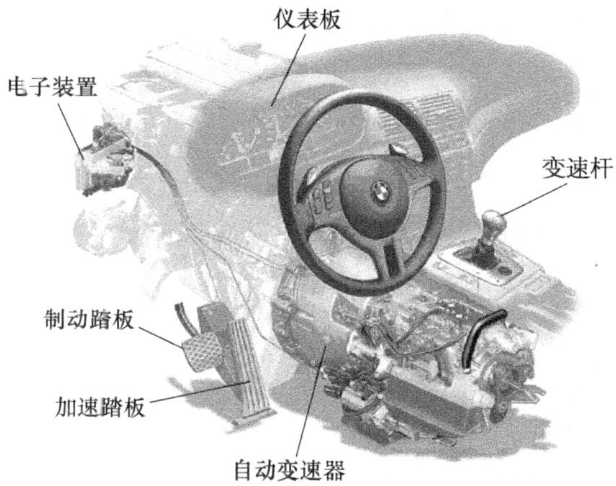

图 1-1　自动变速器的位置

自动变速器的结构差异较大，但其基本工作原理和功能却大同小异。自动变速器主要由液力变矩器、行星齿轮变速器及其液压控制系统、电子控制单元组成，如图 1-1、图 1-2 所示。

自动变速器的基本工作过程如图 1-3 所示。电子控制单元（ECU）使用传感器采集节气门开度、车速等信号，并将其与内存中

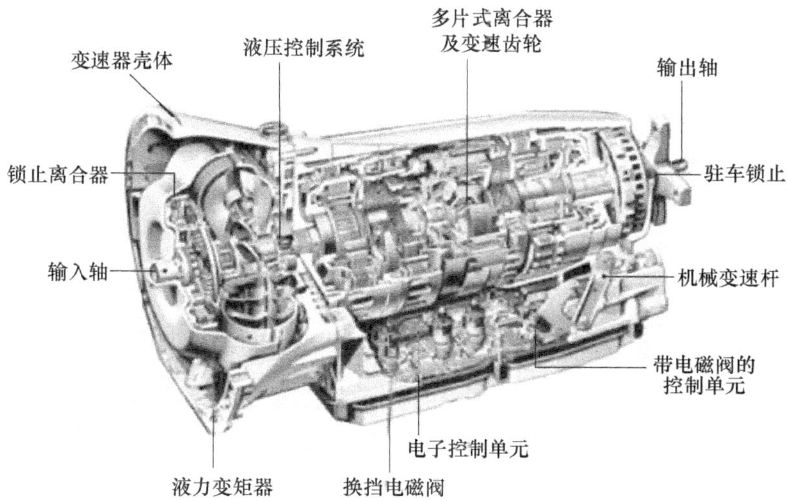

图 1-2　前置后轮驱动自动变速器

的标准数据进行比较以确定换挡挡位和换挡时机，之后电子控制单元（ECU）向电磁执行元件发出控制指令，并通过液压执行元件改变齿轮传动路线，实现自动换挡。

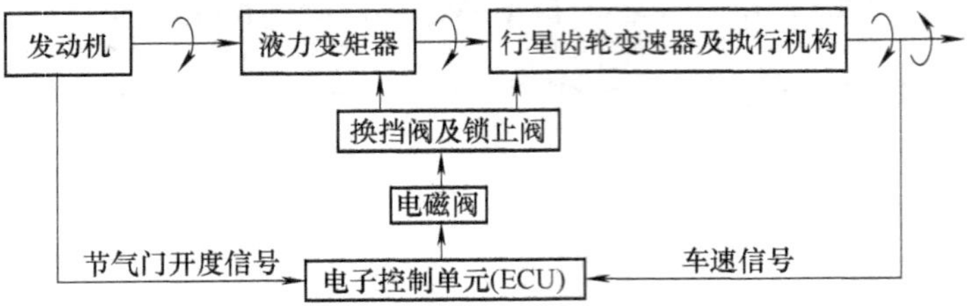

图 1-3 电控自动变速器的基本工作过程示意图

电控液力自动变速器的维修内容主要包括维护、故障诊断以及元件检测、分解、装配、调整和试验等。

知识要点

电控液力自动变速器的组成；各组成元件的作用、基本工作原理与安装；各种电子元件的检测参数；常见故障检测、试验及分析思路。

技能要点

电控液力自动变速器的维护；各组成元件的检修；故障试验方法；电控液力自动变速器的分解、组装、试验和调整。

知识准备

一、液力变矩器

（一）液力变矩器的构造及作用

1. 液力变矩器的作用

液力变矩器的安装位置参见图 1-2，其作用是将发动机的动力柔和地传递给自动变速器中的齿轮变速机构，并在一定范围内实现自动增扭。自动变速器的传动效率主要取决于液力变矩器的结构和性能。

2. 液力变矩器的组成

液力变矩器的外形如图 1-4 所示。

典型液力变矩器的内部结构如图 1-5 所示。液力变矩器通常由泵轮 B、涡轮 W、导轮 D 及锁止离合器构成。所有工作轮在变矩器装配好后，共同形成环形内腔，其间充满工作油液。

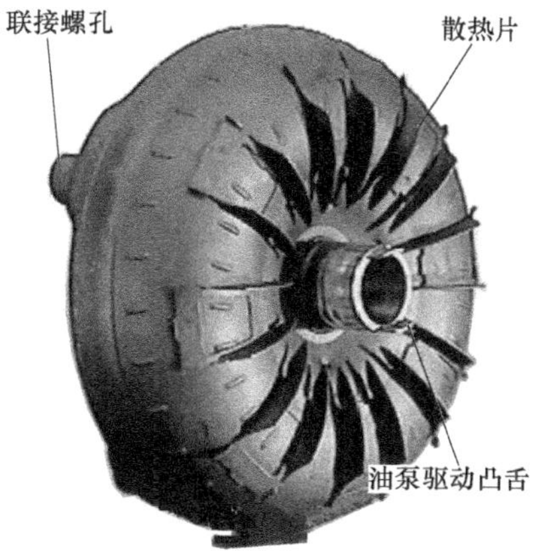

图 1-4 液力变矩器的外形

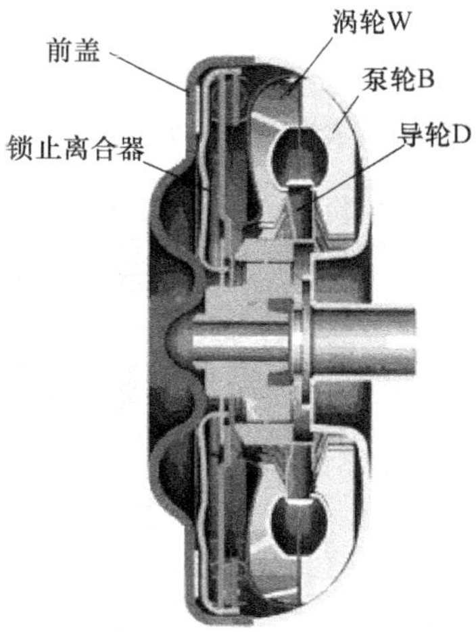

图 1-5 典型液力变矩器的内部结构

泵轮通常位于液力变矩器后端，与变矩器外壳连成一体，而变矩器外壳则用螺栓固定在发动机飞轮（或驱动盘）上，与曲轴一同旋转，如图 1-6 所示。

涡轮位于泵轮前方，通过花键与变速器输入轴相连，如图 1-7 所示。

导轮则通过单向离合器安装在固定的轴套上，如图 1-8 所示。

单向离合器内圈通过花键安装在固定的轴套上，外圈安装在导轮内孔中。由于单向离合器内外圈之间装有滚柱斜槽式或楔块式离合器，因此外圈相对于内圈只能作单向旋转运动，如图 1-9、图 1-10 所示。

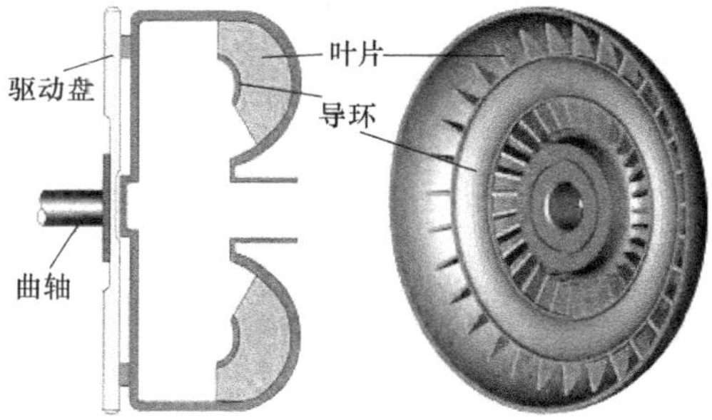

图 1-6 泵轮结构

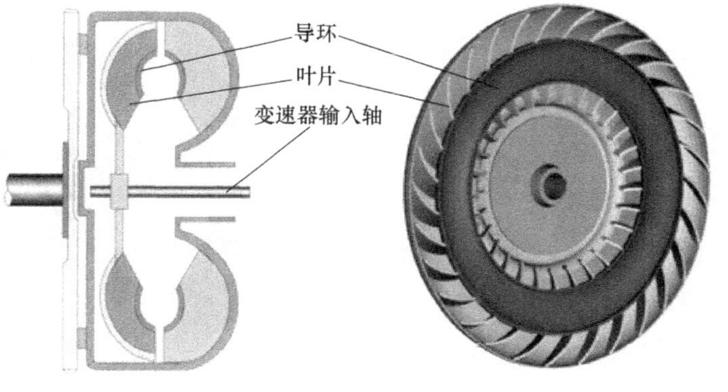

图 1-7 涡轮结构

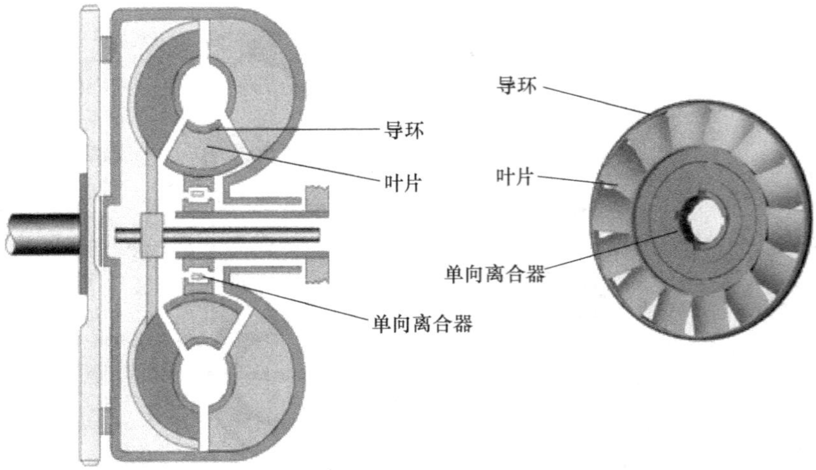

图 1-8 导轮结构

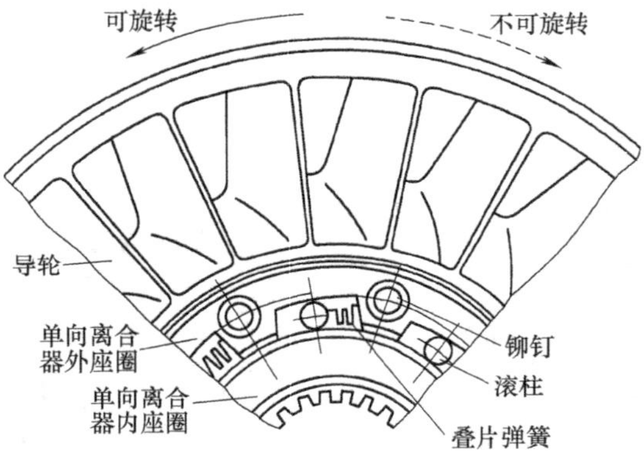

图 1-9 滚柱斜槽式单向离合器

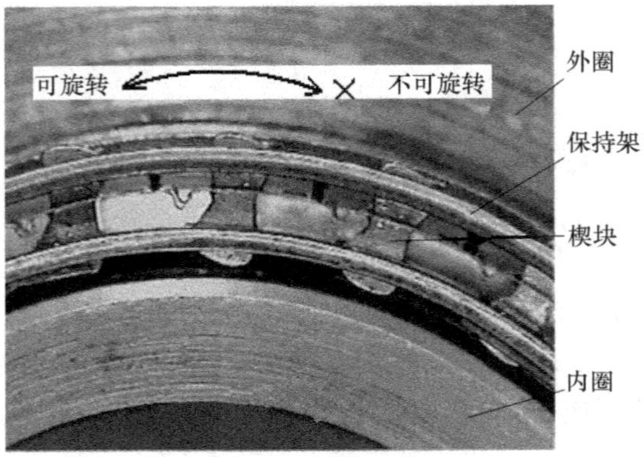

图 1-10 楔块式单向离合器

（二）液力变矩器的工作原理

1. 液力传动原理

当泵轮被发动机驱动旋转时，变矩器内部油液在离心力作用下沿泵轮叶片和导环组成的通道由中心向边缘流动形成油流，并冲击涡轮的凹面，从而推动涡轮同向旋转，如图1-11所示。

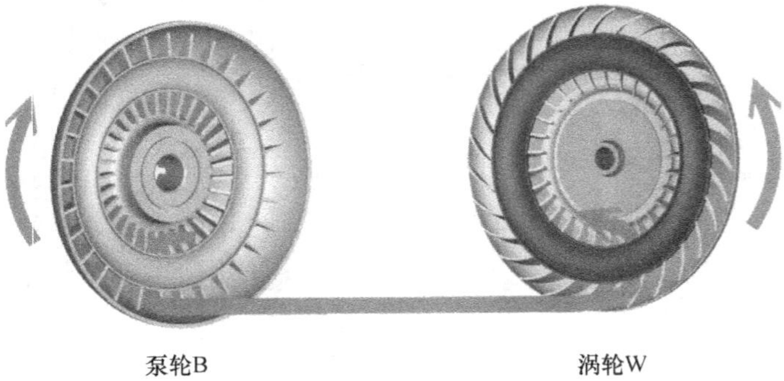

图 1-11 油液由泵轮流向涡轮

油流从涡轮边缘流入后，又沿叶片和导环组成的通道流向涡轮中心。油流从涡轮中心流出后，再冲击导轮的凹面。此时，由于导轮被单向离合器锁止固定，油流只能改变方向冲击泵轮的背面，从而对泵轮的旋转产生附加推力，如图 1-12 中深颜色方向所示。若没有导轮，则油流将直接冲击泵轮的正面，从而对泵轮的旋转产生附加阻力，如图 1-12 中浅颜色方向所示。

泵轮、涡轮和导轮在涡轮速度较低时的受力分析如图 1-13 所示。

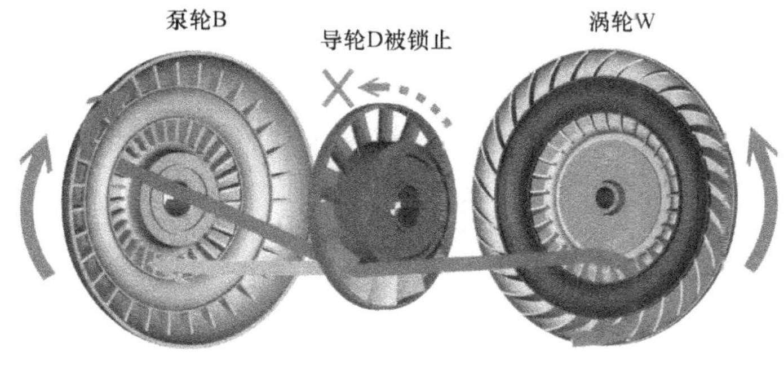

图 1-12　导轮锁止改变油流方向

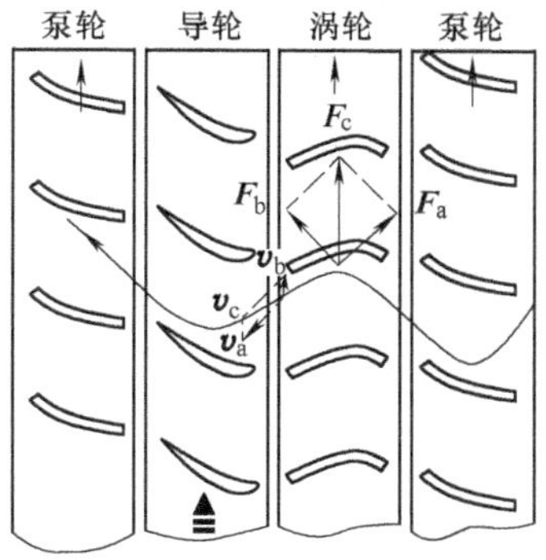

图 1-13　涡轮速度较低时的运动受力分析

随着涡轮转速的提高，由涡轮中心流回的油流逐渐改变方向转而冲击导轮的凸面。此时导轮的单向离合器放松，油流方向不再改变而直接冲击泵轮背面，如图 1-14 所示。

当涡轮转速等于泵轮转速的 0.85 倍时，油流速度方向与导轮凸面相切，如图 1-15 所示。油流对涡轮背面的附加作用力消失，涡轮输出转矩约等于泵轮输入转矩。当涡轮转速大于泵轮转速的 0.85 倍时，导轮的单向离合器放松，避免油流冲击泵轮正面而对泵轮旋转产生阻力。

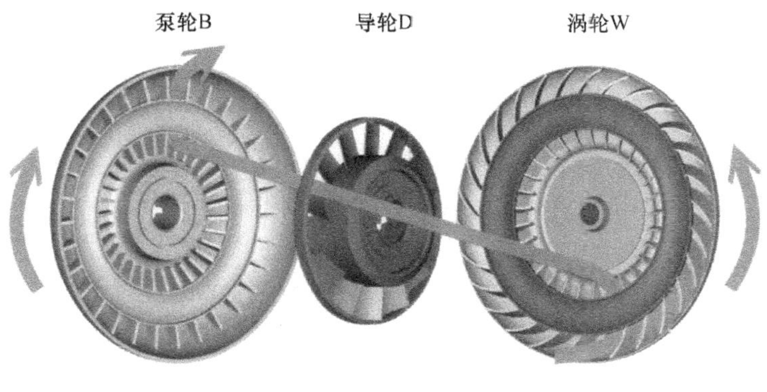

图 1-14　导轮放松时不改变油流方向

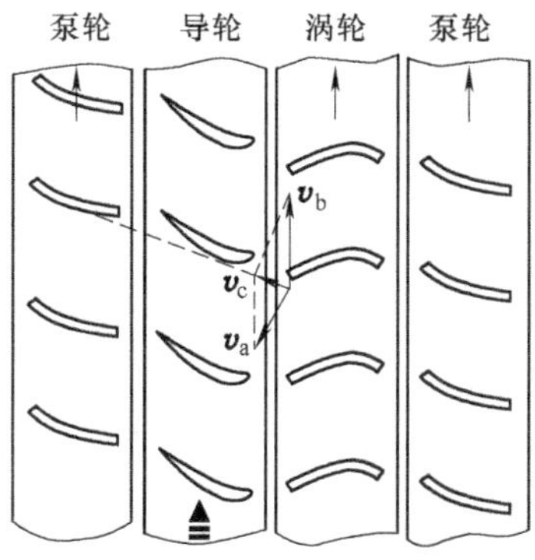

图 1-15　涡轮速度较高时的运动分析

由此看出，若单向离合器打滑，液力变矩器将失去增扭作用，液流力将对泵轮“加载”，致使汽车起步加速能力变差；若单向离合器卡滞，泵轮的附加阻力会增加，表现为汽车高速行驶时动力不足。

2. 锁止离合器的工作原理

由上述分析可知，增设单向离合器后虽然可以减少附加阻力，但动力传递过程中液压油的摩擦和冲击仍然会产生动力损失。若此时用机械方式将泵轮和涡轮连接在一起，则可以实现100%的动力传递，这正是锁止离合器的作用所在。

（1）锁止离合器的结构　锁止离合器的结构如图1-16所示。锁止离合器位于涡轮前端，由锁止活塞、减振盘和涡轮传动板等组成。锁止活塞和减振盘用花键联接，可前后移动。减振盘和涡轮传动板通过减振弹簧连接，能够衰减离合器结合时的扭转振动。锁止活塞前面附着有摩擦材料。

（2）锁止离合器的工作过程

1）车辆低速行驶时，液力变矩器处于变矩工况。此时自动变速器液压油（ATF）由液压自动操纵系统控制，经变矩器输出轴（变速器输入轴）中心油道B进入锁止离合器压盘前部，经导轮轴套上油道C流出，在油压的作用下，锁止离合器压盘向右移动，锁止离合器分离，如图1-17所示。

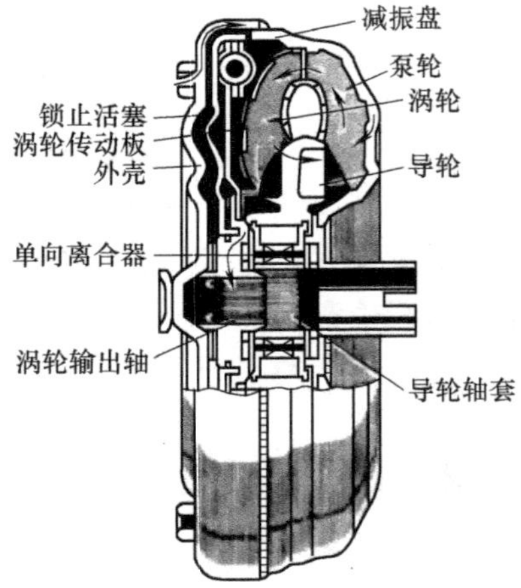

图1-16　带锁止离合器的液力变矩器

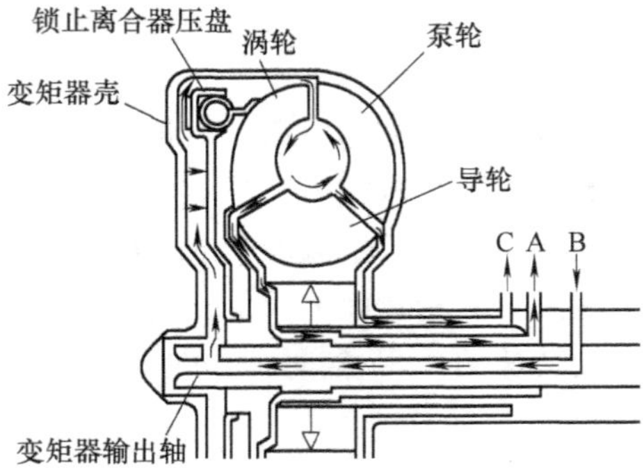

图1-17　锁止离合器的分离

A—变矩器出油道　B、C—锁止离合器控制油道

2）当车辆转入高速行驶时，液力变矩器转换成液力耦合工况。此时液压自动操纵系统控制通向变矩器的液流反向流动，即ATF由导轮轴套上油道C流入变矩器内部，经变速器输入轴中心油道B排出，如图1-18所示。在液力耦合工况下，锁止离合器压盘的左侧油压低而右侧油压高。锁止压盘在压差作用下向左移动，从而压靠在变矩器前壳体上，锁止离合器接合。泵轮与涡轮被机械地锁止在一起，提高了高车速下液力变矩器的传动效率。

由此可以看出，当锁止离合器接合不牢时，会引起汽车高速行驶“闯动”。

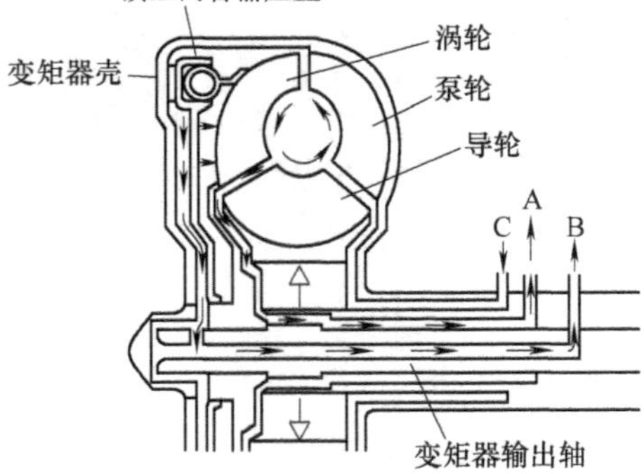

图1-18　锁止离合器的结合

A—变矩器出油道　B、C—锁止离合器控制油道

1 PROJECT

二、行星齿轮式变速传动机构

（一）行星齿轮机构的组成及安装

除日本本田前轮驱动车辆采用定轴斜齿轮传动外，自动变速器的变速传动齿轮均采用行星齿轮传动，下面分别进行介绍。

1. 单排行星齿轮机构

（1）组成　单排行星齿轮机构由三个元件组成，分别为太阳轮、齿圈和行星架，如图1-19、图1-20所示。三个元件的回转中心重合，制动任意一个元件，其余两个元件之间即可实现动力传递。

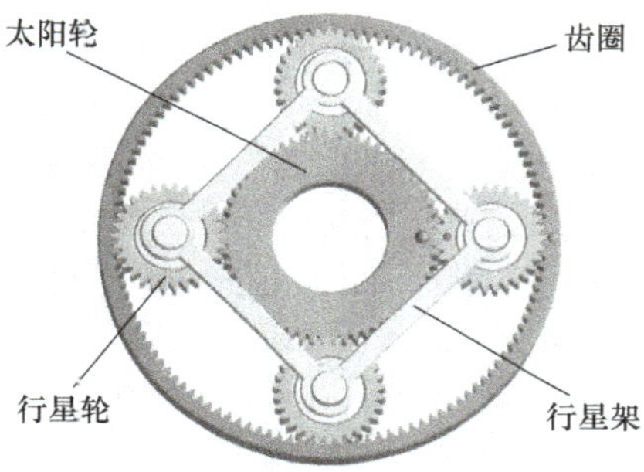

图1-19　单排行星齿轮机构的组成

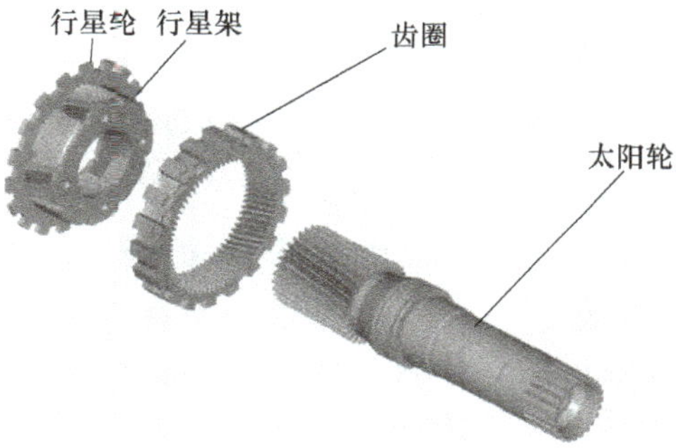

图1-20　自动变速器中的行星齿轮

（2）传动关系　三个元件之间的传动关系可用图1-21说明。图中 z_c 表示行星架的当量齿数，z_1 表示太阳轮齿数，z_2 表示齿圈齿数。三者之间的关系为 $z_c > z_2 > z_1$，且 $z_c = z_2 + z_1$。

1）制动齿圈。太阳轮主动，行星架被动，降速，同向；$i=(z_2+z_1)/z_1>1$；常用传动比为2.5～5。太阳轮被动，行星架主动，增速，同向；$i=z_1/(z_2+z_1)<1$；多不用。

2）制动太阳轮。齿圈主动，行星架被动，降速，同向；$i=(z_2+z_1)/z_2>1$；常用传动比为1.25～1.67。齿圈被动，行星架主动，增速，同向；$i=z_2/(z_2+z_1)<1$；常用传动比为0.6～0.8。

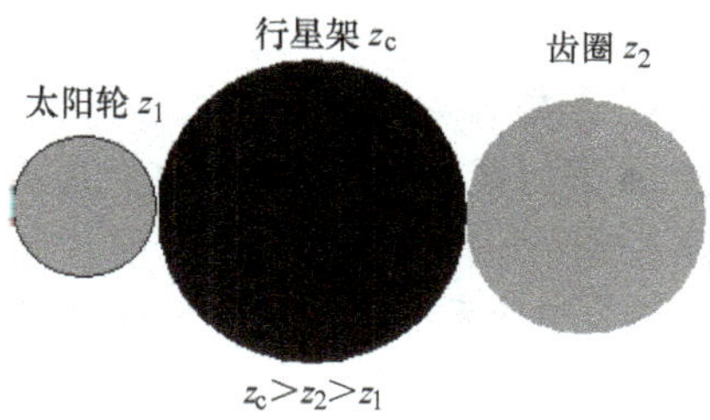

图1-21　单排行星齿轮三个元件形量关系图

3）制动行星齿轮架。太阳轮主动，齿圈被动，降速，反向；$i=z_2/z_1>1$；常用传动比为1.5～4。太阳轮被动，齿圈主动，增速，反向；$i=z_1/z_2<1$；多不用。

4）制动任意两个元件，行星轮不能自转，$i=1$，为直接挡。

5）任意一个元件主动，而无制动元件，其余两个元件必自由，为空挡。

2. 辛普森式行星齿轮机构

（1）辛普森基本型行星齿轮机构　辛普森行星齿轮机构有两组行星排，共用一个太阳轮，其中间轴从太阳轮的内孔中穿过，前行星架与后齿圈连为一体作为动力输出元件，如图

1-22 所示。整个机构共有四个独立元件，即太阳轮、前行星架与后齿圈、前齿圈、后行星架。两个行星排可组成三个前进挡和一个倒挡。加装超速（O/D）挡行星排后，即可组成一个四挡变速器。

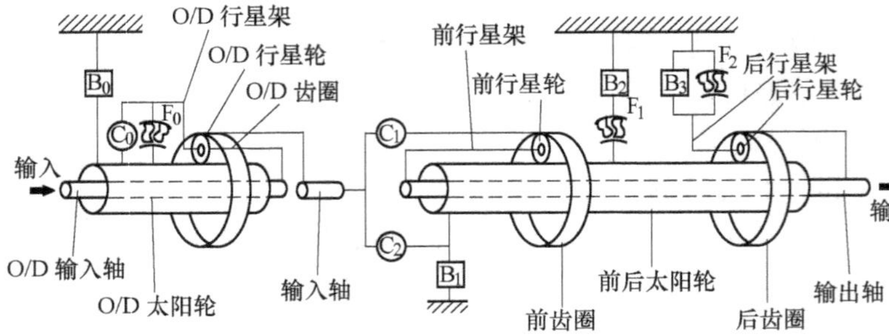

图 1-22　丰田 A341E 自动变速器中的辛普森行星齿轮机构

（2）辛普森改进型行星齿轮机构

辛普森改进型行星齿轮机构也称为串联式行星齿轮机构，富康 AL4 自动变速器就采用这种形式，如图 1-23 所示。第一行星排的齿圈、行星架分别与第二行星排的行星架、齿圈相连，太阳轮不再共用一个。整个系统共有四个独立元件，即前太阳轮、后太阳轮、前齿圈与后行星架、前行星架与后齿圈。这样可以由两个行星排实现四个前进挡和一个倒挡，从而减小了变速器的尺寸和重量。

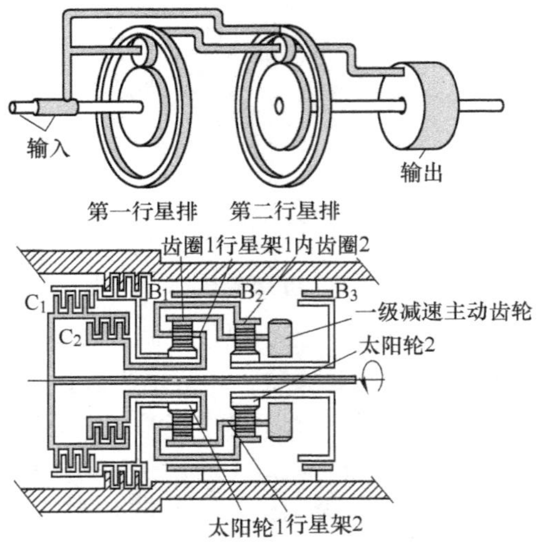

图 1-23　富康 AL4 自动变速器用辛普森行星齿轮机构

3. 拉维娜行星齿轮机构

拉维娜行星齿轮机构实际上是由两个行星排组合而成的双联式行星齿轮机构，如图1-24所示。其中一个行星排由大

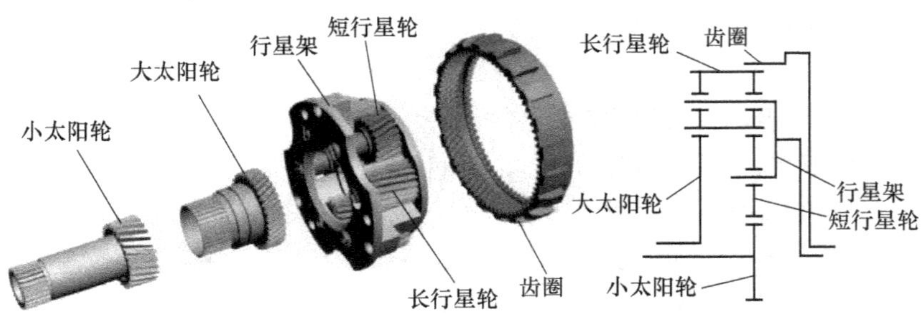

图 1-24　拉维娜行星齿轮机构

太阳轮、行星架（长行星轮）和齿圈组成，另一个行星排由小太阳轮、行星架（短行星轮、长行星轮）和齿圈组成。该行星齿轮机构有四个独立元件，即大太阳轮、小太阳轮、行星架和齿圈，具有结构简单、尺寸小、传动比变化范围大和灵活多变等特点，因此得到了广泛应用。特别是用在前轮驱动轿车上，如宝来、捷达、奥迪、三菱和现代等。

图 1-25 所示为大众 01V 自动变速器中的拉维娜行星齿轮机构。增加单排行星齿轮机构后，构成了五个前进挡和一个倒挡的五速自动变逗器。

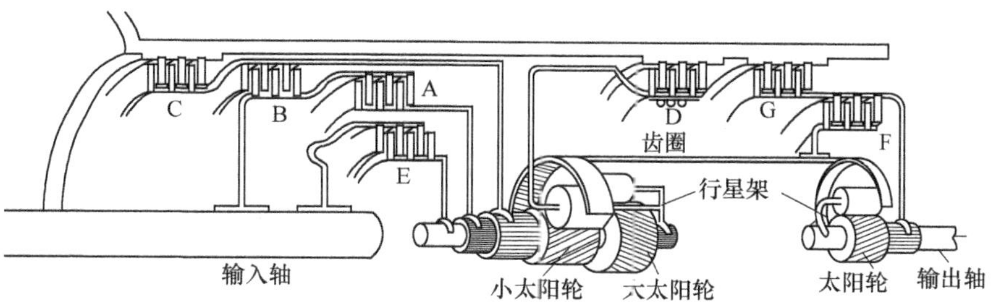

图 1-25　大众 01V 自动变速器齿轮传动机构

（二）行星齿轮机构的动力传递路线

1. 辛普森式行星齿轮机构动力传递路线

下面以富康 AL4 自动变速器为例说明各挡位动力传递路线。

富康 AL4 自动变速器换挡执行元件工作规律见表 1-1。变速传动机构简图如图 1-26 所示。

表 1-1　AL4 自动变速器换挡执行元件工作规律

挡　位	离合器		制动器		
	C_1	C_2	B_1	B_2	B_3
P/N	●				
1	●				●
2		●			●
3	●	●			
4		●	●		
R	●			●	

（1）P/N 挡动力传递　换挡执行元件 C_1 工作。第一行星排行星架、第二行星排太阳轮均自由，无动力输出。

（2）1 挡动力传递　换挡执行元件 C_1、B_3 工作。第二行星排太阳轮被制动，动力经由输入轴、两行星排、输出齿轮（主减速器一级齿轮）传递输出，如图 1-27 虚线所示。

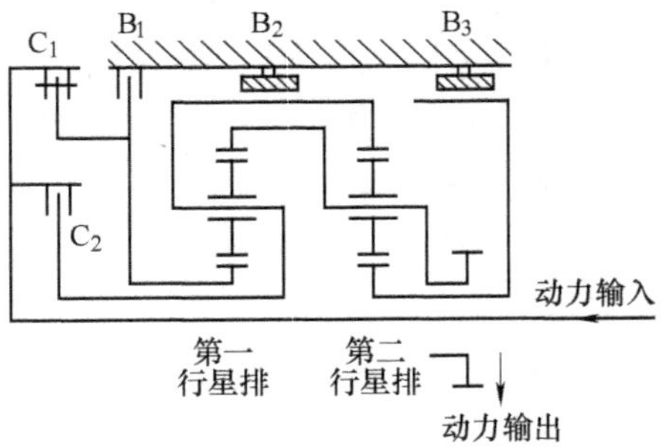

图 1-26　AL4 变速器变速传动机构简图

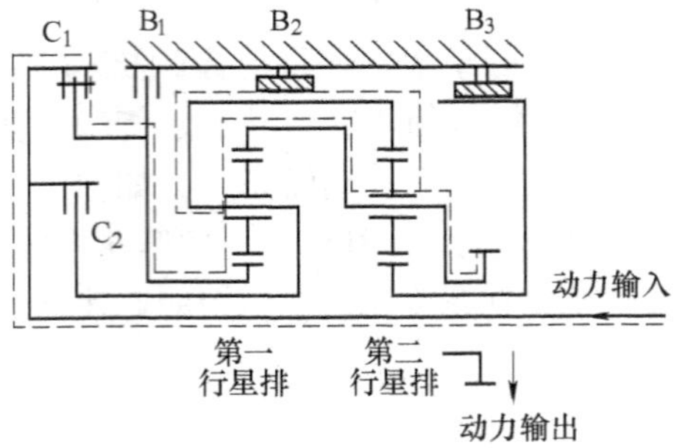

图 1-27　AL4 自动变速器 1 挡动力传递路线

（3）2 挡动力传递　换挡执行元件 C_2、B_3 工作，第二行星排太阳轮被制动。动力经由输入轴、C_2、第一行星架（第二齿圈）、第二行星架、输出齿轮传递输出，如图 1-28 虚线所示。

（4）3 挡动力传递　换挡执行元件 C_1、C_2 工作，第一行星排的行星架、太阳轮同速同向旋转，其行星架也必同速同向旋转，此时为直接挡，如图 1-29 虚线所示。

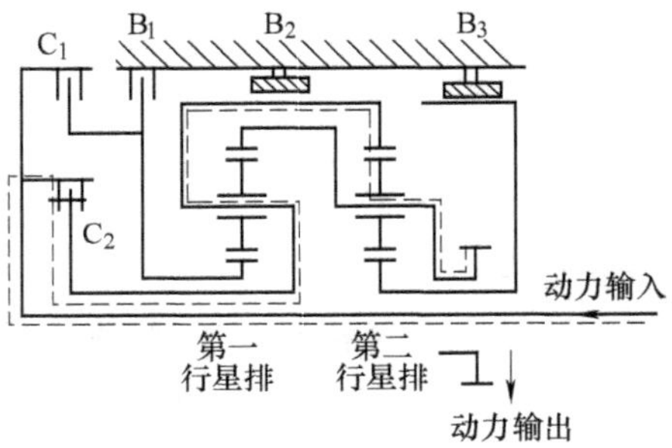

图 1-28　AL4 自动变速器 2 挡动力传递路线

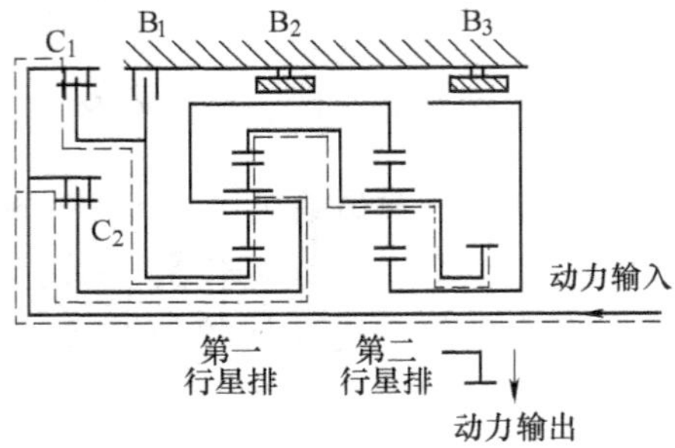

图 1-29　AL4 自动变速器 3 挡动力传递路线

（5）4 挡动力传递　换挡执行元件 C_2、B_1 工作，第一行星排太阳轮被制动。动力经由输入轴、C_2、第一行星架、第一齿圈（第二行星架）、输出齿轮传递输出，此时为超速挡，如图 1-30 虚线所示。

（6）倒挡动力传递　换挡执行元件 C_1、B_2 工作，第一行星架被制动。动力经由输入轴、C_1、第一太阳轮、第一齿圈（第二行星架）（反方向旋转）、输出齿轮传递输出，如图 1-31 虚线所示。

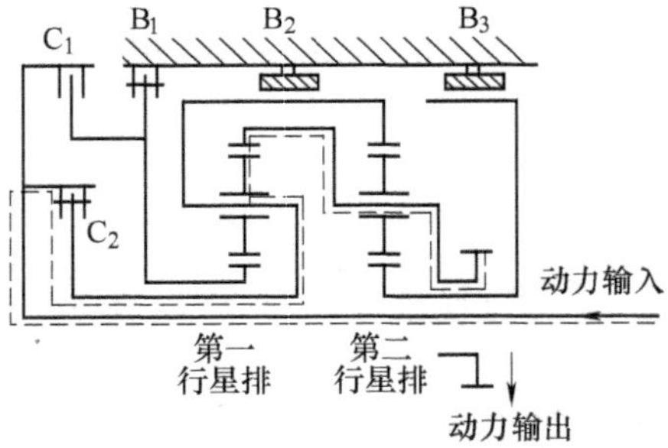

图 1-30　AL4 自动变速器 4 挡动力传递路线

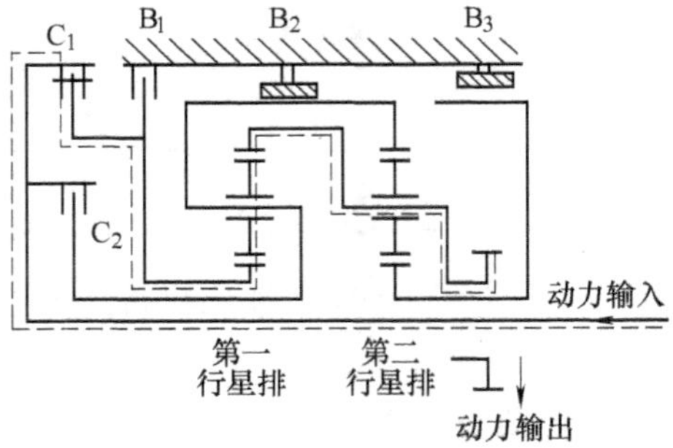

图 1-31　AL4 自动变速器倒挡动力传递路线

2. 拉维娜式行星齿轮机构动力传递路线

下面以大众 01V 自动变速器为例说明。

大众 01V 自动变速器换挡执行元件工作规律见表 1-2，变速传动机构简图如图 1-32 所示。

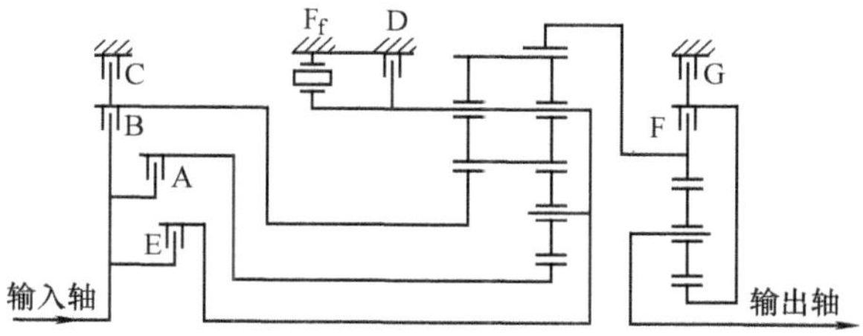

图 1-32 大众 01V 自动变速器齿轮传动机构简图

表 1-2 01V 自动变速器换挡执行元件工作规律

位置，挡位	换挡执行元件							
	离合器				制动器			单向离合器
	A	B	E	F	C	D	G	Ff
R，倒挡		×				×	×	
N，空挡				× −			× −	
D，1 挡	×						×	×
D，2 挡	×				×		×	
D，3 挡	×			×	×			
D，4 挡	×		×	×				
D，5 挡			×	×	×			
2，1 挡	×					×	×	×
D，5 到 4 挡	(×)		×	×	(×)			

注：×：工作；× −：工作→不工作；(×)：根据汽车运行状态决定是否工作。

（1）倒挡动力传递　换挡执行元件 B、D、G 工作，前行星架、后太阳轮被制动。动力经由输入轴、B、大太阳轮、长行星轮、前齿圈（反向旋转）、后齿圈、后行星架、输出轴传递输出，如图 1-33 虚线所示。

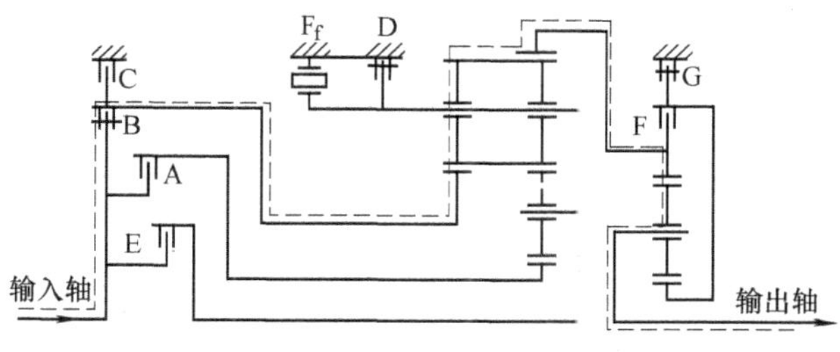

图 1-33 大众 01V 自动变速器倒挡动力传递

（2）D 位 1 挡动力传递　换挡执行元件 A、G、F_f 工作，前行星架被单向锁止、后太阳轮被锁止。动力经由输入轴、A、小太阳轮、短行星轮、长行星轮、前齿圈、后齿圈、后行星架传递输出，如图 1-34 所示。

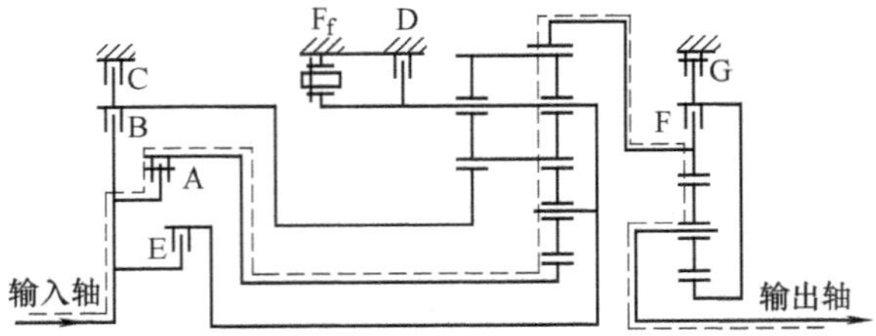

图 1-34　大众 01V 自动变速器 D 位 1 挡动力传递

（3）D 位 2 挡动力传递　换挡执行元件 A、C、G 工作，前行星排大太阳轮、后行星排太阳轮被制动。动力传递路线与 D 位 1 挡相同，只是由于大太阳轮被制动而输出转速提高，如图 1-35 所示。

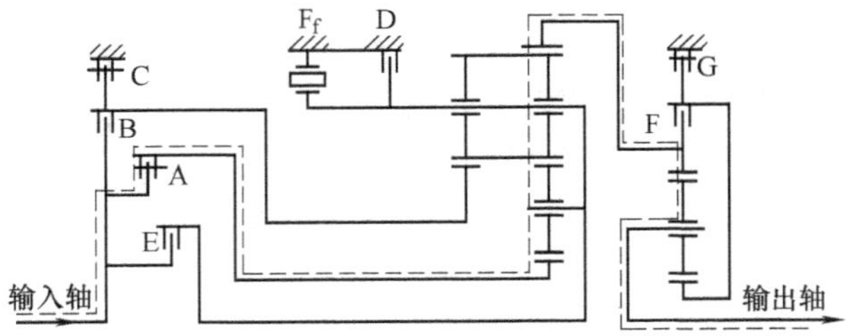

图 1-35　大众 01V 自动变速器 D 位 2 挡动力传递

（4）D 位 3 挡动力传递　换挡执行元件 A、F、C 工作，前排大太阳轮被制动。动力经由输入轴、A、小太阳轮、短行星轮、长行星轮、前齿圈、后行星排、输出轴传递输出，如图 1-36 所示。

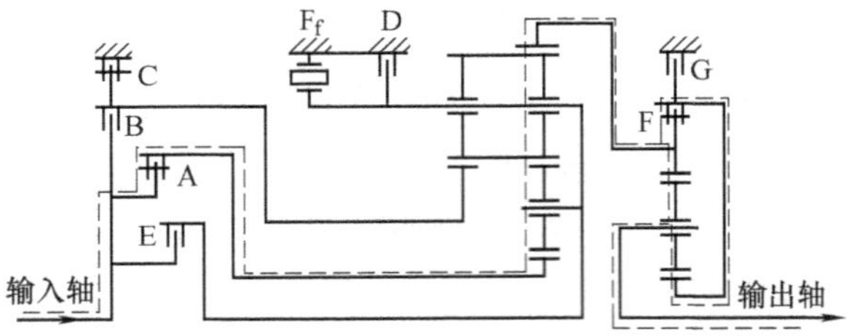

图 1-36　大众 01V 自动变速器 D 位 3 挡动力传递

（5）D 位 4 挡动力传递　换挡执行元件 A、E、F 工作，前行星排齿圈与小太阳轮同时锁止，后行星排齿圈与太阳轮锁止在一起，故总传动比为 1，以直接挡传动，如图 1-37 所示。

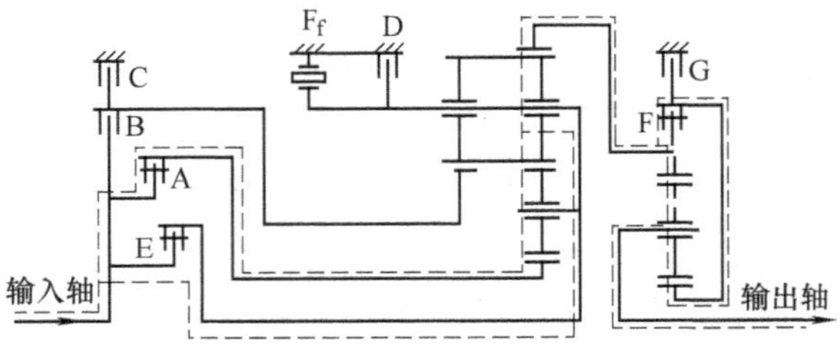

图 1-37　大众 01V 自动变速器 D 位 4 挡动力传递

（6）D 位 5 挡动力传递　换挡执行元件 E、F、C 工作，前排大太阳轮被制动，后排齿圈与小太阳轮锁止在一起。动力经由输入轴、E、前行星架、长行星轮、前齿圈、后行星排传递输出，如图 1-38 所示。

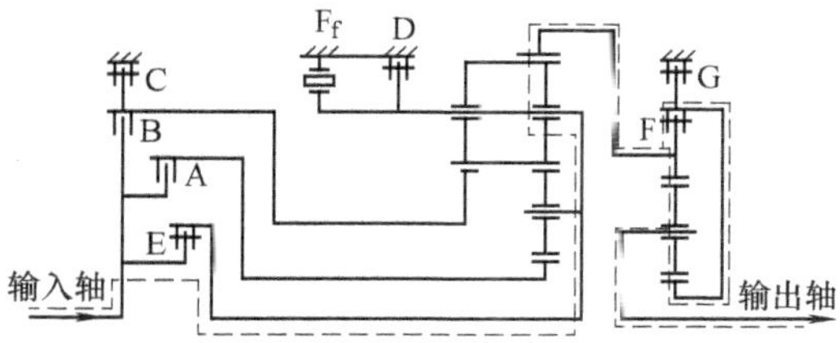

图 1-38　大众 01V 自动变速器 D 位 5 挡动力传递

（7）2 位 1 挡动力传递　换挡执行元件 A、D、G 工作，前排行星架、后排太阳轮被制动。动力传递路线与 D 位 1 挡相同，不同的是 D 位 1 挡时行星架被单向制动，不具备发动机反拖制动作用，2 位 1 挡时行星架被双向制动，具备发动机反拖制动作用，如图 1-39 所示。

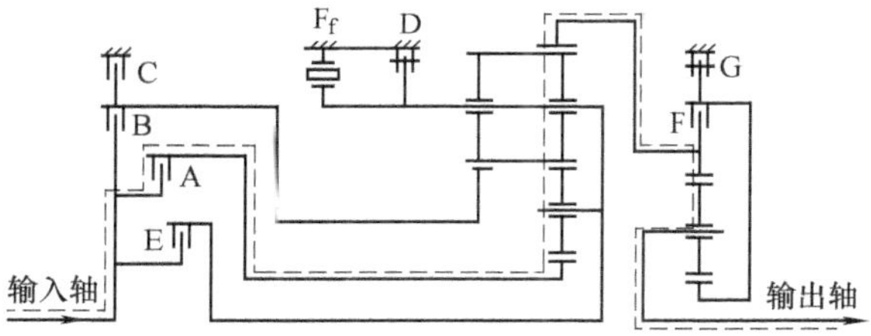

图 1-39　大众 01V 自动变速器 2 位 1 挡动力传递

（三）换挡执行元件

自动变速器中的换挡执行元件有单向离合器、多片湿式离合器和制动器，其中单向离合器前已述及。

1. 离合器

（1）离合器的作用　离合器的作用是连接轴与轴、轴与行星排的任一元件或行星排的元件与元件，以实现动力传递。丰田 A341E 自动变速器离合器 C_1 的安装位置如图 1-40 所示，离合器 C_1 用于连接中间轴和前排齿圈并实现动力传递。

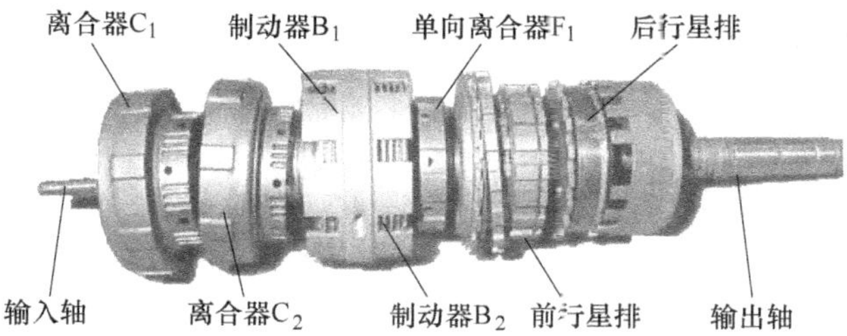

图 1-40　丰田 A341E 自动变速器后三挡齿轮系统

（2）离合器的构造　离合器为湿式多片结构，零件分解如图 1-41 所示。主要由离合器输入转毂、活塞、复位弹簧、钢片、摩擦片、挡圈（比钢片厚，装在最外端）和离合器输出转毂等组成。

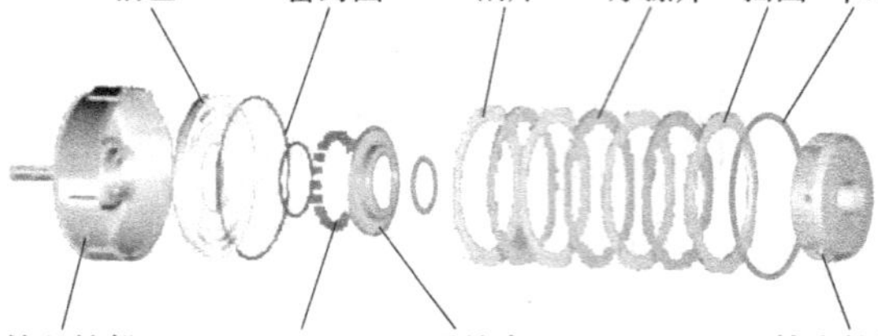

图 1-41　自动变速器离合器的组成

摩擦片的单面或双面粘有摩擦材料，表面有存油槽，如图 1-42 所示。摩擦片的内边缘有凸齿，与离合器输出转毂配合。摩擦片与钢片（外齿摩擦片）交替排列，二者靠摩擦力实现输入转毂与输出转毂间的动力传递。

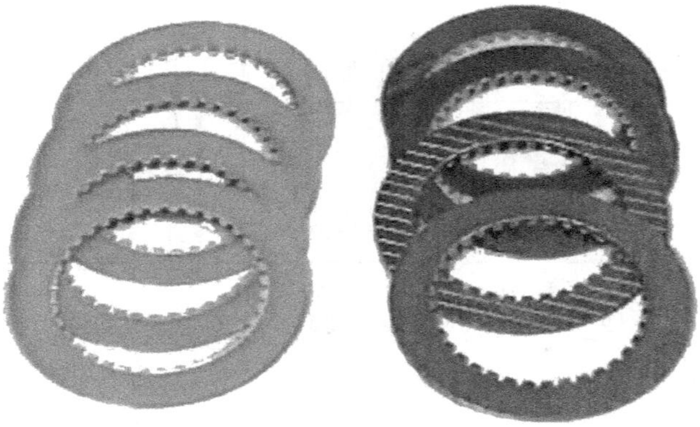

图 1-42　离合器摩擦片

活塞复位弹簧的形状除图 1-41 所示沿圆周分布的圆柱形螺旋弹簧外，还有布置在中央的圆柱形螺旋弹簧及膜片式弹簧两种，分别如图 1-43、图 1-44 所示。

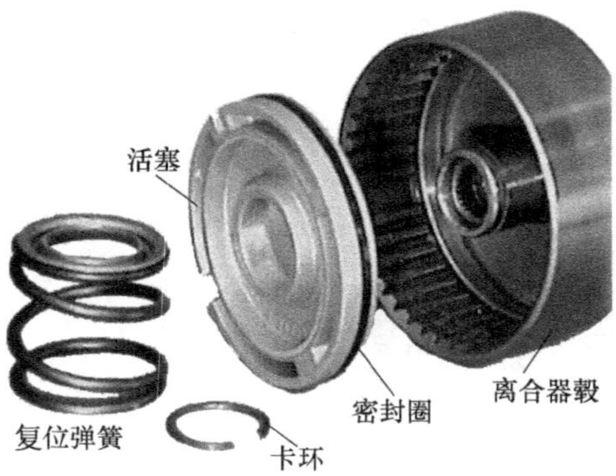

图 1-43　中央式复位弹簧

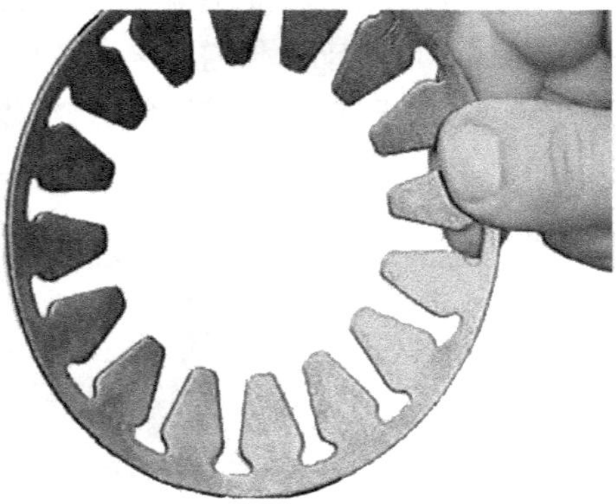

图 1-44　膜片式复位弹簧

离合器的工作原理如图1-45、图1-46所示。

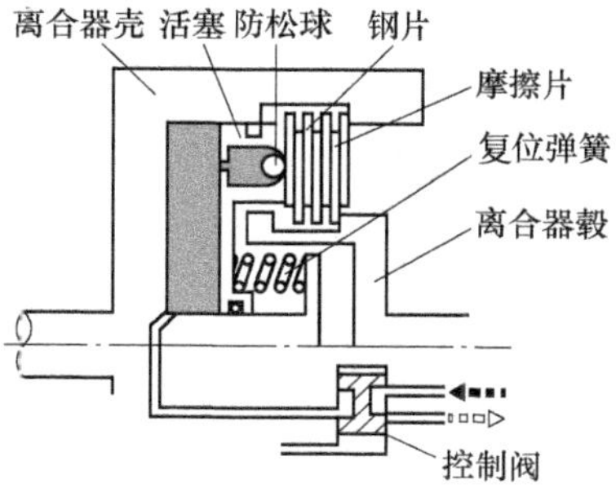

图1-45 离合器的工作原理（接合）

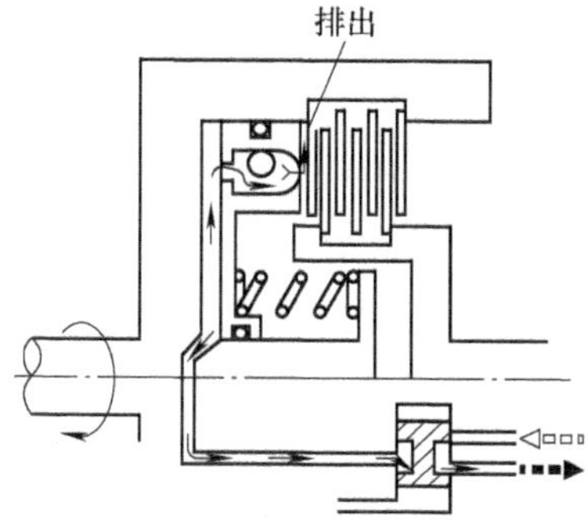

图1-46 离合器的工作原理（分离）

当控制阀接通充油通道时（见图1-45），液压油充入活塞背面，防松球在油压作用下封闭油孔，油压升高，推动活塞压紧钢片和摩擦片，实现动力传递。

当控制阀接通泄油通道时（见图1-46），液压油从离合器背面泄出，防松球在离心力作用下打开，滞留在活塞腔中的液压油由此排出，保证离合器分离彻底。

2. 制动器

（1）制动器的作用　制动器的作用是使行星排的任一元件与变速器壳体连接，使其静止，而实现传动比的改变。

（2）制动器的构造　制动器有多片式和带式两种结构，多片式制动器与离合器基本相同，只是连接的零件不同，如图1-47所示。

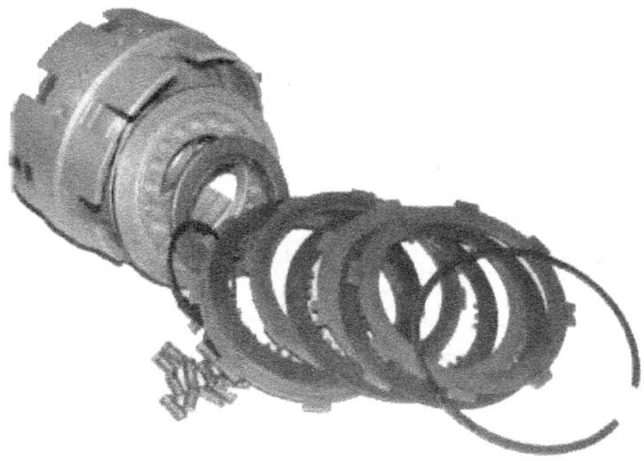

图1-47 丰田自动变速器的制动器

带式制动器如图1-48所示，制动带是一个内侧粘有摩擦材料的钢带（见图1-49）。制动带的一端固定在壳体上，另一端抵靠在液压伺服油缸的活塞推杆上。当液压油充入伺服油缸时，产生对制动鼓的夹紧作用力，制动带与制动鼓之间产生摩擦，实现制动鼓的制动作用。

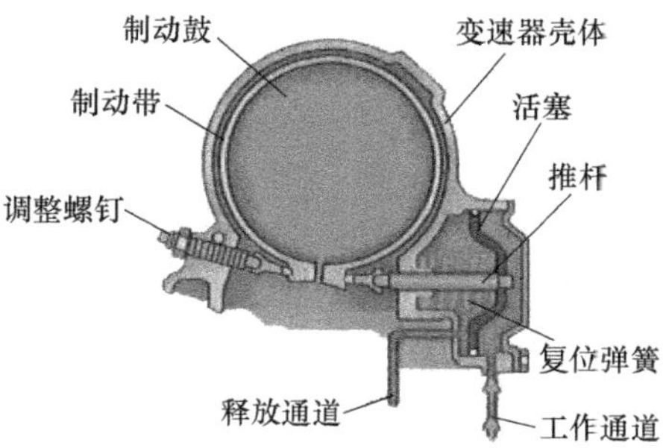

图1-48 带式制动器的结构

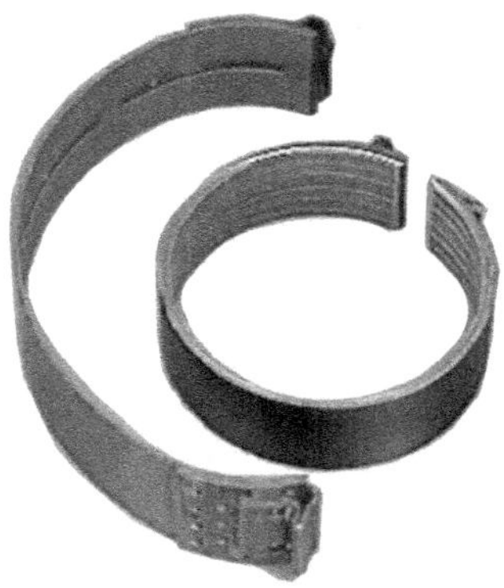

图1-49 制动带

三、液压系统

（一）液压系统的组成及作用

液压系统通常由供油系统（油泵、主油路调压阀和变矩器阀等）、换挡控制机构（手控阀、换挡阀和强制低挡阀等）、换挡执行机构（离合器、制动器油缸等）、辅助装置（储能器、缓冲阀和阻尼器等）、冷油装置（图中未画出）等部分组成，其中各液压阀均集成在阀体总成上如图 1-50 所示。

换挡控制机构的作用是提供各种所需油压，并根据车辆运行工况（车速、发动机负荷和挡位等）对油压进行调节和改道控制，最终实现挡位的自动变换和变矩器离合器的锁止控制，如图 1-51 所示。

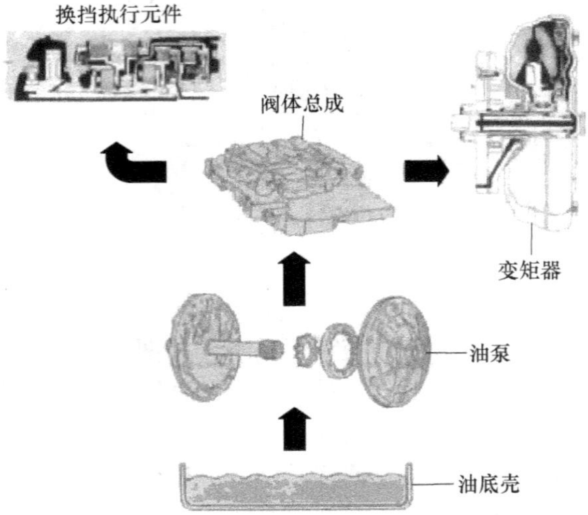

图 1-50　自动变速器液压系统的组成

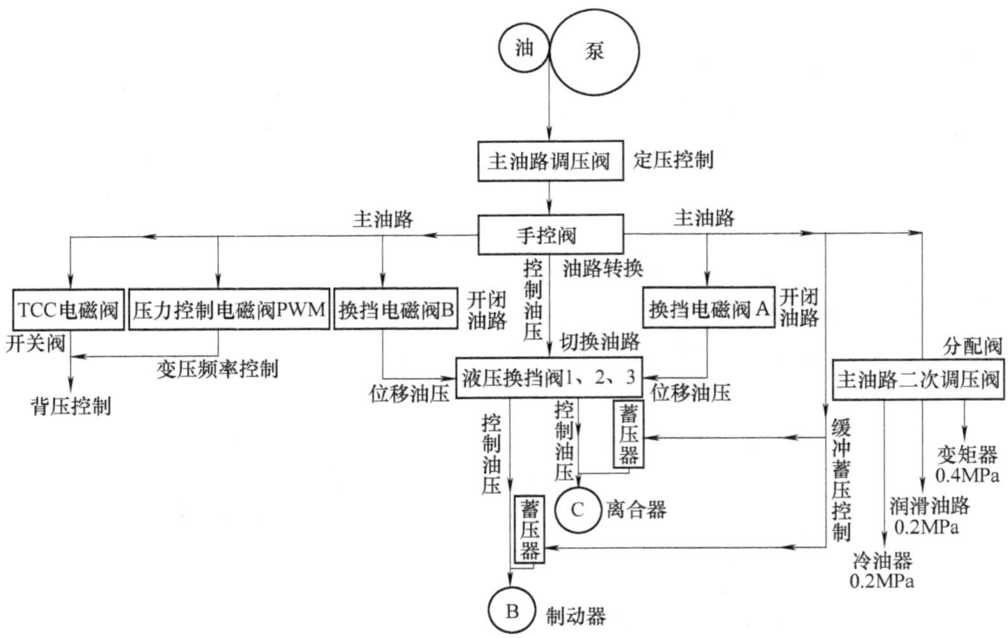

图 1-51　自动变速器液压油路规律图

（二）液压油路原理

表 1-3 所列为丰田 A341E 自动变速器电磁阀及换挡执行元件工作规律。

表 1-3　A341E 自动变速器电磁阀及换挡执行元件工作规律

变速手柄位置	1 号电磁阀	2 号电磁阀	挡位	离合器			制动器				单向离合器		
				C_0	C_1	C_2	B_0	B_1	B_2	B_3	F_0	F_1	F_2
P	ON	OFF	停车	○									
R	ON	OFF	倒车	○		○				○	○		
N	ON	OFF	空挡	○									
D	ON	OFF	1	○	○						○		○
	ON	ON	2	○	○				○		○	○	
	OFF	ON	3	○	○	○			○		○		
	OFF	OFF	OD		○	○	○		○				
2	ON	OFF	1	○	○						○		○
	ON	ON	2	○	○			○	○		○	○	
	OFF	ON	3	○	○	○			○		○		
L	ON	OFF	1	○	○					○	○		○
	ON	ON	2	○	○			○	○		○	○	

图 1-52 为丰田 A341E 自动变速器 D 位 1 挡液压油路原理图，两换挡电磁阀为常闭单向阀。由表 1-3 可知，D 位 1 挡时 1 号电磁阀通电，2 号电磁阀断电，离合器 C_0、C_1 工作。

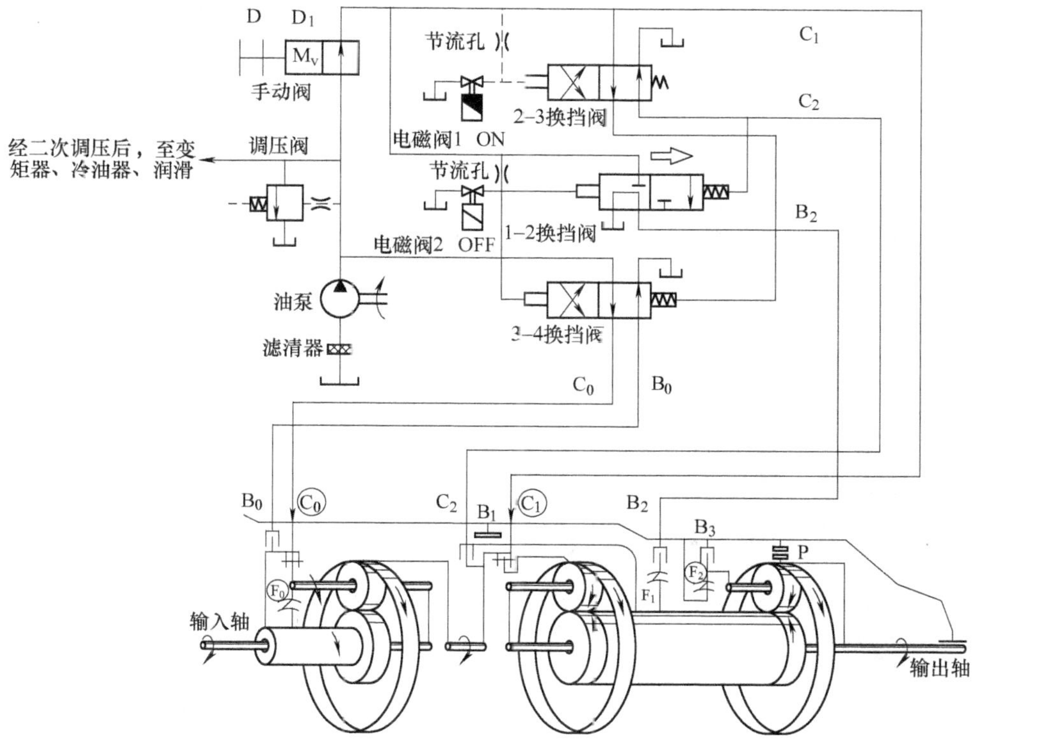

图 1-52　丰田 A341E 自动变速器 D 位 1 挡油路

工作原理分析如下：

离合器 C_1 由手动阀直接送油；1 号电磁阀通电→2-3 换挡阀左移，离合器 C_2 泄油→1-2 换挡阀右端压力下降而右移→制动器 B_2 泄油；3-4 换挡阀右端压力升高而左移，制动器 B_0 泄油→离合器 C_0 充油，从而实现 D 位 1 挡动力传递。

其他挡位的工作原理可按照上述思路自行分析。

（三）液压系统组成元件的构造与功能

1. 液压油泵

（1）液压油泵的作用及安装　油泵是变速器内所有液压油的动力源，其外形如图 1-53 所示。油泵大都安装在液力变矩器的后方，由发动机通过液力变矩器壳体驱动。

（2）液压油泵的构造　液压油泵有齿轮式、叶片式等。内啮合齿轮式油泵的结构如图 1-54 所示，其原理与发动机机油泵的原理相同。

图 1-53　液压油泵

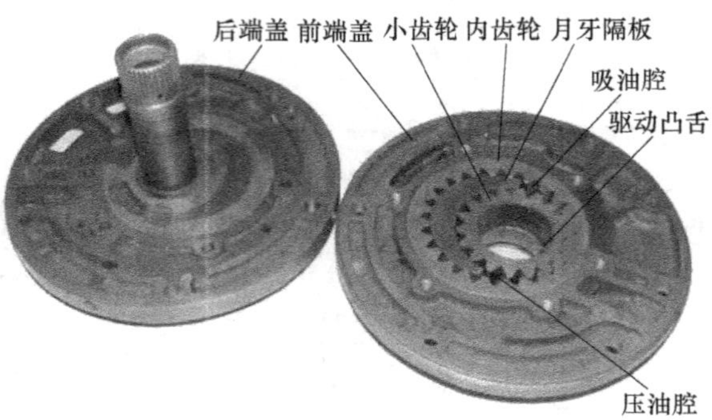

图 1-54　内啮合齿轮式油泵的结构

有些自动变速器采用叶片式变量油泵，如图 1-55 所示。

变量泵的工作原理如图 1-56 所示。叶片泵的定子可以绕一个销轴摆动，以改变定子与转子的偏心距，从而改变油泵的排量。在油泵运转时，定子的位置由定子侧面控制腔内来自

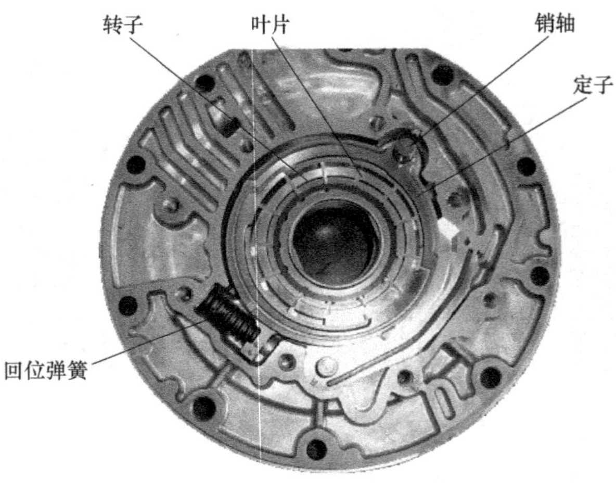

图 1-55　叶片式变量油泵

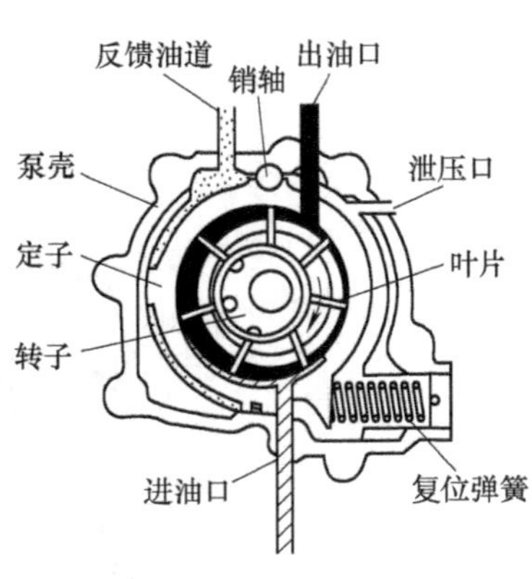

图 1-56　叶片式变量泵的工作原理

油压调节阀的反馈油压和复位弹簧共同控制。当油泵转速较低时，反馈压力下降，定子在复位弹簧的作用下绕销轴顺时针方向摆动，加大了定子与转子的偏心距，油泵排量增大；反之，油泵排量减小。

>>> **特别提醒**

1）由于油泵由变矩器驱动，发动机不工作时，系统油压就不能建立，因而离合器、制动器无法工作，也就不能通过挂挡反拖的方法来起动发动机。

2）同理，因发动机故障而拖车时，应限制车速（30km/h 以下）和拖车里程（40km 以内），以防油泵不工作致使行星排因缺少润滑而损坏。

3）发动机转速变化范围很广，油泵供油压力应满足系统需要，故在变速器主油道上设有限压阀，以防高速时油压过高。

2. 主油压调节阀

主油压调压阀的作用是调节油泵输出压力，经调节后的压力称为主油压 P_H，它是控制系统最重要、最基本的压力源。主油压用于操作离合器、制动器和经过进一步调节后用于其他压力控制或润滑，其工作原理图如图 1-57 所示。

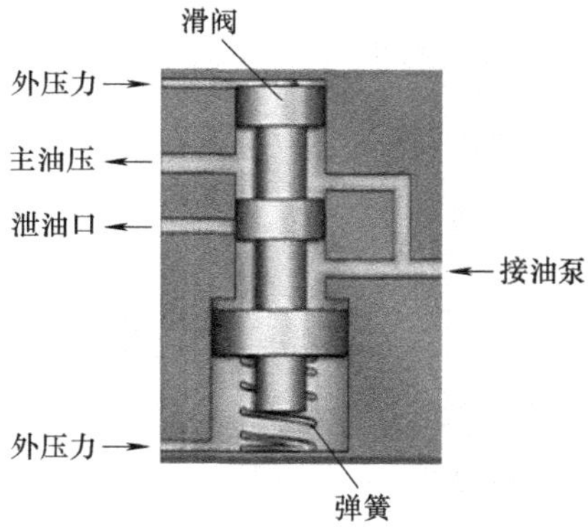

图 1-57　主油压调节阀

发动机转速提高，油泵压力提高，滑阀压缩弹簧下移，泄油口开大，泄油增多，主油压下降；反之，发动机转速下降，主油压提高。

发动机节气门开度增加或变速器变速杆挂入倒挡，滑阀下端外压力提高，滑阀上移，泄油口关小，泄油减少，主油压提高；反之，主油压下降。

变速器换入前进高挡，滑阀上端外压力提高，滑阀下移，泄油口开大，泄油增多，主油压下降；反之，主油压提高。

>>> **特别提醒**

1）若滑阀移动卡滞而导致油压过高，会增加发动机动力消耗，引起换挡冲击。

2）若滑阀移动卡滞而导致油压过低，会引起离合器、制动器打滑，严重时车辆不能行驶。

3）主油压不正常，其他工作油压也会受影响。

4）主油压可以用压力表通过设在变速器壳体上的主油压测压孔测量。

3. 第二调节阀

第二调节阀也叫变矩器阀，其作用是对主油压进一步调节，以产生用于液力变矩器工作以及行星齿轮和齿轮轴等旋转件润滑的油压。变矩器阀的结构如图 1-58 所示，其工作原理与主调压阀相似，不再重复。

通常主油路油压为 0.4 ~ 1.3MPa，变矩器油压为 0.2 ~ 0.5MPa，润滑油压为 0.1 ~0.3MPa。

>>> **特别提醒**

1）滑阀动作是否灵活，将影响调节后的油压值。

2）油压过低，变矩器工作效率下降，车辆动力不足。

3）自动变速器 ECU 根据节气门开度，利用主油路压力调节电磁阀，调节主油压，进而控制变矩器油压和润滑油压与发动机负荷同步变化。

4. 手控阀

手控阀由驾驶员通过操纵手柄和连接装置操纵而改变其位置，结构如图 1-59 所示。其作用是切换控制系统油路，实现 P、R、N、D、2、1 等挡位范围的转换。

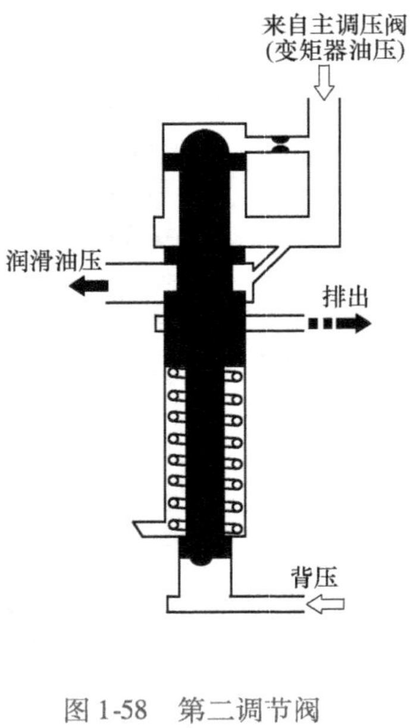

图 1-58　第二调节阀

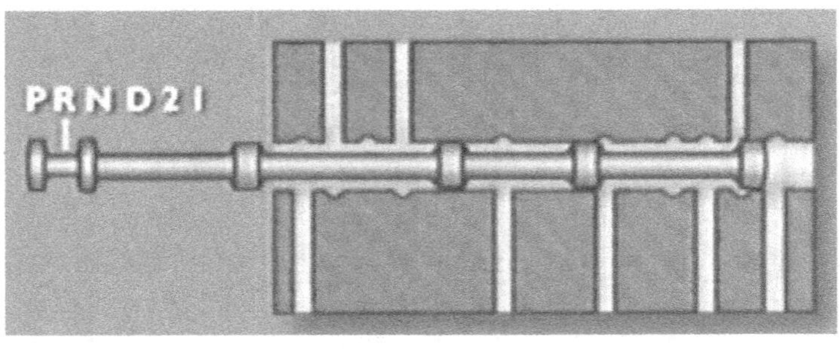

图 1-59　手控阀

5. 换挡阀

换挡阀的作用是：由 ECU 根据车速和发动机负荷的变化，在换挡电磁阀 A、B 控制油压作用下向左或向右移动，切换换挡执行元件的油道，完成换挡执行元件的工作组合，实现自动换挡。换挡阀原理如图 1-60 所示。

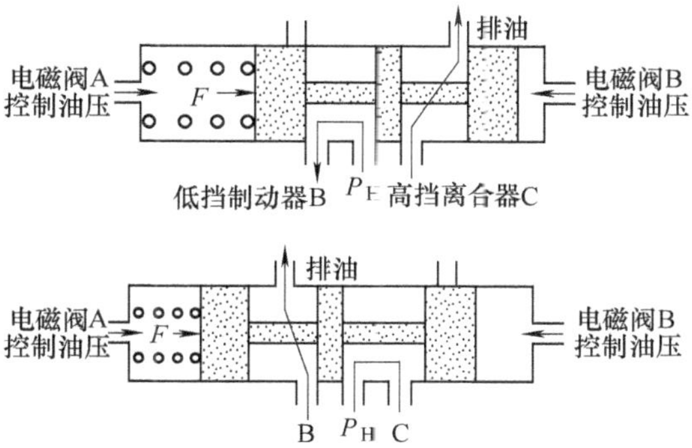

图 1-60　换挡阀原理

特别提醒

1）A阀油压过高或B阀油压过低，会使升挡滞后，加速时间长，经济性差。

2）A阀油压过低或B阀油压过高，会使升挡提前，加速“犯闯”，动力性差。

3）滑阀卡滞，会使换挡时间加长，不平顺。

4）弹簧疲劳，会提前升挡。

5）由于一个换挡阀只能实现两个挡位的转换，所以四速式自动变速器需要三个换挡阀，即1↔2、2↔3、3↔4换挡阀。

6. 锁止信号阀

如图1-61所示，当汽车满足变矩器离合器锁止条件时，ECU向锁止电磁阀发出通电指令而泄油，此时信号阀芯上移，管路压力（主油压）送至锁止继动阀，由锁止继动阀控制实现变矩器离合器的锁止。当锁止条件不具备时，电磁阀断电，阀芯下移，至继动阀的油路被切断。

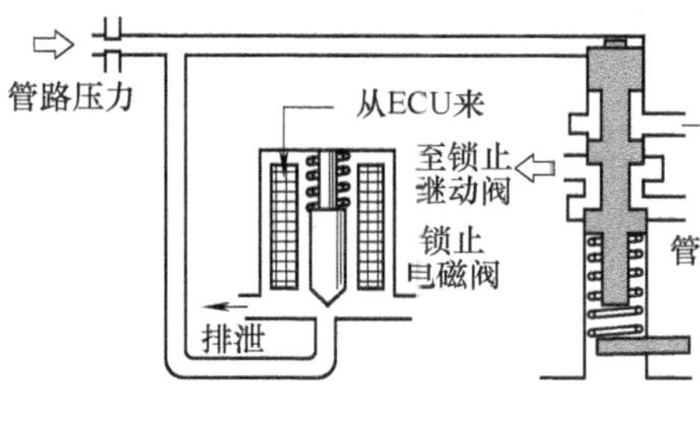

图 1-61　锁止信号阀

7. 锁止继动阀

锁止继动阀的作用是在锁止信号阀的信号油压作用下，改变通往变矩器的ATF流向，实现锁止离合器适时的接合与分离。

如图1-62所示，当管路油压（主油压）经过锁止信号阀到达继动阀芯下端1处时，阀芯上移，变矩器油压通至锁止离合器后方，离合器接合。当锁止信号阀来的油压消失时，继动阀芯下移，变矩器油压通至锁止离合器前方，锁止离合器后方的油路被切断，离合器分离。

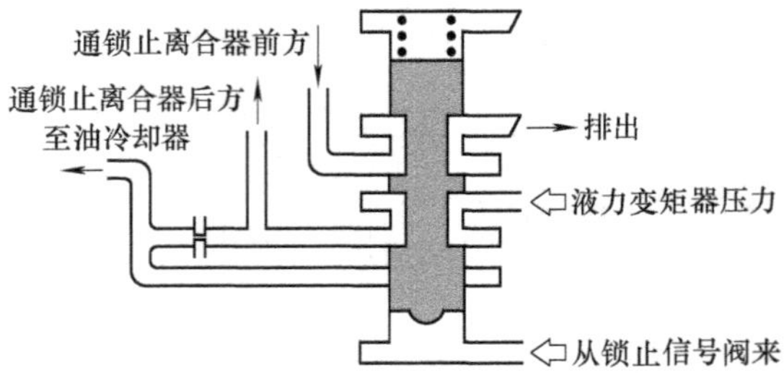

图 1-62 锁止继动阀

8. 单向节流阀、蓄压器

在换挡执行元件充油时（见图 1-63a），单向球阀堵死一个油孔，流通面积小，油压上升慢，换挡冲击减小。在换挡执行元件泄油时（见图 1-63b），回油将单向球阀推开，流通面积大，油压下降快，快速解除工作。

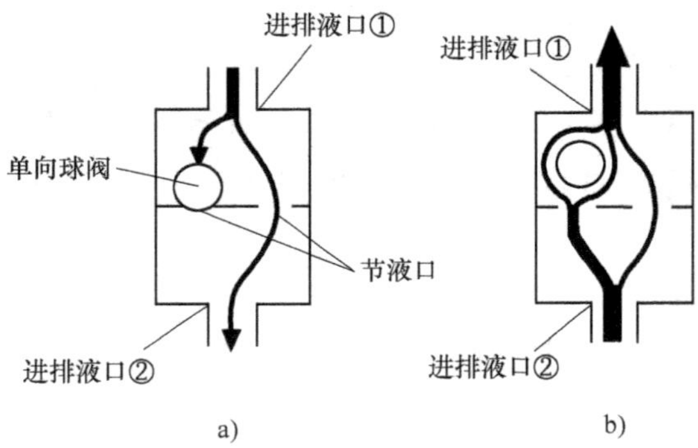

图 1-63 单向节流阀

蓄压器又称缓冲器，其作用是减小换挡冲击，如图 1-64 所示。油压在进入换挡执行元件的同时也进入蓄压器，通过活塞压缩弹簧而使活塞上移，由于容积的扩大，液压油的压力脉冲减小。换挡执行元件的油压增长表现为先慢后快，避免了换挡冲击。

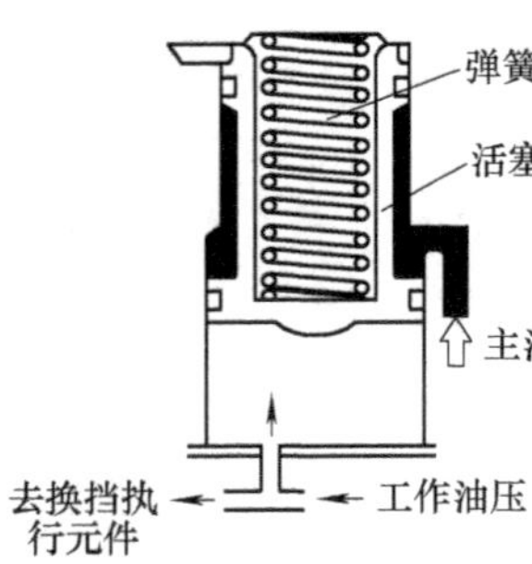

图 1-64 蓄压器

四、电子控制系统

1. 自动变速器电控系统的组成

电子控制系统是自动变速器控制的核心，通常由各种传感器、控制开关、执行器和电控单元组成。大众 01M 自动变速器电子控制系统的组成如图 1-65 所示。

1 PROJECT

图 1-65　自动变速器电子控制系统组成（大众 01M）

各电气元件之间的关系如图 1-66 所示。

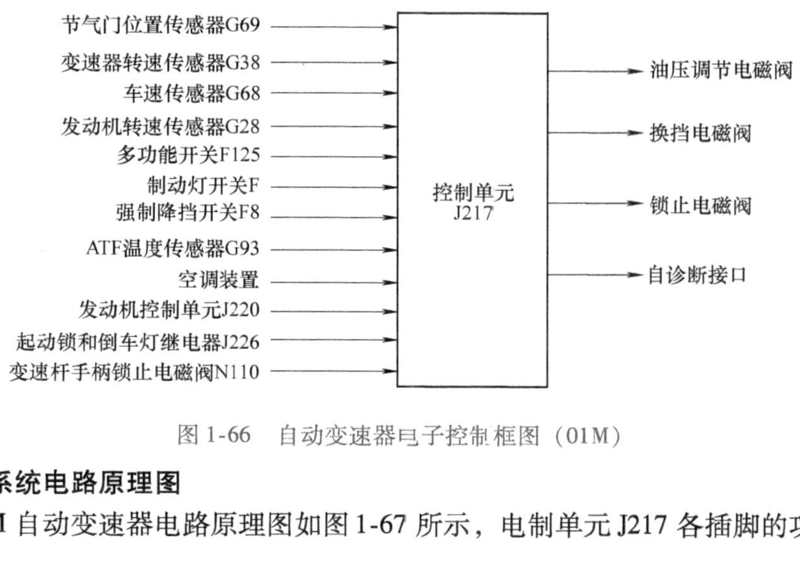

图 1-66　自动变速器电子控制框图（01M）

2. 电控系统电路原理图

大众 01M 自动变速器电路原理图如图 1-67 所示，电制单元 J217 各插脚的功能见表 1-4。

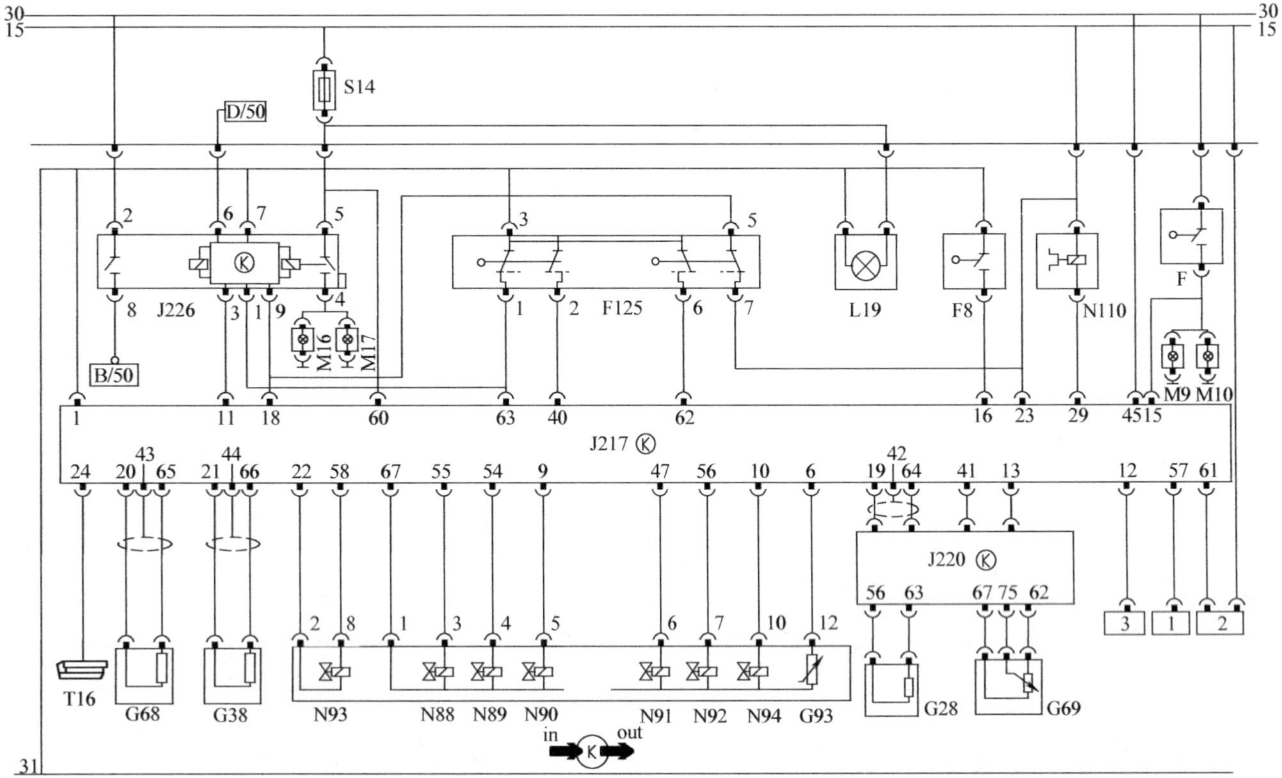

图1-67 01M（68pin）自动变速器电路原理图

J226—起动锁和倒车灯继电器 M16、M17—倒车灯 S14—熔断器 B/50—接起动机50接线柱 D/50—接点火开关50接线柱 F125—多功能开关 L19—挡位指示板照明灯 F8—强制降挡开关 N110—换挡锁止电磁阀 F—制动灯开关 M9、M10—制动灯 1—挡位指示板 2—巡航控制单元J213 3-空调系统 J220—发动机控制单元 G69—节气门位置传感器 G28—发动机转速传感器 G93—ATF油温传感器 N88、N89、N90—换挡电磁阀 N91—变矩器油压调节电磁阀 N92、N94—换挡油压调节电磁阀 N93—主油压调节电磁阀 G38—变速器转速传感器 G68—车速传感器 T16—自诊断接口 30—常火线 15—点火开关控制的火线 31—接地线

表 1-4　自动变速器电控单元 J217 各插脚的功能

插　脚	功　能	插　脚	功　能
1	接地	35	未使用
2	未使用	36	未使用
3	未使用	37	未使用
4	未使用	38	未使用
5	未使用	39	未使用
6	变速器油温传感器 G93 信号	40	多功能开关 F125/N、D、3 信号
7	未使用	41	从发动机控制单元来的负荷信号
8	未使用	42	发动机转速传感器（屏蔽）
9	电磁阀 3-N90 负电源	43	车速传感器 G68（屏蔽）
10	电磁阀 7-N94 负电源	44	变速器转速传感器 G38（屏蔽）
11	停车/空挡信号	45	电源电压（30）
12	空调装置信号线	46	未使用
13	点火时刻控制	47	电磁阀 4-N91 负电源
14	未使用	48	未使用
15	制动灯开关 F 信号线	49	未使用
16	强制降挡开关 F8 信号线	50	未使用
17	未使用	51	未使用
18	多功能开关 F125/P、R、N 信号	52	未使用
19	发动机转速传感器负信号线	53	未使用
20	车速传感器 G68 信号线	54	电磁阀 2-N89 负电源
21	变速器转速传感器 G38 信号线	55	电磁阀 1-N88 负电源
22	电磁阀 6-N93 正电源	56	电磁阀 5-N92 负电源
23	电源电压（15）	57	变速杆位置指示
24	自诊断信号线	58	电磁阀 6-N93 负电源
25	未使用	59	未使用
26	未使用	60	电源输入 15
27	未使用	61	巡航系统（输出）
28	未使用	62	多功能开关 F125/3、2、1 信号
29	变速杆锁止电磁阀 N110 输出电压	63	多功能开关 F125/P、1 信号
30	未使用	64	发动机转速传感器 G28 正信号线
31	未使用	65	车速传感器 G68 电源
32	未使用	66	变速器转速传感器 G38 电源
33	未使用	67	电磁阀及油温传感器正电源
34	未使用	68	未使用

3. 电控系统组成元件的功能

（1）车速传感器　车速传感器是自动变速换挡控制的基本传感器，控制单元根据此信号确定变速器应换入的挡位，并适时对变矩器离合器进行锁止控制。

01M 自动变速器的车速传感器安装在变速器上部（黑色 T2 插头），用来检测中间传动主动齿轮的转速，如图 1-68 中箭头所示。此信号中断，控制单元将根据发动机转速信号控制换挡，但失去变矩器离合器锁止控制功能。

（2）变速器转速传感器　自动变速器控制单元利用此信号可以准确识别换挡时刻，控制离合器的工作。同时，在换挡过程中通过减小点火提前角来减小发动机的输出转矩，使换挡更加柔和。

01M变速器转速传感器安装在变速器上部（白色T2插头，不可与车速传感器黑色插头互换），用来检测大太阳轮的转速，如图1-69所示。

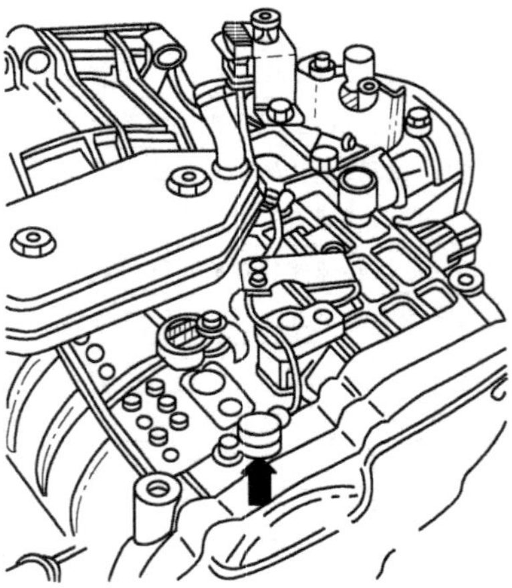

图1-68　01M自动变速器车速传感器的安装位置

图1-69　01M变速器转速传感器的安装位置

（3）发动机转速传感器　自动变速器控制单元通过比较发动机转速和车速信号，确定变矩器离合器的打滑情况，调节变矩器油压，减轻打滑。此信号中断，控制单元进入后备程序。

发动机转速传感器安装在曲轴后端，如图1-70所示。

（4）节气门位置传感器　它是发动机电子控制系统的一个传感器，可不断将节气门开度和开启速度信号传给发动机控制单元。自动变速器控制单元接收来自发动机控制单元的节气门信号，作为换挡控制、调节油压的基本依据。如果节气门信号中断，则变速器油压按照节气门全开调节，同时控制单元不再执行换挡程序，而进入失效保护状态。

节气门位置传感器安装在发动机进气管的节气门体上，如图1-71所示。

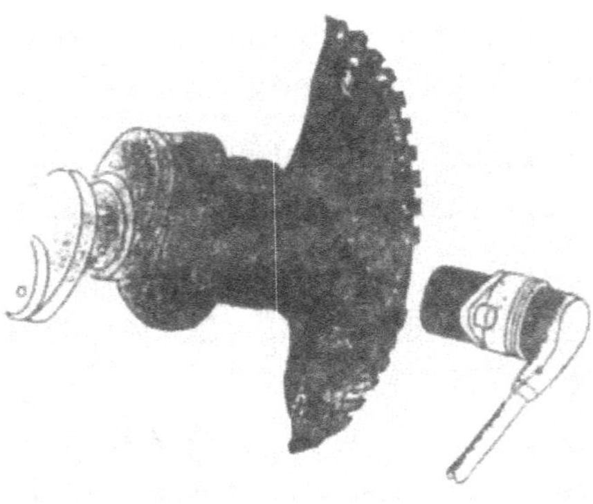

图1-70　发动机转速传感器安装位置

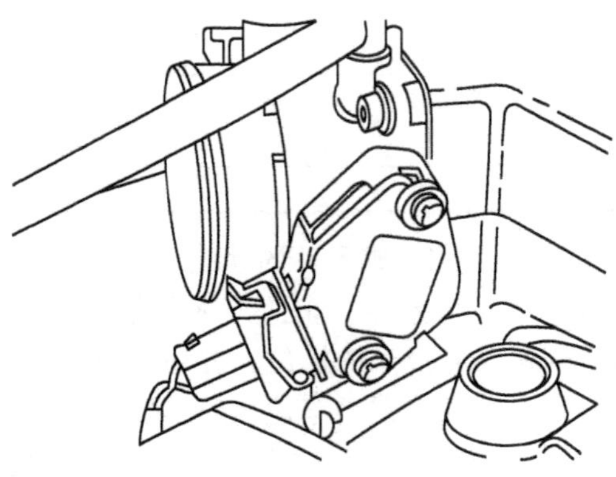

图1-71　节气门位置传感器的安装位置

（5）ATF 温度传感器　自动变速器控制单元依据 ATF 温度信号控制变矩器离合器的工作。当温度达到 105℃时，控制变矩器离合器接合，ATF 温度开始下降。如果温度不下降，控制单元将使变速器降低一个挡位。

01M 自动变速器的 ATF 温度传感器安装在阀板线束上，如图 1-72 所示。

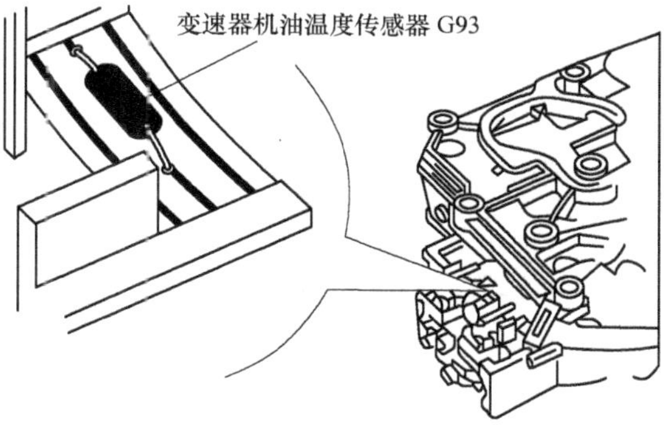

图 1-72　ATF 温度传感器的安装位置

（6）多功能开关　该开关向自动变速器控制单元提供挡位信号，控制单元据此实现倒车灯的开启控制、起动机的运行控制、变速杆的锁止控制和巡航系统的断开控制等。该信号中断，控制单元将执行后备程序。

01M 自动变速器的多功能开关位于变速器壳体内，由变速杆拉索控制，如图1-73 所示。

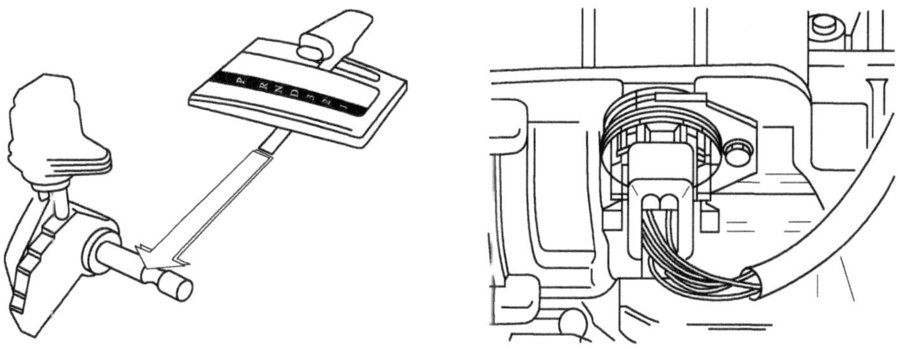

图 1-73　多功能开关

（7）强制降挡开关　加速踏板踩到底并超过节气门全开位置时，强制降挡开关接通。控制单元接到此信号后，迅速在原挡位基础上降低一个挡位，使车辆获得强劲的加速能力。同时，为了增加功率输出，将中断空调系统工作 8s。

01M 变速器的强制降挡开关与节气门拉索连为一体，如图 1-74 所示。

无节气门拉索的电子节气门发动机，此信号由加速踏板位置传感器提供。若此开关信号中断，在节气开度达到 95% 时，控制单元默认强制降挡开关接通。

（8）制动灯开关　自动变速器控制单元利用该信号控制变速杆的锁止和解除。车辆静止时，只有踩下制动踏板，才能将变速杆移出 P 或 N 位置。此信号中断，将丧失变速杆解除功能。

01M 自动变速器制动灯开关的安装位置如图1-75所示。

（9）电控单元　电控单元是整个自动变速器电控系统的核心。它根据各传感器及开关传来的当前状态信号，进行运算比较和分析，调用内部设定程序，向各执行器发出指令，使电磁阀动作，实现变速器换挡控制、油压控制、变矩器离合器锁止控制和换挡品质控制等。

具体有以下功能：

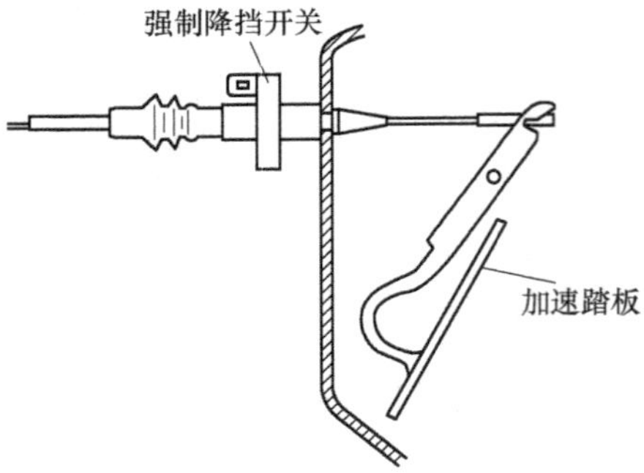

图 1-74 强制降挡开关的安装位置

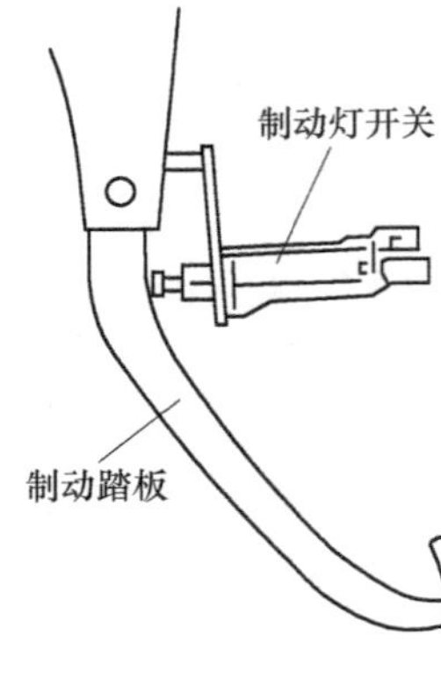

图 1-75 制动灯开关的安装位置

1）由模糊逻辑控制的、与驾驶员和行驶状况有关的换挡程序，可适应不同的驾驶操作习惯。01M 自动变速器除正常的按照节气门开度和车速来确定换挡时刻外，还提供了两条换挡曲线，即经济换挡曲线（ECO）和动力换挡曲线（SPORT），如图 1-76 所示。

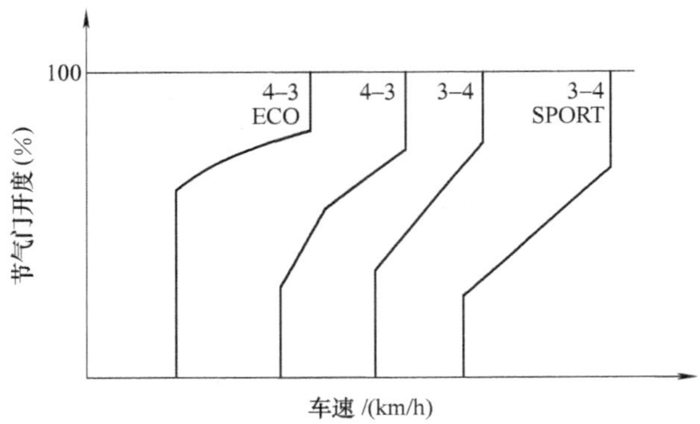

图 1-76 01M 自动变速器换挡曲线示意图

由于采用模糊逻辑控制，换挡时刻可以根据节气门开启速度快慢，在 ECO 曲线和 SPOT 曲线之间任意选择。开启速度越快，越靠近 SPOT 曲线；反之，越靠近 ECO 曲线。这种控制的特点是：

① 根据燃油消耗进行换挡；

② 始终保证发动机输出最大功率；

③ 在所有工况下都能获得最佳换挡时刻；

④ 换挡时刻任意变化。

2）与行驶阻力有关的换挡程序，可以识别上坡、下坡和顶风等行驶阻力的变化，自动选择换挡模式。

3）后备应急程序。控制单元或有关传感器出现故障时，可以通过变速杆来换挡。此时，1 挡、3 挡、R 位有效；D 位，可以 3 挡起步。也就是说，如果 D、3、2 位有故障，进入应急状态后，当时的 3 挡仍可工作；如果 R、P、N、1 位有故障，进入应急状态后，当时的行车挡仍可工作；进入应急状态并重新起动后，若 D、3、2 位出现故障，则变速器由 3 挡起步直至故障排除。

4）故障自诊断。控制单元内装备有故障存储器，当电气元件发生故障时，控制单元会立即觉察并记录，存储的故障信息分永久性故障和偶发性故障两种。如果一个故障在车辆行驶 1000km 或 24h 后不再出现，故障信息将被自动清除；如果仍存在，将作为永久故障储存。

（10）电磁阀　自动变速器电子控制系统中所采用的电磁阀有两种：一种为开关阀，采取通断电控制，用于打开或关闭某一油道；另一种为调节阀，采取占空比控制，用来调节各种油压的大小。

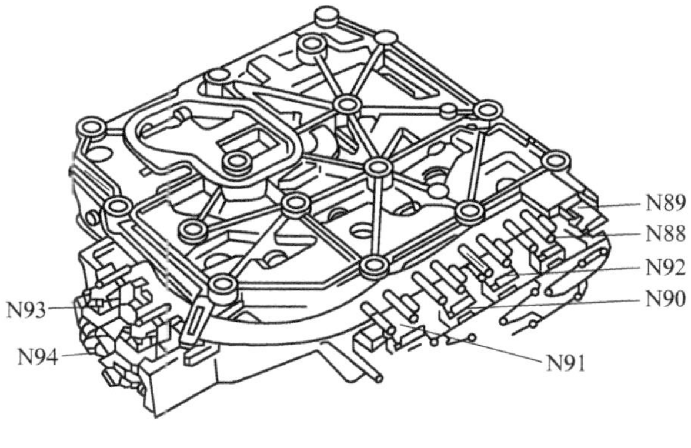

图 1-77　01M 自动变速器电磁阀的安装位置

01M 自动变速器共采用了七个电磁阀，均安装在阀体上，如图 1-77 所示。其中 N88、N89、N90、N92、N94 为开关阀，N88、N89、N90 用于挡位之间的变换，N92、N94 用于改善换挡品质。N91、N93 为调节阀，N91 用于调节变矩器离合器油压，N93 用于调节离合器和制动器的油压（主油压）。电磁阀线路中断，电控系统进入后备程序。

电磁阀的工作原理如图 1-78 所示。

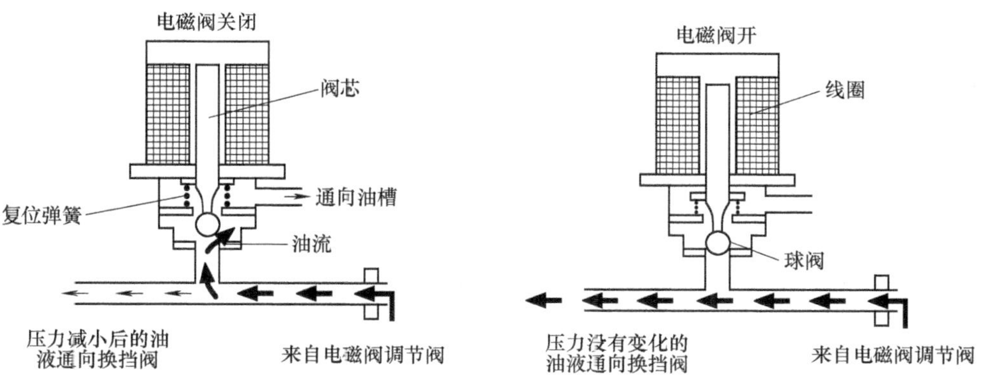

图 1-78　电磁阀工作原理

（11）安全锁止装置　在自动变速器操纵系统中一般设有变速杆锁止装置及发动机起动锁止装置，防止变速杆由 P 或 N 位自动滑到其他位置及在非 P/N 位起动起动机。

01M 变速器在变速杆上装有电磁阀，如图 1-79 黑色箭头所示。在 P、N 位时锁止变速杆，防止自动滑动。在踩下制动踏板时放松变速杆，可以推入其他挡位。电磁阀出现故障，自诊断系统无故障记录。

在自动变速器的操纵装置中通常还设有发动机起动锁止装置，也称为 P/N 位起动开关。有的变速器将此开关设在挡位开关中，而 01M 变速器所设的起动锁止和倒车灯继电器则安装在中央电器盒上（如捷达王轿车），继电器标记为 150，如图 1-80 所示。其功能一是防止变速器在非 P/N 位起动起动机，二是挂上倒挡时接通倒车灯。继电器出现故障，自诊断系统无故障记录。

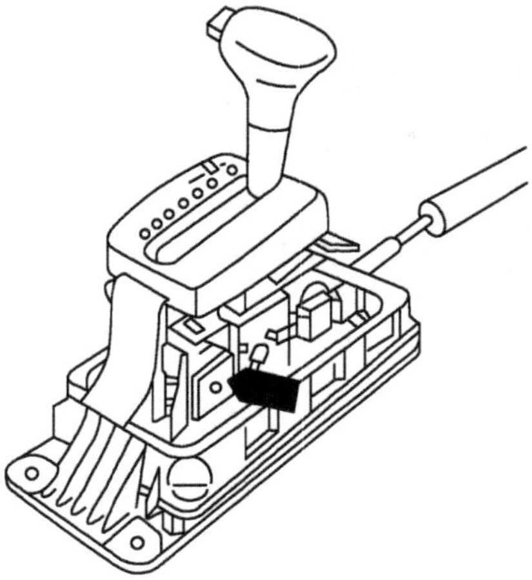

图 1-79 变速杆锁止电磁阀

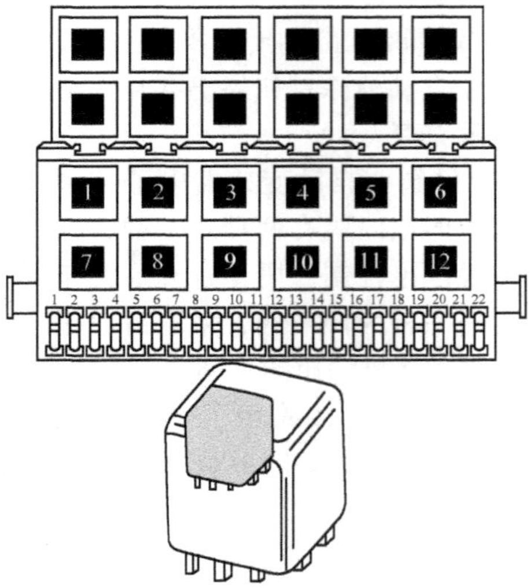

图 1-80 01M 变速器起动锁止和倒车灯继电器

五、换挡机械连接装置

标致 AL4 自动变速器的换挡机械连接装置如图 1-81 所示。挡位栅板说明如下：

P——驻车位，此时变速器内部机械锁驱动车轮；

R——倒车位；

N——空位；

D——前进位，挂在此位置可以实现 1、2、3、4 挡位的自动升降；

M——手动换挡位置，可以实现 1、2、3、4 挡位的转换；

“+”——手动脉冲升挡；

“-”——手动脉冲降挡；

“S”——运动驾驶模式选择开关；

“*”——雪地驾驶模式选择开关，自动变速器 2 挡起步。

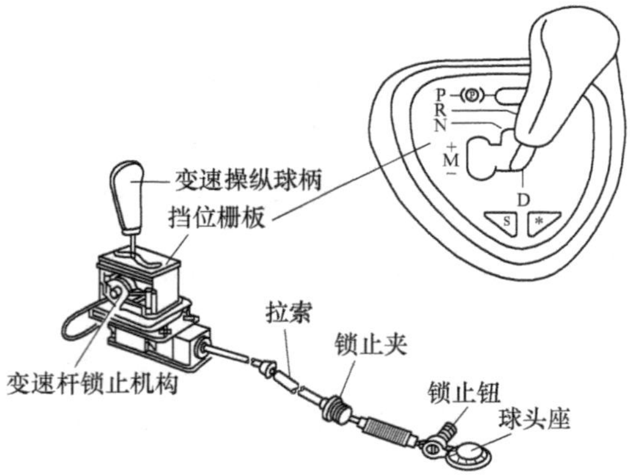

图 1-81 标致 AL4 自动变速器换挡机械连接装置

换挡连接装置具有以下功能：

1）只有在点火开关接通并踩下制动踏板的情况下，变速杆才可以移出 P 位。

2）变速杆带有机械安全装置，要想改变变速杆的位置必须先解除锁止（N、D 位除外），然后才能换挡。

3）只有变速杆在 P 或 N 位才能起动发动机。

任务实施

任务一　检查 ATF

ATF 在自动变速器中除具有手动变速器油的润滑、冷却、冲洗和抗磨作用外，还起着在变矩器中传递动力和在离合器、制动器油路中传递压力的液压（力）作用。

活动一　明确 ATF 的检查项目及标准

ATF 的检查项目有三项，即液面高度、油液质量和有无泄漏，检查周期不应超过 6 个月，换油周期通常为 30000～40000km。

1. 液面高度

液面高度检查时，对于有油尺的变速器，液压油的温度不同对应的刻度也不同，应注意区分，如图 1-82 所示。通常冷态时液面高度对应于 COOL 位置，而热态时对应于 HOT 位置。冷态液面高度仅供参考，检查时应以热态液面高度为准。

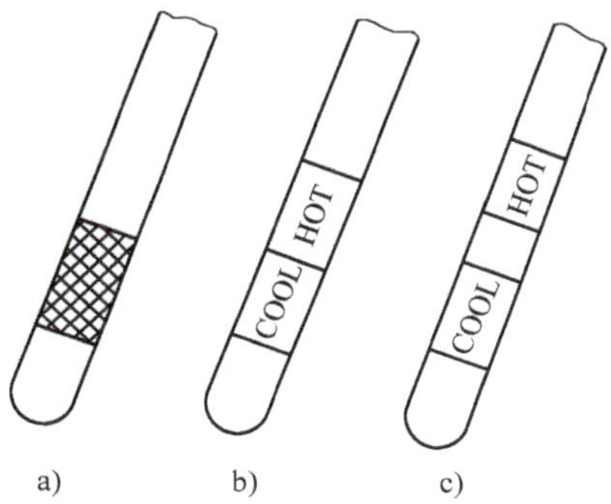

图 1-82　油尺标记

对于没有油尺的变速器，在达到规定检测温度后，油液应刚好从检查孔中滴出，如图 1-83 所示。

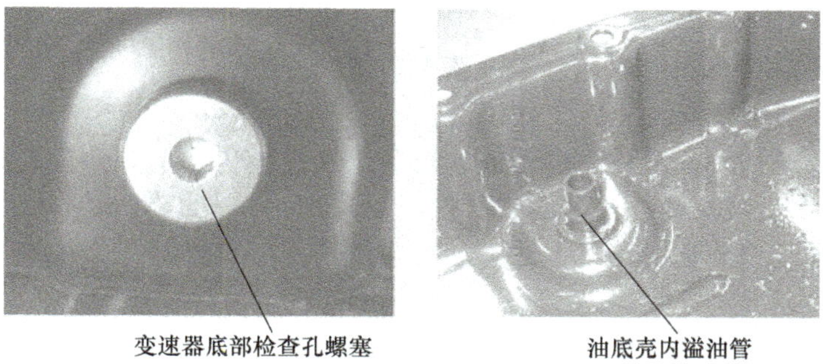

图 1-83　ATF 检查孔

2. 油液质量

油液质量检查以色泽、气味、黏度、杂质和乳状泡沫等为主要指标。正常液压油的颜色为猩红色或淡黄色，无味，无磨料、胶质和乳状泡沫。

图 1-84、图 1-85、图 1-86 所示分别为油底壳中的磨料杂质、正常换油和超期换油在白纸上的颜色差异、乳状泡沫的图片。

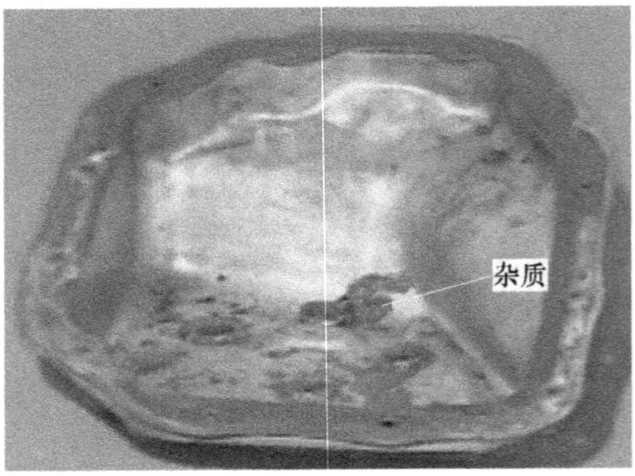

图 1-84 油底壳中的磨料杂质

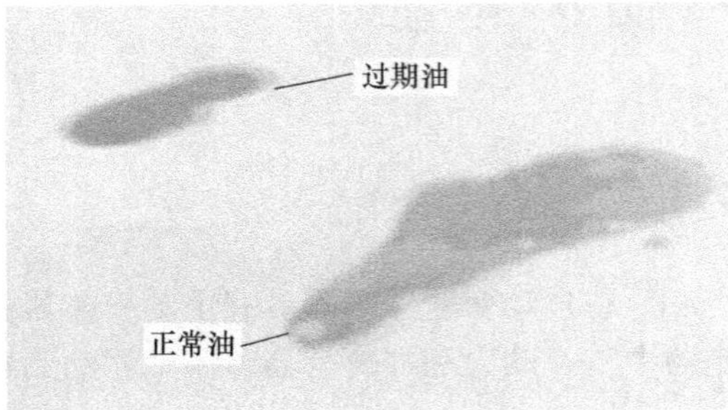

图 1-85 正常换油和超期换油滴在白纸上的颜色差异

图 1-86 油液中的乳状泡沫

活动二 检查 ATF 的方法

ATF 检查的具体方法如下：

1）将汽车停放在水平地面上，拉紧驻车制动。

2）起动发动机并预热至正常工作温度。

3）发动机怠速运转，踩住制动踏板，将变速杆拨至各挡位并停留几秒钟，让变矩器及各换挡执行元件充满液压油，最后回到 P 位。

4）擦干净油尺口附近的污物，拔出油尺并擦干净后再将油尺全部插入，拔出油尺检查油面高度。

5）嗅一嗅油尺上油液的气味，应无味。

6）在手指上点少许油液，用手指相互摩擦，应无渣粒。

7）将油尺上的油液滴在白纸上，察看油液颜色应为猩红色或淡黄色。

任务二 更换 ATF

活动一 明确更换 ATF 的要求

绝大部分自动变速器的失效均是由于过热和 ATF 长时间未更换而出现杂质引起的，故按要求更换 ATF 对于保持自动变速器的技术状态良好和延长其使用寿命都非常重要。具体应注意以下几点：

1）严格按照汽车生产厂规定的时间或里程更换 ATF。

2）尽量选择使用生产厂规定的 ATF 牌号。

3）严格控制 ATF 液面高度。

4）如果 ATF 变质比较严重，应重复更换新的 ATF 并多次检查，直到油液清澈为止。

活动二　更换 ATF

ATF 更换一般要经过以下步骤：拆下放油螺塞（油底壳）放油→拆下并清洗油底壳→装回油底壳及螺塞→拆下散热器油管接头→用压缩空气吹净散热器中的残油→装回油管接头→加注规定容量的新 ATF→起动发动机，检查 ATF 液面高度应在下限附近→运行汽车，ATF 热至检查所需温度→再次检查液面高度并视情调整。

下面以 01M 变速器为例具体说明。

1）如图 1-87 所示，拆下油底壳上油液检查孔螺塞及溢油管，放出 ATF。

2）安装溢油管，更换螺塞密封圈并用手拧紧螺塞。

3）用螺钉旋具撬起加油口螺塞固定端盖，拔下螺塞，如图 1-88 所示。

图 1-87　拆卸螺塞及溢油管

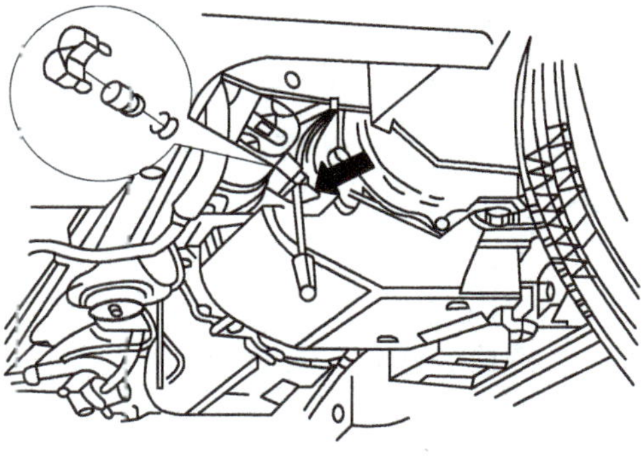

图 1-88　撬起端盖

4）用专用加油工具，通过加油管加入 3L（新组装变速器为 5.3L）ATF，如图 1-89 所示。

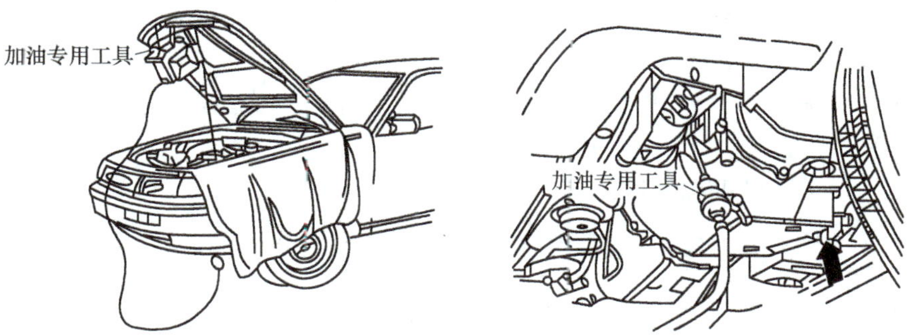

图 1-89　变速器油加注

5）起动发动机，使 ATF 温度达到 35～45℃（液面高度检查所需温度）。在汽车静止时将所有挡位都挂一遍。

6）用手旋下检查孔螺塞，检查 ATF 是否从溢油管流出。若有油流出，说明油面合适；否则，需再补充 ATF 至有油流出。

7）装回检查孔螺塞，并按照规定力矩（15N · m）拧紧。

8）取下加注 ATF 专用工具，装回加油管螺塞，并用一新端盖紧固定位。

任务三 初始检验

活动一 明确自动变速器的初始检验项目

初始检验是故障诊断的第一步，目的在于确认故障发生部位是否在自动变速器，故初始检查的范围是发动机和底盘的相关部分。其中底盘部分主要是传动系统、制动系统和自动变速器。

活动二 检查发动机

1）点火质量。正时准确，无缺火、断火和交叉点火现象。

2）气缸密封性。气缸压力、进气管负压符合要求，曲轴箱压力应为零或微小负压。

3）冷却液温度正常，无异响、噪声，废气排放正常，无漏油、水、气、电现象。

4）变速杆位于 P/N 位，发动机怠速稳定，转速应符合要求。

活动三 检查底盘

检查底盘包括：

1）四轮转动灵活，制动无阻滞，轮胎气压正常。

2）传动系统无松旷。

3）电控自动变速器故障自诊断（检查故障码）。

故障码有真假之分，不可完全依赖故障码进行诊断。故障码读取方法因车而异，下面以捷达 01M 自动变速器为例加以说明。

1）故障自诊断的检测条件如下：

① 蓄电池端电压正常，不低于 11V；

② 14 和 21 号熔丝正常；

③ 位于中央继电器盒左侧的接地点接触良好，无松动、锈蚀等；

④ 蓄电池及其与变速器之间的搭铁线正常；

⑤ 变速器电控单元（J217）24 号端子与诊断座之间的连线正常；

⑥ 变速杆位于 P 位，拉紧驻车制动。

2）拆下烟灰盒，按箭头方向推动护板；点火开关 OFF，连接汽车电脑故障诊断仪（解码器），如图 1-90

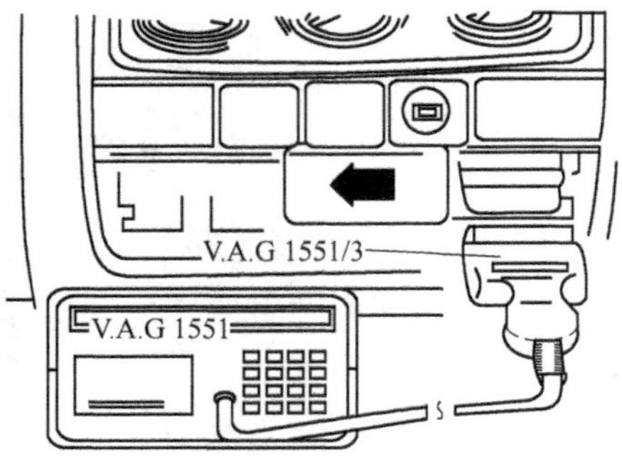

图 1-90 诊断仪的连接

所示。

3）点火开关 ON，按照解码器的提示操作，读取并打印故障码。故障码含义见表 1-5。

表 1-5　01M 自动变速器故障码含义

故障码	含义	原因
00258	电磁阀 1-N88：短路；断路；对地断/短路；对正极短路	导线断路或短路；电磁阀 N88 失效
00260	电磁阀 2-N89：短路；断路；对地断/短路；对正极短路	导线断路或短路；电磁阀 N89 失效
00262	电磁阀 3-N90：短路；断路；对地断/短路；对正极短路	导线断路或短路；电磁阀 N90 失效
00264	电磁阀 4-N91：短路；断路；对地断/短路；对正极短路	导线断路或短路；电磁阀 N91 失效
00266	电磁阀 5-N92：短路；断路；对地断/短路；对正极短路	导线断路或短路；电磁阀 N92 失效
00268	电磁阀 6-N93：短路；断路；对地断/短路；对正极短路	导线断路或短路；电磁阀 N93 失效
00270	电磁阀 7-N94：短路；断路；对地断/短路；对正极短路	导线断路或短路；电磁阀 N94 失效
00281	车速传感器 G68：无信号	导线断路；车速传感器 G68 失效
00293	多功能开关 F125：开关状态不稳定	导线断路；多功能开关 F125 失效
00297	变速器转速传感器 G38：无信号；不真实信号	导线断路；变速器转速传感器 G38 失效；如果控制单元识别到不真实信号，变速器转速传感器 G38 和车速传感器 G68 调整
00300	变速器油温传感器 G28：无法识别故障类型	导线断路；油温传感器 G93 失效
00518	节气门 G69 信号超出允许值	导线短路或断路；发动机控制单元或节气门电位计 G69、节流阀或加速踏板位置传感器 G79 失效
00529	无车速信号	导线中断
00532	电源电压	蓄电池损坏；发动机电压过低
00545	发动机/变速器电气连接：断路；断路；对地断/短路	导线断路或短路；发动机/变速器无连接；发动机和变速器控制单元之间点火正时信号没有传递或传递错误
00638	发动机/变速器电气连接 2：无信号	导线断路或短路；发动机/变速器无连接；节气门信号没有传递到变速器控制单元
00641	自动变速器油温度：信号太大；没有故障发现	变速器油最高温度 148℃，若太高，变速器降低相应的挡位；汽车负载太大；自动变速器油位不正常；油温传感器失效
00652	挡位监控：不可靠信号	电气/液压故障；离合器或阀体损坏

（续）

故障码	含义	原因
00660	强制低挡开关/节气门电位计：不可靠信号	线束断路；节气门位置传感器 G69 损坏；强制低挡开关 F8 失效
01192	变矩器锁止离合器：机械故障	锁止离合器打滑；阀体失效
01236	变速杆锁止电磁阀 N110：断路/对地短路	导线断路或对地短路；电磁阀损坏
01312	数据总线：损坏；无连接	数据总线导线/插头损坏
01314	发动机控制单元：无连接	数据总线导线/插头损坏；发动机系统故障
01316	ABS 控制单元：无连接	数据总线导线/插头损坏；ABS 系统故障
65535	自动变速器控制单元损坏	控制单元 J217 损坏

4）清除故障码。在此需要说明，如果在操作过程中关闭了点火开关，后续检测将不能继续进行。必须等待 1min 后重新查询故障码或清除故障码。

任务四　基础检验

活动一　明确自动变速器基础检验的项目

基础检验是在初步确定故障所在部位后，对自动变速器进行的一项基本检查。无论具体故障是什么，这些检查都要进行。具体包括：ATF（油面、油质、泄漏）检查、节气门拉索检查、变速杆位置检查、挡位开关检查和 O/D 挡开关检查等。

活动二　检查 ATF

ATF 质量和液位是判断自动变速器故障大小的重要依据。

液位过低，行驶时将造成齿轮系统因润滑不良而过热。同时油液中容易混入空气，使油压降低易产生换挡冲击，离合器或制动器出现打滑现象，从而加速机件磨损。

液位过高，控制阀体排油孔被淹没，排油不畅，影响离合器和制动器的平顺接合和分离，感觉换挡不灵敏。严重时会造成加油管、通风管和通风孔处喷油而引起火灾事故。

颜色变深是杂质和磨料混入所为，乳状泡沫是油水混合的结果，胶质过多、黏度下降和气味异常是氧化变质的表现。

具体检查方法请参考本项目之“任务一”部分的相关内容。

活动三　检查节气门拉索

早期的电控液力自动变速器装有节气门拉索，但现代电控自动变速器已将其取消。节气门拉索用于驱动变速器内的节气门阀，使其产生与节气门开度成正比的节气门油压，以便在节气门大开度、发动机大负荷时，适当提高主油压，以满足传递大转矩的需要。

1. 检查外观

拉索外皮有无破损，固定是否良好，金属丝有无折断、毛刺，拉动是否轻便等。

2. 检验节气门阀全开程度

当加速踏板踏到底、节气门全开、节气门阀达到全开时，节气门拉索应刚好没有松旷量。否则会造成主油路压力异常，引起换挡执行元件打滑或换挡冲击故障。节气门拉索过松或过紧可通过调整螺母调整，如图 1-91 所示。

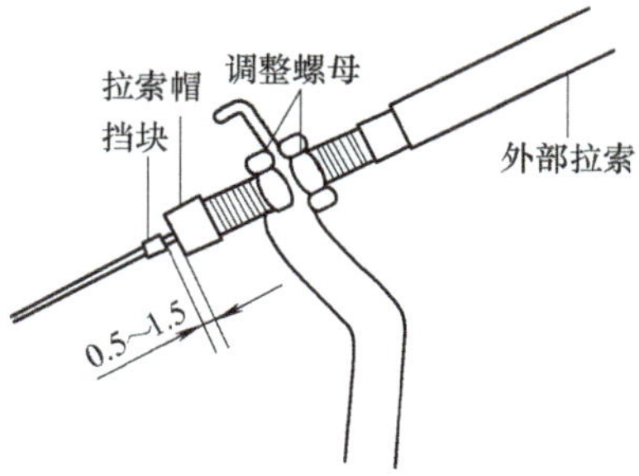

图 1-91　节气门拉索松紧度标记

活动四　检查变速杆位置、挡位开关

变速杆换挡拉索的松紧度应适当，在挡位转换时应有明显的“手感”。同时，变速杆的位置、仪表板的挡位指示、变速器手控阀的位置三者应一致。否则会造车挂挡不到位、P/N 位无法起动发动机等故障。

活动五　检查空挡起动（P/N）开关、超速（O/D）挡开关

有些自动变速器的 P/N 挡开关与挡位开关不组合在一起（01M 装在组合继电器内），但仍需检查是否只有变速杆在 P/N 位才能起动发动机。否则应检查空挡起动（P/N）开关及其相关电路。

有些自动变速器在变速杆上设有超速（O/D）挡开关，同时仪表板上装有“O/D OFF”指示灯，如图 1-92 所示。按钮按下，开关断开，指示灯熄灭，变速器能够升到超速挡。反之，指示灯点亮，变速器不能升入超速挡。

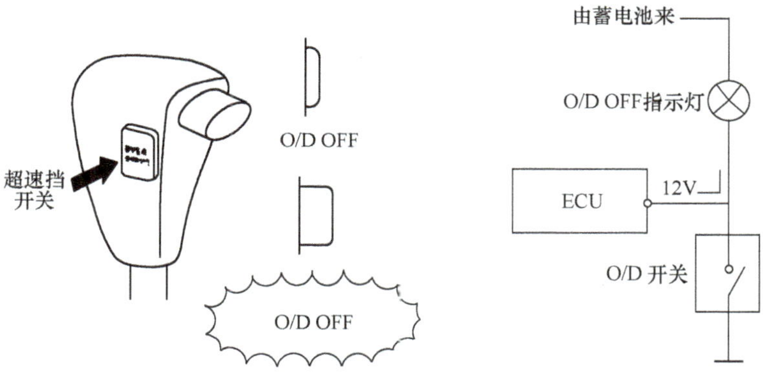

图 1-92　超速挡开关

路试中，当车速达 70km/h 以上时，O/D 挡按钮由“按下”变为“升起”时，“O/D OFF”指示灯亮，变速器会降低一个挡位，同时汽车获得强劲的加速能力。否则，应检查 O/D 挡开关及其线路。

任务五　手动换挡试验

在完成“任务三”后，需要缩小故障检查范围，手动换挡试验可以确定故障是由机械、液压系统引起，还是由电子控制系统引起。由于手动换挡试验是在换挡电磁阀线束插接器脱

开后进行的，此时的换挡完全取决于变速杆（手控阀）的位置，而与电控系统无关。具体挡位与变速杆的对应关系可参考各车型维修手册。

活动一 明确试验依据

根据自动变速器型号，查找维修资料相关内容，确定在自动变速器应急状态下变速杆相应位置的挡位。部分型号变速器的变速杆位置与对应挡位的关系见表1-6。

表1-6 手动换挡时变速杆位置与对应挡位

自动变速器型号	变速杆位置	挡 位
丰田A140E、A240E、A340E、A442DE	D	O/D
	2	3
	L	1
	R	R
丰田A540E	D、2	O/D
	L	1
	R	R
克莱斯勒A604/41TE、奔驰722.6	D、2、L	2
	R	R
宝马ZF4HP-22、奥迪A6	D	4
	3、2、1	2
	R	R

活动二 完成试验过程

1）脱开自动变速器换挡电磁阀的线束插接器。

2）举升车辆，悬空驱动轮。

3）起动发动机，将变速杆拨至不同位置进行试验。

4）观察并记录变速杆在相应位置时的发动机转速和车速。通常将发动机转速保持在2000r/min左右进行试验。

5）试验结束，装回电磁阀线束插接器并清除故障码。

活动三 分析试验结果

根据记录结果，参考表1-7，判断变速杆在不同位置时自动变速器的挡位。若试验结果与表1-6相同，说明阀体及换挡执行元件基本正常，故障在电子控制系统。否则，说明电子控制系统无故障，故障在阀体及换挡执行元件。可以依次通过失速试验、时滞试验和液压试验进一步缩小故障检查范围。

表 1-7　自动变速器不同挡位时车速与发动机转速的对应关系

挡　位	发动机转速/（r/min）	车速/（km/h）
1 挡	2000	18 ~ 22
2 挡	2000	34 ~ 38
3 挡	2000	50 ~ 55
O/D 挡	2000	70 ~ 75

任务六　失速试验

失速试验是在汽车静止不动、变速器在 D 位 1 挡或 R 位时检测发动机所能达到的最高转速。该试验可以检查发动机输出功率大小、变矩器性能好坏、油泵性能好坏、D 位 1 挡和 R 位离合器或制动器是否打滑。

活动一　明确失速试验依据

1）根据维修资料确定自动变速器 D 位 1 挡和 R 位参与动力传递的换挡执行元件。例如 01M 变速器 D 位 1 挡的动力传递元件为 C_1、F，R 位的动力传递元件为 B_1、C_2。

2）查找该型自动变速器的失速转速标准值，失速转速与自动变速器所配用的发动机排量有关。例如 01M 变速器配用 1.6L 发动机时，失速转速为 2300 ~ 2500r/min。

活动二　完成失速试验

1）检查汽车行车和驻车制动，确认其性能良好。

2）行驶汽车，使发动机、自动变速器预热到正常工作温度。

3）将汽车停在宽阔的水平地面上，检查 ATF 液面高度，应正常。

4）用三角木塞住前后车轮。

5）拉紧驻车制动手柄，左脚用力踩住制动踏板。

6）起动发动机，将变速杆推入 D 位。

7）左脚踩下制动踏板的同时，右脚迅速将加速踏板踩到底。读取并记录发动机所能达到的最高转速值，然后快速放松加速踏板。此试验总时间应不超过 5s。

8）变速杆推入 N 位，发动机怠速运转适当时间，以降低 ATF 温度。

9）将变速杆推入 R 位，重复步骤 7）。

10）变速杆推入 P 或 N 位，发动机怠速运转适当时间后熄火。

连续失速试验次数不超过 3 次，同时要注意听察发动机和自动变速器内部的声音变化。随着加速踏板的迅速踏下，发动机和变速器内有很大的沉闷轰鸣声，但不应有金属敲击声或尖锐杂音。

活动三　分析失速试验结果

1. 失速转速过低

如果失速转速低于标准范围，其原因只能是发动机工作不良或液力变矩器动力传递不良。为进一步区分是发动机还是变矩器的故障，可将变速杆置于 P 或 N 位，让变矩器涡轮不带负荷，对发动机进行急加速试验，如果发动机转速能很顺畅地上升，则说明发动机工作正常。如果汽车在行驶中出现加速不良，而高速时却很正常，则可判定为变矩器导轮的单向离合器打滑。如果加速正常，高速动力不足，可能是变矩器导轮的单向离合器卡死。如失速转速低于规定值600r/min 以上，说明液力变矩器严重失效。

2. 失速转速过高

出现失速转速过高时，发动机与液力变矩器有故障的可能性较小，故障多发生在自动变速器部分，通常是换挡执行元件打滑引起的。通过失速试验并结合变速器对应挡位的执行元件图进行分析，即可判定是由哪些元件损坏引起了失速转速过高。然而无论变速杆处于何位置，失速试验只能检查 D 位 1 挡和 R 位的执行元件性能，而不能检查 D 位 1 挡以上的各换挡执行元件的性能。

对于 01M 变速器，分析如下：

1）如果 D、R 位失速转速均较高，则可能是液压系统油路压力过低，或内部换挡执行元件损坏较严重。如果失速转速极高说明机油泵损坏（提供不了油压）。

2）如果 D 位失速转速正常，而 R 位失速转速较高，则说明 B_1、C_2 的活塞漏油或离合器片磨损较为严重。

3）如果 R 位失速转速正常，而 D 位失速转速过高，则说明与倒挡有关的 B_1、C_2 基本没有问题，应该是 C_1、F 有故障。

任务七　时滞试验

在发动机怠速运转时，将变速杆从 N 位移动到 D 或 R 位后，经过短暂的停顿才能完成挡位转换，这一时间差称为时滞时间。时滞时间过短，会引起换挡冲击。时滞时间过长，则换挡迟缓。

时滞试验的目的是进一步判断油压及换挡执行元件工作是否正常。

活动一　明确时滞试验的依据

1）查阅维修资料，确定自动变速器 D 位 1 挡和 R 位参与动力传递的换挡执行元件。例如：01M 变速器 D 位 1 挡的动力传递元件为 C_1、F，R 位动力传递元件为 B_1、C_2。

2）查阅维修资料，确定自动变速器 N→D、N→R 时滞时间。

除大众公司生产的 096、097、098 和 099 以及 01N、01M、001、01V、01P 等变速器在 D 位时滞不大于 0.9s，R 位时滞不大于 2.0s 外，其余大部分变速器在 D 位时滞为 1.0～1.2s，在 R 位时滞为 1.2～1.5s。

活动二　完成时滞试验

1）行驶汽车，使发动机、自动变速器达到正常工作温度。

2）将汽车放在水平地面上，拉紧驻车制动。

3）检查发动机怠速，应正常。

4）将变速杆由 N 位推入 D 位，测量并记录从拨动变速杆到汽车出现振动为止所需的时间。

5）变速杆推入 N 位，发动机怠速运转 1min，重复步骤 4）。

6）重复步骤 5），时滞时间取三次测量结果的平均值。

7）按照上述方法，测量变速杆由 N 位推入 R 位的时滞时间，取三次测量的平均值。

活动三　分析试验结果（01M）

1）若 N→D 时滞时间过长，说明主油压过低、C_1 摩擦片磨损过甚或前进挡单向离合器 F 工作不良。如果是刚维修过的自动变速器出现这种故障，则有可能是离合器片间隙过大。

2）若 N→R 时滞时间过长，说明倒挡主油压过低，或 C_2、B_1 磨损过甚。如果是刚维修过的自动变速器出现这种故障，则有可能是倒挡离合器片间隙过大。

3）如果时滞时间过短，则可能是离合器片间隙过小、油压过高、缓冲元件（储能器）失常和发动机怠速过高等。

任务八　液压试验

液压试验主要测量主油压、各挡位控制管路油压和各挡位主要控制阀的油压，据此可以判断油泵、调压阀、离合器或制动器控制部件的工作性能和密封性能，分辨出液压系统是否有故障。

活动一　明确液压试验的依据

1）查阅维修资料，确定测压孔的位置。例如 01M 变速器的测压孔位于右侧半轴接盘的后下方。

2）查阅维修资料，确定测量规范及标准压力值。例如 01M 变速器只测试怠速和 2000r/min 时的主油压，不测失速油压。测试时要求断开主油压调节电磁阀，油温达到 60℃。标准压力见表 1-8。

表 1-8　01M 自动变速器油压测试标准

发动机转速	变速杆位置	
	D	R
	kPa	kPa
怠速	338 ~ 379	1239 ~ 1319
2000r/min	499 ~ 599	2299 ~ 2399

活动二　完成液压试验

1）行驶汽车或悬空驱动轮运行，使 ATF 温度达到 60℃。

2）关闭点火开关，断开电磁阀的线束插接器。

3）拆下测压孔螺塞，连接好油压表。

4）连接解码器，起动发动机，监视 ATF 温度达到 60℃以上。

5）变速杆推入 D 位，分别测量并记录发动机怠速和 2000r/min 时的油压。

6）变速杆推入 R 位，分别测量并记录发动机怠速和 2000r/min 时的油压。

7）关闭点火开关，装回电磁阀的线束插接器。

8）拆下油压表，装回测压孔螺塞并按规定力矩拧紧。

9）清除故障码。

活动三　分析液压试验结果

1）如果怠速油压过低，而 2000r/min 油压正常，则可能是油泵发生早期磨损。

2）如果怠速油压正常，而 2000r/min 油压过低，保持不住，则可能是油泵滤油器堵塞。

3）如果怠速油压正常，而 2000r/min 油压过低，能够保持，则可能是主油压调节电磁阀密封不良。

4）个别挡主油压过低，则可能是该挡工作油路有泄漏。

在完成"任务六"、"任务七"、"任务八"后，可以基本确定故障的范围，但故障的最终确定还需根据故障范围不同，进行相应的路试才能完成。

道路试验是分析、诊断自动变速器故障和检查维修质量的有效手段，通过试验可以检查自动变速器的起步性能、换挡性能、变矩器离合器的锁止性能、驱动模式选择性能、噪声、振动、发热和发动机制动性能等。

具体可以选择以下试验项目：起步及换挡性能、变矩器离合器锁止性能、发动机制动性能、强制降挡性能。

任务九　路试起步及换挡性能

活动一　明确试验依据

1）查阅维修资料，确定在一定节气门开度时的换挡车速，如图 1-93 所示。

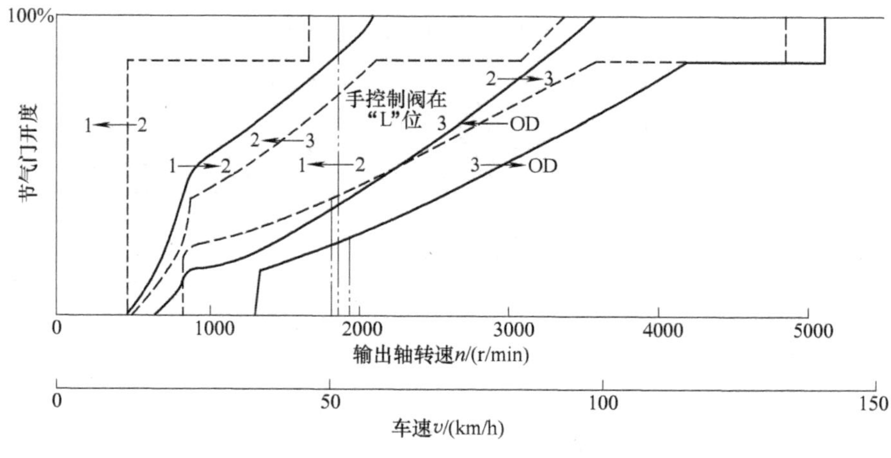

图 1-93　某车型自动变速器换挡曲线

通常 4 挡自动变速器在节气门开度 50%，由 1→2 挡的车速为 25 ~ 35km/h，由 2→3 挡的车速为55～70km/h，由3→4挡的车速为90～120km/h。不同车型自动变速器各挡位的传动比不尽相同，其对应的升挡车速也就不完全一样。因此，只要升挡车速基本保持在上述范围内，而且汽车行驶中加速良好，无明显的换挡冲击，都可认为升挡点基本正常。

2）换挡点的判断依据：升挡时，发动机转速会瞬时下降而车速明显上升，车身有轻微的振动感；降挡时，车速明显降低而发动机转速瞬时回升，但动作没有升挡明显。故多以升挡点为判断依据。

通常情况下，节气门开度保持在小于50%范围内，汽车起步加速的整个行驶过程中，发动机转速将低于3000r/min。在即将升挡时可达到2500～3000r/min，在刚升挡后的短时间内将下降至2000r/min左右。

3）换挡品质要求：车辆行驶过程中，挡位转换过程应平顺柔和，发动机振动较小。

活动二　完成试验过程

1）汽车起步，感觉是否平稳、柔和。

2）变速杆推入D位，中低速运行汽车。

3）在发动机、ATF达到正常工作温度前，保持加速踏板在试验要求的开度不动。

4）观察发动机转速表和车速表的变化，在换挡点出现时：

① 依次记录1→2挡、2→3挡、3→4挡时的车速。

② 观察并记录换挡前后发动机转速变化。

③ 体验换挡引起的汽车振动感。

5）大约运行5～10min，发动机、ATF达到正常工作温度后，再次保持加速踏板在试验要求的开度不动。

6）重复步骤4）。

7）依次将变速杆推入其余位置运行汽车，并注意观察和体验加速、减速、高速、低速、制动、停车和起步等各种工况下汽车的工作情况。

活动三　分析试验结果

1）在没有驻车制动的前提下，发动机的转速超过1000r/min，在D和R哪个挡位上没有蠕动，则说明参与该挡动力传递的离合器、制动器或单向离合器中至少有一个打滑。

2）如果在某些特定的挡位行驶时，踩着加速踏板没有任何异响，突然放松加速踏板时（发动机制动）能听到“嗡、嗡”的响声，再踩下加速踏板异响立即消失，则说明参与该挡动力传递的单向离合器卡滞。

3）如果升挡车速过低或过高，应检查车速信号和节气门位置信号是否准确。若加速时间过长，则说明油压过低或参与该挡动力传递的执行元件打滑。

4）如果汽车行驶中到了升挡车速却没有升挡，相反发动机出现失速，车速不再上升，说明变速器已失去该挡的升挡功能。需继续做台架试验，以便查出故障是在控制系统，还是在执行机构。

5）如果冷车时所有的挡都有，热车后部分甚至所有的挡都没有，说明这些挡位的离合器、制动器活塞因过热变形而发生卡滞。冷车时所有的挡都有，热车时没有4挡，通常因变速器油温过高，而进入了失效保护程序。

6）冷车时没有挡，热车后有挡，通常是由于空挡开关受潮引起的。

7）冷车时没有换挡冲击或不明显，热车后在某些挡位出现严重的换挡冲击，通常是由于蓄压器活塞密封圈密封不良所致。

8）在某些挡位上冷车时能勉强行驶，热车后却不能行驶。说明该挡执行元件的密封性能出现故障，例如离合器活塞上的单向球阀，或离合器支承及活塞上的密封圈密封不良。

9）在所有挡位上冷车时能够勉强行驶，热车后却不能行驶，最常见原因是滤油器破裂造成油泵发生严重磨损而供油不足。

10）装有主油压调节电磁阀的变速器，在缓慢踩加速踏板时车速通常达不到100km/h，快速踩加速踏板车速也只能达到120km/h多一些，按下超速挡开关，降为3挡时车速反而比4挡时略有提高。此现象说明主油压电磁阀漏油，应检查主油压电磁阀的密封情况。

11）汽车在D位上直接从3挡起步，行驶中只有高速挡而没有低速挡。通常是由于超速挡离合器烧蚀后产生摩擦焊接，造成该离合器在D位上无法退出。

12）超速挡行星排装在变速器前端的汽车，如前进挡均不能行驶，而倒挡踩加速踏板时可以行驶，最常见的是超速挡离合器打滑。

13）在高速公路上必须保持大节气门开度才能维持较高车速，经检查自动变速器油正常，最可能的故障原因是变矩器导轮的单向离合器卡滞。

14）每一次紧急制动后，汽车不能马上起步，需缓0.5～1min，起步后行驶基本正常，这类故障通常是缺少少量ATF所造成的。

任务十 路试变矩器离合器锁止性能

早期自动变矩器离合器的锁止时机较晚，在中低速范围内分离，到了高速行驶后才锁止。随着电子技术的发展和变速器控制技术的提高，现代自动变速器的变矩器离合器锁止时机提前，在很低的车速就能锁止，使传动效率大大提高。

活动一 明确试验依据

查阅维修资料，明确变矩器离合器结合和分离的条件。

变矩器离合器的锁止条件通常包括节气门开度、挡位、ATF温度、车速和换挡模式。不同变速器的控制有很大区别，试验时可在节气门开度50%、D位、ATF60℃以上、车速80km/h以上进行，以确保满足锁止条件。

活动二 完成试验过程

1）汽车行驶，发动机、ATF达到正常工作温度，期间注意听察有无异响。

2）将变速杆推入D位。

3）加速踏板保持50%开度，车速保持在80km/h。

4）迅速将加速踏板下踩至66%开度，观察发动机转速和车速的变化。

活动三 分析试验结果

1）冷车或低速行驶中没有任何异响，中速、热车后在变速器前部出现“嗡、嗡”的异响声。异响声出现时，若轻踩制动踏板至制动灯开关闭合，异响立即消失，抬起时又重新出现，说明变矩器离合器锁止不牢。

2）急加速时，若发动机转速急剧上升，说明变矩器离合器没有进入锁止工况，相反发动机转速上升较缓慢，则说明变矩器离合器已进入锁止工况。

任务十一　路试发动机制动性能

发动机的制动作用有利于坡道行驶等工况。

活动一　明确试验依据

查阅有关维修资料，根据自动变速器各挡位换挡执行元件工作情况，确定有发动机制动作用的挡位。

例如：富康 AL4 自动变速器，根据表 1-1 可知，不论自动变速器在哪一挡位工作，均没有单向离合器参与工作，故各挡位均有发动机制动作用。

活动二　完成试验过程（AL4）

1）运行汽车，使发动机、变速器达到正常工作温度。

2）在 D 位中高速行驶时，抬起加速踏板，体验汽车运行速度变化。

3）在 D 位中高速行驶时，将变速杆由 D 位推入 3 位，抬起加速踏板，体验汽车运行速度变化。

4）在 3 位中高速行驶时，将变速杆由 3 位推入 2 位，抬起加速踏板，体验汽车运行速度变化。

5）将汽车停稳，变速杆推入 R 位，加速倒车，抬起加速踏板，体验汽车运行速度变化。

活动三　分析试验结果（AL4）

1）如果在 D 位抬起加速踏板时有发动机制动感觉，说明 4 挡制动器 B_1、离合器 C_2 工作良好；反之，说明 B_1、C_2 打滑。

2）如果 D→3 时有发动机制动感觉，说明 3 挡离合器 C_1、C_2 工作良好；反之，说明 C_1、C_2 打滑。

3）如果 3→2 时有发动机制动感觉，说明 2 挡离合器 C_2、制动器 B_3 工作良好；反之，说明 C_2、B_3 打滑。

4）如果在 R 位时有发动机制动感觉，说明倒挡离合器 C_1、制动器 B_2 工作良好；否则，说明 C_1、B_2 打滑。

任务十二　路试强制降挡性能

自动变速器的强制降挡功能有利于提高汽车的急加速能力。

活动一　明确试验依据

当汽车运行中突然将加速踏板由小开度下踏到全开（强制降挡开关闭合），自动变速器会自动降低一个挡位，汽车获得良好的加速能力。

活动二　完成试验过程

1）运行汽车，使发动机、变速器达到正常工作温度。

2）变速杆置于 D 位，保持加速踏板开度在 33% 左右。

3）迅速将加速踏板下踏到底，体验汽车运行速度变化，并注意观察发动机转速变化。

活动三　分析试验结果

1）若汽车能获得强劲的加速能力，同时发动机转速上升到 4000r/min 左右，随着汽车加速行驶升挡后，转速逐渐下降，说明强制降挡功能良好；反之，说明强制降挡功能失效。

2）若强制降挡后发动机转速升高反常，达到 5000～6000r/min 左右，并在升挡时出现换挡冲击，说明所降挡位的换挡执行元件打滑。

任务十三　检测车速传感器电路

活动一　识记车速传感器的电路图及电路参数（01M）

车速传感器 G68 的电路如图 1-94 所示。图中端子“20”为传感器信号、“65”为传感器电源、“43”为屏蔽线。

01M 车速传感器为磁电式结构，感应线圈的标准电阻为 0.8～0.9kΩ。

活动二　检测车速传感器信号波形

举升汽车，起动发动机并挂挡运行，用示波器检测电控单元端子“65”与“20”间的信号波形，如图 1-95 所示。测得波形应如图示，且波形的周期应随车速改变而改变。否则，应进一步检测相应电路是否存在故障。

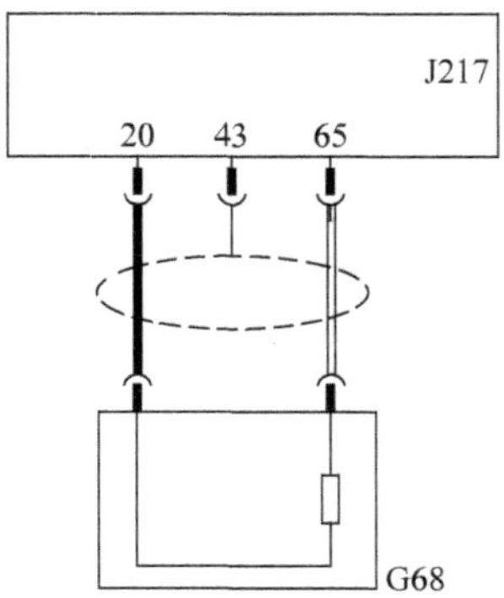

图 1-94　01M 车速传感器 G68 电路图

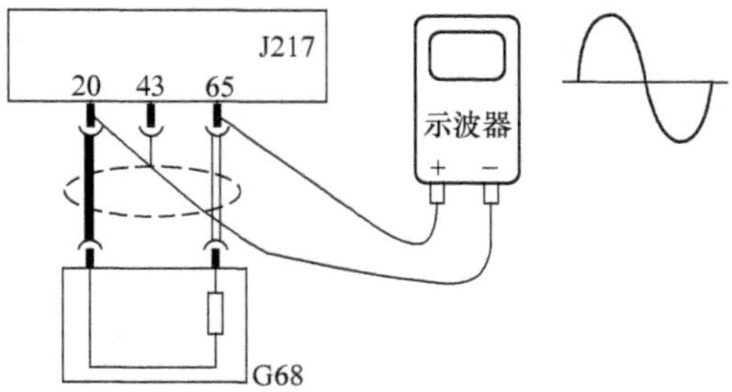

图 1-95　车速传感器信号波形检测

活动三　检测车速传感器

1. 电阻测量

点火开关处于“OFF”位，脱开车速传感器与线束的连接。用万用表测量传感器两端子间的电阻（实线位置）及任一端子对地的电阻（虚线位置），如图1-96所示。若测得结果与图示不符，应更换车速传感器。

2. 输出信号测量

举升汽车，起动发动机并挂挡运行，用示波器测量传感器输出信号波形，如图1-97所示。若测得波形与图示不符，应进一步检查传感器及信号转子的安装是否正确并视情调整。

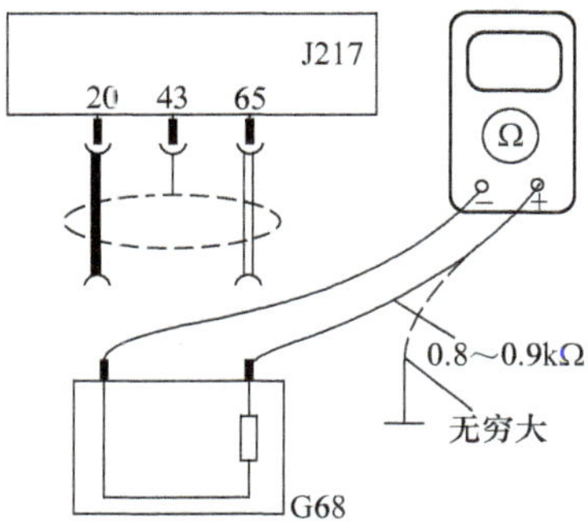

图1-96　车速传感器检测（01M）

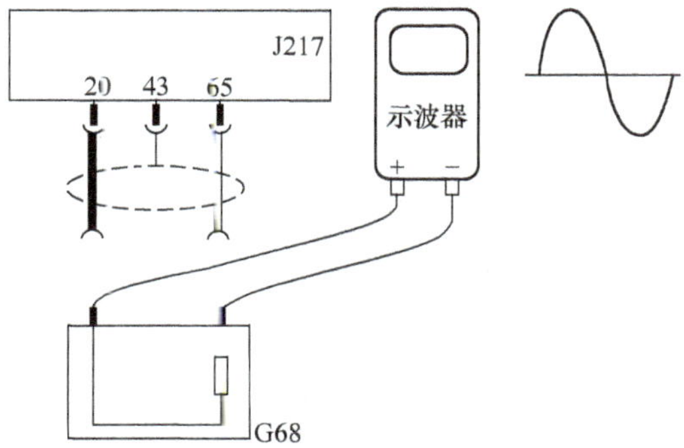

图1-97　车速传感器输出信号测量（01M）

活动四　车速传感器连接线路检测

1. 连接导线检测

点火开关处于“OFF”位，脱开电控单元线束插接器及车速传感器线束插接器，用万用表测量对应端子之间及任一端子对地的电阻，如图1-98所示。若测得结果与图示不符，应检查相应导线是否断路、短路或搭铁。

2. 检测车速传感器线束插接器

装回车速传感器线束插接器，脱开电控单元线束插接器，用万用表测量电控单元线束侧插接器端子“20”与“65”之间的电阻，如图1-99所示。测得结果应如图示，且与“活动

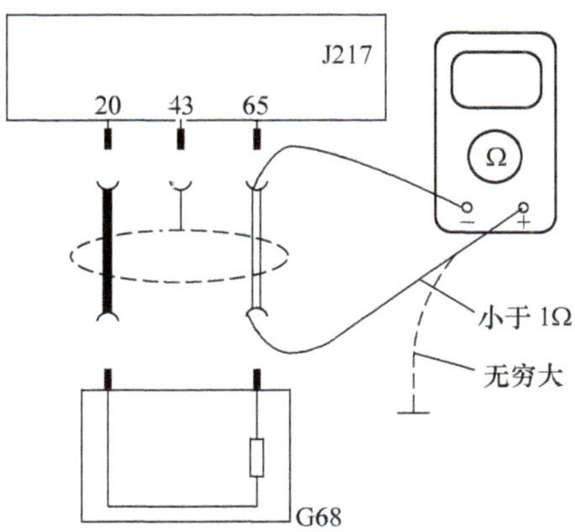

图1-98　车速传感器连接线路检测

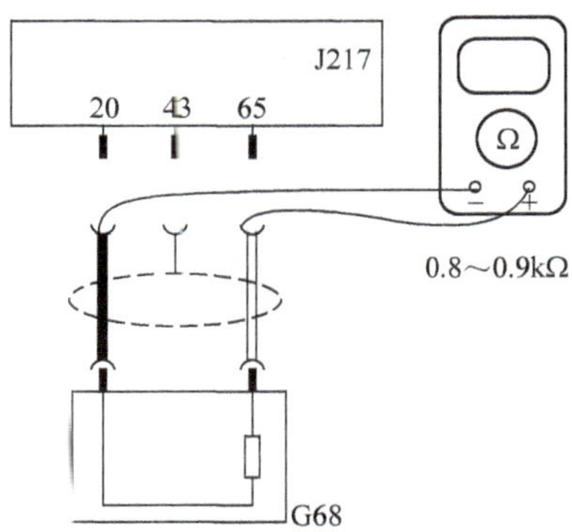

图1-99　车速传感器线束插接器检测

一”测得值相差不大于2Ω。否则，检查线束插接器接触情况。

活动五　检测车速传感器电源

点火开关处于“OFF”位，装回电控单元线束插接器，脱开车速传感器线束插接器，用万用表测量传感器线束侧插接器端子“65”与“20”之间的电压，如图1-100所示。若测得值与图示不符，应进一步检测电控单元线束插接器接触情况或电控单元有无5V电压输出。

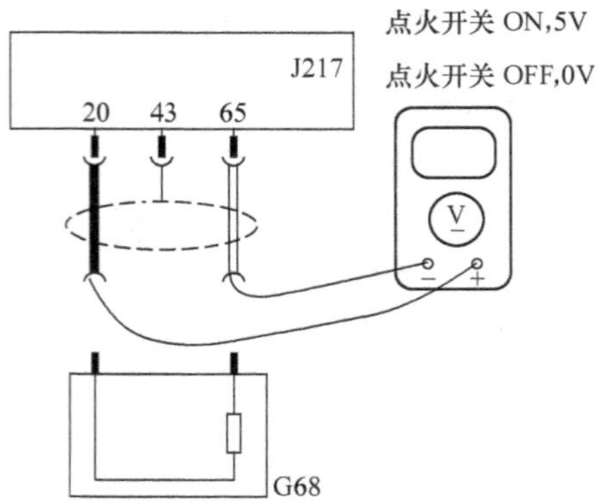

图1-100　车速传感器电源检测

任务十四　检测变速器转速传感器电路

活动一　识记变速器转速传感器的电路图及电路参数

变速器转速传感器G38的电路如图1-101所示。图中端子“21”为传感器信号、“44”为传感器屏蔽线、“66”为传感器电源。

01M变速器转速传感器为磁电式结构，感应线圈标准电阻为0.8~0.9kΩ。

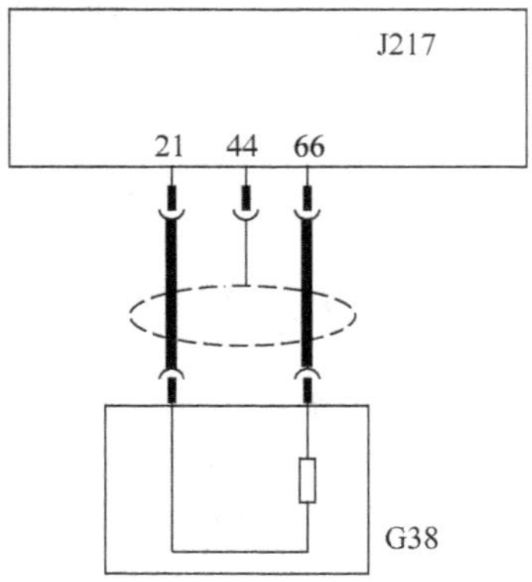

图1-101　01M变速器转速传感器电路

活动二　检测变速器转速传感器电路

变速器转速传感器电路的检测方法与车速传感器电路相同，读者可以参考车速传感器的检测方法进行。

任务十五　检测发动机转速传感器电路

活动一　识记发动机转速传感器的电路图及电路参数

发动机转速传感器电路如图1-102所示。发动机转速信号由发动机控制单元传递到自动变速器控制单元。

发动机转速传感器为磁电式结构，感应线圈电阻为0.48~1kΩ。

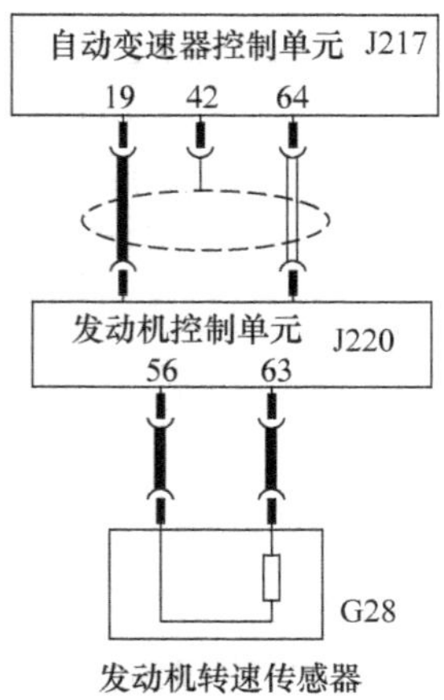

图1-102　发动机转速传感器电路图

活动二　检测发动机转速传感器电路

发动机转速传感器及其与发动机控制单元

1 PROJECT

连接电路的检测方法与车速传感器相同，读者可以参考车速传感器的检测方法进行。此外，还应检测发动机控制单元 J220 与变速器控制单元 J217 之间的连线有无断路、搭铁。

任务十六　检测节气门位置传感器电路

活动一　识记节气门位置传感器的电路图及电路参数

节气门位置传感器的电路原理如图 1-103 所示。电路参数见表 1-9。

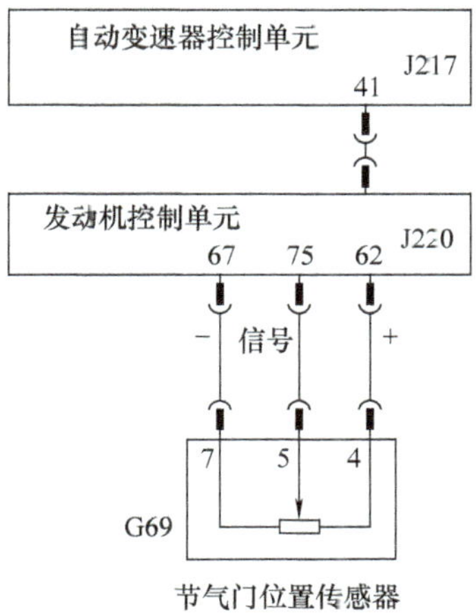

图 1-103　节气门位置传感器电路图（捷达王 01M）

表 1-9　节气门位置传感器电阻值

端子名称	测试位置	标准电阻/kΩ
“信号”——“-”	怠速	0.7～1.8
	节气门全开	2.1～3.9
“信号”——“+”	怠速	2.1～3.9
	节气门全开	0.7～1.8

活动二　检测节气门位置传感器电路

节气门位置传感器将节气门开度信号传送给发动机电控单元，发动机电控单元经分析后将发动机负荷信号传送给自动变速器电控单元。

节气门位置传感器电路的检测方法可参考发动机部分的有关内容，只是不要忘记检测发动机电控单元与自动变速器电控单元之间的连接线路是否正常。

任务十七　检测 ATF 温度传感器电路

活动一　识记 ATF 温度传感器的电路图及电路参数

ATF 温度传感器的电路如图 1-104 所示。该传感器为负温度系数热敏电阻式，其电阻值与温度的对应关系如下：

20℃—274kΩ；60℃—48.8kΩ；120℃—7.4kΩ。

与一般温度传感器使用的5V电源不同，01M自动变速器ATF温度传感器的电源（TCM67号端子）电压为12V。

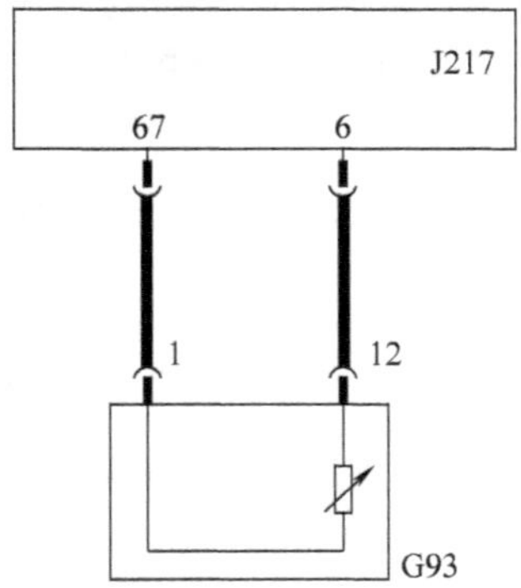

图1-104 ATF温度传感器电路

活动二 读取ATF温度传感器数据流

通过读取ATF温度传感器数据流，可以确认该传感器电路的工作性能是否正常。

点火开关处于“OFF”位，连接诊断仪。点火开关处于“ON”位，按照诊断仪提示选择ATF温度传感器数据流菜单，读取并记录测量值。测得值应与ATF的实际温度一致，否则应进一步检测相关电路是否有故障。

活动三 检测ATF温度传感器

点火开关处于“OFF”位，脱开自动变速器箱体圆形线束插接器，用万用表检测箱体侧插接器端子“1”与“12”之间的电阻，如图1-105所示。若测得结果与图示不符，应进一步拆箱检测温度传感器线束插接器是否接触不良或温度传感器是否损坏。

活动四 检测温度传感器连接线路

1. 检测连接导线

点火开关处于“OFF”位，脱开电控单元线束插接器和自动变速器箱体圆形线束插接器，用万用表检测线束侧对应端子“6”与“12”、“67”与“1”之间及任一端子对地的电阻，如图1-106所示。若测得结果与图示不符，应进一步检查相应导线是否断路、短路或搭铁。

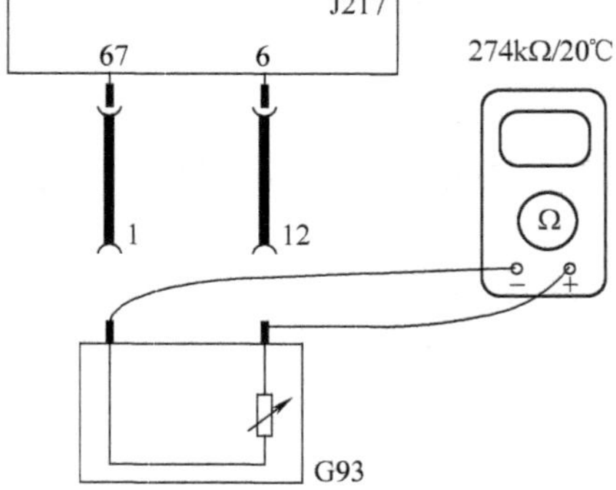

图1-105 ATF温度传感器电阻测量

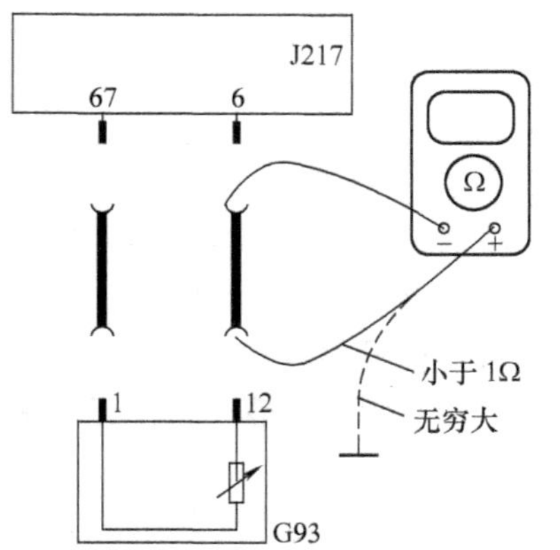

图1-106 ATF温度传感器连接导线检测

2. 检测ATF温度传感器线束插接器

点火开关处于“OFF”位，装回传感器线束插接器，脱开电控单元线束插接器，用万用表测量线束侧端子“67”与“6”之间的电阻，如图 1-107 所示。测得值应如图示，且与“活动三”测得结果相差不大于 2Ω。否则，应进一步检查线束插接器接触情况。

活动五　检测 ATF 温度传感器供电

点火开关处于“OFF”位，装回电控单元线束插接器，脱开箱体圆形线束插接器。用万用表测量线束侧插接器端子“1”与“12”及车身搭铁之间的电压，如图 1-108 所示。若测得结果与图示不符，应进一步检测电控单元线束指接器是否接触不良或电控单元有无 12V 电压输出。

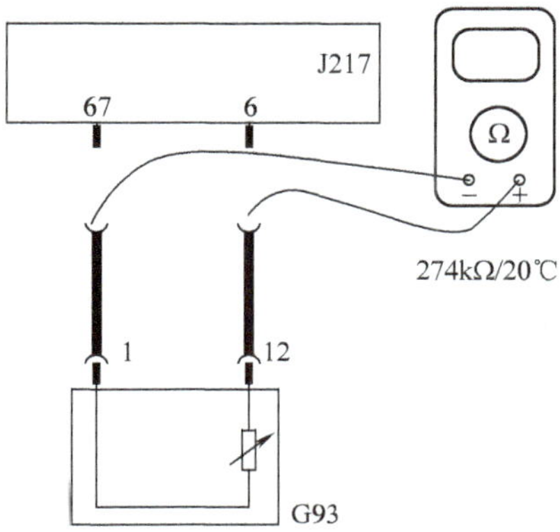

图 1-107　ATF 温度传感器线束插接器检测

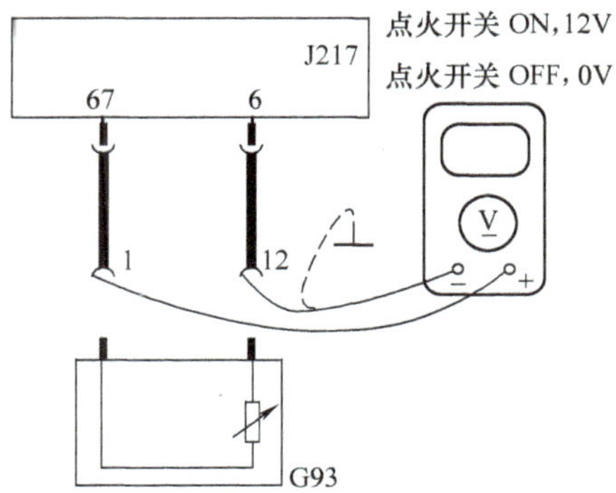

图 1-108　ATF 温度传感器供电检测

任务十八　检测多功能开关（挡位开关）电路

活动一　识记多功能开关的电路图及电路参数

多功能开关的电路原理如图 1-109 所示。开关为触点式结构，其中：“1”为 P、1 挡信号，“2”为 N、D、3 挡信号，“3”为搭铁，“5”为 P、R、N 信号，“6”为 3、2、1 挡信号，“7”为 12V 电源。

活动二　读取多功能开关数据流

通过诊断仪读取挡位开关数据流，可以确认挡位开关电路的工作性能是否正常。

点火开关处于“OFF”位，连接诊断仪。点火开关处于“ON”位，按照诊断仪提示选择变速杆位置数据流菜单，分别将变速杆置于 P、R、N、D、3、2、1 位置，诊断仪显示应与变速杆实际位置一致。否则，应调整变速杆拉索或进一步检测相关电路是否有故障。

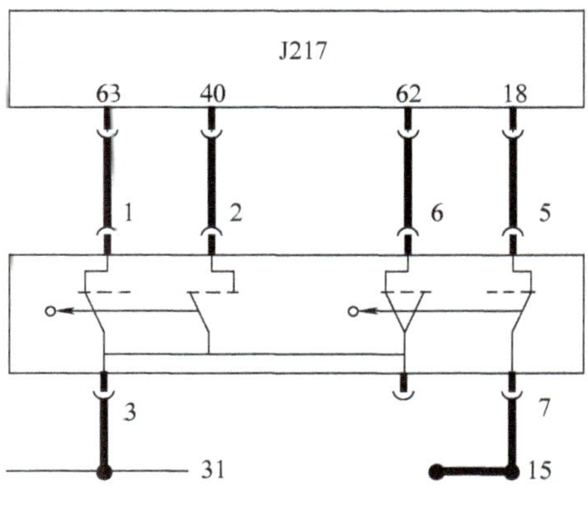

图 1-109　多功能开关电路原理图

活动三 检测多功能开关

关闭点火开关，脱开多功能开关的线束插接器，用万用表检测多功能开关端子“3”与“1”、“3”与“2”、“3”与“6”、“7”与“5”之间的电阻，如图 1-110 所示。若测得结果与图示不符，检修或应更换多功能开关。

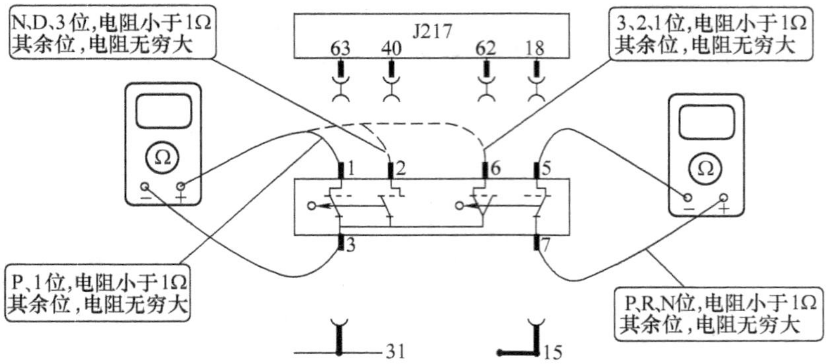

图 1-110 多功能开关测试

活动四 多功能开关连接线路检测

1. 连接导线检测

点火开关处于“OFF”位，脱开电控单元线束插接器及多功能开关线束插接器，用万用表测量对应端子之间及任一端子对地的电阻，如图 1-111 所示。

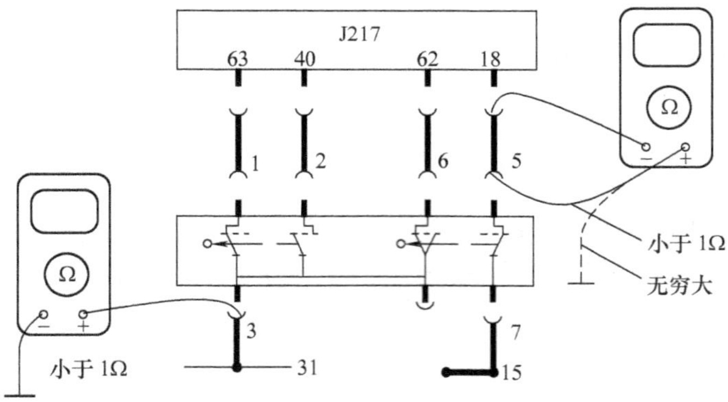

图 1-111 多功能开关连接导线检测

2. 检测多功能开关线束插接器

点火开关处于“OFF”位，装回多功能开关线束插接器，脱开电控单元线束插接器，用万用表测量端子“车身搭铁”与“63”、“车身搭铁”与“40”，“车身搭铁”与“62”及“15”与“18”之间的电阻，如图 1-112 所示。

活动五 检测多功能开关供电

装回电控单元线束插接器，脱开多功能开关线束插接器，用万用表测量多功能开关线束

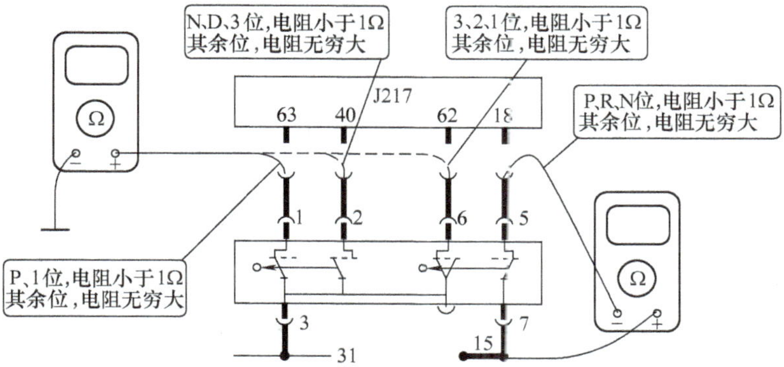

图 1-112　多功能开关线束插接器检测

侧插接器端子“1”与“3”、“2”与“3”、“6”与“3”、“7”与“3”之间的电压，如图1-113 所示。若检测结果与图示不符，应进一步检测电控单元线束插接器是否接触不良或电控单元有无电压输出。

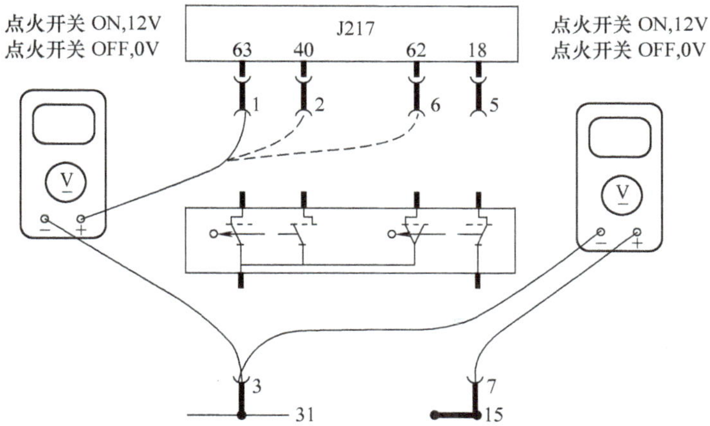

图 1-113　多功能开关供电检测

任务十九　检测强制降挡开关电路

活动一　识记强制降挡开关电路及有关电路参数

强制降挡开关的电路原理如图 1-114 所示。强制降挡开关为常开型，加速踏板踩到底并超过节气门全开位置时，开关接通。

活动二　检测强制降挡开关线路电位

点火开关处于“ON”位，用万用表检测强制降挡开关端子与车身搭铁之间的电压，如图 1-115 所示。若测得结果与图示不符，应进一步检测相关电路是否有故障。

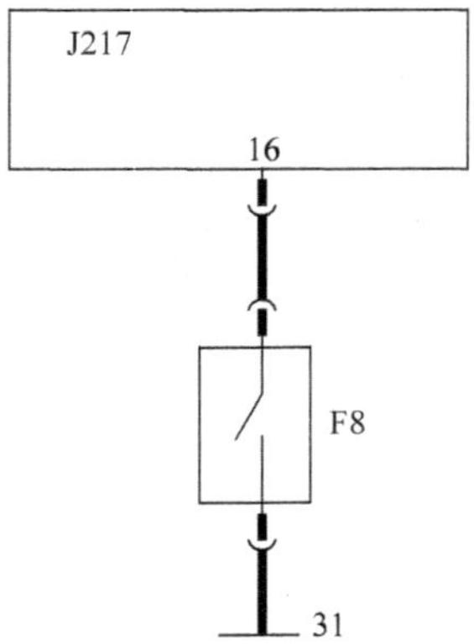

图 1-114　强制降挡开关电路原理图

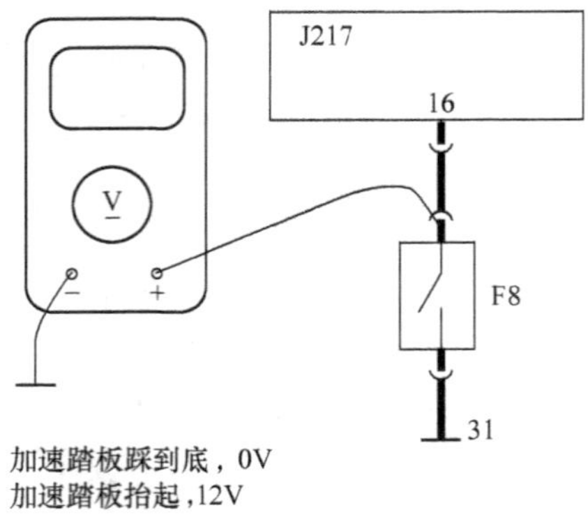

图 1-115　强制降挡开关电路电位检测

活动三　检测强制降挡开关

点火开关处于“OFF”位，脱开强制降挡开关的线束插接器，用万用表测量开关两端子之间的电阻，如图 1-116 所示。若检测结果与图示不符，应调整或更换节气门拉索（与强制降挡开关一体）。

活动四　检测强制降挡开关线路

1. 检测连接导线

点火开关处于“OFF”位，脱开电控单元及强制降挡开关线束插接器，用万用表测量相应端子之间及任一端子对地的电阻，如图 1-117 所示。

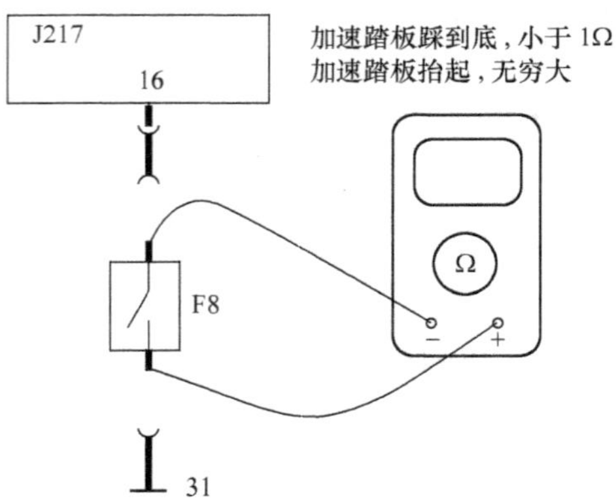

图 1-116　强制降挡开关检测

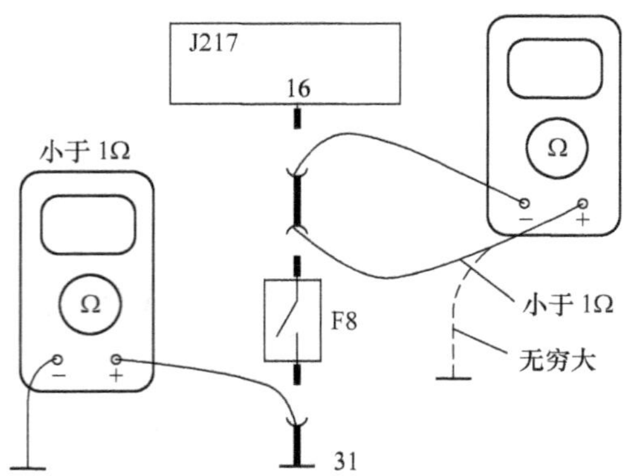

图 1-117　强制降挡开关连接导线检测

2. 检测线束插接器

点火开关处于“OFF”位，脱开电控单元线束插接器，装回强制降挡开关线束插接器，用万用表检测电控单元线束侧插接器端子“16”与“车身搭铁”之间的电阻，如图 1-118 所示。若测得结果与图示不符，表明强制降挡开关线束插接器接触不良。

活动五　检测强制降挡开关供电

点火开关处于“OFF”位，脱开强制降挡开关线束插接器，用万用表检测线束侧两端子之间的电压，如图 1-119 所示。若测得结果与图示不符，则应进一步检查电控单元线束插接器是否接触不良或电控单元有无电压输出。

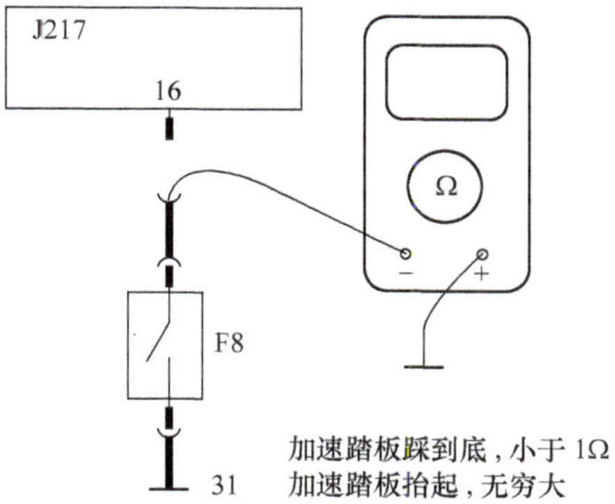

图 1-118　强制降挡开关线束插接器检测

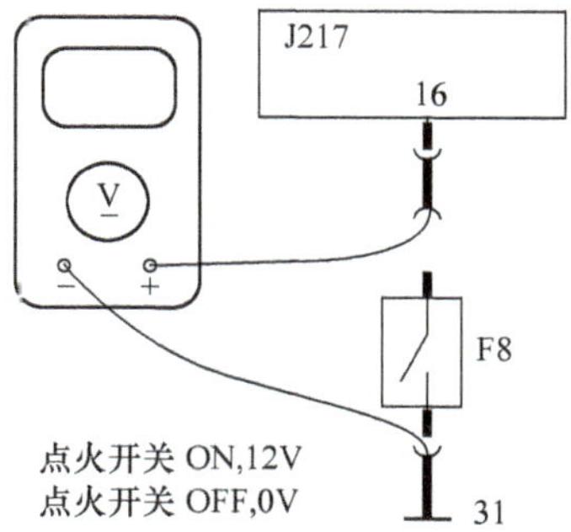

图 1-119　强制降挡开关供电检测

任务二十　检测制动灯开关电路

活动一　识记制动灯开关电路及有关电路参数

制动灯开关的电路原理如图 1-120 所示，制动灯开关为常开型。

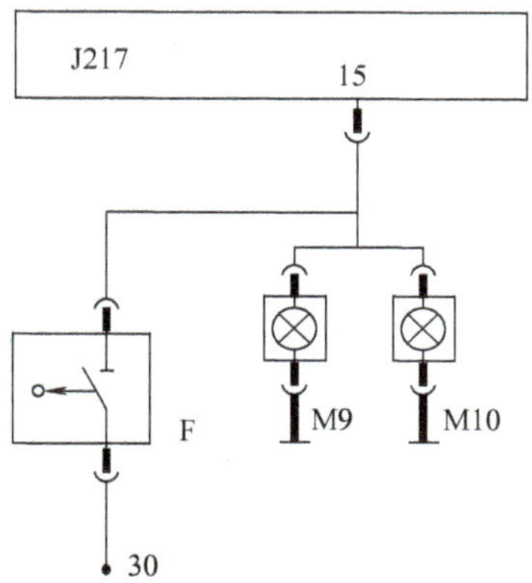

图 1-120　制动灯开关电路图

活动二　检测制动灯开关电路

制动灯开关电路与强制降挡开关电路相似，其检测可参照进行。

任务二十一　检测电磁阀电路

活动一　识记电磁阀电路及有关电路参数

01M 自动变速器有七个电磁阀，电路原理如图 1-121 所示，工作电压均为 12V。其中 N88、N89、N90、N92、N94 为开关阀，N88、N89、N90 用于挡位之间的变换，N92、N94 用于改善换挡品质。N91、N93 为调节阀，N91 用于调节变矩器离合器油压，N93 用于调节离合器和制动器的油压（主油压）。

N88、N89、N90、N92、N93、N94 线圈电阻均为 55～65Ω，N91 线圈电阻为4.5～6.5Ω。

活动二　检测电磁阀工作电压波形

举升汽车，起动发动机并将变速杆置于不同位置运行汽车，用示波器依次检测端子 10、56、47、9、54、55、58 的电压波形，如图 1-122 所示。测得结果应为图示矩形脉冲波，其中端子 47、58 波形占空比随车速、挡位不同而变化，其余端子的波形在自动换挡时突变；否则，应进一步检测有关电路是否正常。

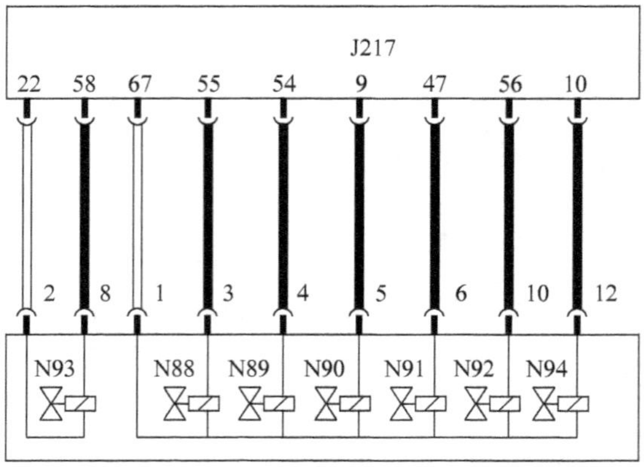

图 1-121 油压调节电磁阀电路

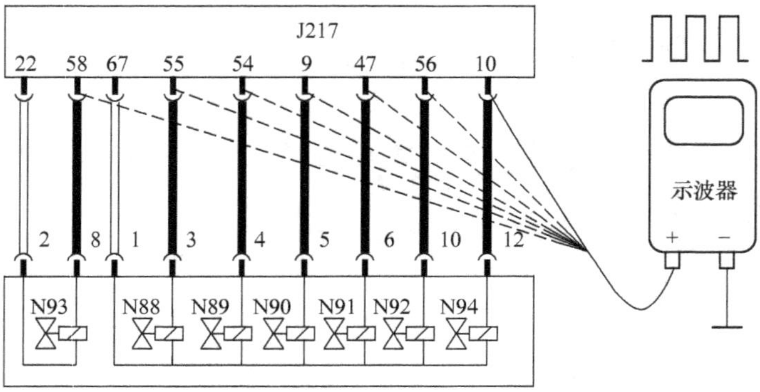

图 1-122 油压调节电磁阀工作电压波形检测

活动三 检测电磁阀电阻

点火开关处于“OFF”位，脱开变速器箱体圆形线束插接器，用万用表依次检测箱体侧连接器端子“2”与“8”、“1”与“3”、“1”与“4”、“1”与“5”、“1”与“6”、“1”与“10”、“1”与“12”之间及任一端子对地的电阻，如图 1-123 所示。测得阻值除 N91 线

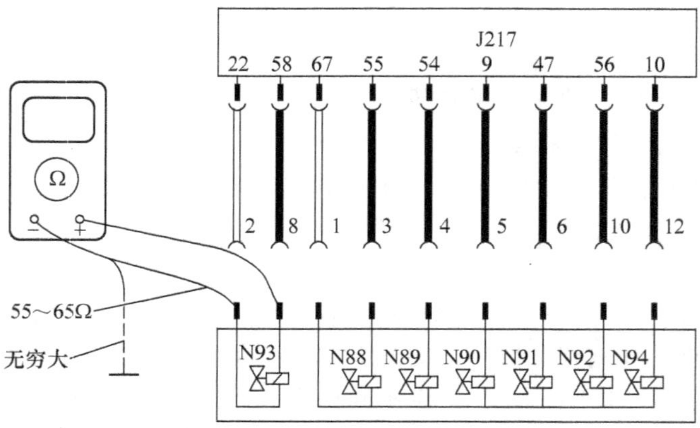

图 1-123 电磁阀电阻检测

圈电阻为4.5～6.5Ω外，N88、N89、N90、N92、N93、N94线圈电阻均为55～65Ω。否则，需进一步拆箱检测相关导线、插接器及电磁阀是否正常。

活动四　检测电磁阀连接线路

1. 检测电磁阀连接导线

点火开关处于“OFF”位，脱开电控单元及变速器箱体线束插接器，用万用表依次测量端子“22”与“2”、“58”与“8”、“67”与“1”、“55”与“3”、“54”与“4”、“9”与“5”、“47”与“6”、“56”与“10”、“10”与“12”之间及任一端子对地的电阻，如图1-124所示。若测得结果与图示不符，则需进一步检测相应导线有无断路、短路或搭铁故障。

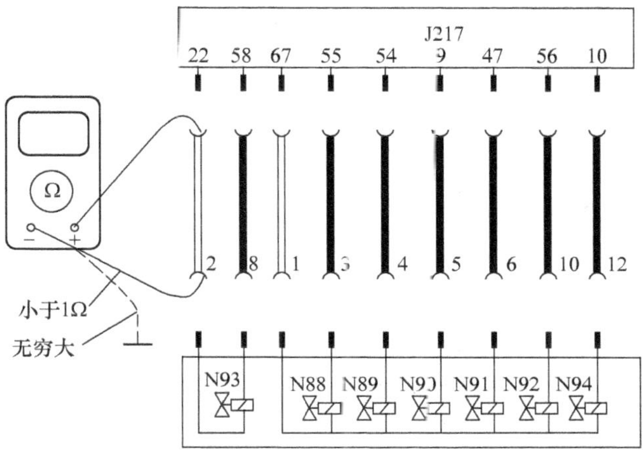

图1-124　电磁阀连接导线检测

2. 检测箱体线束插接器

点火开关处于“OFF”位，装回箱体线束插接器，脱开电控单元线束插接器，用万用表依次测量电控单元线束侧插接器端子“22”与“58”、“67”与“55”、“67”与“54”、“67”与“9”、“67”与“47”、“67”与“56”、“67”与“10”之间的电阻，如图1-125所示。测得结果应与“活动三”测得结果相差不大于2Ω。否则，表明箱体线束插接器接触不良。

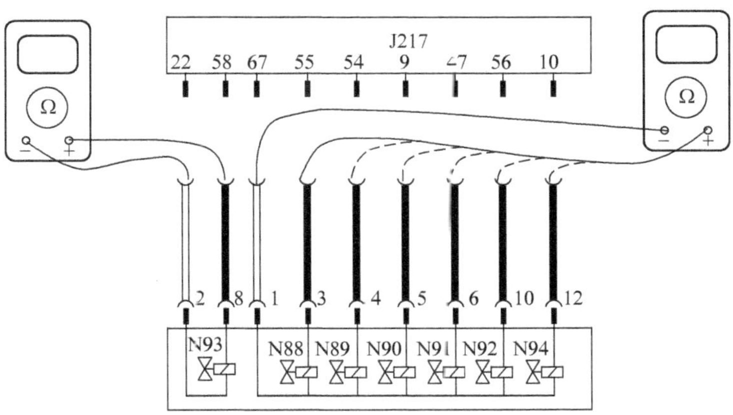

图1-125　线束插接器检测

活动五 检测电磁阀供电

点火开关处于“OFF”位，装回电控单元线束插接器，脱开变速器箱体圆形线束插接器，用万用表依次测量线束侧端子“2”、“1”与车身搭铁之间的电压，如图 1-126 所示。若测得结果与图示不符，则进一步检测电控单元线束插接器接触不良或电控单元有无电压输出。

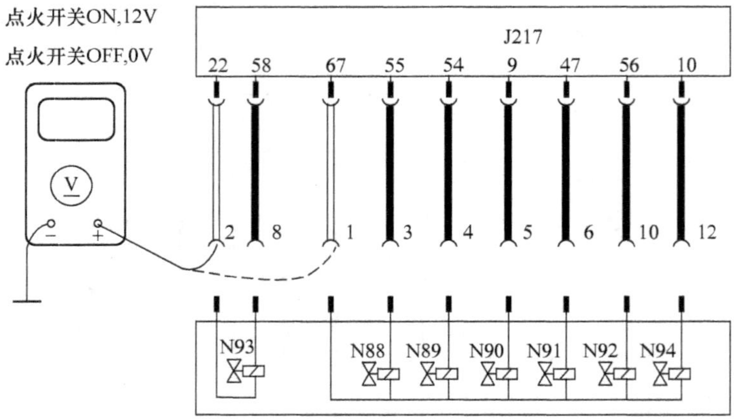

图 1-126 电磁阀供电检测

活动六 检测电磁阀机械故障

电磁阀动作灵活性检查可以通过通电试验进行，当电磁阀通蓄电池电压时，应能够听到清脆的开闭动作响声。否则为动作不灵活，应清洗或更换电磁阀。

电磁阀有常开（通电关闭）型和常闭（通电打开）型两种。拆下电磁阀，在通电（常开型）或断电（常闭型）时通以压缩空气，检测其密封性，不应有泄漏，如图1-127所示。否则，应清洗或更换电磁阀。

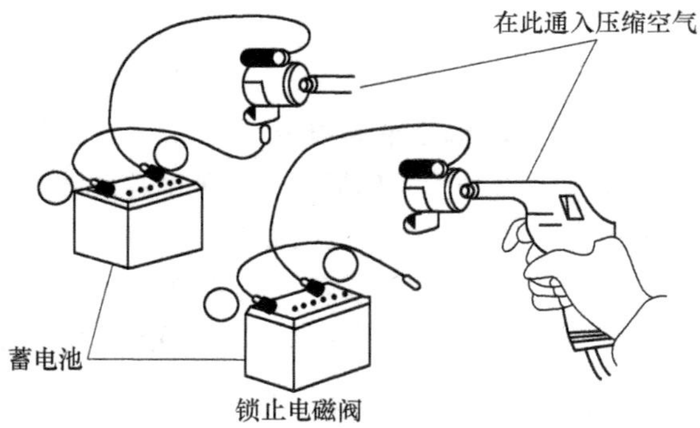

图 1-127 电磁阀的机械故障检测

任务二十二 检测变速杆锁止电磁阀电路

活动一 识记变速杆锁止电磁阀的电路图及电路参数

01M 变速器的变速杆锁止电磁阀电路原理如图 1-128 所示。当点火开关接通，变速杆在 P 或 N 位，踏下制动踏板时断电并放松变速杆，不踏下制动踏板时通电并锁止变速杆。电磁阀线圈电阻为 14 ~ 25Ω。

活动二　检测变速杆锁止电磁阀控制电位

点火开关处于“ON”位，用万用表测量电控单元端子“29”与“车身搭铁”之间的电压，如图 1-129 所示。若检测结果与图示不符，应进一步检测相关电路是否有故障。

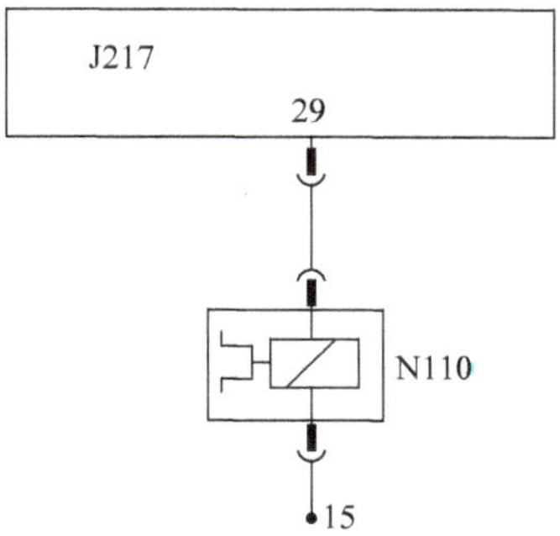

图 1-128　01M 变速器变速杆锁止电磁阀电路原理

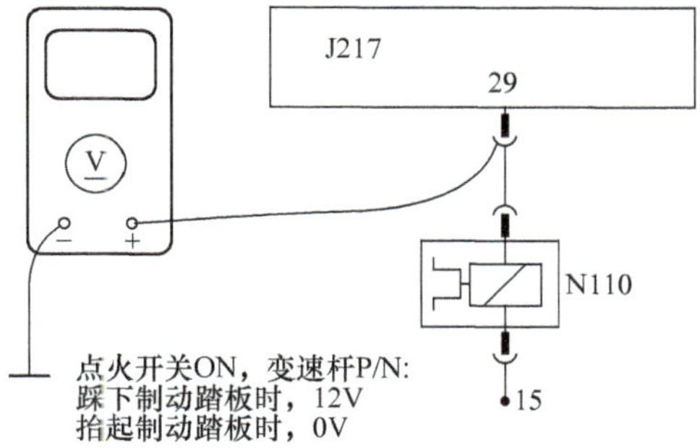

图 1-129　变速杆锁止电磁阀控制电压检测

活动三　检测变速杆锁止电磁阀

1. 检测变速杆锁止电磁阀电阻

点火开关处于“OFF”位，脱开电磁阀线束插接器，测量电磁阀线圈电阻，如图1-130 所示。若测得结果与图示不符，则更换电磁阀。

2. 测试电磁阀动作

点火开关处于“OFF”位，脱开电磁阀线束插接器，在电磁阀两端施加蓄电池端电压，如图 1-131 所示。当施加电压时，变速杆应能从 P 位移出；当撤除电压时，变速杆在 P 位被锁止。否则，应调整或更换电磁阀。

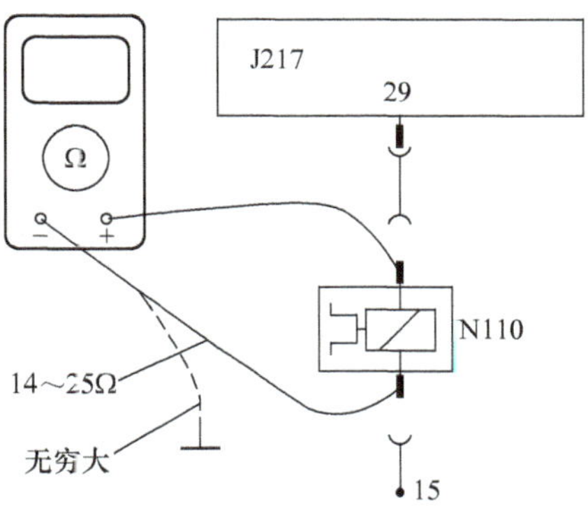

图 1-130　变速杆锁止电磁阀电阻测量

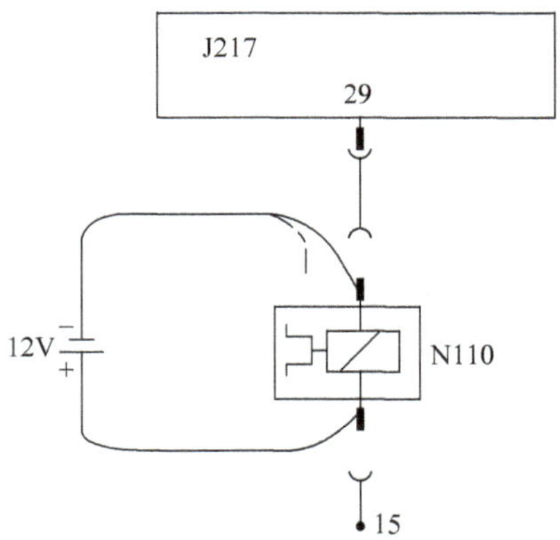

图 1-131　变速杆锁止电磁阀动作测试

活动四　检测变速杆锁止电磁阀连接线路

1. 检测变速杆锁止电磁阀连接导线

点火开关处于“OFF”位，脱开电磁阀及电控单元的线束插接器，对电路进行检测，如

图 1-132 所示。若检测结果与图示不符，应进一步检测相应导线是否断路、短路或搭铁。

2. 检测电磁阀线束插接器

点火开关处于“OFF”位，装回电磁阀线束插接器，断开电控单元线束插接器，用万用表检测电控单元线束侧插接器端子“29”与“15”之间的电阻，如图 1-133 所示。若测得结果与“活动三”测得结果相差超过 2Ω，表明插接器接触不良。

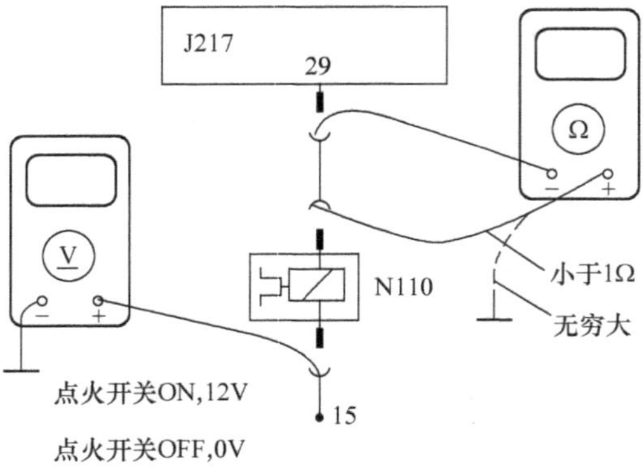

图 1-132 变速杆锁止电磁阀连接导线检测

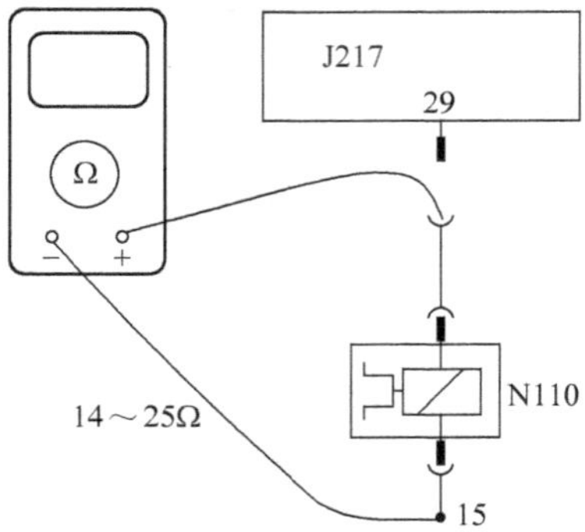

图 1-133 变速杆锁止电磁阀线束插接器检测

任务二十三 检测起动和倒挡锁止继电器电路

活动一 识记起动和倒挡锁止继电器电路及相关电路参数

01M 变速器起动和倒挡锁止继电器是一个组合继电器，电路原理如图 1-134 所示。J217 各端子意义可参考表 1-4，图注同图 1-67。

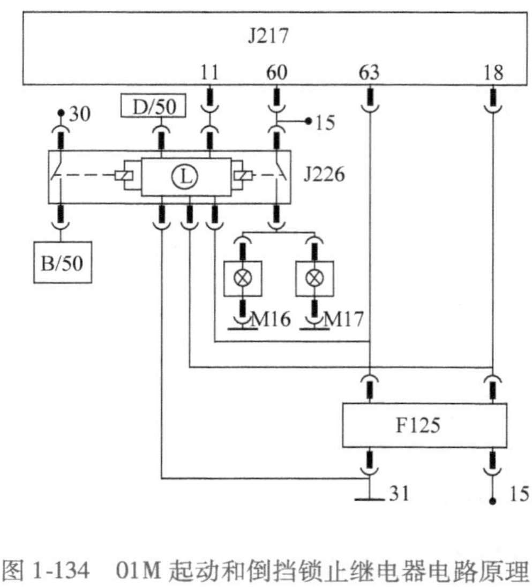

图 1-134 01M 起动和倒挡锁止继电器电路原理

活动二　检测起动和倒挡锁止继电器

1）关闭点火开关，拔下起动和倒挡锁止继电器，在相应插孔中检测有关电路参数，检测结果如图 1-135 所示。否则，检测相关线路是否短路、断路、搭铁。

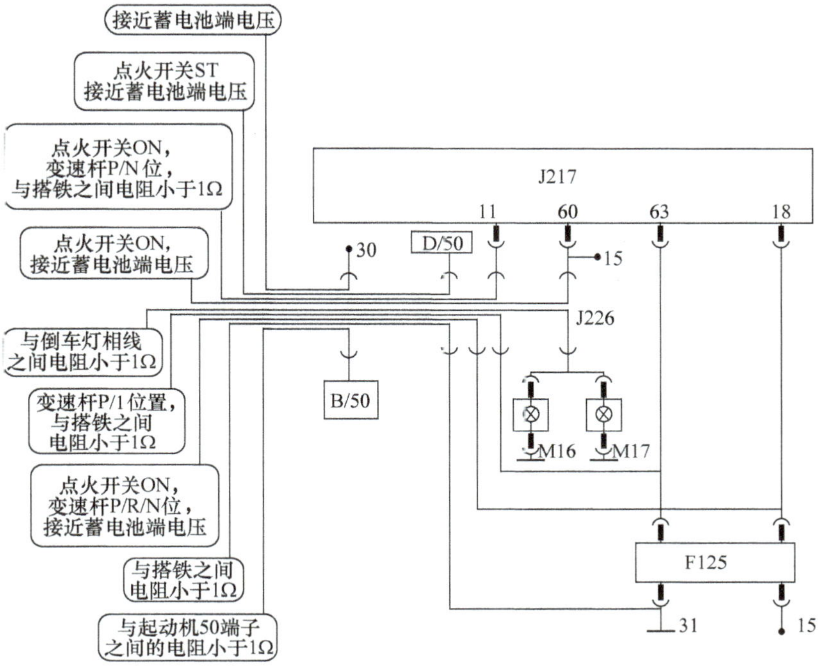

图 1-135　起动和倒挡锁止继电器检测

2）经上述检测后，关闭点火开关，装回起动与倒挡锁止继电器。若在点火开关 ST 位时起动机不能运转，起动机 50 端子无接近蓄电池电压，或倒车灯电源线无接近蓄电池电压，均应更换继电器。

任务二十四　检测电控单元

活动一　识记电控单元的有关电源电路

自动变速器电控单元的有关电源电路如图 1-136 所示。

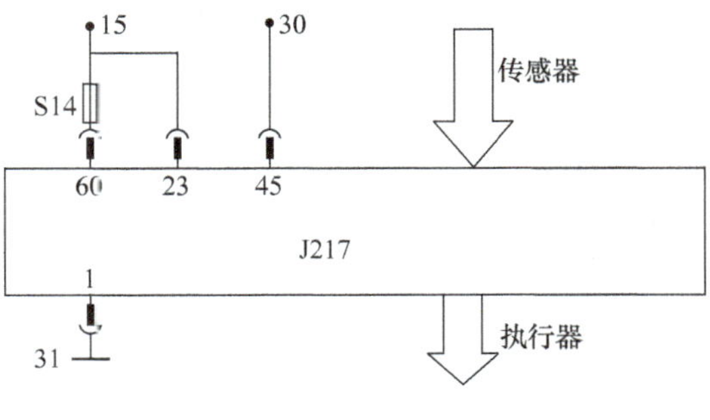

图 1-136　自动变速器电控单元的有关电源电路

活动二　检测电控单元电路

通常电控单元的检测不涉及其内部电路，只对其外部电源电路进行检测。在电源电路正常的情况下，传感器输入相关信号后，电控单元应发出相应指令到执行器。否则，可判定电控单元有故障，应更换。

电控单元电源电路检测方法如下：

1）关闭点火开关，脱开电控单元的线束连接器，用万用表依次检测 60、23、45 插孔的电压，如图 1-137 所示。45 插孔为常火线，电压应接近蓄电池电压。60、23 插孔在点火开关处于“ON”时，电压应接近蓄电池电压，点火开关处于“OFF”时，电压为 0V。否则，检查相应线路有无短路、断路或搭铁。

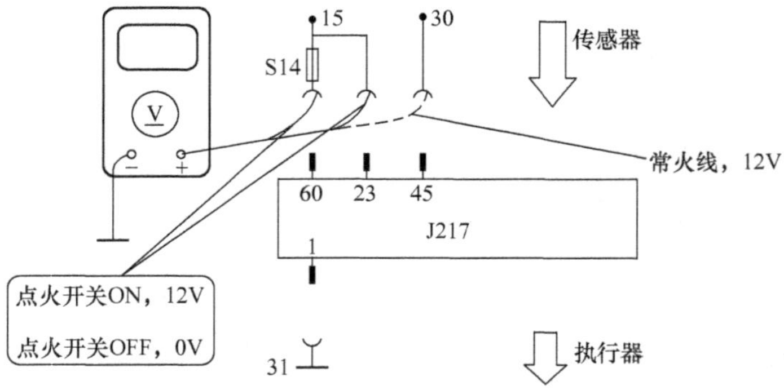

图 1-137　电控单元电源电路检测

2）用万用表测量 1 插孔与搭铁之间的电阻，如图 1-138 所示。电阻值应小于 1Ω，否则，检测相应线路是否有断路或接触不良。

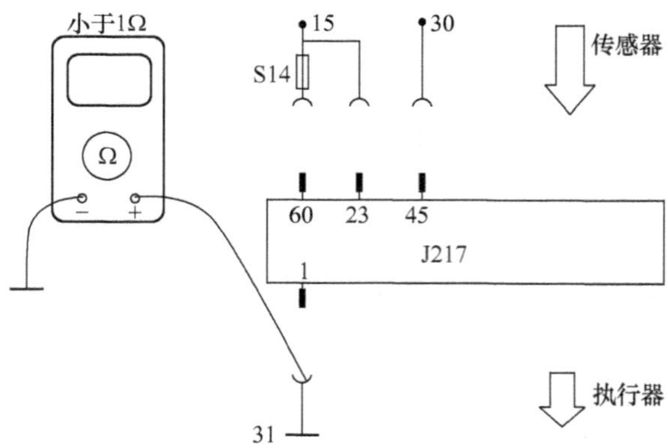

图 1-138　电控单元搭铁电路检测

任务二十五　拆装自动变速器总成

活动一　明确拆装注意事项

1）对于有音响系统密码和车内防盗系统密码的车辆，在拆卸蓄电池负极电缆前应注意密码的收集和记录，以备装复后输入。

2）汽车发动机、底盘和变速器本身都会影响变速器性能，容易引起误诊。因此，在变速器拆卸前必须确诊故障发生在哪一部位。

3）液力变矩器应与变速器一起拆下。

4）拆检电器元件时，点火开关应关闭或取下蓄电池负极电缆。

5）检查软管和电线插头，确保其连接正确、可靠，必要时做好记号。

活动二　从车上拆下自动变速器总成

各种型号自动变速器的拆卸顺序略有不同，但总体步骤基本相同。下面以捷达01M自动变速器为例简要说明（详细步骤请参考维修手册）。

1）记录音响系统密码，点火开关关闭，拆除蓄电池负极电缆。

2）拆下自动变速器上的车速表插头及其他有关线束插头。

3）变速杆置于P位，拆下变速杆拉索及其挡圈。

4）拆下自动变速器ATF冷却器软管，如图1-139所示。

5）安装吊架并吊起发动机/变速器，如图1-140所示。

6）拆卸起动机。

7）拆下转向助力高压油管支架。

8）从发动机支架上拆下前支架螺栓，如图1-141所示。

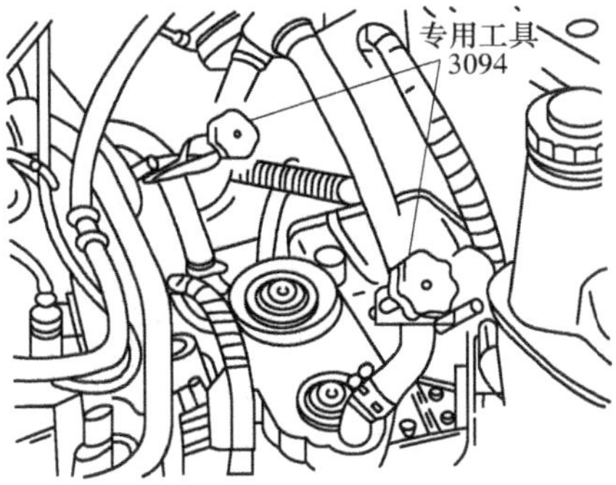

图1-139　拆下ATF冷却器软管

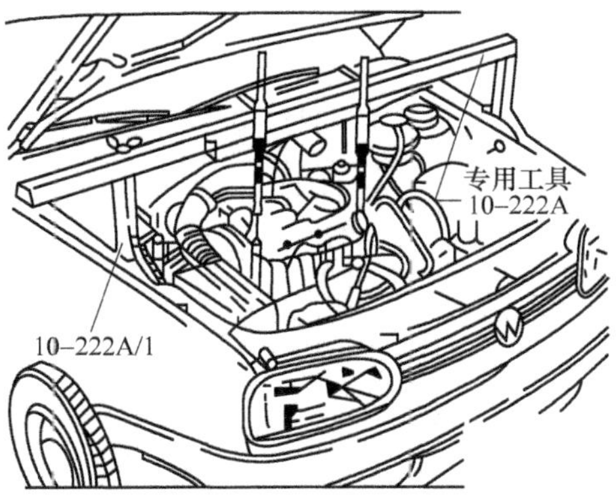

图1-140　安装发动机/变速器吊架

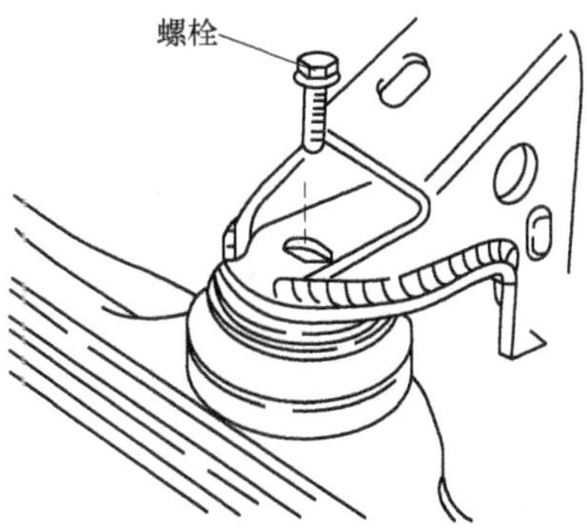

图1-141　发动机前支架螺栓

9）拆下支架，取下冷却液补充罐并放置一旁。

10）拆下左侧总成悬置支架。

11）拆下发动机、变速器上部联接螺栓。

12）拆下自动变速器油底壳防护板。

13）拆下液力变矩器防护板和螺母。
14）从法兰上拆下驱动轴，将右侧驱动轴向上固定好。
15）拆下左前轮。
16）右转方向，标出左侧悬架臂上万向节螺栓安装位置并拆下螺栓。
17）将左侧驱动轴放在一旁，向外侧摆动万向节。
18）安装变速器支架，如图 1-142 所示。
19）将千斤顶连同变速器支架一同放在变速器下面，并支起变速器，如图 1-143 所示。

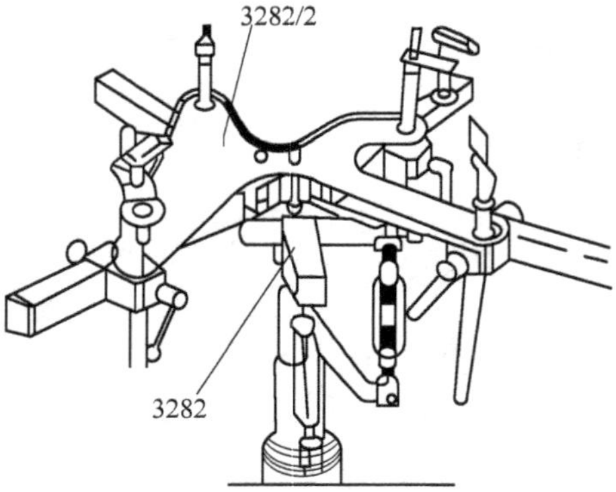

图 1-142 安装变速器支架

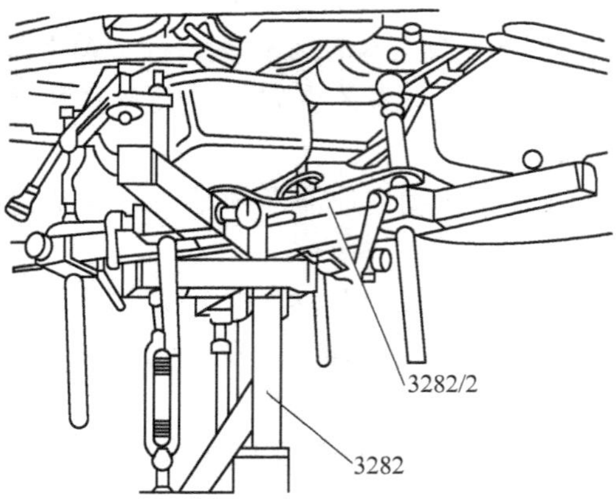

图 1-143 安装变速器支架

20）将支架心轴装到油底壳上并紧固到变速器壳体上，如图 1-144 所示。
21）拆下发动机、变速器下部联接螺栓。
22）向前拧动支架，推开发动机和变速器，如图 1-145 所示。

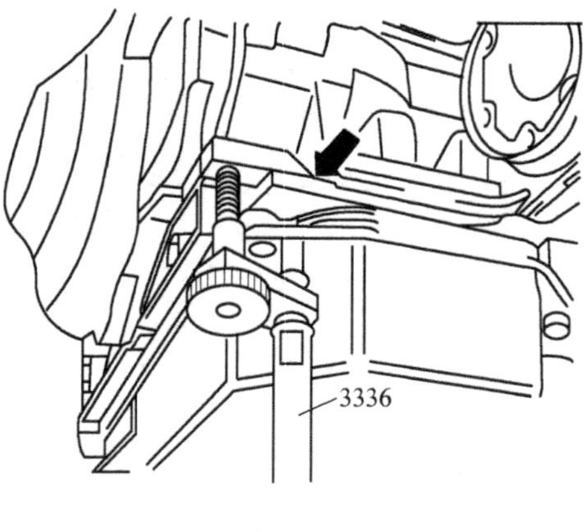

图 1-144 安装支架心轴

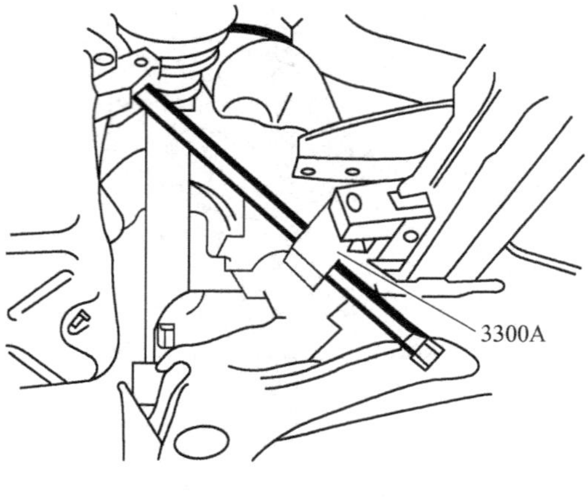

图 1-145 用支架推开发动机和变速器

23）转动曲轴并旋下中间板与变矩器的固定螺母，从中间板上压出变矩器并将其靠在自动变速器油泵上。

24）通过吊架螺杆放下发动机。稍微放下一点变速器，移开转向助力高压油管。

25）通过千斤顶，放下变速器。

任务二十六　分解自动变速器行星齿轮变速传动装置

活动一　明确自动变速器分解与组装程序及注意事项

1）分解变速器之前应对其外部进行彻底清洗，以防外部脏物污染内部零件。防止小的杂物引起新的故障。

2）对变速器进行分解、检查和装配时，应依序分组进行，避免混淆看起来相似而实际不同的零件。若某一零件因一时无法购得以致该组件不能装配时，应将该组件的所有零件都放在一起，然后再分解、检查和装配其他组件。

3）所有零件必须彻底清洗（用同型号 ATF 或高级煤油）。清洗后用压缩空气吹干所有零件，决不能用工作抹布（布纤维会影响变速器的正常工作）擦干。液压油道和小孔都要用压缩空气吹通，确保其不被堵塞。

4）凡开口销、密封垫、O 形圈和油封等都属一次性使用的零件，每次修理时均应换新。

5）衬套严重磨损需更换时，必须连同带有衬套的那个零件总体一起更换。

6）推力轴承和座圈滚道若已磨损或损坏需换新。

7）新的离合器、制动器摩擦片在装配前必须放在 ATF 中浸泡至少 15min。所有密封油环、离合器摩擦片、离合器钢片、旋转元件和滑动表面，在装配时都应用 ATF 涂抹。

8）小零件应用凡士林（石油膏）粘在它们的位置上，以便于装配。

9）确定卡环两端没有对准壳体的任一切口后再将其装入定位环中。

10）在密封垫或类似零件上不能使用密封胶，以防堵塞油道。

11）自动变速器各零件精度要求很高，哪怕是一道小小的划痕也会引起漏油或影响性能。故总装前应仔细检查每一零件，并保证滚针轴承和座圈滚道都装在正确的位置和方向上。

12）装配阀板时，应检查阀芯动作是否灵活自如；否则，应重新清洗检查。

13）更换隔板衬垫应确认新旧规格一致，准确无误。

14）所有螺栓均应按标准力矩拧紧。

活动二　分解自动变速器行星齿轮变速传动装置

自动变速器的分解、组装和调整应严格按照维修手册要求进行，下面以 01M 自动变速器为例说明主要步骤。

1. 拆卸 ATF 冷却器和加油管

ATF 冷却器和加油管的拆装如图 1-146 所示。

自动变速器的分解如图 1-147、图 1-148、图 1-149、图 1-150、图 1-151 所示。

2. 分解行星齿轮系统

1）装上自动变速器溢流管和螺塞，如图 1-152 所示。

2）关闭自动变速器油冷却器油口，拆下液力变矩器。

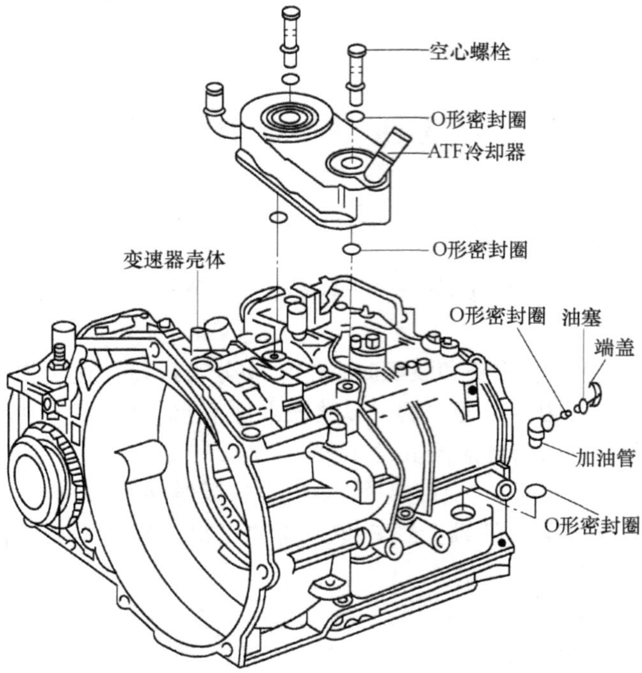

图 1-146 拆装 ATF 冷却器和加油管

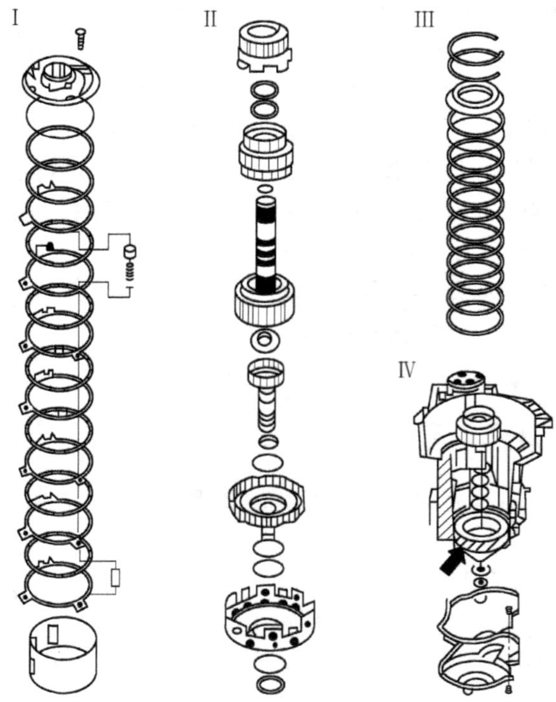

图 1-147 自动变速器分解图

Ⅰ、Ⅱ、Ⅲ、Ⅳ为分解步骤

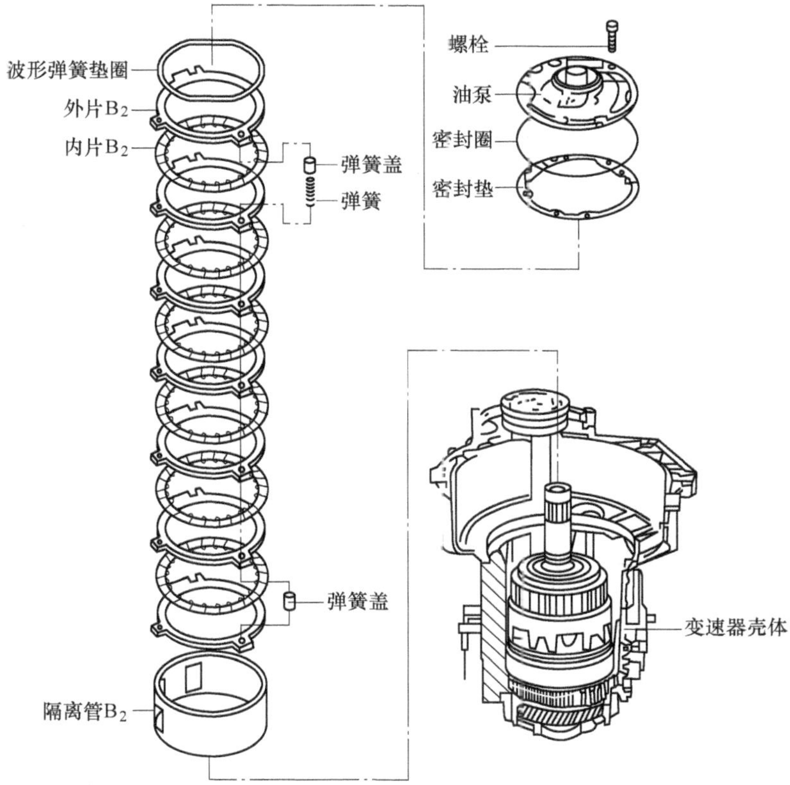

图 1-148　ATF 油泵和制动器 B_2 分解图

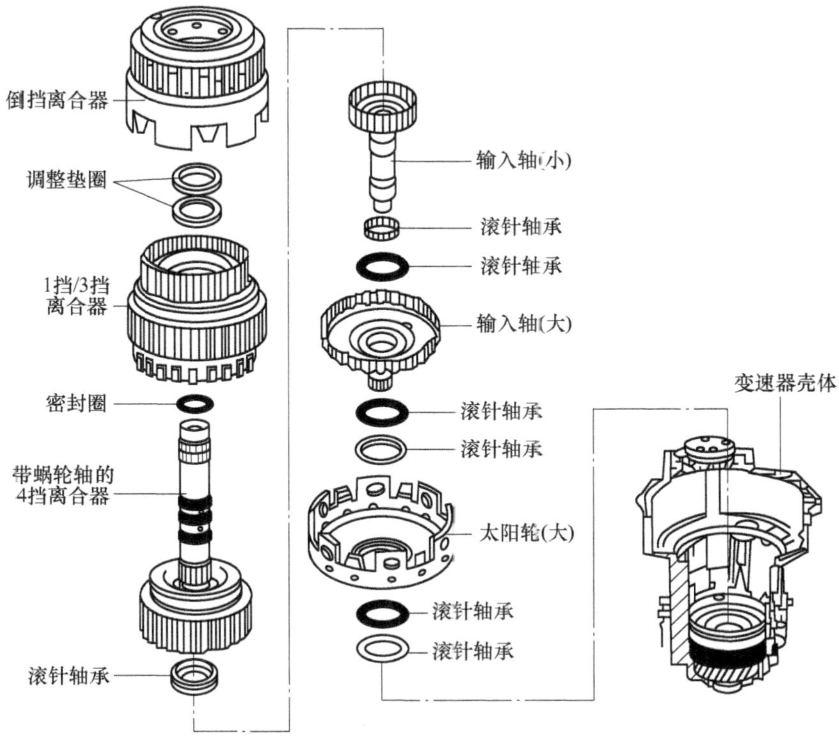

图 1-149　倒挡离合器 C_2 和大太阳轮分解图

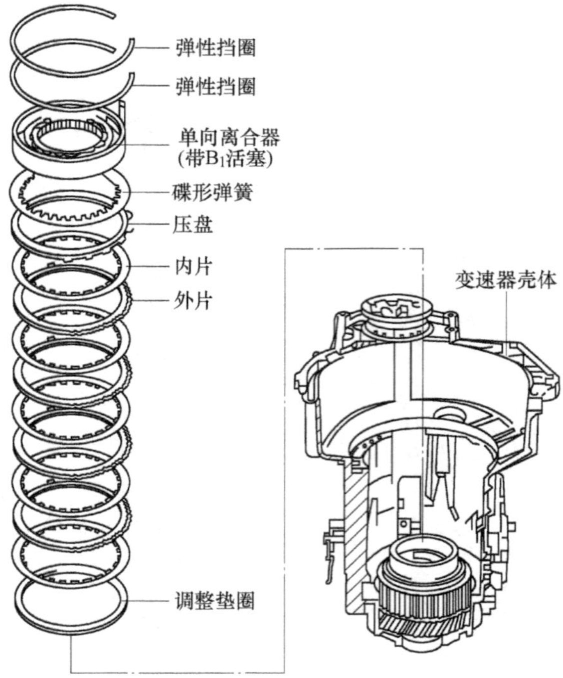

图 1-150　单向离合器和倒挡制动器分解图

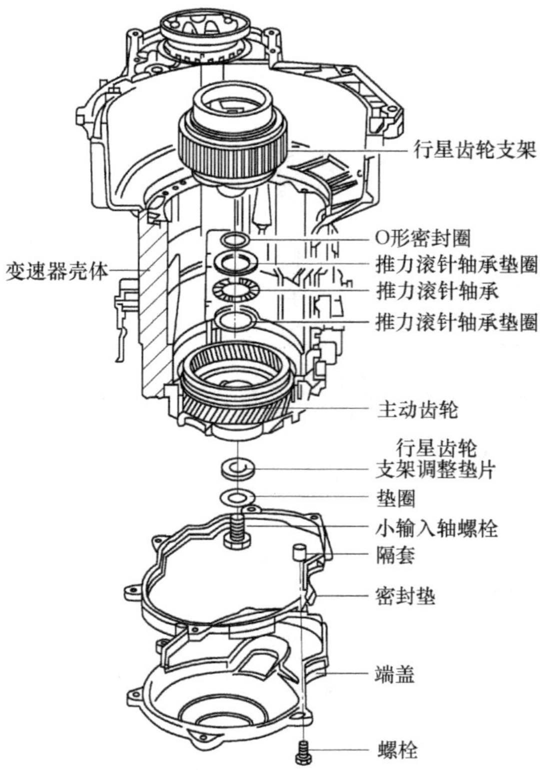

图 1-151　行星齿轮架、主动齿轮、端盖分解图

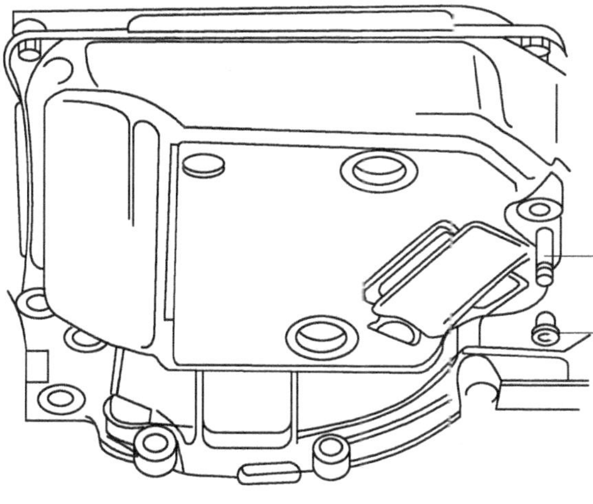

图 1-152　自动变速器溢流管和螺塞

3）用螺栓将自动变速器固定到安装架上，如图 1-153 所示。

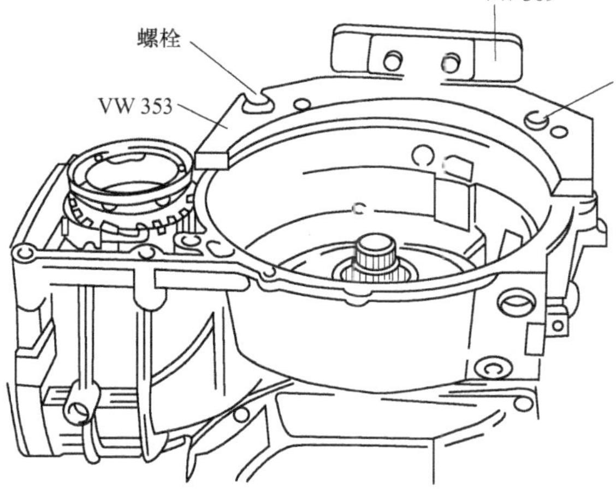

图 1-153　固定自动变速器

4）拆下变速器壳体上带密封垫的端盖，如图 1-154 箭头所示。

5）拆下油底壳，然后拆下自动变速器油滤网。

6）拆下带传输线的滑阀箱，如图 1-155 所示。

7）拆下 B_1 的密封圈，如图 1-156 箭头所示。

8）拆下自动变速器油泵螺栓，如图 1-157 箭头所示。

9）将螺栓 A（M8）拧入自动变速器油泵螺栓孔内，如图 1-158 所示。

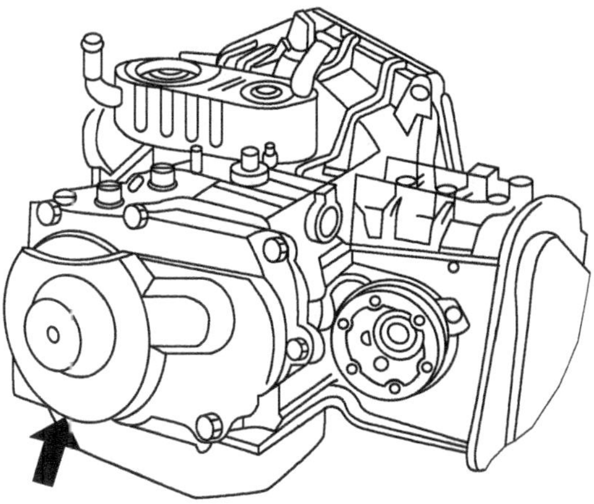

图 1-154　拆下自动变速器端盖

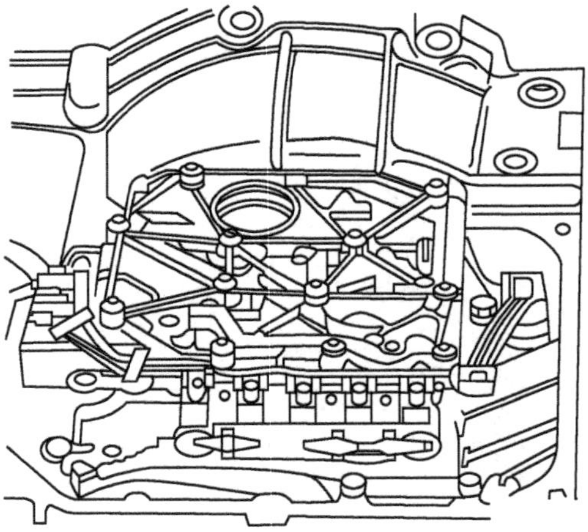

图 1-155 拆下滑阀箱

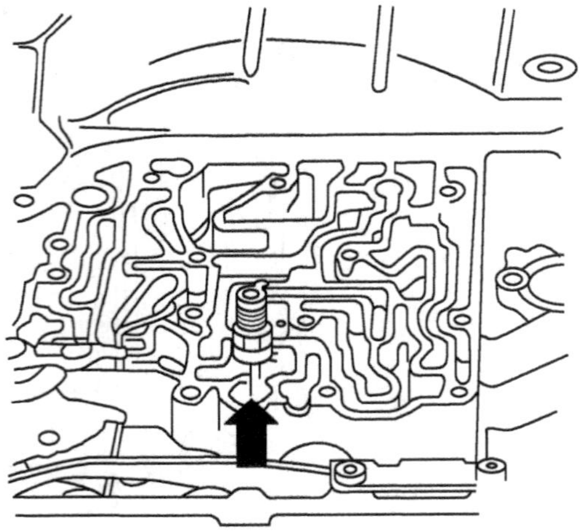

图 1-156 拆下 B_1 密封圈

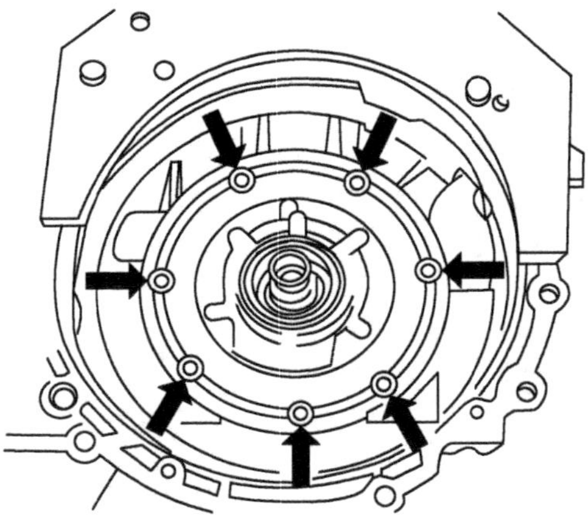

图 1-157 拆下油泵螺栓

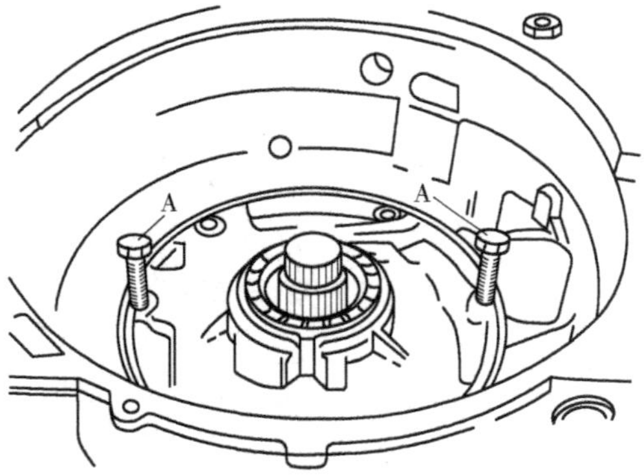

图 1-158 在油泵螺栓孔内拧入螺栓

10）均匀拧入螺栓 A，可将自动变速器油泵从变速器壳体中压出。

11）将带有隔离管、B_2 制动片、弹簧和弹簧盖的所有离合器拔出，如图 1-159 所示。

12）将螺钉旋具插入大太阳轮的孔内以松开小输入轴螺栓，如图 1-160 所示。

13）拧下小输入轴螺栓，如图 1-161 箭头所示。

14）拆下小输入轴上的螺栓和调整垫圈，行星齿轮支架的推力滚针轴承要留在变速器/主动齿轮内。

15）拔下小输入轴。拔出大输入轴，如图1-162 箭头所示。

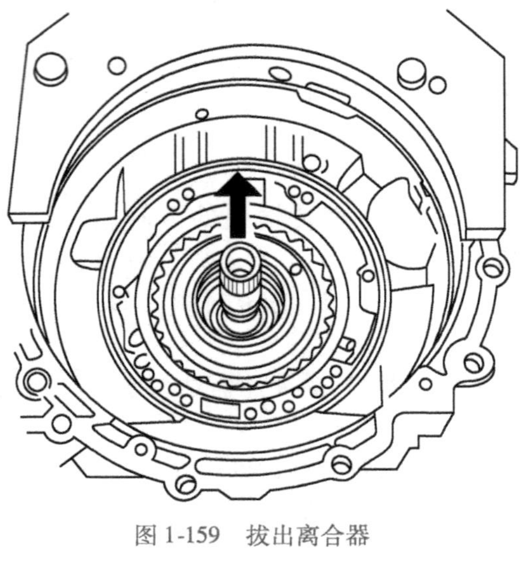

图 1-159 拔出离合器

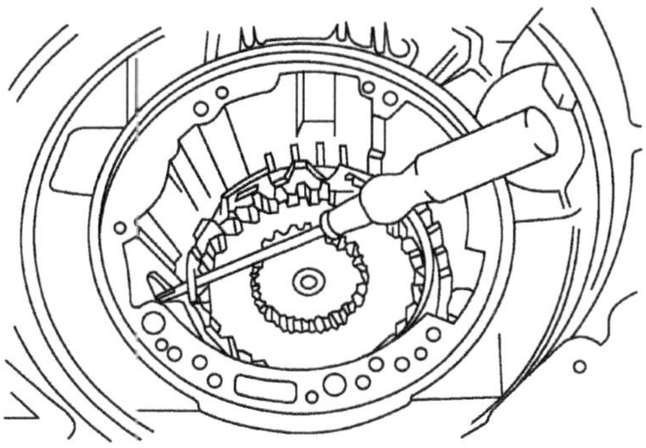

图 1-160　松开小输入轴螺栓

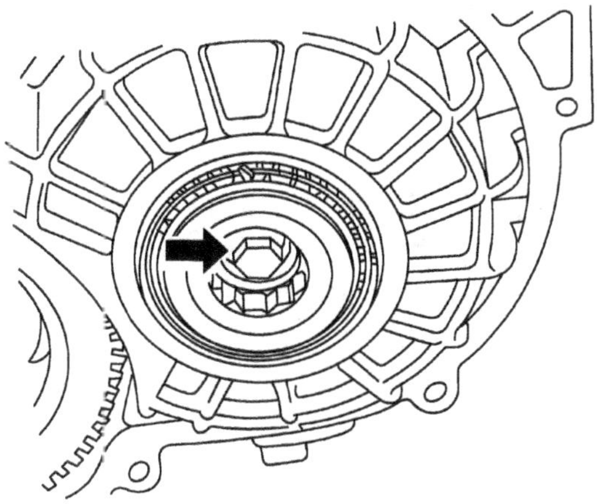

图 1-161　拧下小输入轴螺栓

16）拔出大太阳轮，如图 1-163 箭头所示。

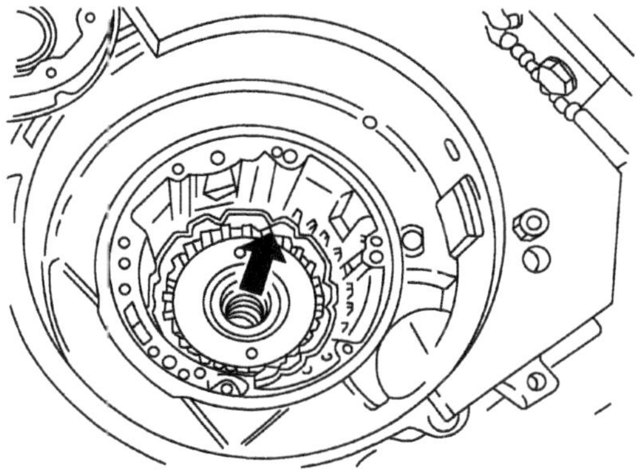

图 1-162　拔出大输入轴

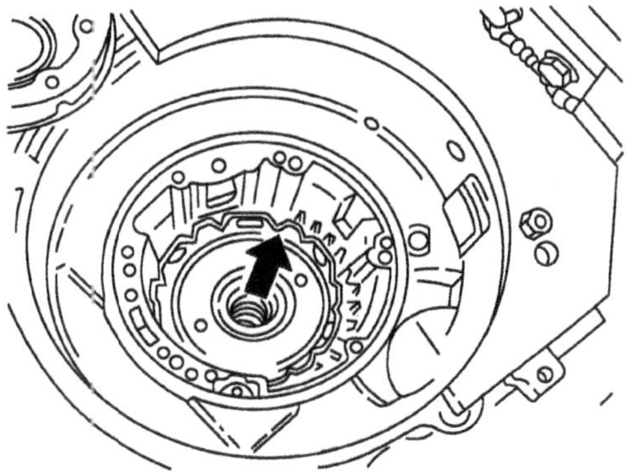

图 1-163　拔出大太阳轮

17）拆卸单向离合器前，应先拆下变速器转速传感器 G38。

18）拆下隔离管弹性挡圈 a 和单向离合器弹性挡圈 b，如图 1-164 所示。

19）用钳子从变速器壳体上拔下在定位楔（图 1-164 箭头所示）上的单向离合器。

20）拔下带碟形弹簧的行星齿轮支架，如图 4-165 所示。

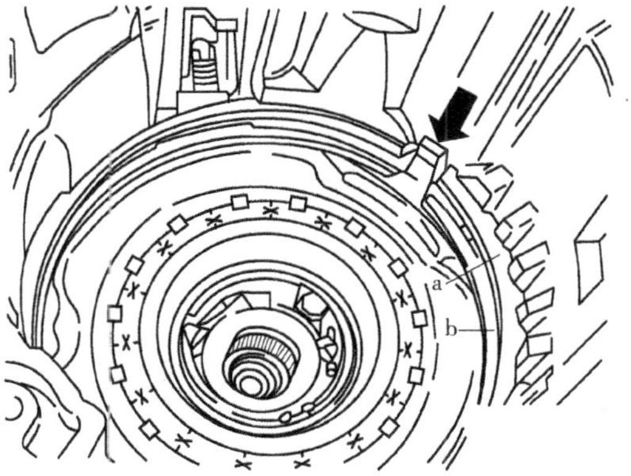

图 1-164　拆下弹性挡圈

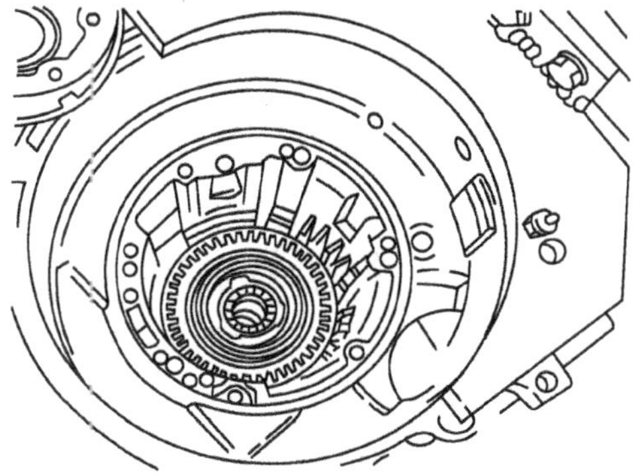

图 1-165　拔下带碟形弹簧的行星齿轮支架

21）拆下倒挡制动器 B_1 的摩擦片。需要说明的是分解行星齿轮系不需拆下主制动轮。

任务二十七　检查行星齿轮机构

在自动变速器的所有零件中，行星齿轮机构的寿命是最长的，正常使用条件下不小于 40 万 km。其中太阳轮和齿圈几乎没有损坏的可能，可能出现损坏的是行星齿轮架、推力轴承和推力垫片等。值得注意的是某一机械零件的损坏，必然引起前后相邻零件的磨损或损坏，应仔细检查。

活动一　检查行星齿轮组件

1. 检查行星齿轮和轴有无烧蚀

行星齿轮和轴出现烧蚀，说明工作时严重超载，行星齿轮架或行星齿轮轴可能发生变形。

2. 检查行星齿轮轴向间隙

如图 1-166 所示，用塞尺在行星齿轮端部测试轴向间隙，通常应在 0.2 ~ 0.7mm 之间，使用限度不超过 1mm。具体应参考各车型维修手册。

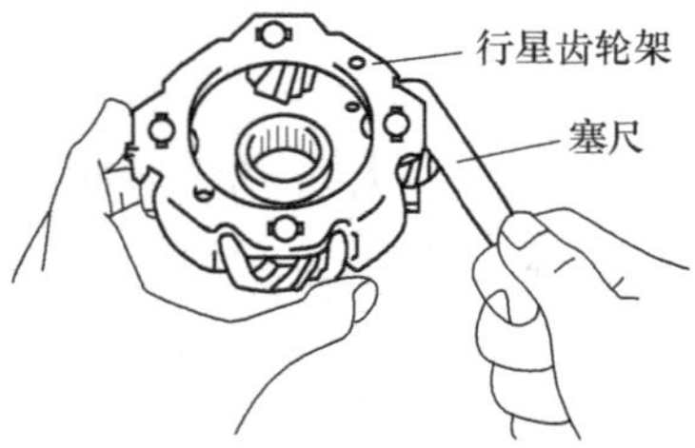

图 1-166　行星齿轮轴向间隙检测

活动二　检查推力轴承、止推垫片

推力滚针轴承、止推垫片的损坏形式主要有磨损、破碎和定位爪折断等，比较容易观察，如图 1-167、图 1-168 所示。

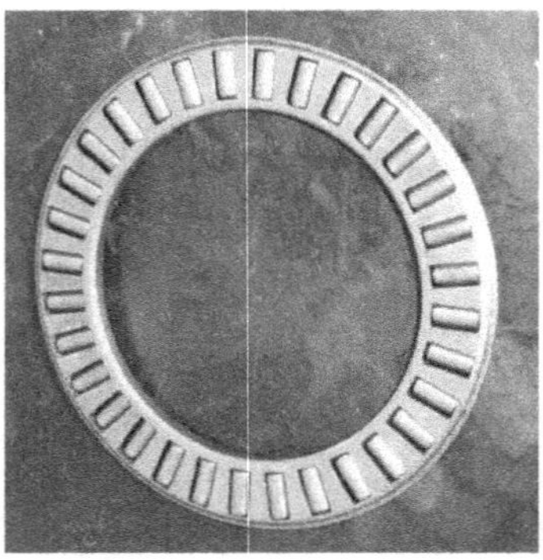

图 1-167　推力滚针轴承

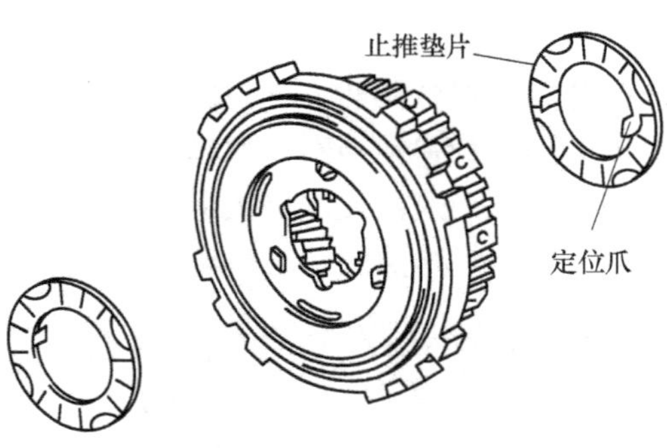

图 1-168　丰田 A245E 后行星排止推垫片

任务二十八　检查单向离合器

单向离合器的常见损坏形式有单向无锁止、卡滞和保持架变形等。无单向锁止会引起自动变速器个别挡位不能行驶，卡滞会引起行驶过程中减小节气门开度时变速器内部发出“嗡嗡”声响。

活动一　检查单向锁止性能

如图 1-169 所示，一手握住太阳轮，另一手握住离合器鼓，双向转动。一方向锁止，另一方向自由，且由锁止转为自由时无卡滞感。无单向锁止的原因主要是滚柱或楔块磨损或弹簧失效，引起卡滞的主要原因是滚柱或楔块变形、保持架变形或破裂等。

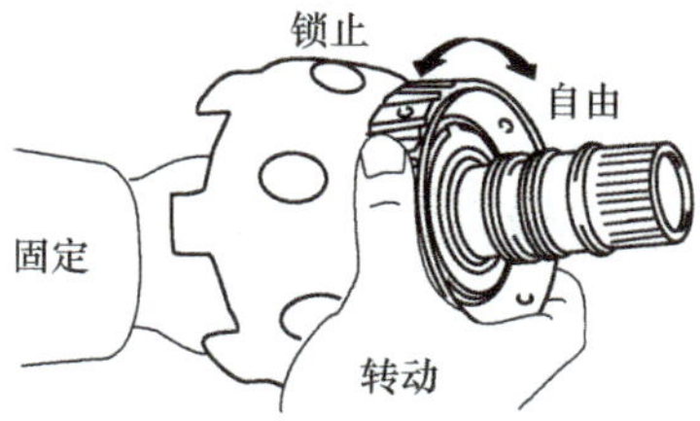

图 1-169　检查单向离合器的单向锁止功能

活动二　目测检查外观

目测单向离合器有无高温变色、受伤变形和拉伤等损坏。引起这些损坏的主要原因是高温、油液中有杂质。

任务二十九　检查离合器

活动一　检查摩擦片

1）摩擦片上的存油沟槽磨平后，自动变速器油就无法进入摩擦片与钢片之间，磨损速度就会急剧加快，必须更换，如图 1-170 所示。

2）摩擦衬片上有数字记号，记号磨掉后也必须更换，如图 1-171 所示。

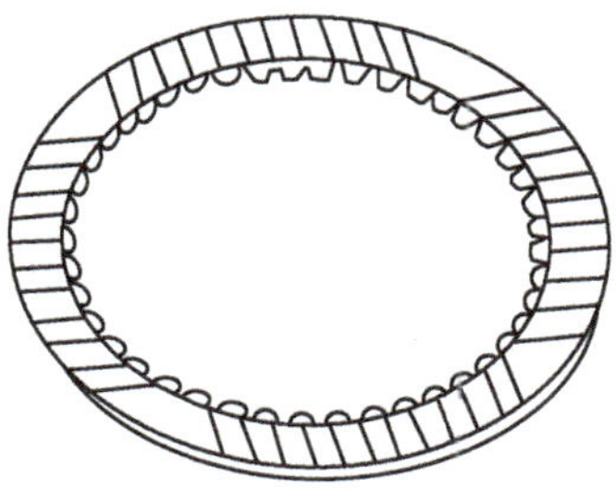

图 1-170　摩擦片表面的存油槽

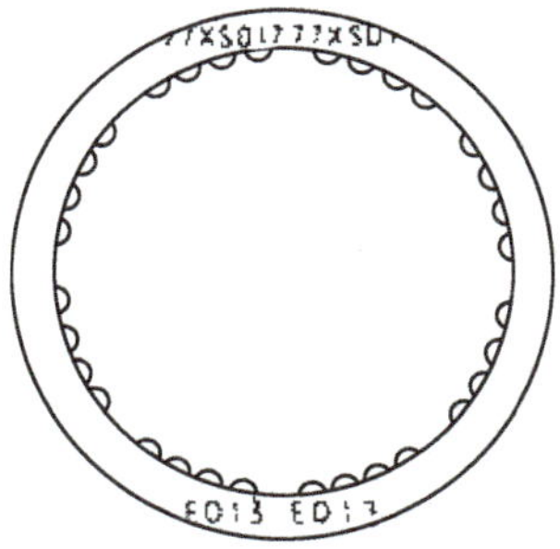

图 1-171　摩擦片表面的数字记号

3）新拆下来的摩擦片用无毛布将表面擦干，用手轻按摩擦表面时应有较多的自动变速器油溢出。轻按时如不出油，说明摩擦片含油层（隔离层）已被抛光，无法保存自动变速器油，必须更换。

4）摩擦片出现翘曲变形的也必须更换，翘曲检查可以采取将两片摩擦片重叠在一起，并不断变换重叠角度，若局部出现间隙，则可断定为变形。

5）摩擦片表面发黑（烧蚀）的必须更换。

6）摩擦片表面出现剥落、有裂纹、内花键被拉毛（拉毛容易造成卡滞）和掉齿等现象都必须更换。

活动二 检查钢片

离合器钢片主要损坏形式有花键齿拉毛、变形和烧蚀等，容易引起离合器分离不彻底，烧蚀加剧，可目测检查。变形检查如图 1-172 所示。

活动三 检查活塞

离合器活塞组件的主要损坏形式有变形、密封圈破损、复位弹簧损坏、单向阀卡滞或密封不良。可用压缩空气检测活塞单向阀的密封性，如图 1-173 所示。

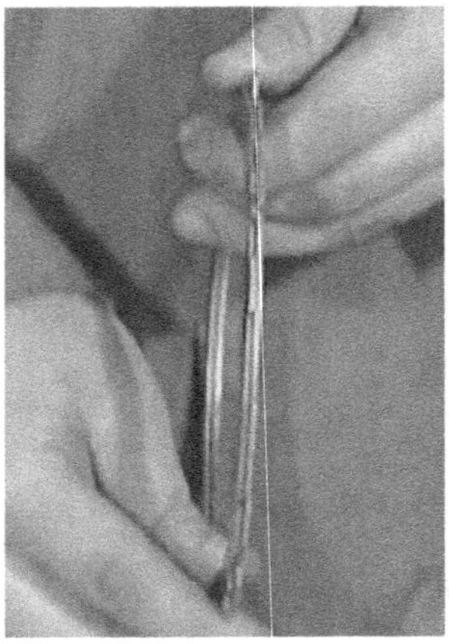

图 1-172 摩擦片变形检查

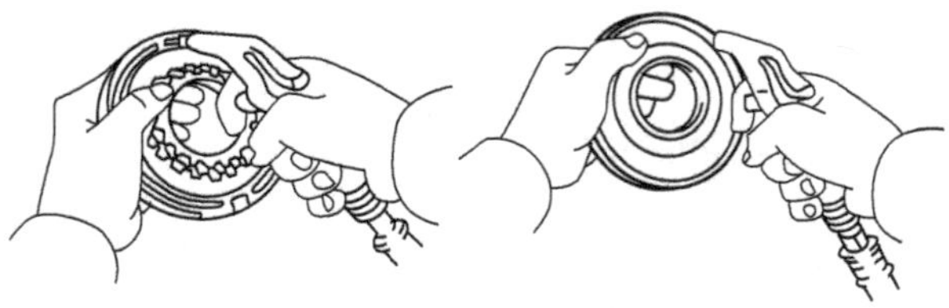

图 1-173 检测单向阀的密封性

活动四 检测离合器的装配质量

1. 检测自由间隙

如图 1-174 所示，将塞尺插入压盘与摩擦片之间，测量自由间隙的大小。一般可按照每一摩擦片需要 0.3mm 间隙确定总间隙值，具体应参考维修手册。

2. 检查活塞的密封性、移动平滑性

用压缩空气检查活塞密封性、移动平滑性，如图 1-175 所示。当通入压缩空气时应能够听到明显的离合器接合的撞击声，而不仅仅是气体的泄漏声。

图 1-174 测量离合器自由间隙

图 1-175 丰田 A341E 自动变速器离合器 C_2 的密封性检查

1 PROJECT

任务三十　检查制动器

活动一　检查制动鼓

制动鼓的主要损坏形式是磨损，检查摩擦表面是否有沟槽、锥形磨损和台阶等，可用金属直尺配合检查，如图1-176所示。

活动二　检查制动带

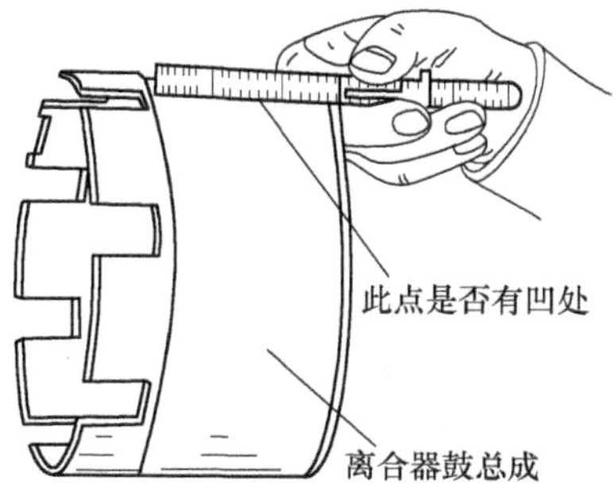

图1-176　制动鼓表面磨损检查

与检查离合器的摩擦片一样，制动带的损坏形式主要包括磨损、脱落、裂纹、烧蚀和表面硬化等。检查方法与要求可参考离合器摩擦片的检查。

需要特别指出的是制动带从变速器中拆出后，最好用铁丝加以固定，保持原有形状。在检查和维修过程中严禁将制动带展平、弯曲或扭转，以免引起摩擦衬面破裂或表面剥落。严重时还会造成制动带变形，使其无法和它所固定的部件保持比较均匀的工作间隙，推杆无法完全入位，工作时会造成推杆脱落，致使制动失效故障。

活动三　检查伺服装置

检查活塞是否有裂纹、毛刺、划伤和磨损。活塞与活塞孔的配合间隙一般为0.008～0.013mm，间隙过大容易造成工作油液泄漏。

活动四　检测制动器的装配质量

对于丰田A245E自动变速器，当充放0.4～0.8MPa压力的压缩空气时，活塞推杆行程应为1.5～3mm，如图1-177所示。同时观察活塞推杆移动应平滑，活塞无漏气。其他型号变速器维修数据可参考各自维修手册。

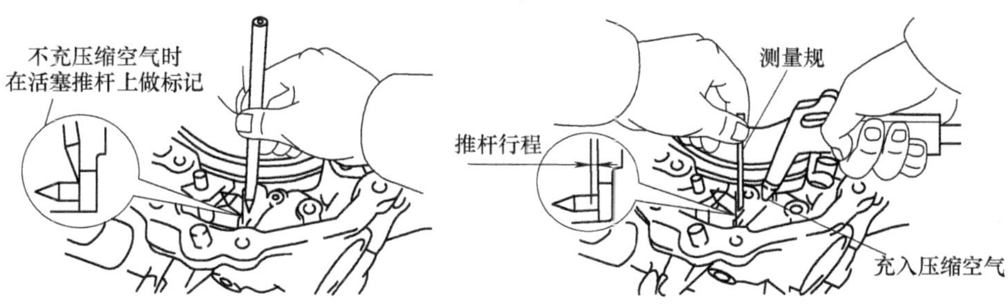

图1-177　丰田A245E自动变速器2挡制动器活塞行程测量

任务三十一 组装行星齿轮变速传动装置

1）将O形密封圈装入行星齿轮支架（见图1-178）。更换行星齿轮支架时需要调整该支架。

2）将带垫圈的推力滚针轴承和行星齿轮支架装入主动齿轮，安装顺序如图1-179所示。

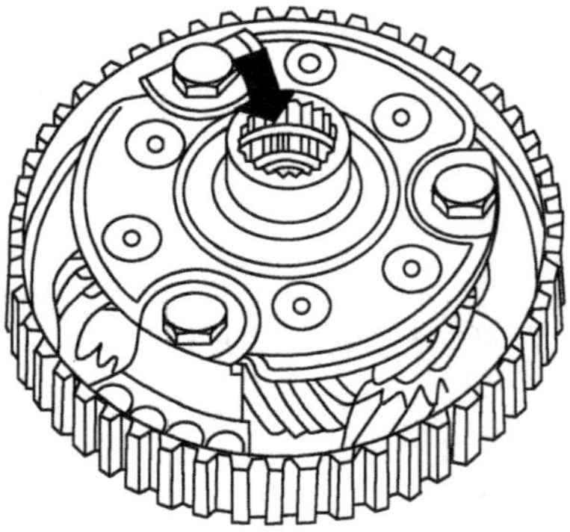

图1-178 将O形密封圈装入行星齿轮支架

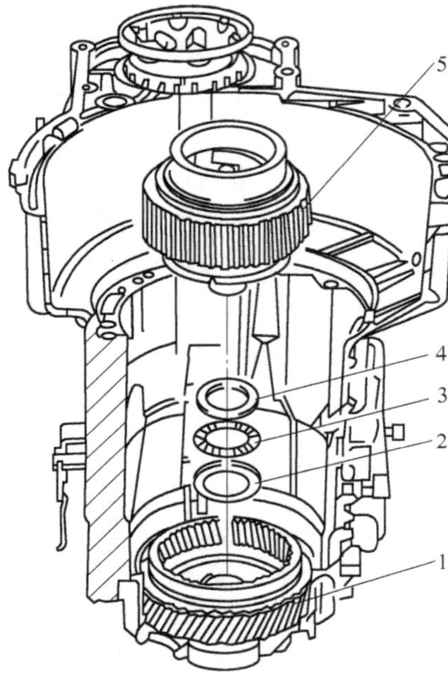

图1-179 装入滚针轴承和行星齿轮架

3）将垫圈和推力滚针轴承装到行星齿轮支架的小太阳轮上，如图1-180所示。

4）使垫圈和推力滚针轴承与小太阳轮中心对齐。装入倒挡制动器B_1的内、外片。

5）装入压板，扁平面朝向片组。压板厚度按制动片数量不同有所不同。装入碟形弹簧，凸起面朝向单向离合器（见图1-173）。如果更换变速器壳体、单向离合器和倒挡制动器B_1活塞和摩擦片，则需要调整倒挡制动器B_1。

6）用专用工具3267张开单向离合器滚子并装上单向离合器，如图1-181所示。

7）安装单向离合器弹性挡圈b和隔离管弹性挡圈a（见图1-164）。装弹性挡圈时开口装到定位楔上（见图1-164中箭头所示）。

8）安装变速器转速传感器G38。

9）测量制动器B_1的间隙。

10）将大太阳轮到小输入轴各部件装入变速器壳体，如图1-182所示。

11）如图1-183所示，安装带有垫圈和调整垫圈的小输入轴螺栓。螺栓的拧紧力矩为30N·m。将调整垫圈装到小输入轴台肩上（箭头所示），确定调整垫圈厚度，调整行星齿轮支架。

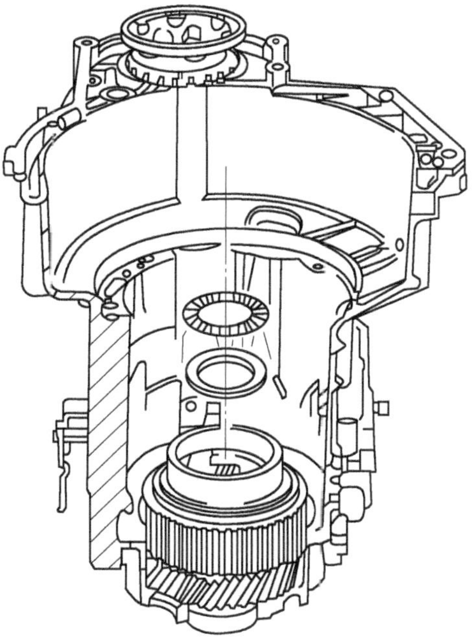

图 1-180　装上垫圈和推力滚针轴承

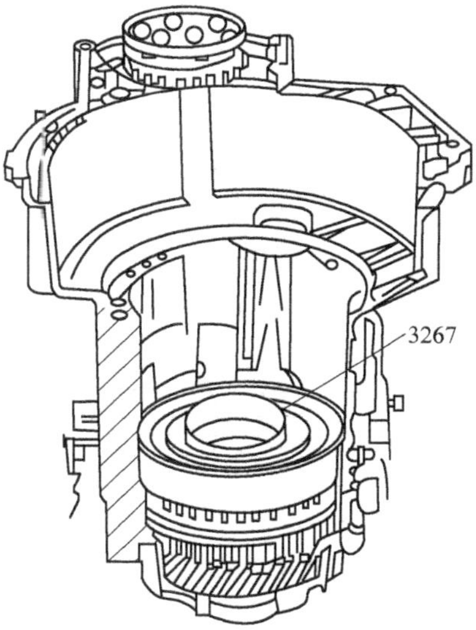

图 1-181　安装单向离合器

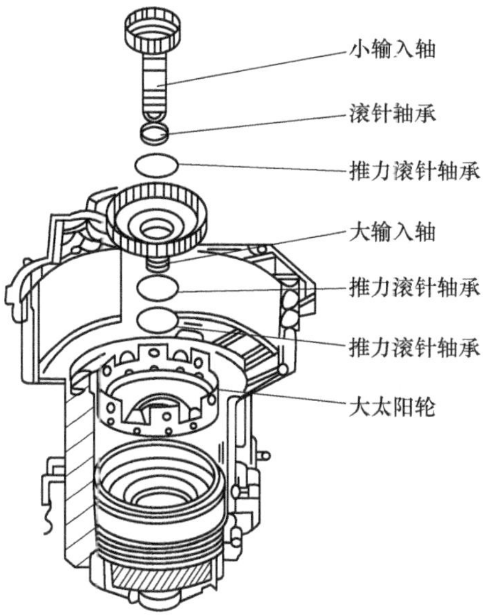

图 1-182　将大太阳轮到小输入轴各部件装入变速器壳体

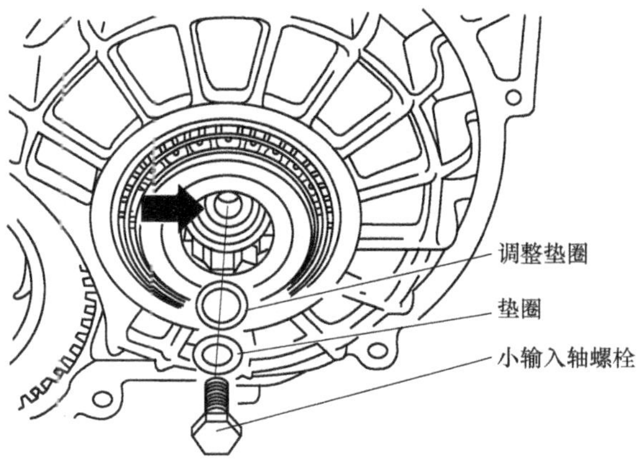

图 1-183　安装小输入轴螺栓

12）测量行星齿轮支架的轴向间隙，应在 0.23 ~ 0.37mm 之间，否则通过垫片调整。

13）将带垫圈的推力滚针轴承装到 4 挡离合器 C_3 上，如图 1-184 所示。用自动变速器油涂抹推力滚针轴承垫圈，以便安装时轴承粘到其上。

14）如图1-185所示，安装4挡离合器C_3。

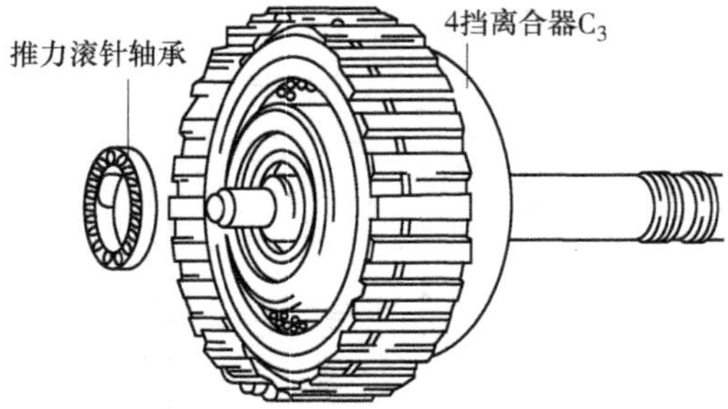

图1-184 装滚针轴承到4挡离合器上

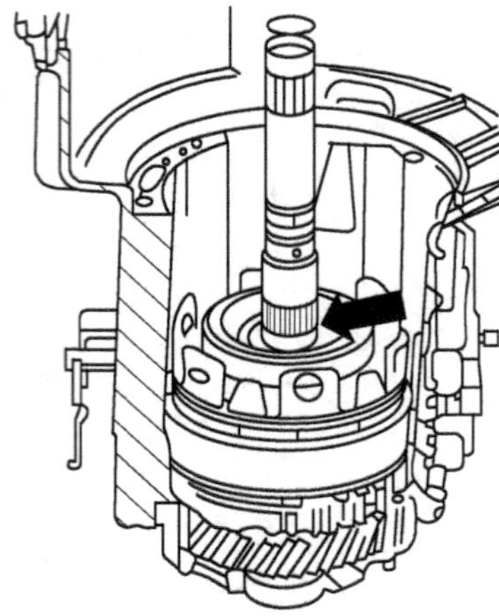

图1-185 安装4挡离合器

15）将O形密封圈装入槽内，如图1-185箭头所示。注意活塞环的正确位置。

16）装入1挡/3挡离合器C_1，如图1-186所示。

17）将调整垫圈（见图1-187箭头所示）装入1挡/3挡离合器C_1。更换1挡/3挡离合器C_1、倒挡离合器C_2或自动变速器油泵后，需重新测量调整垫片厚度，可使用1个或2个调整垫圈。

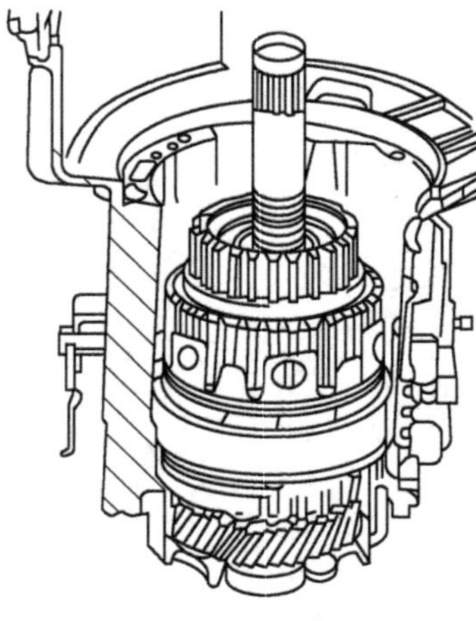

图1-186 装入1挡/3挡离合器

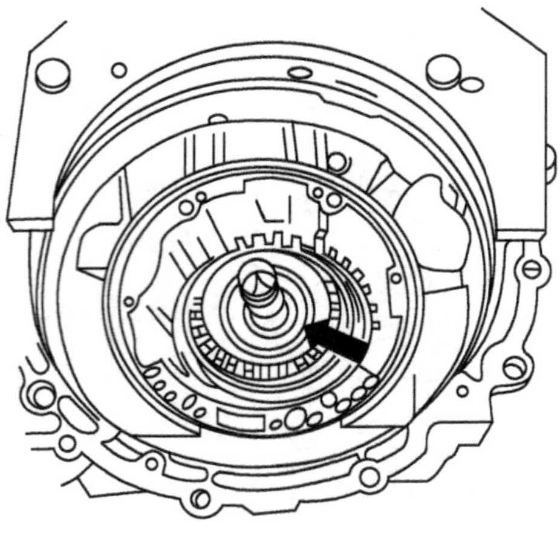

图1-187 将调整垫圈装入C_1

18）装入倒挡离合器C_2（见图1-186）。

19）装入制动器B_2片组的隔离管，安装时应使隔离管上的槽进入单向离合器的楔。

20）安装B_2的制动片（见图1-188）。先装上一个3mm厚的外片，再将3个弹簧盖插入外片，在弹簧盖内装入压力弹簧（箭头所示），直到把最后一个外片装上。注意，安装最后一片已测量的外片前，应先把3个弹簧盖装到压力弹簧上，装上波形弹簧垫片。如果更换了隔离管、自动变速器油泵和制动片，则应调整 2 挡和 4 挡制动器 B_2。

21）安装自动变速器油泵密封垫。

22）将 O 形密封圈装到自动变速器油泵上。

23）安装自动变速器油泵，如图 1-189 所示。

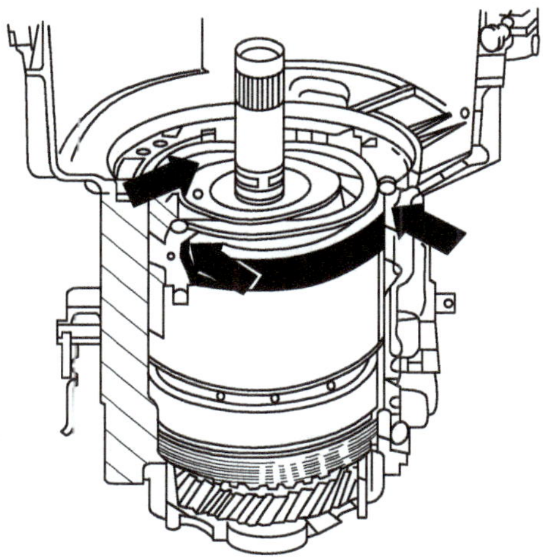

图 1-188　安装 2 挡和 4 挡制动器 B_2 的制动片

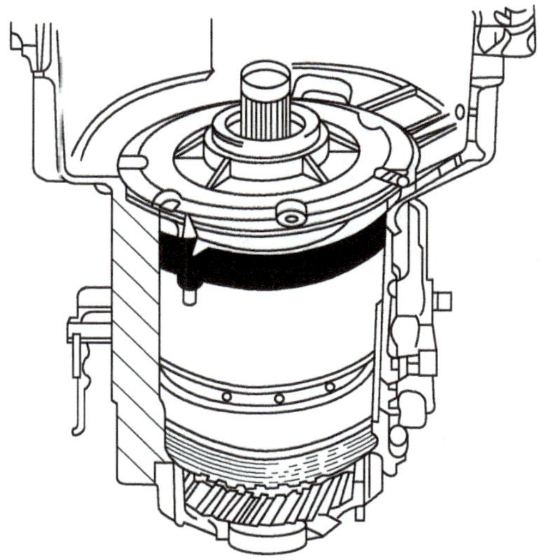

图 1-189　安装自动变速器油泵

24）均匀交叉拧紧螺栓。注意不要损坏 O 形密封圈，螺栓拧紧力矩为 8N·m，螺栓拧紧后再拧 90°，此时可分几步进行。

25）测量离合器间隙。

26）将油塞连同滑阀箱和油底壳一同装上。

27）装上带密封垫和隔套的端盖。

28）装上自动变速器溢流管和螺塞。

任务三十二　检查液力变矩器

活动一　清洗液力变矩器

倒出变矩器中残留的 ATF；向变矩器内加入 2L 干净的 ATF，摇动变矩器，以清洗其内部，然后将 ATF 倒出；再次加入 2L 干净的 ATF，清洗后倒出。

活动二　检查液力变矩器

1. 检查外观

液力变矩器外部无损坏和裂纹、轴套外径无磨损、驱动油泵的轴套缺口无损伤。如有异常，应更换液力变矩器。

2. 检查变矩器轴套的径向圆跳动

如图 1-190 所示，将液力变矩器安装在发动机飞轮上，用百分表检查变矩器轴套的径向圆跳动。如大于规定值，应采用转换一个角度重新安装的方法予以校正，并在校正后的位置上做记号以保证安装正确。若无法校正，应检查发动机飞轮端面圆跳动或更换液力变矩器。

3. 检查导轮的单向离合器

单向离合器检查的主要依据是失速试验结果，分解后检查变矩器时可以按照如下方法进行：将变矩器立起（轴套朝上），转动单向离合器的内圈，顺时针自由，逆时针有阻尼。但也有的车型相反，如本田雅阁，这是由于曲轴旋转方向为逆时针的缘故。

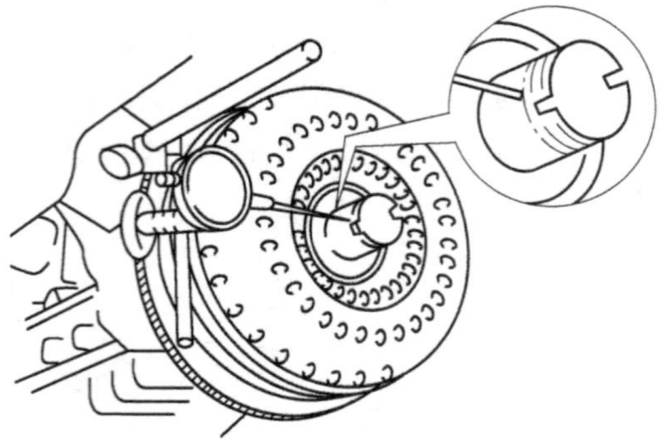

图 1-190 液力变矩器轴套偏摆量检查

任务三十三 检查油泵

油泵故障会影响整个自动变速器的液压系统，而不是只影响某一挡位的工作。从影响程度来讲，低挡影响大而高挡影响小。总的来说油泵故障会出现下列现象：在前进挡和倒挡，车辆均不能移动；前进挡和倒挡起步无力；自动变速器打滑；自动变速器前端异响等。

油泵常见的损坏形式有油泵轮齿或叶片折断、泵壳裂纹、转子的定位套磨损、叶片泵复位弹簧折断或弹性不足、油泵传动轴损坏、叶片发卡和磨损等。

丰田 A341E 自动变速器的检测标准见表 1-10，不同车型的检测标准可参考维修手册执行。

表 1-10 油泵各部间隙标准

项　目	标准间隙/mm	最大间隙/mm
内齿轮与壳体间隙	0.07～0.15	0.3
齿顶与月牙板间隙	0.11～0.14	0.3
齿轮端隙	0.02～0.05	0.1

活动一 检查端面磨损

齿轮或泵壳端面磨损的检测方法如图 1-191 所示。

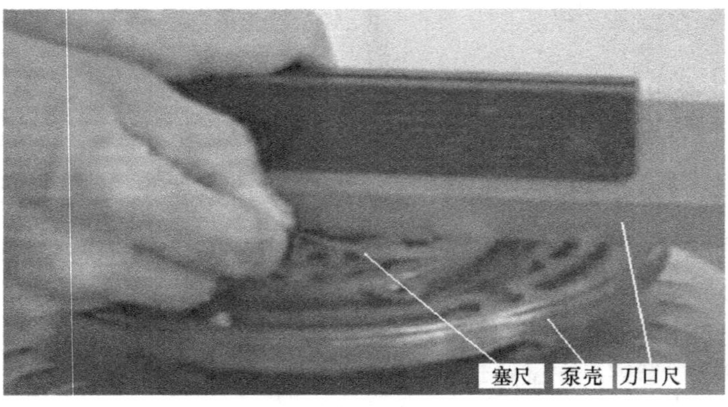

图 1-191 端面磨损检测

活动二　检查径向磨损

齿轮或泵壳径向磨损检测方法如图 1-192 所示，用塞尺分别在齿轮与泵壳、齿轮与月牙隔板之间分别检测。

图 1-192　径向磨损检测

任务三十四　检查液压阀

自动变速器阀体是控制中心，如果出现故障会产生车辆不能行驶、打滑、驱动无力、换挡冲击和频繁跳挡等现象。

活动一　拆装阀体

自动变速器阀体的具体拆装应参照维修手册进行，在此仅说明一些注意事项，供参考。

1）断开阀体上的连接导线或拆下电磁阀后，仅松开阀体与变速器壳体的联接螺栓，阀体以总成状态拆下，如图1-193所示。

2）在上下阀体分解时，应特别注意同时拿起中间隔板及其上面的阀体，然后翻过来放在工作台上，以免阀板之间的球阀脱落或移位，如图 1-194 所示。

图 1-193　阀体总成

图 1-194　分开时连同中间隔板一起取下

3）利用阀体上的残油，借助白纸印出油路图，并在相应位置做好球阀尺寸、材料标记及其他零件标记，以备装复，如图 1-195 所示。

4）各滑阀、柱塞及弹簧等从阀体上拆下后应按顺序和方向摆放在槽形盘中，必要时进行测量记录，以防错乱，如图 1-196 所示。

图 1-195 印出油路图

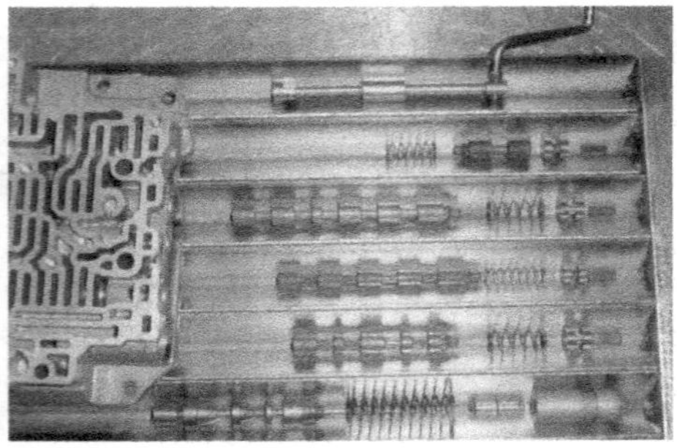

图 1-196 零件的摆放

5）阀体零件清洗以后，只能用压缩空气吹干或用无毛布擦干，不能用普通棉布擦拭，以免堵塞油道或造成滑阀卡滞。

6）装配时，应在滑阀表面涂少许 ATF。

7）螺栓拧紧时必须按照规定的顺序和力矩拧紧，以免阀体变形影响滑阀柱塞移动，如图 1-197 所示。

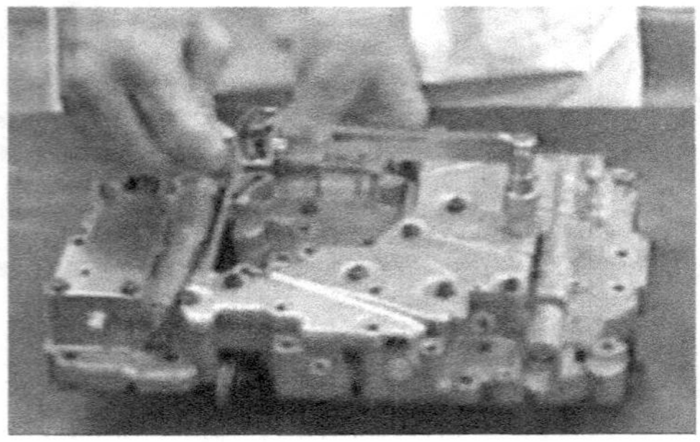

图 1-197 阀体螺栓的拧紧

活动二 检查液压滑阀

在拆卸滑阀时用手指按压滑阀柱塞，应活动自如，如图 1-198 所示。否则，应检查柱塞及阀孔是否有拉伤、污垢、积炭，弹簧是否疲劳或折断等。

若有污垢，可用化油器清洗剂清洗并用压缩空气吹干或用无毛布擦干。若用砂纸打磨，必须用 1200 号以上的金相砂纸。然后做自由滑落试验，不涂油的滑阀应在自身重力作用下缓缓下落到底，如图 1-199 所示。

图 1-198 滑阀卡滞检查

图 1-199 滑阀自由滑落试验

活动三 检查球阀与座孔密封性

滚珠磨损、阀座磨损会造成密封不严，影响换挡品质。可将滚珠放在阀座上，用手电筒在座的另一面照射，检查滚珠与阀座的透光性，如图 1-200 所示。

活动四　检查密封垫片

新更换的密封垫片的厚度应与原垫片基本一致，所有孔均应能够对正，如图 1-201 所示。

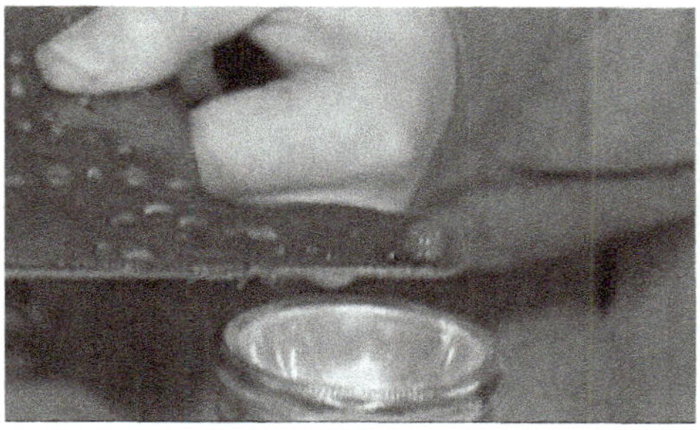

图 1-200　检查球阀的密封性

图 1-201　检查密封垫片

任务三十五　自动变速器台架试验

活动一　明确自动变速器台架试验的项目及目的

自动变速器台架试验的目的在于检测齿轮变速传动机构、换挡执行元件及液压阀体的装配质量。

自动变速器台架试验的项目有空挡拖滞试验、手动换挡试验、电动换挡试验、锁止离合器油路转换试验和油压调节试验等。

活动二　自动变速器台架试验

1. 认识试验台的结构

自动变速器试验台如图 1-202 所示。

2. 起动自动变速器试验台

1）将自动变速器可靠地安装在试验台上。

2）连接试验台控制主机与自动变速器阀板线束。

3）将压力表油管连接在油压测试口上，将试验台供油管安装在变速器主油压接口。

4）断开试验台控制主机电源开关，闭合试验台电源开关。

5）变速器手换挡轴置于 N 位，按下试验台供油按钮，起动供油泵。

6）倒顺开关置于 N 位，按下驱动按钮，起动试验台驱动油泵。

3. 自动变速器试验

（1）空挡拖滞试验　空挡拖滞试验主要测试自动变速器离合器、制动器自由间隙是否恰当，单向离合器有无卡滞，齿轮轴向间隙是否恰当。

试验时将换挡轴置于 N 位，扳动试验台驻车制动杆，变速器输出轴在被施加轻微制动

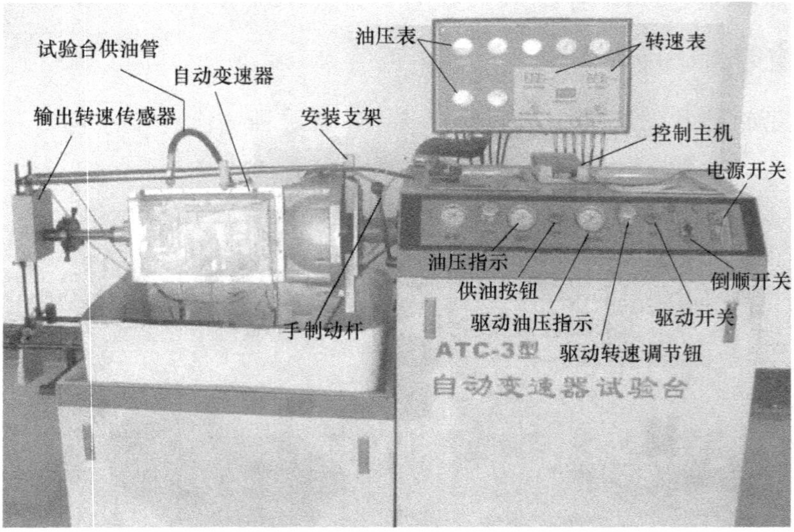

图 1-202　自动变速器试验台

后即停止转动，说明正常。

（2）手动换挡试验　分别将换挡轴置于 R、D、2、L 位，通过输入、输出轴转速表（见图 1-203）观察转速变化，变速器应分别在 R、3、2、1 挡工作。否则应检查相应挡位的油路及换挡执行元件。

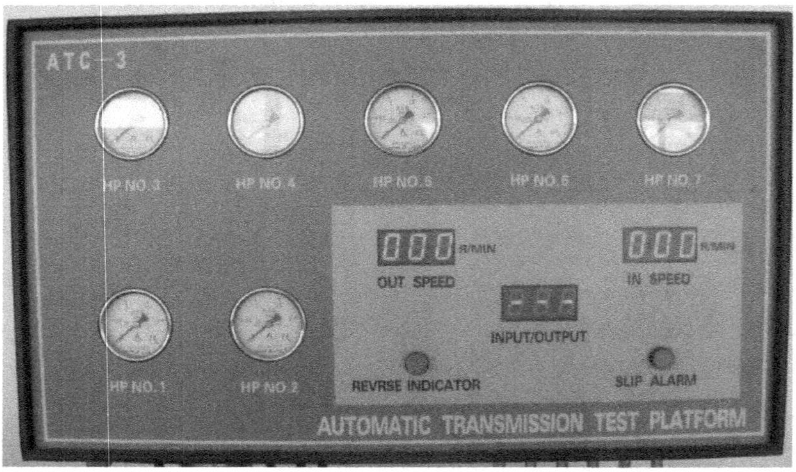

图 1-203　试验台显示面板

（3）电动换挡试验　将换挡轴置于 D 位，闭合试验台控制主机电源开关（见图1-204）。选择变速器型号、电磁阀驱动方式、运行模式后，按动升挡键，观察挡位指示应与显示面板转速表指示一致。否则，应检查电磁阀及其电路。

（4）锁止离合器油路转换试验　变速器试验时不装液力变矩器，在 D 位 2 挡以上时，按动锁止电磁阀驱动按键“F”，从变速器前端输入轴处观察液压油的流动方向应改变。否

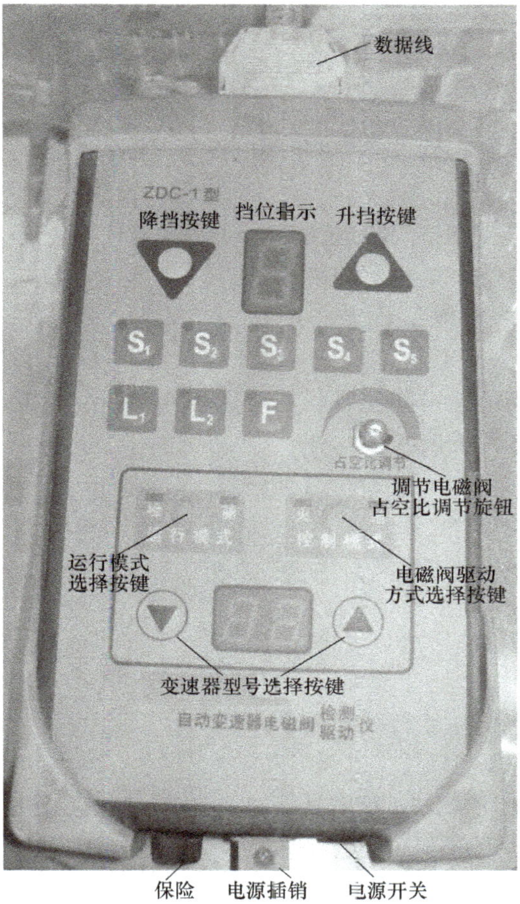

图 1-204　试验台控制主机（电磁阀驱动仪）

则，应检查离合器锁止电磁阀及其电路的性能。

（5）油压调节试验　①用手拉动节气门阀拉索时，主油压应升高；②换挡轴置于倒挡时，主油压应升高；否则应检查相应的液压调节阀或调压电磁阀的性能。

任务三十六　检修换挡机械连接装置

换挡机械连接装置的检修主要是通过调整拉索长度，使变速杆的位置与手控阀的位置及仪表板挡位指示相一致。

AL4 自动变速器的调整方法如下：

1）装好锁止夹。

2）将换挡臂朝车尾推到底，变速杆放入 P 位。

3）按下锁止钮，拉动球头座，将其扣入换挡臂球头上，然后松开锁止钮。

4）检查是否可退出 P 位，各挡位仪表显示是否正常。

知识链接

一、变矩器的液力传动特性

液力传动的特性就是发动机的转速（n_e）和转矩（M_e）一定，泵轮的转速（n_B）和转矩（M_B）也一定时，涡轮与泵轮之间的变矩比（K）、转速比（i）和传动效率（η）三者的变化关系。

变矩比（K）＝涡轮输出转矩/泵轮输入转矩＝M_W/M_B，（2～4 范围内）。

转速比（i）＝涡轮转速/泵轮转速＝$n_W/n_B \leqslant 1$，（0.8～0.9 最佳）。

传动效率（η）＝涡轮输出功率/泵轮输入功率＝$N_W/N_B<1$。

由特性曲线（见图 1-205）可以看出：

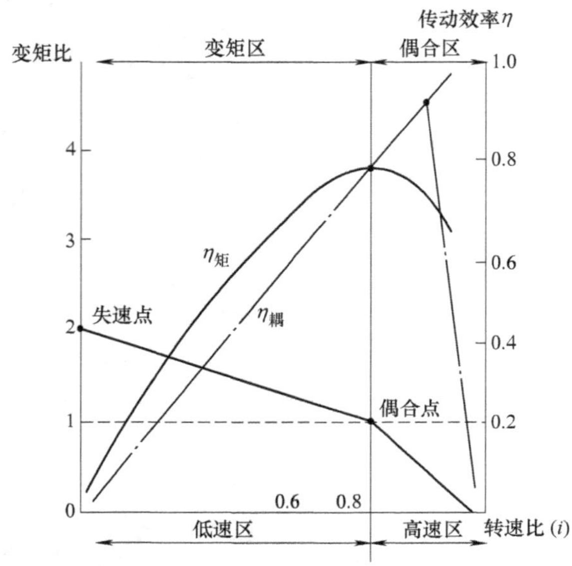

图 1-205 液力传动特性曲线

1. 失速点

涡轮固定不动而泵轮仍在旋转（即传动比为零）时的工况称为失速工况。失速转速是涡轮处于静止时发动机所能达到的最高转速，失速发生在汽车起步或汽车停车时。大多数液力变矩器的失速转速处于 2000～3000r/min。失速工况下泵轮和涡轮之间的转速差达到最大值，转矩增大作用达到最大值，变矩比通常在 1.7～2.5，满足车辆起步需要。

2. 耦合点

随着涡轮转速的逐渐上升，涡轮和泵轮之间的转速差开始减小。当涡轮转速达到一定值时，从涡轮流出的工作液开始以高速冲击导轮叶片的后面，导轮开始转动，由导轮增大的转矩减小，此时变矩比大约为1∶1。液力变矩器变成液力耦合器，变矩器进入耦合区工作。导轮开始转动的转速称为耦合点。

二、行星齿轮机构传动比的计算

1. 单排行星齿轮机构传动比的计算

单排行星齿轮机构具有三个自由元件，分别是太阳轮、齿圈和行星架，如图 1-206 所示。

三元件之间的运动关系即运动特性方程为

$$n_1 + \alpha n_2 - (1+\alpha) n_3 = 0$$

式中　n_1——太阳轮转速；

n_2——齿圈转速；

n_3——行星架转速；

α——齿圈齿数/太阳轮齿数。

制动任一个元件，其余两个元件即可实现传动。传动比可根据运动特性方程求解，不再赘述。

2. 辛普森行星齿轮机构传动比的计算

辛普森行星齿轮机构是由两个单排行星齿轮机构组合而成，有四个自由元件，即公用太阳轮、前行星架、前齿圈（后行星架）和后齿圈，如图 1-207 所示。

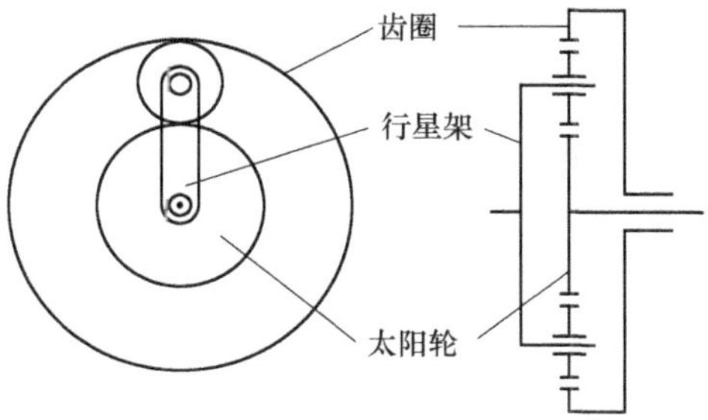

图 1-206　单排行星齿轮机构简图

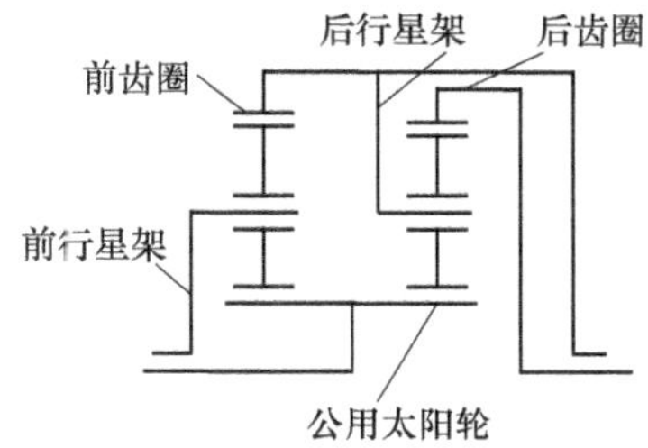

图 1-207　辛普森行星齿轮机构简图

四元件之间的运动关系可以由下列方程组表示

$$\begin{cases} n_1' + \alpha_1 n_2' - (1+\alpha_1) n_3' = 0 \\ n_1'' + \alpha_2 n_2'' - (1+\alpha_2) n_3'' = 0 \end{cases}$$

式中　n_1'——前太阳轮转速；

n_2'——前齿圈转速；

n_3'——前行星架转速；

α_1——前齿圈齿数与前太阳轮齿数之比；

n_1''——后太阳轮转速；

n_2''——后齿圈转速；

n_3''——后行星架转速；

α_2——后齿圈齿数与后太阳轮齿数之比。

其中，前后行星排共用一个太阳轮，即 $n_1' = n_1''$，前齿圈与后行星架连在一起，即 $n_2' = n_3''$。制动任意两个元件，其余两元件间即可实现传动，传动比可由方程组解出，不再赘述。

3. 拉维娜式行星齿轮机构传动比的计算

拉维娜式行星齿轮机构实际上是由一个单行星齿轮排和一个双行星齿轮排组合而成的。共有四个自由元件，即大太阳轮、小太阳轮、行星架和齿圈，如图 1-208 所示。

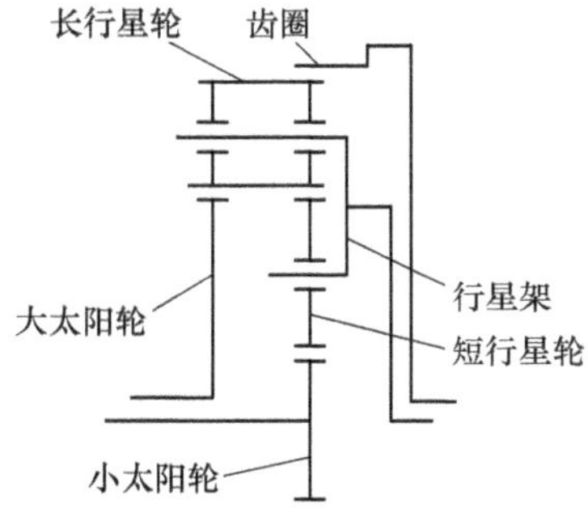

图 1-208　拉维娜式行星齿轮机构简图

四元件之间的运动关系可由下列方程组表示

$$\begin{cases} n_1' + \alpha_1 n_2 - (1+\alpha_1) n_3 = 0 \\ n_1'' - \alpha_2 n_2 - (1+\alpha_2) n_3 = 0 \end{cases}$$

式中 n_1'——大太阳轮转速；

n_1''——小太阳轮转速；

n_2——齿圈转速；

n_3——行星架转速；

α_1——齿圈齿数与大太阳轮齿数之比；

α_2——齿圈齿数与小太阳轮齿数之比。

制动任意两个元件，其余两元件间即可实现传动，传动比可由方程组解出，不再赘述。

三、定轴轮系自动变速器齿轮变速传动系统

定轴齿轮系自动变速器是在传统定轴式齿轮系的基础上发展进化而来，其主要应用车型是本田系列轿车。它具有结构简单、使用可靠、维修方便、故障少和寿命长等特点。下面主要介绍98款本田雅阁MAXA自动变速器齿轮变速传动系统。

MAXA自动变速器内部结构如图1-209所示。

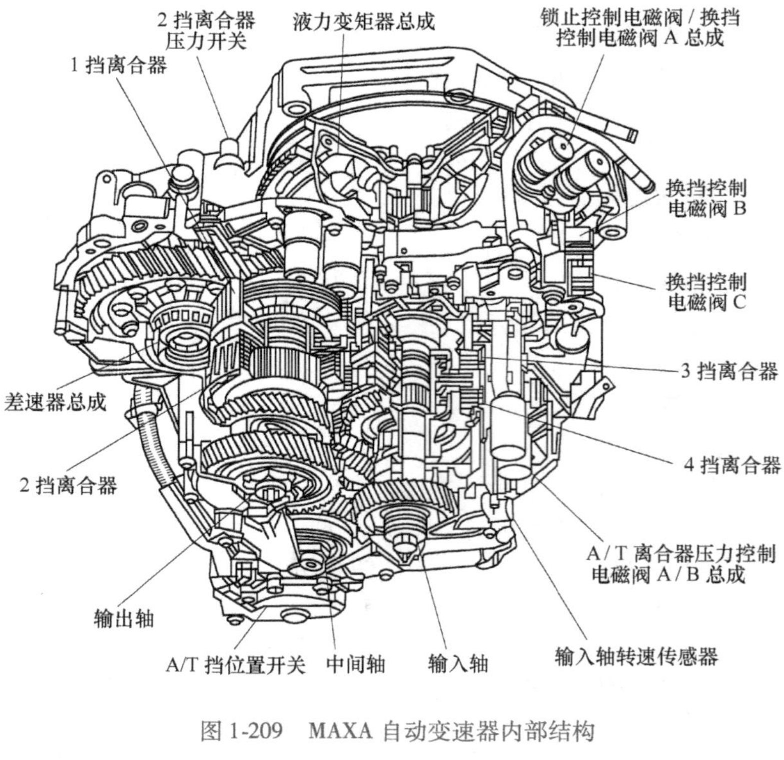

图1-209 MAXA自动变速器内部结构

1. 齿轮变速传动机构

MAXA自动变速器齿轮传动机构简图如图1-210所示。

1）输入轴、输出轴、中间轴三轴平行排列，轴线固定，斜齿轮传动。

2）用1、2、3、4挡离合器改变齿轮组合，组成4个前进挡。倒挡采用伺服阀控制的接

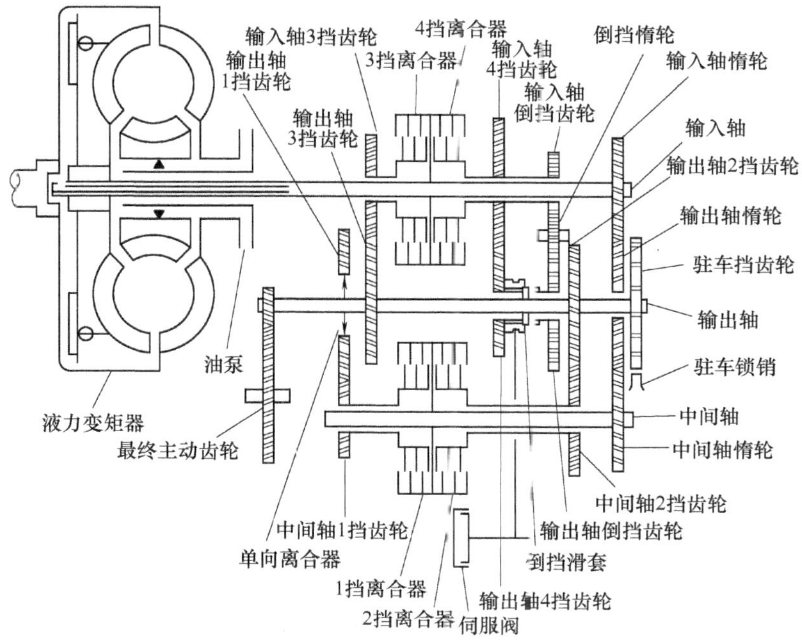

图 1-210　MAXA 自动变速器齿轮传动机构

合套换挡。

2. 各挡动力传递路线分析

表 1-11 为换挡离合器工作规律。

表 1-11　换挡离合器工作规律表

		1 挡齿轮 1 挡离合器	2 挡齿轮 2 挡离合器	3 挡齿轮 3 挡离合器	4 挡		倒挡齿轮	驻车挡齿轮
					齿轮	离合器		
P								○
R						○	○	
N								
D4	1 挡	○						
	2 挡		○					
	3 挡			○				
	4 挡				○	○		
D3	1 挡	○						
	2 挡		○					
	3 挡			○				
2			○					
1		○						

（1）R 位（倒挡滑套右移）　输入轴→4 挡离合器→输入轴倒挡齿轮→倒挡惰轮→输出轴倒挡齿轮→滑套→输出轴→最终主动齿轮。

（2）1 挡　输入轴→输入轴惰轮→输出轴惰轮→中间轴惰轮→中间轴→1 挡离合器→中

间轴 1 挡齿轮→输出轴 1 挡齿轮→单向离合器→输出轴→最终主动齿轮。

（3）2 挡　输入轴→输入轴惰轮→输出轴惰轮→中间轴惰轮→中间轴→2 挡离合器→中间轴 2 挡齿轮→输出轴 2 挡齿轮→输出轴→最终主动齿轮。

（4）3 挡　输入轴→3 挡离合器→输入轴 3 挡齿轮→输出轴 3 挡齿轮→输出轴→最终主动齿轮。

（5）4 挡　输入轴→4 挡离合器→输入轴 4 挡齿轮→输出轴 4 挡齿轮→倒挡滑套→输出轴→最终主动齿轮。

因 4 挡离合器在 R 位时也工作，所以无 4 挡就没有 R 位。

四、自动变速器电控单元的功能

电控单元是自动变速器的控制中心，其内部结构、控制程序的内容、传感器、执行器、控制开关的配置和类型、控制电路的布置方式等往往有很大的不同。有些车型自动变速器自身有专用电脑，并且通过 CAN 总线系统与其他系统电脑实现通信。也有些车型自动变速器电脑与发动机电脑集成在一起，从而使二者的工作实现更好的匹配。

电控单元通常有以下功能：

1. 换挡控制

换挡控制是自动变速器控制的基本内容，最佳换挡时刻取决于节气门开度（发动机负荷）和车速两个基本要素。不同节气门开度下的最佳换挡车速形成的曲线称为自动变速器换挡曲线，如图 1-211所示，它是维修试车的重要依据之一。

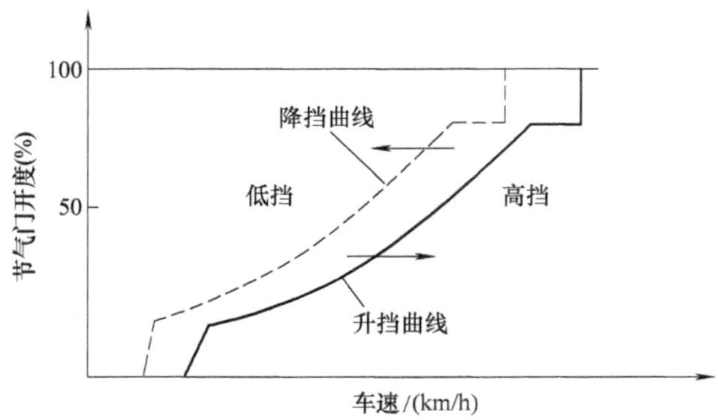

图 1-211　自动变速器换挡曲线

同一节气门开度下的升挡点和降挡点车速存在差异，这样可以在升挡时保持汽车动力性，在车速下降而需要降挡时，充分利用发动机克服短期超负荷的能力，减少换挡次数，避免频繁换挡。

不同使用要求下的最佳换挡曲线存储在电控单元的存储器中，如图 1-212 所示。在汽车运行过程中，电控单元根据接收到的车速信号、节气门开度信号、挡位信号和驾驶模式信号等，从存储器中选择最佳换挡点后向换挡电磁阀发出指令，完成挡位切换。

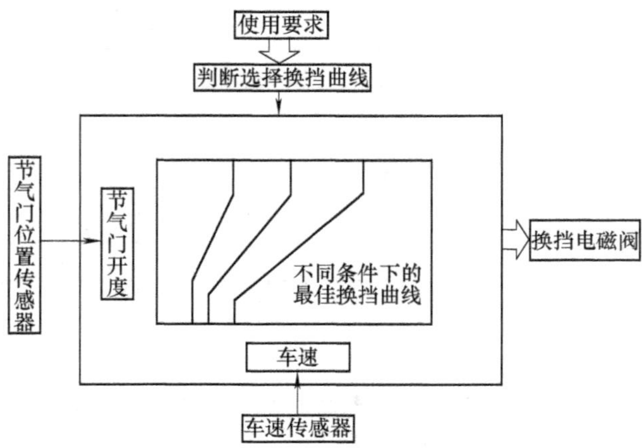

图 1-212　自动变速器换挡控制框图

2. 油路压力控制

油路压力控制是通过电控单元改变通往油压调节电磁阀信号的占空比来调

节的。占空比越小，电磁阀泄油越少，油压越高；反之，油压下降。

1）根据节气门开度信号调节，开度越大，主油压越高；反之，油压下降。同时还可以减少油泵的动力消耗。

2）根据挡位开关信号，在倒挡时提高主油路压力，满足倒挡油压要求。在前进低挡时，提高油压，满足大驱动力要求。

3）在换挡过程中，按照节气门开度、ATF 温度和海拔高度信号大小，适当调节主油压，改善换挡感觉，提高舒适性。

3. 自动模式选择控制

汽车使用过程中，有时需要强劲的加速动力性，有时需要较好的燃油经济性，有时为防止驱动轮滑转而需要较小的驱动力，不同的性能要求有不同的换挡规律。电控单元可以根据变速杆的位置、加速踏板踩下的速度等自动选择合适的换挡规律，满足使用要求。

4. 变矩器离合器控制

电控单元根据变速杆位置、车速、节气门开度和 ATF 温度等信号，向变矩器离合器锁止电磁阀发出信号，使变矩器离合器接合或分离。有些变矩器离合器锁止电磁阀采用调节阀根据电控单元发来的占空比信号控制变矩器离合器的锁止程度和速度，改善锁止接合过程。

5. 改善换挡感觉控制

（1）换挡油压控制　在升降挡瞬间，降低主油压，减小换挡冲击，改善换挡感觉。

（2）减转矩控制　在升降挡瞬间，通过延迟发动机点火时间或减小喷油量，暂时减小发动机输出转矩，以减小换挡冲击和输出轴转矩波动。

（3）N—D 转换控制　在换入或移出 P 或 N 位时，向发动机控制单元发出调整发动机转速信号，将发动机转速变化降至最低，改善换挡感觉。

6. 利用输入轴转速传感器控制

利用变速器输入轴转速传感器和发动机转速传感器信号，可以确定液力变矩器的传动比及二者的转速差，从而更精确地控制自动变速器的工作，特别是换挡油压控制、减转矩控制和变矩器离合器锁止控制等。

7. 故障自诊断和失效保护

1）发现某传感器或执行器故障时，点亮仪表板自动变速器故障指示灯，提醒驾驶员尽快维修。

2）将检测到的故障内容以故障码的形式存储在电控单元内，只要不拆除蓄电池电缆，故障码会一直保存，以备维修人员读取。

3）传感器出现故障时，采取以下保护措施：

① 节气门位置传感器出现故障时，按照 1/2 开度控制。

② 车速传感器出现故障时，转为手动换挡模式。

③ 输入轴转速传感器出现故障时，停止转矩控制。

④ ATF 温度传感器出现故障时，按照 80℃控制。

4）执行器出现故障时，采取以下保护措施：

① 换挡电磁阀出现故障，停止所有电磁阀的工作转为手动换挡模式，或另一个无故障电磁阀仍然工作，自动升降挡，只是缺少某些挡位。

② 变矩器离合器锁止电磁阀出现故障时，停止变矩器离合器锁止。

③ 油压调节电磁阀出现故障时，停止变矩器离合器锁止并使油路压力保持最大。

五、ATF 的规格与型号

自动变速器油是一种特殊的高级润滑油，其型号有很多种，国内常见的有 Ford 标准 E、F 型和 GM 标准 Dexron、DexronⅡ、DexronⅢ型。我国兰州、上海炼油厂生产的自动变速器油，按其100℃运动黏度分为 6 号、8 号两种规格，其中 8 号油用于各种轿车、轻型客车的液力变速器，可以替代国外的同类产品。

ATF 型号不同，其摩擦因数就不一样。若该使用 DexronⅡ型而错用为 F 型，则会使自动变速器发生换挡冲击和制动器、离合器突然啮合现象。F 型错用为 DexronⅡ型则会引起自动变速器内离合器、制动器打滑，加速摩擦片磨损。

表 1-12 所列是部分汽车厂家及石油公司的 ATF 型号。

表 1-12 ATF 型号及适用范围

序号	型 号	适用范围
1	Type A	通用公司于 1949 年首先在全球制定的 ATF 型号
2	Type F	福特于 1967 年制定的 ATF 型号，用于铜基摩擦片。当时丰田也是以此型号为标准
3	Type CJ	专门用于福特 C6 自动变速器的 ATF
4	Type H	福特的一种专业 ATF，现在几乎没有使用
5	Mercon	福特于 1987 年制定的 ATF，可替代早期的 ATF，但不用于 TypeF
6	Mercon V	福特于 1997 年制定的 ATF，现在很多福特汽车都使用这个型号的 ATF
7	Mercon VI/SP	福特最新的 ATF，目前只是在少数的新型 5-6 速自动变速器使用
8	Dexron	美国通用公司于 1967 年制定的 ATF，也是全球最具影响力的 ATF 标准
9	Dexron II	美国通用第二代 ATF，在黏度和抗氧化方面有所改进，可以替代早期 Dexron
10	Dexron IIE	美国通用的改良型 ATF，主要是应付当时各车厂推出的电控变速器
11	Dexron III	美国通用第三代 ATF，适合于早期的电控变速器，全球使用广泛的 ATF
12	Dexron III（H）	美国通用 2003 年在 DexronIII 基础上改良的高效抗磨 ATF，逐步取代 DexronIII
13	Dexron-VI	美国通用于 2006 年公布的最新型 ATF，主要应用于 6-7 速的电控变速器，也是将来 ATF 发展的方向。可以替代 DexronIII，但价格非常高
14	Chrysler 7176	最早的克莱斯勒 ATF，主要用于前驱动的自动变速器
15	Chrysler 7176D（ATF +2）	克莱斯勒于 1997 年制定的改良型 ATF
16	Chrysler 7176E（ATF +3）	克莱斯勒制定的高品质 ATF，不可用于通用 Dexron 和福特 Mercon 的替代
17	Chrysler ATF +4（ATE）	1998 年克莱斯勒公布的新 ATF，可以替代 ChryslerATF +3，但不适用于 1999 年以前的 41TE/AE 变速器，ChryslarATF +3 还是最适合 1999 年以前的变速器使用
18	Chrysler ATF +5	克莱斯勒 2002 年最新的 ATF，只用于少数 6 速或 7 速的变速器
19	BMW LT71141 or LA2634	宝马系列 ATF
20	Genuine Honda ZL ATF	本田系列 ATF
21	Mitsubishi Diamond SP-II&SP-III	三菱系列 ATF

1 PROJECT

（续）

序号	型　号	适用范围
22	Nissan Matic-J/D/K	Infiniti 系列、Hyundai 现代系列、日产系列的 ATF
23	Toyota TypeT，T-Ⅲ&T-Ⅳ	丰田系列 ATF
24	Toyota TypeWS	丰田和雷克萨斯最新型变速器系列的 ATF
25	Esso Type LT71141（G052162A2）	适用于奥迪、大众系列变速器的 ATF
26	Shell LA2634	只适用于 5HP30 的 ATF
27	Texaco ETL 7045E/8072B	用于 GM5L40E 的 ATF
28	Shell M1375#83220142516/Fuchs 3353	用于 6HP26 以及欧洲车 5、6、7 速的变速器 ATF
29	Shell 3403	用于 Chrysler300/NAG1 的 ATF
30	Mercedes-BenzMB#001989210310	奔驰系列 ATF
31	Saab T-Ⅳ # 3309	绅宝 AF40ATF
32	Volvo T-Ⅳ # 1161540-8	富豪系列 AW50-55 等 ATF
33	CVTATF	由于其传动方式的不同，任何一种普通 ATF 都不能代替，必须使用原厂指定 CVT 专业油，01J 变速器必须使用奥迪原厂的 G052190（-A2）
34	Autotec HFM ATF	高效抗磨自动变速器专用油，广泛适用于目前4-5 速的各种型号的变速器，可以替代 DexronⅢ/H/V、MerconV 等多种型号的 ATF
35	Autotec VI ATF	极致高能自动变速器专用油，是目前全球最好的 ATF，可以替代 Dexron-VI、MerconSP 和 ToyotaWS，适用于 5、6、7 速的新型变速器

六、自动变速器故障规律

1. 机械部分

自动变速器的机械部分和液压控制系统部件，在正常使用条件下不会发生故障。电控自动变速器的换挡冲击、挡位不正确等常见故障通常与油位不正确、油质不佳、节气门拉索和变速杆等联动装置调节不当、发动机怠速不正确等原因有关。

2. 液压回路

液压系统的密封垫、油封失效会造成液压控制回路漏油，从而造成摩擦片打滑、换挡时滞过长和换挡冲击等常见故障。

3. 电控系统

自动变速器的电子控制系统是较易发生故障的部位，故障既可能发生在线路和元器件本身，也可能由于电子控制单元（ECU、PCM 或 BCM）引起。电控系统的故障会引起自动变速器没有某一挡或不能升挡等故障。

4. 自动变速器故障诊断表

自动变速器故障规律见表 1-13。

表 1-13 自动变速器故障规律表

序号	故障现象	故障原因
1	油质发黑、变质	高温氧化结胶，磨料污染； 油水混合，有乳状物
2	空挡爬行	手控阀（拉索过紧或过松）位置不准确； 离合器、制动器（摩擦片或钢片变形，排油不畅）分离不彻底 发动机怠速过高
3	起步加速发闯	发动机弹性支座损坏； 四轮制动阻滞力大； 1↔2 换挡电磁阀失效或节气门位置传感器信号失准； 油液过少、油压低，油质变坏； 变矩器离合器导轮的单向离合器打滑； 低速挡相关离合器、制动器和单向离合器失效
4	冷车勉强行驶，热车行驶无力	发动机过热，造成油液温度过高； 油质变坏，使用了劣质代用油； 油泵磨损，密封件老化漏油
5	只能发动机高转速低车速行驶，不能高车速行驶	高速挡相关离合器、制动器打滑； 变矩器失效（导轮的单向离合器、叶片损坏）； 换挡电磁阀失效； 车速传感器失效
6	换挡冲击大、噪声大	发动机弹性支座损坏； 换挡控制油压过高，调压阀失效； 换挡缓冲阀和单向节流阀失效； 节气门位置传感器、车速传感器及其线路故障； 行星齿轮系轴向定位松旷或单向离合器失灵
7	挂挡后无驱动反应	手控阀未进入工作挡位； 第一级滤油器严重堵塞，无油压； 1↔2 换挡电磁阀损坏； 油泵损坏； 变矩器损坏； 相关单向离合器损坏或装反
8	只能前进、不能后退 或只能后退、不能前进	前进低挡或 R 位的相关离合器、制动器有故障（与油泵、变矩器、油压大小无关）； 换挡电磁阀、换挡滑阀失效； 相关单向离合器损坏
9	换挡时滞长	换挡电磁阀、换挡阀失灵，节气门位置传感器、车速传感器信号不良； 换挡控制油压过低，执行元件密封不良
10	高速行驶频繁跳挡	高速挡相关离合器、制动器密封件失效或相关单向离合器失效； 高速挡换挡阀失控、泄漏； 变矩器离合器频繁动作，变矩器离合器控制阀和主油压调节阀失灵

七、自动变速器常见故障排除流程

1. 汽车不能行驶

汽车不能行驶的故障诊断排除流程如图 1-213 所示。

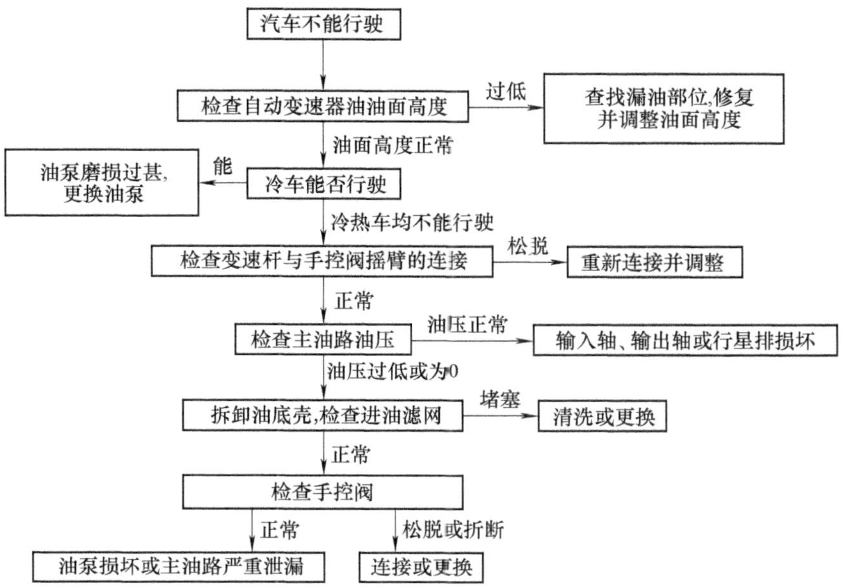

图 1-213　汽车不能行驶的故障诊断排除流程

2. 自动变速器打滑

自动变速器打滑的故障诊断排除流程如图 1-214 所示。

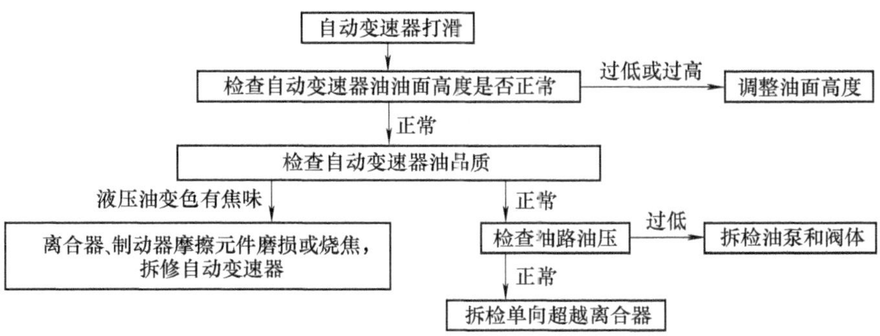

图 1-214　自动变速器打滑的故障诊断排除流程

3. 换挡冲击过大

自动变速器换挡冲击过大的故障诊断排除流程如图 1-215 所示。

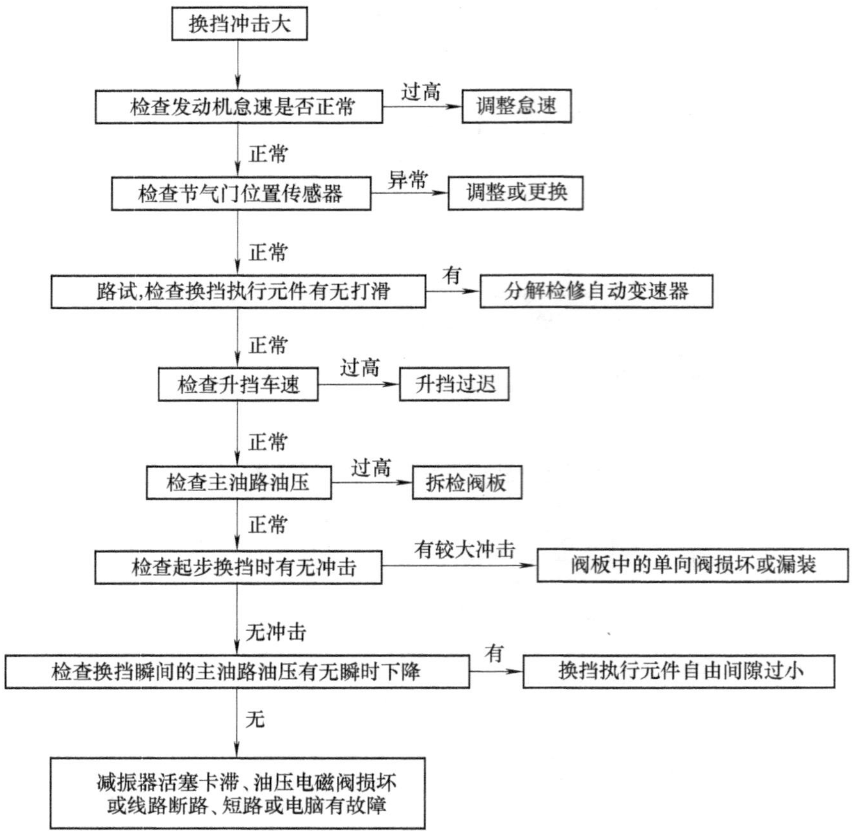

图 1-215　自动变速器换挡冲击过大的故障诊断排除流程

4. 升挡过迟

自动变速器升挡过迟的故障诊断排除流程如图 1-216 所示。

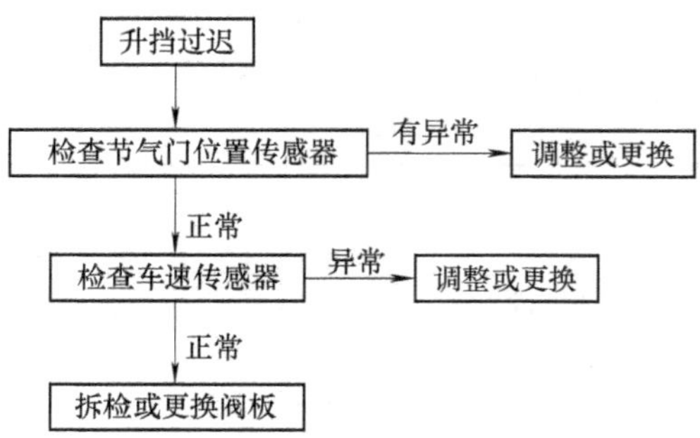

图 1-216　自动变速器升挡过迟的故障诊断排除流程

5. 不能升挡

自动变速器不能升挡的故障诊断排除流程如图 1-217 所示。

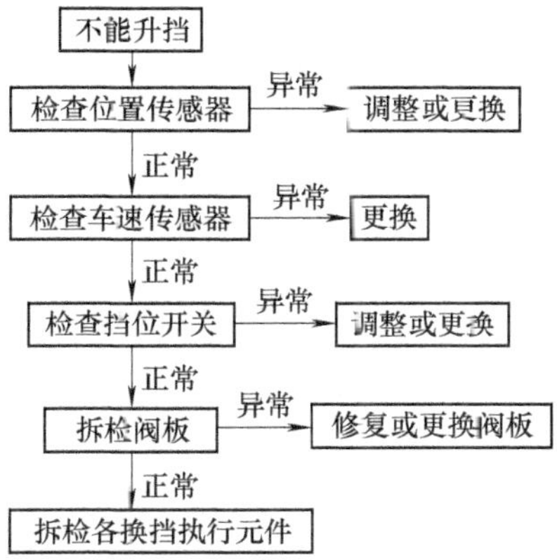

图 1-217　自动变速器不能升挡的故障诊断排除流程

6. 无超速挡

自动变速器无超速挡的故障诊断排除流程如图 1-218 所示。

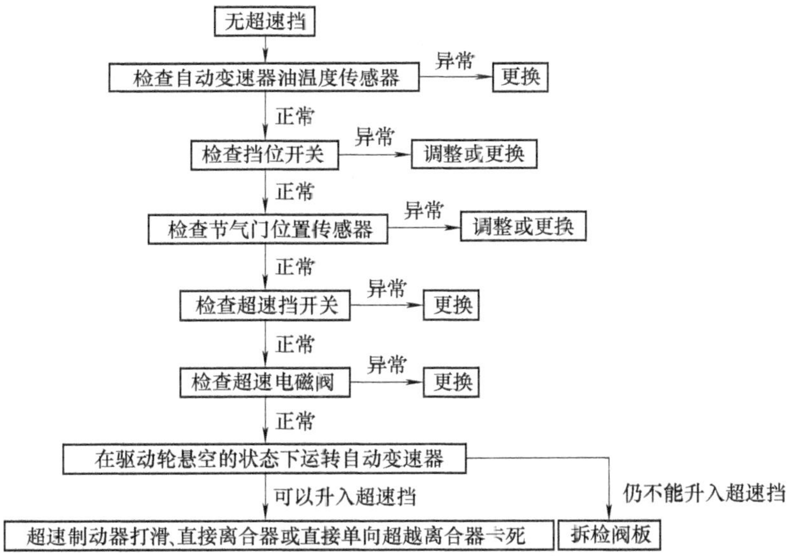

图 1-218　自动变速器无超速挡的故障诊断排除流程

7. 无前进挡

自动变速器无前进挡的故障诊断排除流程如图 1-219 所示。

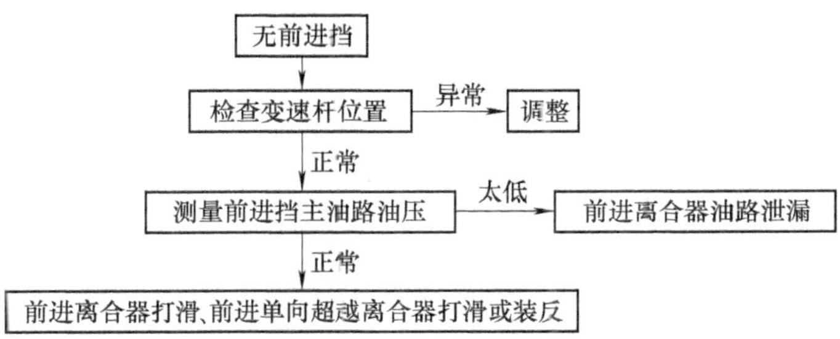

图 1-219　自动变速器无前进挡的故障诊断排除流程

8. 无倒挡

自动变速器无倒挡的故障诊断排除流程如图 1-220 所示。

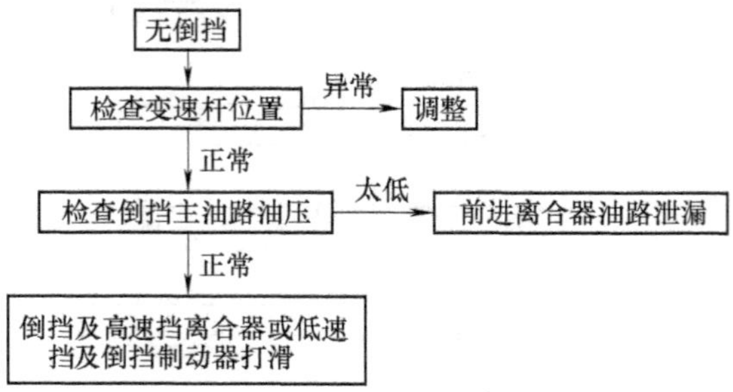

图 1-220 自动变速器无倒挡的故障诊断排除流程

9. 频繁跳挡

自动变速器频繁跳挡的故障诊断排除流程如图 1-221 所示。

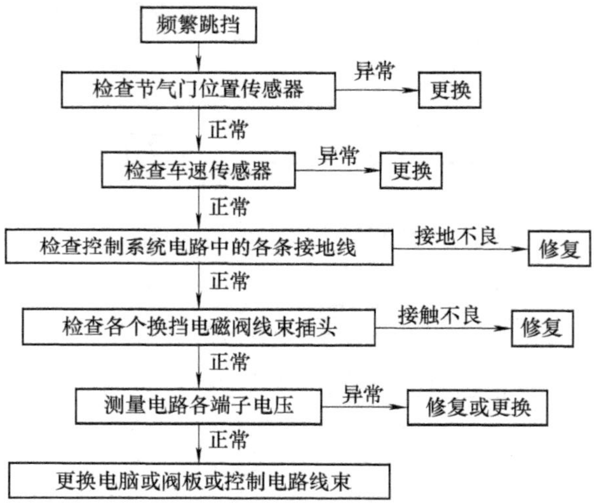

图 1-221 自动变速器频繁跳挡的故障诊断排除流程

10. 挂挡后发动机易熄火

自动变速器挂挡后发动机易熄火的故障诊断排除流程如图 1-222 所示。

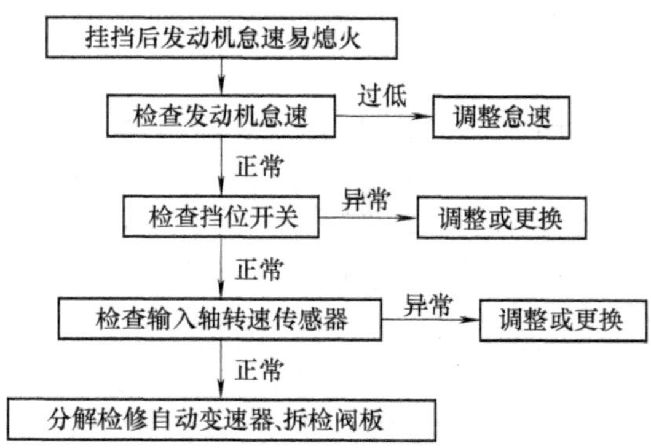

图 1-222 自动变速器挂挡后发动机易熄火的故障诊断排除流程

11. 无发动机制动

自动变速器无发动机制动的故障诊断排除流程如图 1-223 所示。

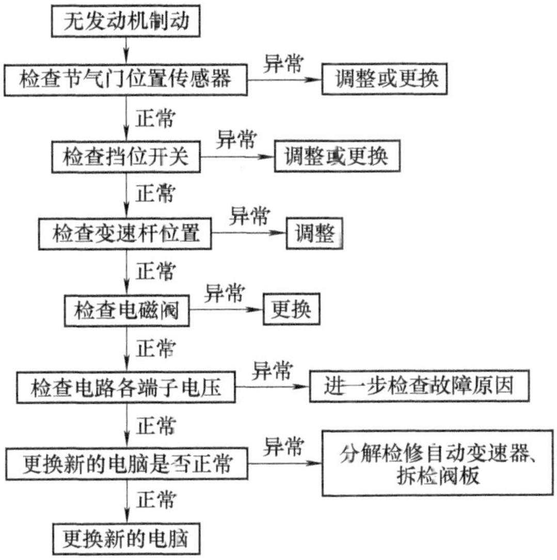

图 1-223　自动变速器无发动机制动的故障诊断排除流程

12. 不能强制降挡

自动变速器不能强制降挡的故障诊断排除流程如图 1-224 所示。

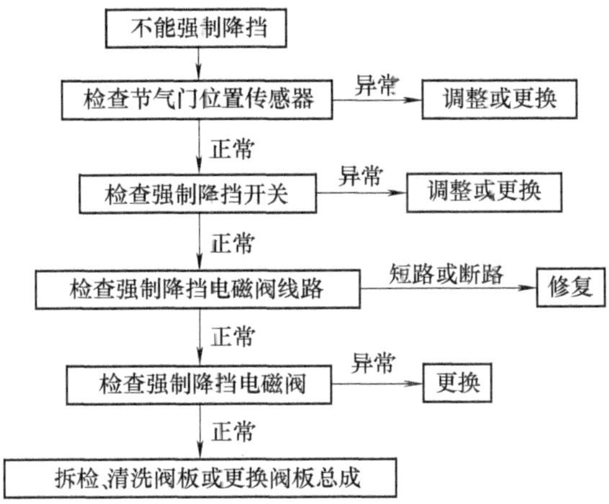

图 1-224　自动变速器不能强制降挡的故障诊断排除流程

13. 变矩器离合器无锁止

自动变速器变矩器离合器无锁止的故障诊断排除流程如图 1-225 所示。

14. ATF 易变质

自动变速器 ATF 易变质的故障诊断排除流程如图 1-226 所示。

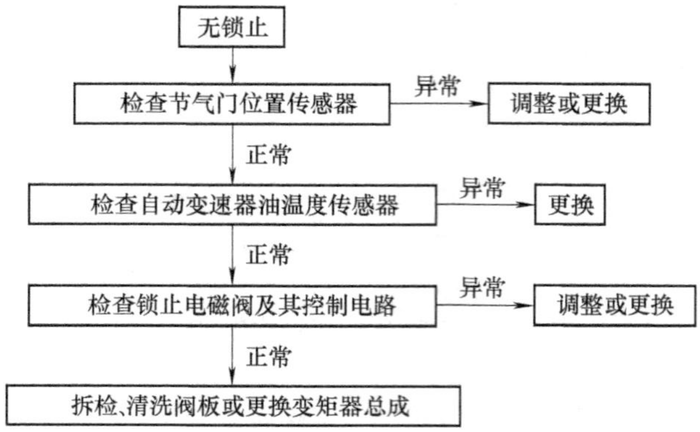

图 1-225 自动变速器变矩器离合器无锁止的故障诊断排除流程

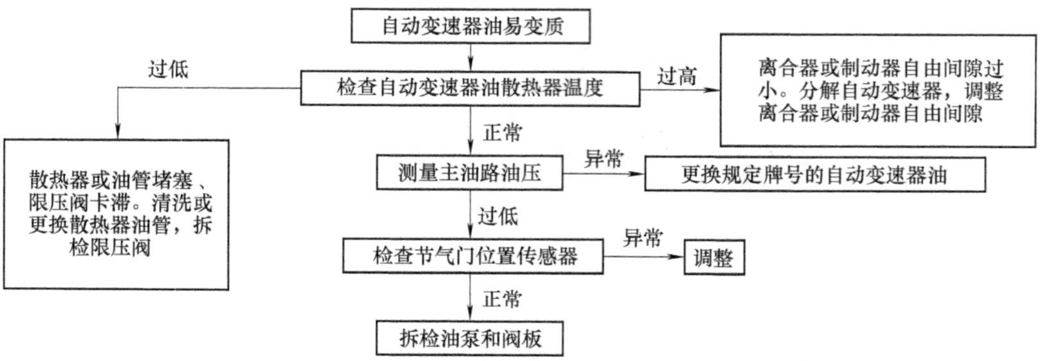

图 1-226 自动变速器 ATF 易变质的故障诊断排除流程

15. 异响

自动变速器异响的故障诊断排除流程如图 1-227 所示。

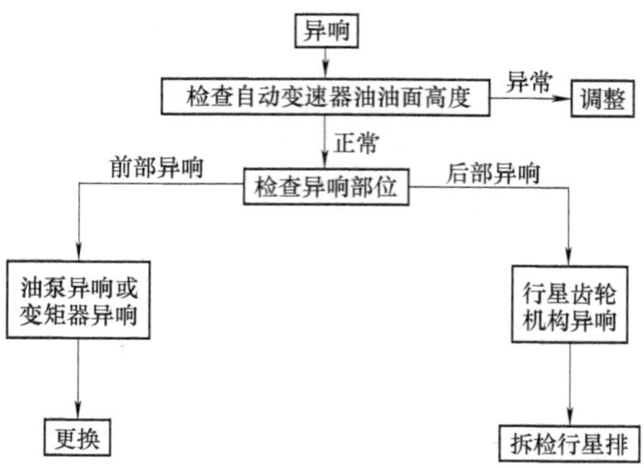

图 1-227 自动变速器异响的故障诊断排除流程

八、DSG 变速器

DSG（Direct Shift Gearbox）意为“直接换挡变速器”。DSG 有别于一般的半自动变速器系统，它基于手动变速器而不是自动变速器，应是 AMT（机械式自动变速器）中的一员。现在一汽、上汽有些车型装备 DSG。

DSG 整体结构如图 1-228 所示，主要由输入双离合器、电子液压控制系统和齿轮变速传动系统组成。

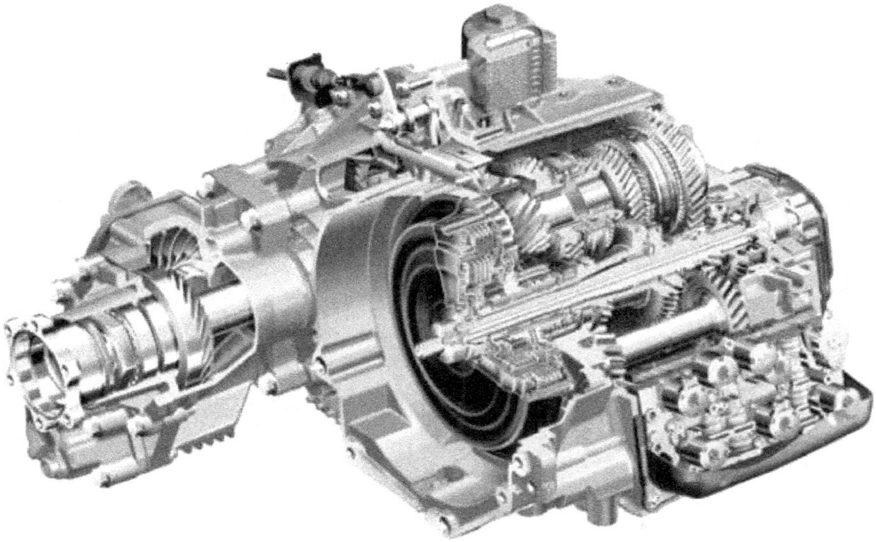

图 1-228　DSG 剖视图

1. 输入离合器及齿轮变速传动系统

DSG 的输入离合器及齿轮变速传动系统如图 1-229 所示，其结构简图如图 1-230 所示。

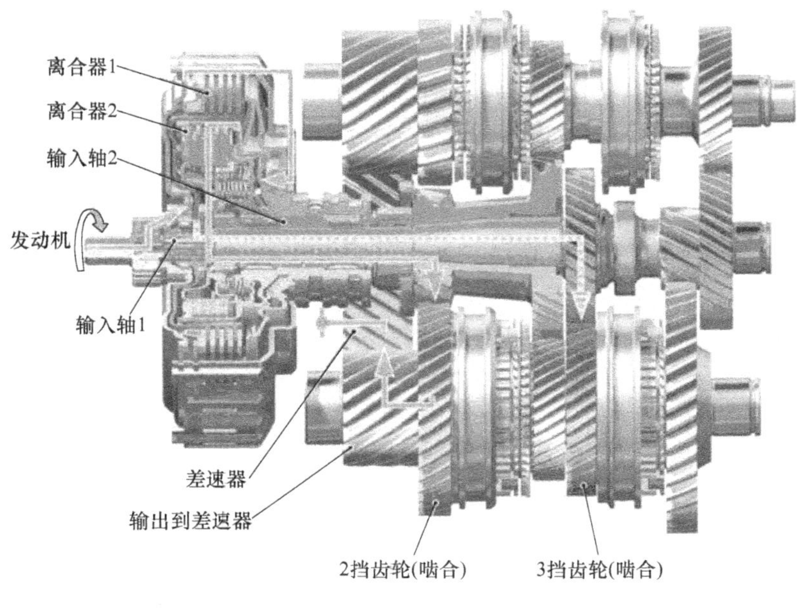

图 1-229　DSG 输入离合器及齿轮变速传动系统

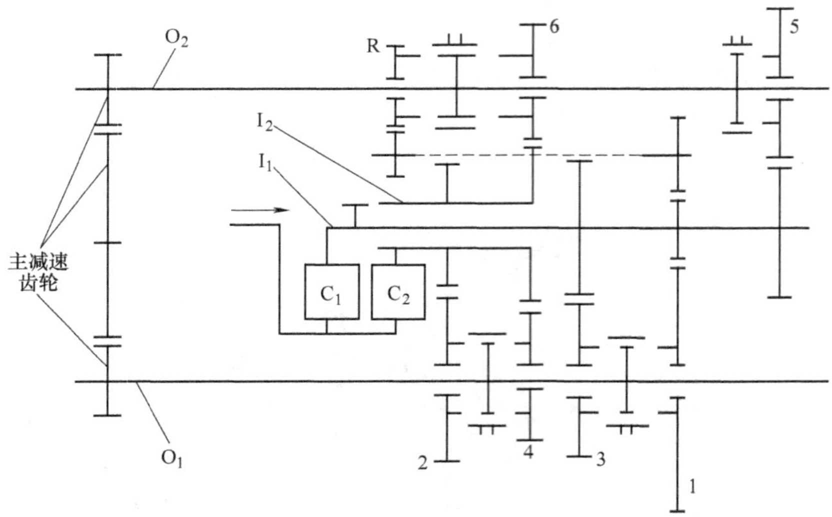

图 1-230 DSG 输入离合器及齿轮变速系统结构简图

齿轮变速系统有两根输入齿轮轴、两根输出齿轮轴、一根倒挡齿轮轴和四个同步器（1、3 挡，2、4 挡，6、R 挡，5 挡）。

输入离合器 C_1 连接发动机曲轴与变速器输入轴Ⅰ，离合器 C_2 连接发动机曲轴与变速器输入轴Ⅱ。

输入轴Ⅰ（I_1）与输出轴Ⅰ（O_1）之间通过齿轮可以实现 1、3 挡传动；输入轴Ⅰ（I_1）与输出轴Ⅱ（O_2）之间通过齿轮可以实现 5、R 挡传动。

输入轴Ⅱ（I_2）与输出轴Ⅰ（O_1）之间通过齿轮可以实现 2、4 挡传动；输入轴Ⅱ（I_2）与输出轴Ⅱ（O_2）之间通过齿轮可以实现 6 挡传动。

2. DSG 换挡过程

DSG 变速器升降挡过程中总会有两个挡位是同时接合的，一个正在传动工作，另一个（由电控单元根据汽车加速还是减速判断后确定）则为下一步做好准备，当然这两个挡位不会通过同一离合器传动。

一般变速器升挡总是一挡一挡地顺序进行，而降挡则经常会跳跃地降挡。DSG 变速器在手动控制模式下也可以进行跳跃降挡，例如，从 6 挡降到 3 挡，连续按三下降挡按钮，变速器就会从 6 挡直接降到 3 挡，但是如果从 6 挡降到 2 挡时，变速器会先降到 5 挡，再从 5 挡直接降到 2 挡。在跳跃降挡时，如果起始挡位和最终挡位由同一个离合器控制的，则会通过另一个离合器控制的挡位过渡一下，如果起始挡位和最终挡位不是由同一个离合器控制的，则可以直接跳跃而降至所选定的挡位。

3. DSG 的换挡操纵

DSG 可以实现手动和自动换挡，变速杆如图 1-231 所示。

变速杆有 P、R、N、D、S 和（+）、（-）七个位置。

（1）P 位（驻车挡）　此时驻车棘齿轮被锁止，驱动轮不能旋转。若想退出 P 位，须打开点火开关、踏下制动踏板、按下锁止按钮才行。

（2）R 位（倒车挡）　车辆在静止状态下，按下锁止按钮即可移进或移出该挡。

（3）N 位（空挡）　变速杆位于该位置时，变速器无动力输出。在车辆静止、点火开关接通的情况下，只有踏下制动踏板、按下锁止按钮方可移出该挡。

（4）D 位（前进挡）　变速杆位于该位置时，电控单元根据车速及节气门开度按照设定的动态换挡程序，自动在 6 个前进挡之间转换。

（5）S 位（运动挡）　处于该位置时，工作原理与 D 位相同，只是升挡车速提高，可以充分体现汽车的动力性。

（6）“＋”、“－”（手动换挡）　向前（＋）推变速杆，换高速挡；向后（－）推变速杆，换低速挡。

转向盘电控模拟手动换挡如图 1-232 所示。变速杆在 D 位或 S 位时，可以通过此开关键直接接入“电控模拟手动换挡”功能，操作任何一个开关均过渡为“电控模拟手动换挡”。在发动机转速允许的范围内，操作“＋”即为增挡，操作“－”即为减挡。

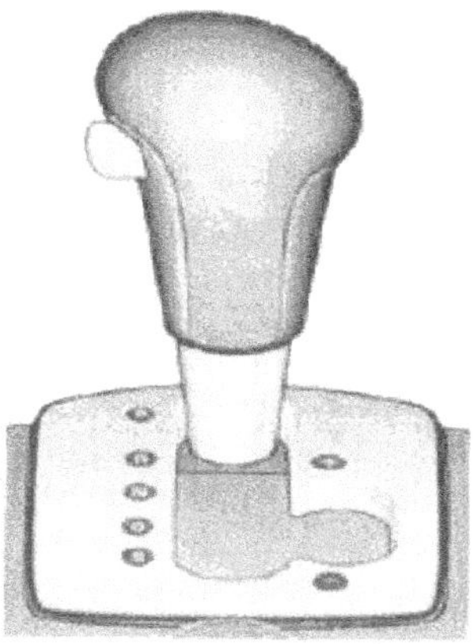

图 1-231　DSG 变速杆

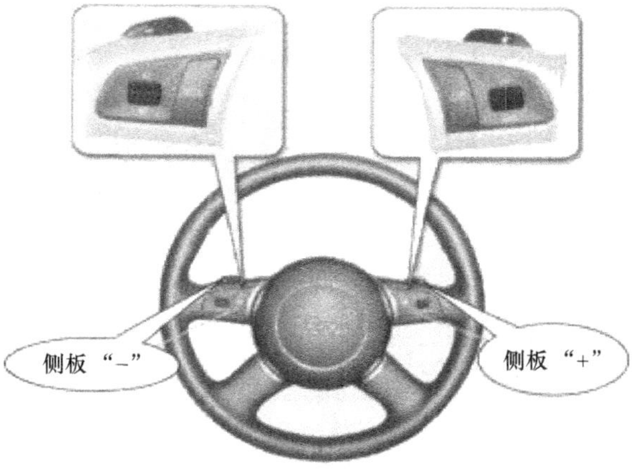

图 1-232　DSG 转向盘换挡开关

4. 电子液压控制系统

控制装置安装在变速器内，并浸在 DSG 机油中。该装置由一个电子控制单元和一个电动液压控制单元组成，如图 1-233 所示。

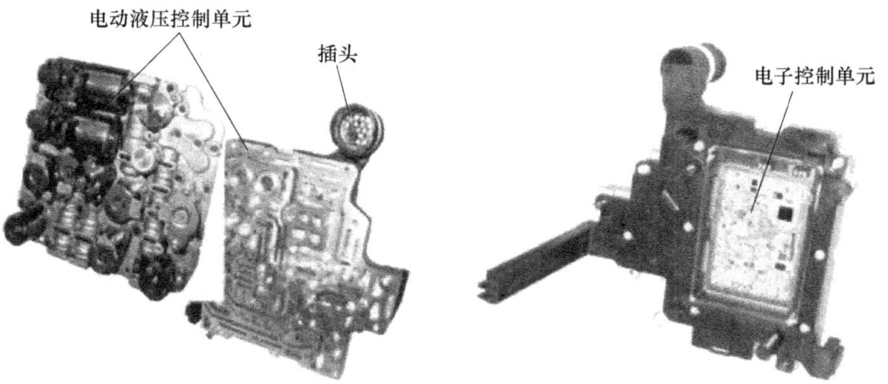

图 1-233　电子液压控制单元

电子控制单元与电动液压控制单元集成在控制装置内，由传感器、电控单元、电磁阀、过压阀、压力调节阀、液压滑阀、多路转换阀和 ATF 循环通道组成。

5. 电控系统功能图

图 1-234 所示为大众途安汽车 DSG 电控系统功能图。

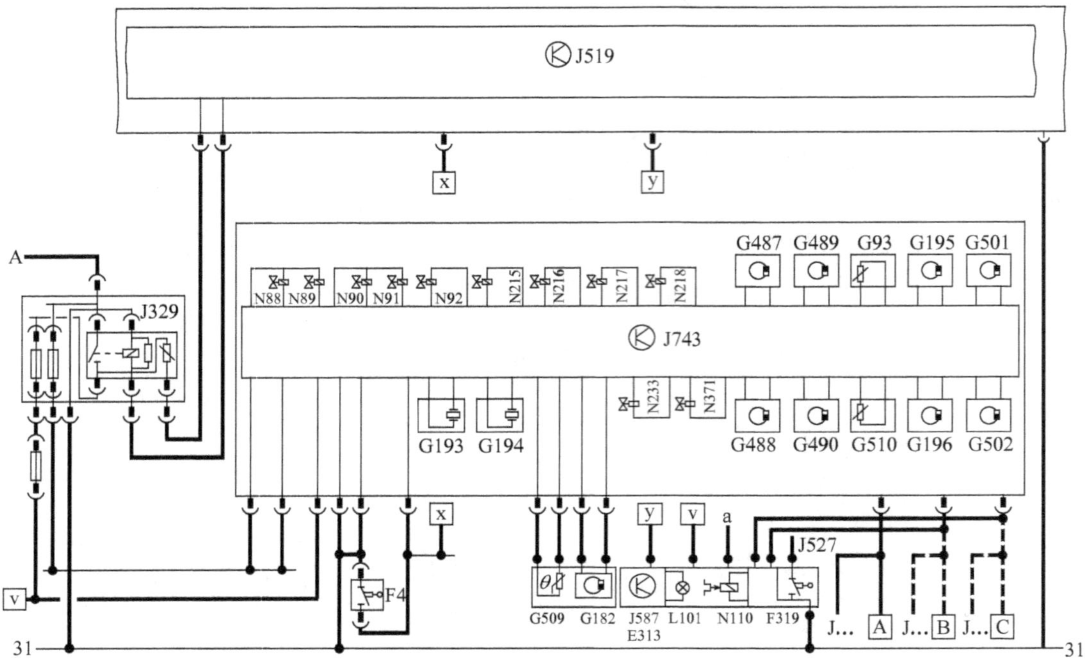

图 1-234 大众途安 DSG 电控系统功能图

A—蓄电池 E313—变速杆 F4—倒车灯开关 F319—P 位锁止开关 G93—变速器机油温度传感器
G182—变速器输入转速传感器 G193、G194—液压压力传感器 G195、G196—变速器输出转速传感器
G487、G488、G489—挡位调节器位移传感器 G490—挡位调节器位移传感器 4
G501、G502—输入轴转速传感器 G509—多片式离合器机油温度传感器 G510—控制单元温度传感器
J...—发动机控制单元 J329—15 号接线柱供电控制单元 J519—供电控制单元
J527—转向柱控制单元 J587—变速杆传感器控制单元 J743—直接换挡变速器电子控制装置
N88、N89、N90、N91、N92—电磁阀 N110—变速杆锁止电磁铁
N215、N216、N217、N218、N233、N371—自动变速器压力调节阀
a—通过熔丝 SC21 的 30 号接线柱 A—K 线 B—CAN-H C—CAN-L

九、混合动力传动桥

混合动力系统是指车辆动力由两个或多个能够同时运行的单个动力系统联合组成，车辆的行驶功率依据车辆的实际行驶状态由单个动力系统单独或多个动力系统共同提供。目前，混合动力主要是指内燃机与电动机两种动力源的混合。

经过多年的发展，混合动力系统总成已从原来发动机与电动机离散结构向发动机、电动机和变速器一体化结构发展，即集成化混合动力总成系统。

1. 混合动力系统的分类

混合动力系统按动力传输路线分类，可分为串联式、并联式和混联式三种。

（1）串联式　一般由内燃机直接带动发电机发电，产生的电能通过控制单元传到电池，再由电池传输给电动机转化为动能，最后通过变速机构来驱动汽车，如图 1-235 所示。串联式混合动力系统多用于城市公交车，乘用车很少使用。

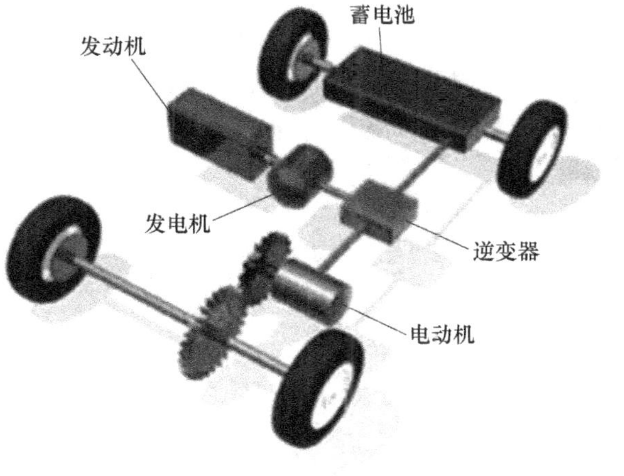

图 1-235　串联式混合动力系统

（2）并联式　并联式混合动力系统有传统的内燃机和电动机两套驱动系统，两个系统既可以同时协调工作，也可以各自单独工作，如图 1-236 所示。

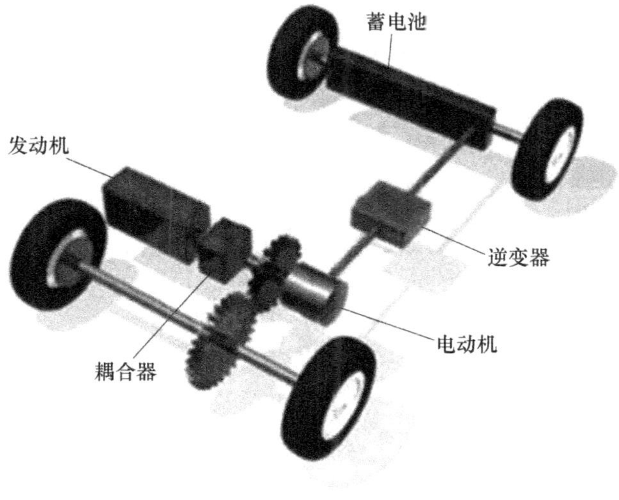

图 1-236　并联式混合动力系统

（3）混联式　内燃机系统和电动机驱动系统各有一套机械变速机构，两套机构通过齿轮系统或采用行星轮式结构结合在一起，从而综合调节内燃机与电动机之间的转速关系，如图 1-237 所示。

2. 丰田第二代混合动力系统 THS（Toyota Hybrid System）-Ⅱ

THS-Ⅱ动力组合如图 1-238 所示。

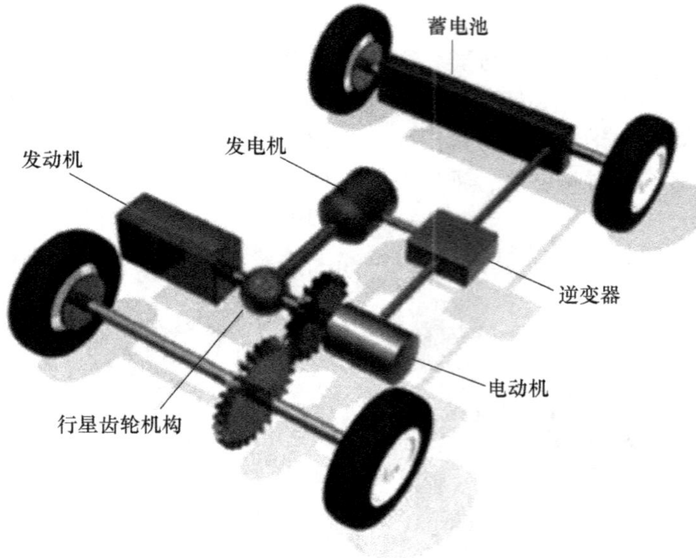

图 1-237 混联式混合动力系统

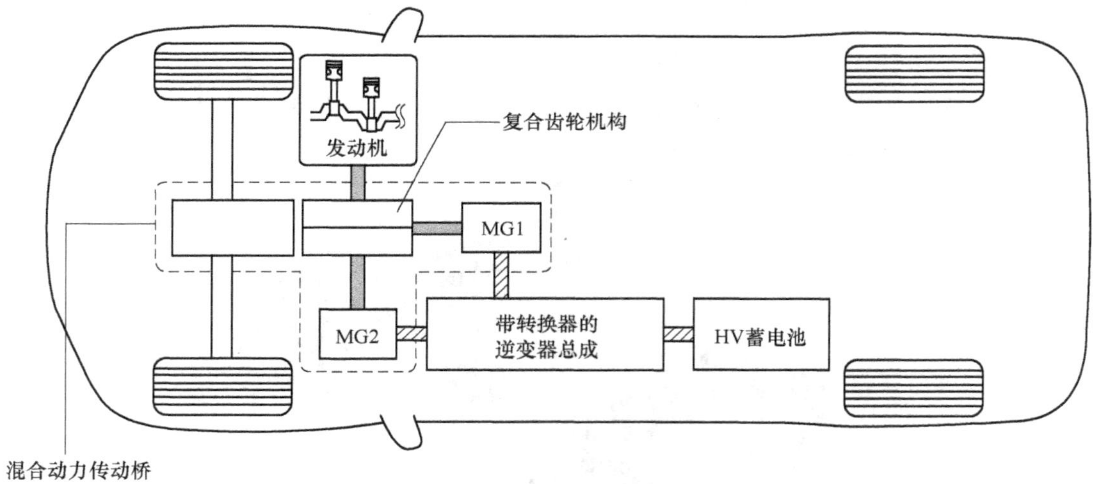

图 1-238 THS-Ⅱ混合动力组合框图

3. THS-Ⅱ混合动力传动桥

（1）THS-Ⅱ混合动力传动桥的组成 THS-Ⅱ混合动力传动桥主要由电动机减速行星齿轮机构、动力分配行星齿轮机构和复合齿轮机构组成，如图 1-239 所示。

1）MG1。由发动机驱动产生高压电，用以驱动 MG2 或对 HV 蓄电池充电；也可作为电动机运行，改变动力分配行星齿轮机构的传动比，使之与车辆运行状态最优匹配。

2）MG2。作为电动机运行，产生驱动力；在制动或减速过程中作为发动机运行，对 HV 蓄电池充电。

3）动力分配行星齿轮机构。将发动机驱动力按照比例分配给 MG1 及驱动车轮。

4）电动机减速行星齿轮机构。降低 MG2 转速，增加转矩。

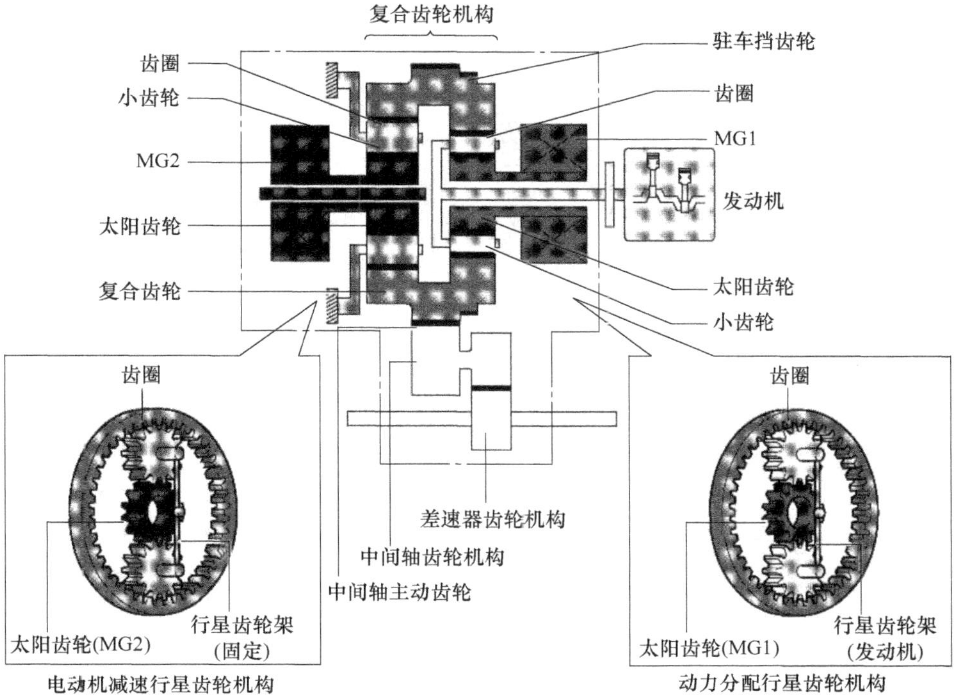

图 1-239　THS－Ⅱ混合动力传动桥

（2）THS-Ⅱ混合动力传动桥的工作过程

1）汽车起步。汽车起步时，发动机处于静止状态，动力由 MG2 提供，如图 1-240 所示，传动桥内动力传递路线如图 1-241 所示。

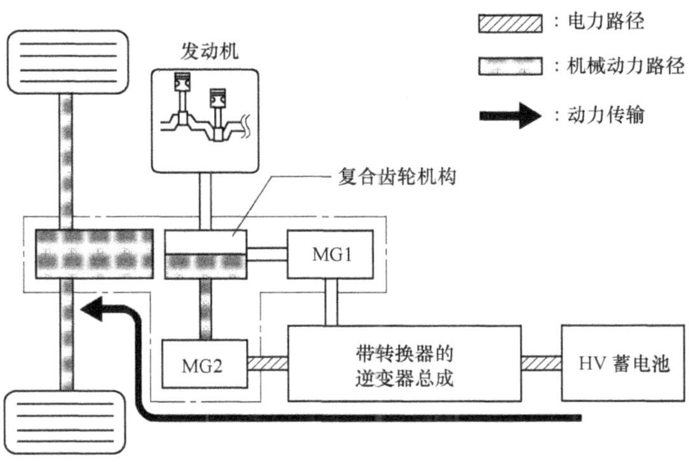

图 1-240　汽车起步时动力传输

2）发动机起动（汽车静止）。发动机起动时，动力由 MG1 提供，如图 1-242 所示，传动桥内动力传递路线如图 1-243 所示。

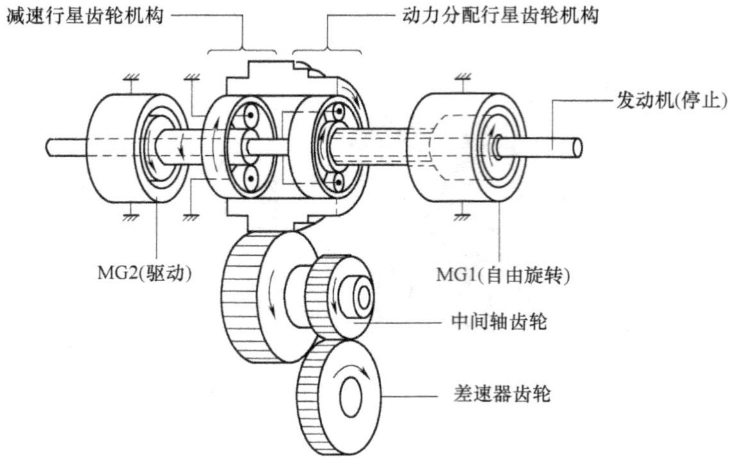

图 1-241 汽车起步时的传动桥内动力传递路线

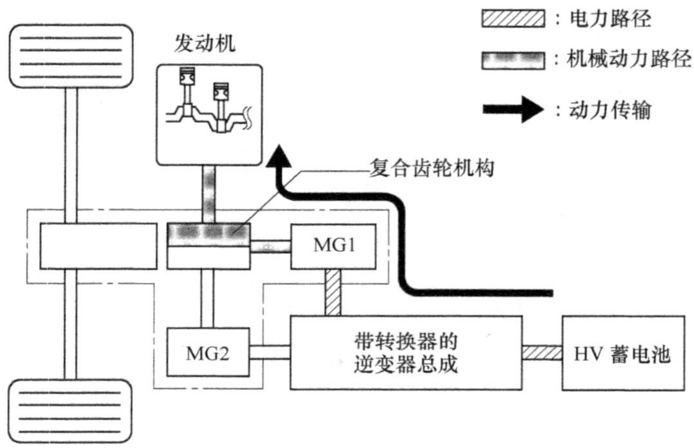

图 1-242 汽车静止发动机起动时动力传输

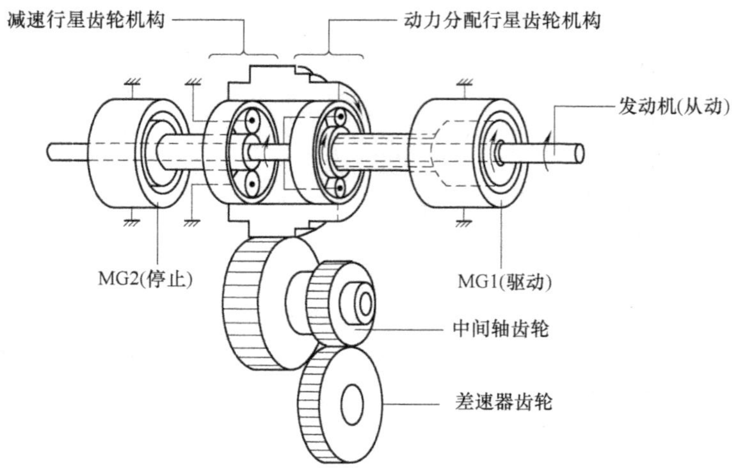

图 1-243 车辆静止发动机起动时传动桥内动力传递路线

3）用发动机加速（小负荷）及巡航。用发动机加速（小负荷）及巡航时动力由发动机提供，动力传输如图 1-244 所示，传动桥内动力传递路线如图 1-245 所示。

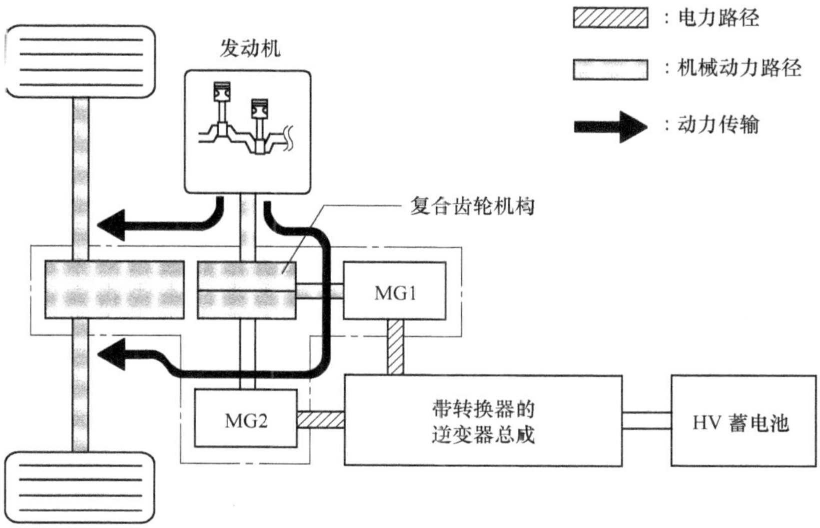

图 1-244　用发动机加速（小负荷）及巡航时动力传输

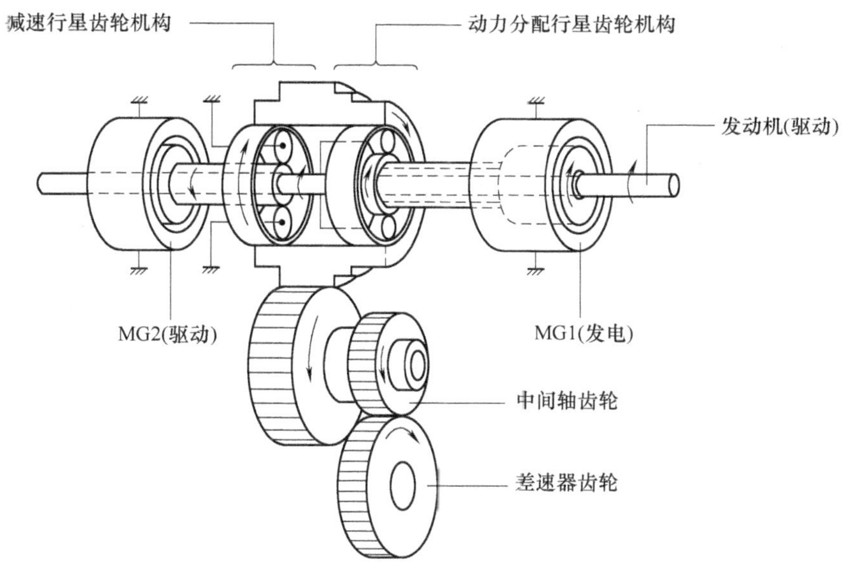

图 1-245　用发动机加速（小负荷）及巡航时传动桥内动力传递路线

4）停车时对 HV 蓄电池充电。停车时对 HV 蓄电池充电，动力由发动机提供，其动力传输如图 1-246 所示，传动桥内动力传递路线如图 1-247 所示。

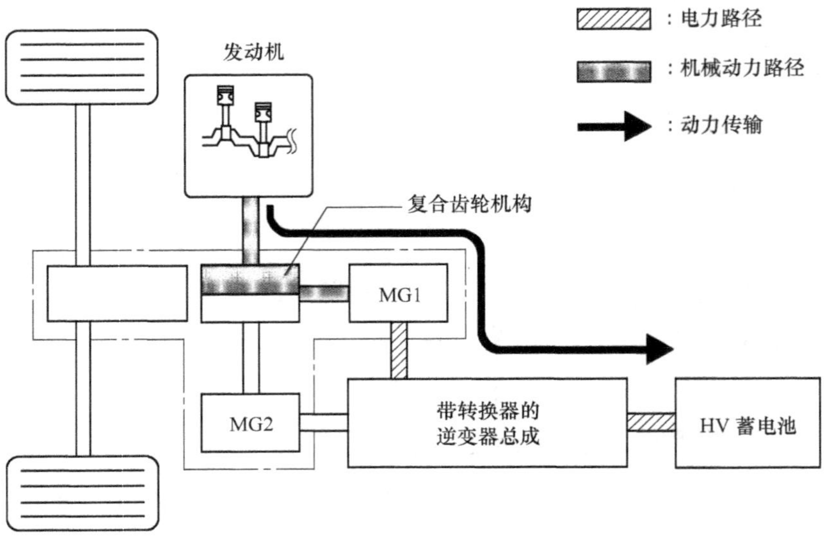

图 1-246 停车时对 HV 蓄电池充电动力传输

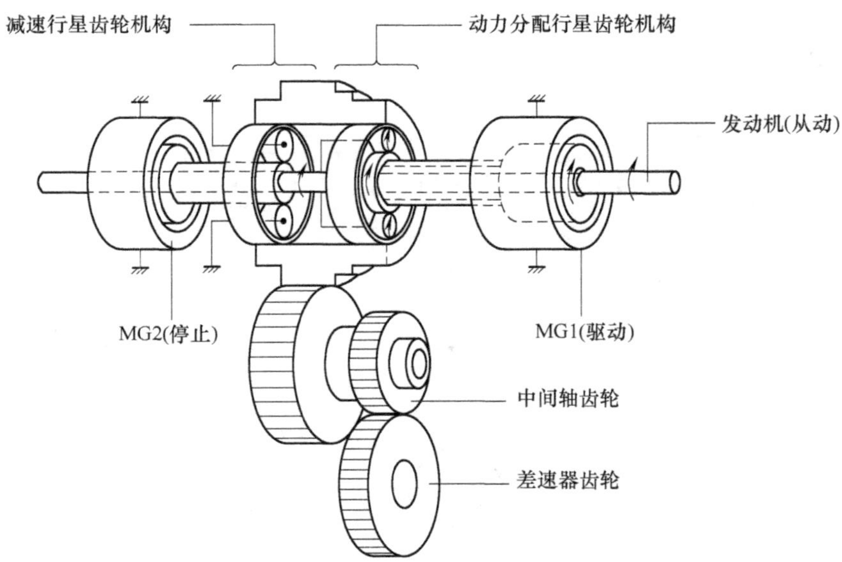

图 1-247 停车时对 HV 蓄电池充电传动桥内动力传递

5）节气门全开加速。节气门全开加速时，动力由发动机和 MG2 共同提供，MG2 所需电力由 MG1 和 HV 蓄电池共同提供，动力传输如图 1-248 所示，传动桥内动力传递路线如图 1-249 所示。

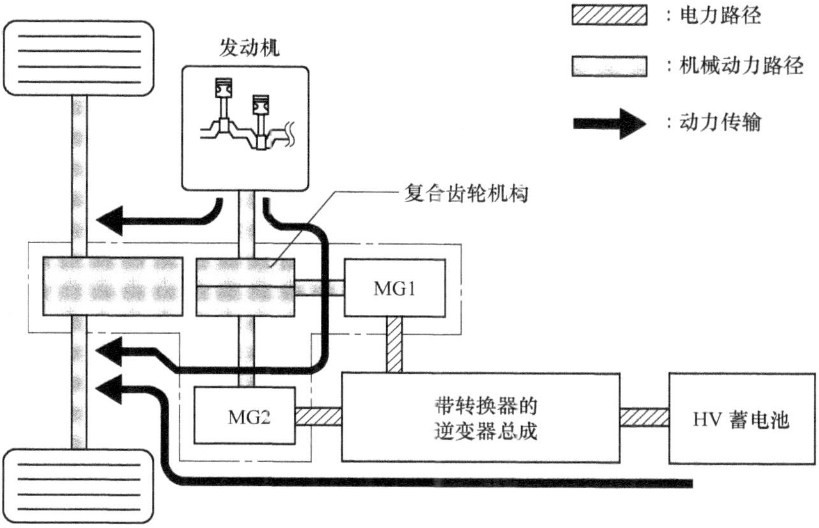

图 1-248　节气门全开加速动力传输

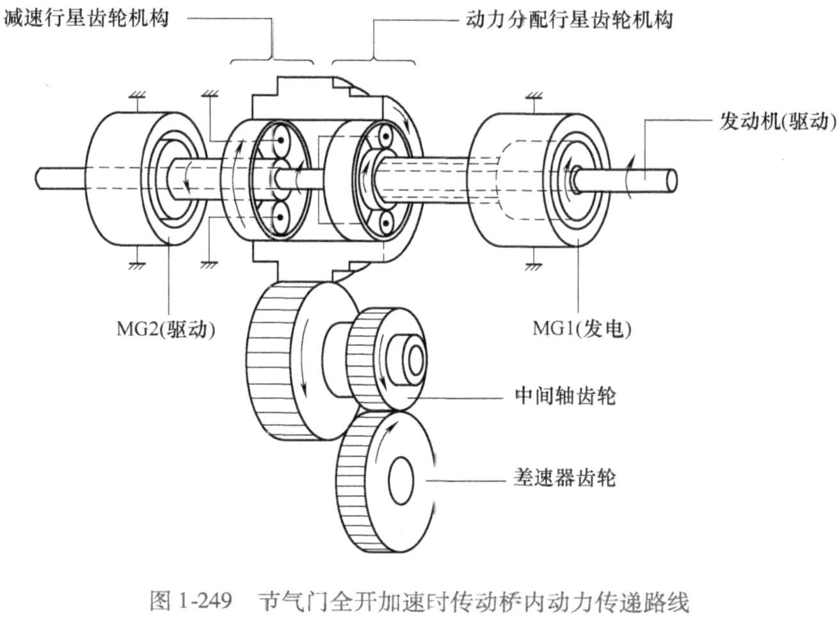

图 1-249　节气门全开加速时传动桥内动力传递路线

6）车辆减速。车辆减速时，驱动轮反拖 MG2 发电，为 HV 蓄电池充电，其动力传输如图 1-250 所示，传动桥内动力传递路线如图 1-251 所示。

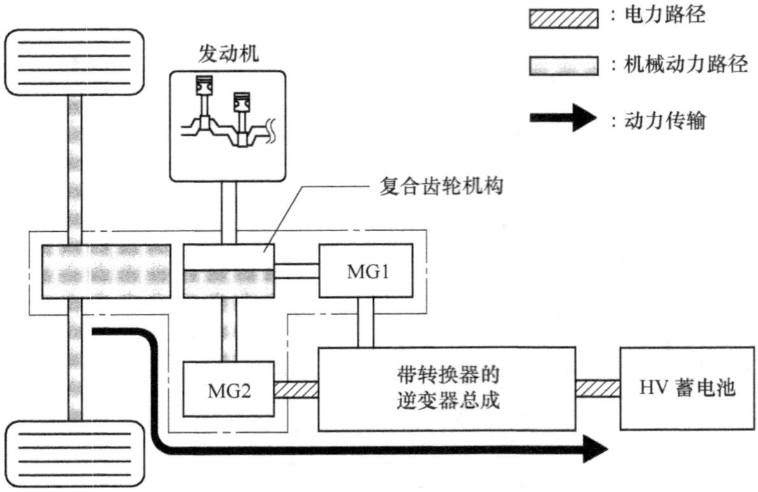

图 1-250 车辆减速时动力传输

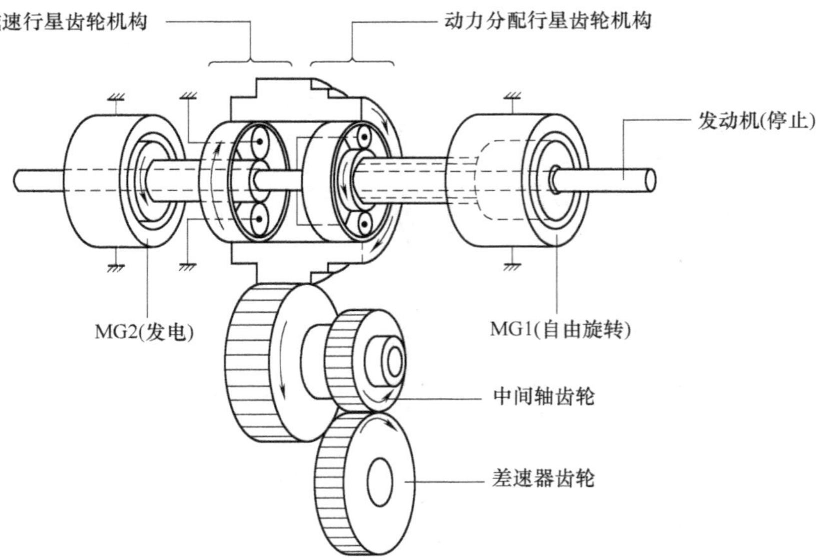

图 1-251 车辆减速时传动桥内动力传递路线

7）车辆倒车。车辆倒车时动力由 MG2 提供，其动力传输如图 1-252 所示，传动桥内动力传递路线如图 1-253 所示。

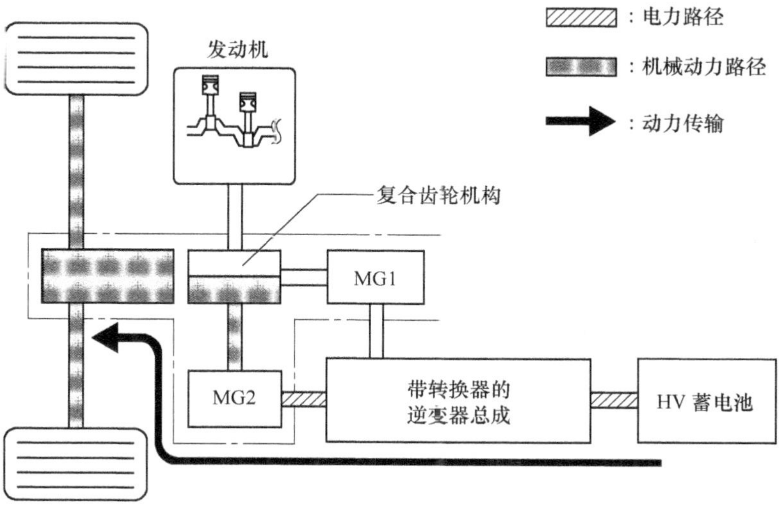

图 1-252　倒车时动力传输

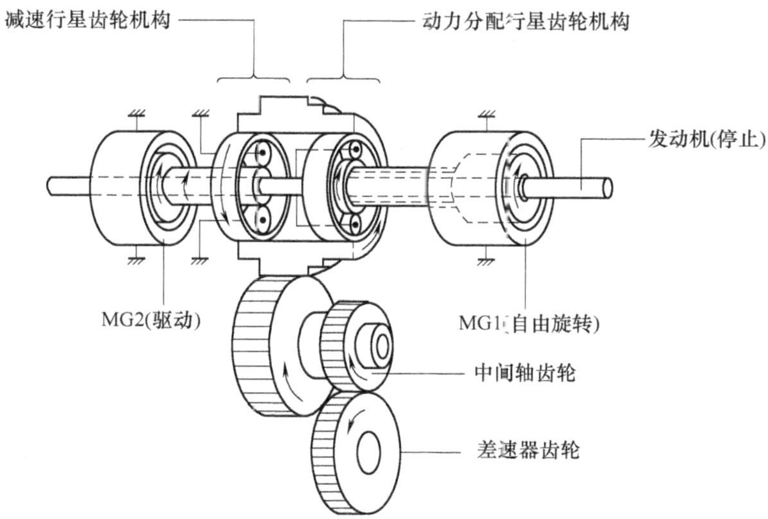

图 1-253　倒车时传动桥内动力传递路线

【课堂训练与测评】

1. 选择题

(1) 甲说：变矩器单向离合器打滑会造成汽车低速时加速不良。乙说：变矩器单向离合器卡滞会造成汽车中高速时加速不良。(　　)

A. 甲正确　　B. 乙王确　　C. 都正确　　D. 都不正确

(2) 甲说：涡轮轴是变速器输入轴。乙说：涡轮轴是油泵驱动轴。(　　)

A. 甲正确　　B. 乙正确　　C. 都正确　　D. 都不正确

(3) 锁止离合器锁止时，泵轮的转速与涡轮的转速（　　）。

A. 相等　　B. 传动比大于1　　C. 传动比小于1　　D. 不一定

(4) 自动变速器的缩写是（　　）。

A. AT　　B. MT　　C. CVT　　D. TCS

(5) 单向离合器的作用是低速区锁止（　　），实现增扭作用；高速区放松（　　），减少传动损失。

A. 导轮　　B. 涡轮　　C. 泵轮　　D. 锁止离合器

(6) 制动任意两个元件，行星轮不能自转，(　　)。

A. $i=1$　　B. $i=0$　　C. $i=\infty$

(7) 行星齿轮机构可能出现损坏的是（　　）、推力滚针轴承和止推垫片等。

A. 太阳轮　　B. 行星轮　　C. 行星架

(8) 液压系统中各（　　）通常集成在阀体总成上。

A. 液压阀　　B. 电磁阀　　C. 换挡阀

(9)（　　）故障会出现下列现象：在前进挡和倒挡，车辆均不能移动；前进挡和倒挡起步无力；自动变速器打滑；自动变速器前端异响。

A. 变矩器　　B. 油泵　　C. 锁止离合器

(10) 油泵常见的损坏形式有油泵齿轮或叶片（　　）、泵壳裂纹、转子的定位套磨损、叶片泵复位弹簧折断或弹性不足、油泵传动轴损坏、叶片（　　）、磨损等。

A. 折断　发卡　　B. 磨损　裂纹　　C. 变形　疲劳

(11) 自动变速器的液压阀主要包括油压调节阀、(　　）和辅助装置。

A. 换挡控制阀　　B. 电磁阀　　C. 单向阀

(12) 自动变速器（　　）是控制中心，如果出现故障会引起各式各样的故障现象，如车辆不能行驶、打滑、驱动无力、换挡冲击和频繁跳挡等。

A. 油泵　　B. 阀体　　C. 齿轮系统

(13) 维修自动变速器时新更换的密封垫片的厚度应（　　）原垫片，所有孔均应能够对正。

A. 大于　　B. 基本等于　　C. 小于

(14) 行星齿轮和轴出现烧蚀，说明工作时严重（　　），行星轮架或行星轮轴可能会发生变形。

A. 超速　　B. 超时　　C. 超载

(15) 推力轴承、止推垫片的损坏主要有（　　）、破碎和定位爪破损等。

A. 发蓝　　B. 磨损　　C. 脱落

(16) 自动变速器控制单元利用（　　）传感器信号可以准确识别换挡时刻，控制离合器的工作。同时，在换挡过程中通过减小点火提前角来减小发动机的输出转矩，使换挡更加柔和。

A. 变速器转速　　B. 发动机转速　　C. 车速

(17) 01M（　　）信号传给控制单元，用来控制倒车灯的开启、防止起动机在行驶状态下啮合、锁止变速杆，接通或断开巡航系统。

A. 节气门开度　　B. 制动开关　　C. 挡位

(18) 自动变速器电子控制系统中所采用的换挡电磁阀为（　　）。

A. 调节阀　　B. 是非阀　　C. 常开阀

(19) 在电磁阀的故障中（　　）电气故障（　　）机械故障。

A. 只有　没有　　B. 没有　只有　　C. 既有　也有

(20) 电磁阀动作灵活性检查可以通过通电试验进行，当电磁阀通蓄电池电压时，应能够听到清脆的开闭动作响声；否则为动作不灵活，可进行（　　）。

A. 清洗　　B. 更换　　C. 清洗或更换

(21) 01M 强制降挡开关与节气门拉索连为一体，加速踏板踩到底并超过节气门（　　）位置时，开关接通。

A. 全开　　B. 90% 开度　　C. 85% 开度

(22) 在电控单元相关电源电路正常的情况下，传感器输入电控单元相关信号后，电控单元应发出相应指令到执行器。否则，电控单元有故障，一般应（　　）。

A. 维修　　B. 更换　　C. 维修或更换

(23) ATF 温度信号用于控制变矩器锁止离合器的工作，当温度达到 105℃ 时，锁止离合器接合，ATF 温度开始下降。如果温度不降，控制单元将使变速器（　　）一个挡位。

A. 升高　　B. 降低　　C. 锁止

(24) 车速传感器信号电压过高，会引起升挡（　　）。

A. 滞后　　B. 提前　　C. 冲击

(25) 汽车起步加速过程中（　　）加速踏板，自动变速器会提前升挡。

A. 抬起　　B. 下踏　　C. 稳定

(26) 出现失速转速过高时，故障一般都发生在（　　）部分，主要是因换挡执行元件打滑引起。

A. 发动机　　B. 变矩器　　C. 自动变速器

(27) 在没有驻车制动的前提下，发动机的转速超过（　　）r/min，在 D 和 R 哪个挡位上没有蠕动，则说明该挡离合器、制动器或单向离合器中至少有一个元件打滑。

A. 1000　　B. 1500　　C. 2000

(28) 如果失速转速（　　）标准范围，其原因只能是发动机工作不良或液力变矩器动力传递不良。

A. 低于　　B. 高于　　C. 符合

(29)（　　）时，发动机转速会瞬时下降而车速明显上升，车身有轻微的振动感。

A. 降挡　　B. 升挡　　C. 升挡或降挡

(30) 在某些挡位上（　　）时能勉强行驶，（　　）后却不能行驶，说明该挡执行机构的密封出现故障。

A. 低速　高速　　B. 热车　冷车　　C. 冷车　热车

(31) 在高速公路上必须保持大节气门开度才能维持较高车速，而自动变速器油正常，最可能的原因是变矩器的（　　）卡滞。

A. 涡轮　　B. 单向离合器　　C. 锁止离合器

(32) 路试急加速时，若发动机转速急剧上升，说明变矩器没有进入（　　）工况。

A. 锁止　　B. 变矩　　C. 失速

(33) 时滞时间（　　），会引起换挡冲击；时滞时间（　　），则换挡迟缓。

A. 过短　过长　　B. 过长　过短　　C. 过长或过短

(34) 路试中，当车速达70km/h以上时，O/D挡按钮由“按下”变为“升起”时，变速器会(　　)一个挡位，同时汽车获得强劲的加速能力。

A. 降低　　B. 升高　　C. 锁止

(35) 初始检验是故障诊断的第一步，目的在于确认故障部位是否在（　　）。

A. 发动机　　B. 自动变速器　　C. 变矩器

2. 填空题

(1) 单排行星齿轮机构由三个元件组成，分别为（　　）、（　　）、（　　），三元件的（　　）重合。

(2) 单排行星齿轮机构齿圈制动、太阳轮主动、行星架被动时，为（　　）速、(　　)向传动。

(3) 辛普森行星齿轮机构有两组行星排，共用一个（　　），整个机构共有四个独立元件，即(　　)、前行星架、(　　)、(　　)。

(4) 拉维娜式行星齿轮机构实际上是由（　　）组合而成的双联式行星齿轮机构。

(5) 拉维娜式行星齿轮机构有四个独立元件，即（　　）、（　　）、（　　）、（　　），具有结构(　　)、尺寸（　　）、传动比变化（　　）和灵活多变等特点。

(6) 在行星齿轮端部测试轴向间隙，一般间隙应在0.2～0.7mm之间，使用限度不超过(　　) mm。

(7) 离合器为湿式多片结构，主要由离合器输入转毂、（　　）、（　　）、钢片、(　　)、挡圈和离合器输出转毂等组成。

(8) 离合器活塞的主要损坏形式有变形、（　　）、（　　）、单向阀（　　）或密封不良。

(9) 液压阀的作用是根据车辆运行工况对（　　）提供的油压进行调节和改道控制，最终实现(　　)的自动变换和（　　）的锁止控制。

(10) 制动器有（　　）式和（　　）式两种结构。

(11) 电子控制系统是自动变速器控制的核心，通常由各种（　　）、（　　）、执行器和（　　）组成。

(12) 车速传感器是自动变速换挡控制的（　　）传感器，控制单元根据此信号确定变速器应换入的（　　），并对变矩器锁止离合器进行控制。

(13) 节气门位置传感器将节气门（　　）和（　　）信号传给自动变速器控制单元，作为换挡控制、调节油压的基本依据。

(14) 多功能开关位于变速器壳体内，由（　　）控制，提供挡位信号。

(15) 电磁阀有（　　）型和（　　）型两种。

(16) 控制单元接到（　　）信号后，迅速在原挡位基础上降低一个挡位，使车辆获得强劲的加速能力。

(17) 电控单元控制所有的电器与液压功能，是整个（　　）的核心。

(18) 在自动变速器的操纵装置中一般还设有发动机起动（　　）装置，也称为 P/N 位起动开关。

(19) 在自动变速器操纵系统中一般设有（　　）装置，防止变速杆由 P 或 N 位自动滑到其他位置。

(20) 自动变速器电子控制系统中所采用的（　　）有两种，一种为是非阀，另一种为调节阀。

(21) ATF 在自动变速器中除具有手动变速器油润滑、冷却、冲洗和抗磨的作用外，还起着在变矩器中（　　）和在离合器、制动器油路中（　　）的液压作用。

(22) ATF 的检查项目有三项，即（　　）、（　　）和有无（　　）。

(23) ATF 液面检查时，（　　）液面高度仅供参考，应以（　　）液面高度为准。

(24) 油液质量检查以（　　）、（　　）、（　　）、杂质和乳状泡沫等为主要指标。

(25) ATF 正常液压油的颜色为猩红色或淡黄色，无味，无（　　）、（　　）和乳状泡沫。

(26) 绝大部分自动变速器的失效均是由于（　　）和 ATF 长时间未更换而出现（　　）引起的。

(27) 如果 ATF 变质比较严重，应更换和检查（　　），直到油液（　　）为止。

(28) 在诊断维修前，应首先与用户交流听取用户对车辆以往的（　　）、（　　）、修理情况及（　　）前后的情况介绍，对故障的发生和（　　）过程有一个全面了解。

(29) 故障码有真假之分，不可（　　）。

(30)（　　）是在初步确定故障所在部位后，对自动变速器进行的一项基本检查，无论具体故障是什么，这些检查都要进行。

(31) 基础检验具体包括：ATF（油面、油质、泄漏）检查、节气门拉索检查、（　　）位置检查、（　　）开关检查、O/D 挡开关检查等。

(32) 手动换挡试验可以确定故障是由于机械、（　　）系统引起，还是由于（　　）系统引起。

(33) 路试急加速时，若发动机转速上升较缓慢，则说明变矩器已进入（　　）。

(34) 测量（　　）油压、各挡位的（　　）油压和各挡位用的主要（　　）的油压，可以判断油泵、（　　）、离合器或制动器控制部件的工作性能和（　　）性能，分辨出（　　）系统是否有故障。

(35) 时滞试验的目的是通过测量时滞时间，进一步判断（　　）及（　　）元件工作是否正常。

(36) 若加速时间过长，则说明油压（　　）或该挡换挡执行元件（　　）。

(37) 道路试验是分析、诊断自动变速器故障和（　　）的有效手段。

(38) 液力变矩器应与变速器（　　）拆下。

(39) 分解变速器（　　）应对其外部进行彻底清洗，以防外部脏物污染内部零件以及防止小的杂物引起新的故障。

(40) 所有零件必须彻底清洗（用同型号 ATF 或高级煤油），清洗后用压缩空气（　　）所有零件，决不能用工作抹布擦干。液压油道和小孔都要用压缩空气吹通，确保其不被（　　）。

(41) 新的离合器、制动器摩擦片在装配前必须放在（　　）中浸泡至少15min。所有密封油环、离合器摩擦片、离合器钢片、旋转元件和滑动表面，在装配时都应用（　　）涂抹。

(42) 在密封垫或类似零件上不能使用（　　），以防堵塞油道。

(43) 更换隔板衬垫应确认（　　）一致，准确无误。

(44) 可以用（　　）涂抹推力滚针轴承垫圈，以便安装时轴承粘到其上。

(45) 自动变速器（　　）试验的目的在于检测齿轮变速传动机构、（　　）元件及液压阀体的装配质量。

(46) 阀体螺栓应（　　）拧紧，注意拧紧力矩应符合要求并（　　）进行。

(47) 为确保软管和电线插头连接（　　），应做好必要的标记。

3. 判断题

（　　）(1) 在涡轮转速为泵轮转速的0.85倍时，变矩器传递动力的过程中，不存在着能量损失。

（　　）(2) 液力变矩器之所以能起变矩作用，是由于安装了一个固定不动的导轮。

（　　）(3) 自动变速器在外部阻力突然减小的情况下，可防止发动机熄火，从而保护发动机，并减少排气污染。

（　　）(4) 自动变速器消除了频繁换挡时离合器和变速杆的复杂操作，使驾驶操作变得简单而省力，同时，也提高了行车的安全性。

（　　）(5) 自动变速器自动控制系统根据发动机的转速和汽车行驶速度，控制行星齿轮变速器实现自动换挡。

（　　）(6) 单排行星齿轮机构太阳轮制动、齿圈被动、行星架主动时，为降速、同向传动。

（　　）(7) 行星齿轮机构太阳轮和齿圈几乎没有损坏的可能。

（　　）(8) 辛普森改进型行星齿轮机构整个系统共有四个独立元件，即前太阳轮、后太阳轮、前齿圈与前行星架、后行星架与后齿圈。

（　　）(9) 换挡机械连接装置的检修主要是通过拉索长度的调整，使变速杆的位置、手控阀的位置及仪表板挡位指示相一致。

（　　）(10) 单向离合器的常见损坏形式有单向无锁止、磨损卡滞和保持架变形等。

（　　）(11) 单向离合器在用作换挡执行元件时，主要作用是制动行星齿轮元件，改变传动比，实现自动换挡。

（　　）(12) 离合器的作用是连接轴与轴、轴与行星排的任一元件或行星排的元件与元件，以实现动力传递。

（　　）(13) 摩擦片上的存油沟槽磨平后，自动变速器油就无法进入摩擦片与钢片之间，磨损速度就会急剧加快，必须更换。

（　　）(14) 在检查和维修过程中将制动带展平、弯曲或扭转，这样做不会引起摩擦衬面破裂或表面剥落。

（　　）(15) 自动变速器的液压阀主要包括油压调节阀、辅助装置，除此之外还有锁止离合器阀、各种电磁阀等。

（　　）(16) 是非电磁阀采取占空比控制，用于打开或关闭某一油道。

(　　)(17) 调节电磁阀采取通断电控制，用来调节各种油压的大小。

(　　)(18) 电磁阀的故障主要是电气故障，包括线圈及导线短路、断路、搭铁和接触不良等。

(　　)(19) 制动灯开关信号用于变速杆的锁止和解除，车辆静止时，只要踩下制动踏板就能将变速杆移出P位。

(　　)(20) 01M强制降挡开关与节气门拉索连为一体，可以单独更换。

(　　)(21) 在维修车间进行的电控单元检修涉及其内部检修和外围连接电路检修。

(　　)(22) ATF温度信号用于控制变矩器锁止离合器的工作。

(　　)(23) 自动变速器的降挡车速高于升挡车速。

(　　)(24) 主油压调节电磁阀，采取通断电控制。

(　　)(25) 锁止离合器结合后，ATF温度应下降。

(　　)(26) 路试中，当车速达70km/h以上时，O/D挡按钮由“按下”变为“升起”时，“O/D OFF”指示灯亮，变速器会降低一个挡位，同时汽车获得强劲的加速能力。

(　　)(27) 变速杆换挡拉索松紧度应适当，在挡位转换时应有明显的“手感”。同时，变速杆的位置、仪表板的挡位指示、变速器手控阀的位置三者应一致。

(　　)(28) 液位过高，油液中容易混入空气，油压降低，换挡产生冲击，离合器或制动器打滑，加速磨损。

(　　)(29) 失速试验可以检查发动机输出功率大小、变矩器性能好坏和油泵性能好坏。

(　　)(30) 如果升挡车速过低或过高，只检查车速信号是否准确即可。

(　　)(31) 初始检查的范围是发动机、底盘的相关部分，具体包括发动机、传动系统和自动变速器故障码等。

(　　)(32) 失速试验是检测汽车在静止不动、变速器在D位1挡或R位时发动机的转速。

(　　)(33) 通过道路试验可以检查自动变速器的起步性能、换挡性能、变矩器离合器锁止性能、驱动模式选择性能、噪声、振动、发热和发动机制动性能等。

(　　)(34) 车辆行驶过程中，挡位转换过程中应平顺柔和，发动机振动较小。

(　　)(35) 液位过高，控制阀体排油孔被淹没，排油不畅，影响离合器、制动器平顺接合和分离，换挡不灵敏。

4. 问答题

(1) 单向离合器损坏有何故障现象？

(2) 离合器摩擦片在什么情况下更换？

(3) 怎样检查离合器的装配质量？

(4) 阀体拆装应注意哪些事项？

(5) 滑阀中的污垢应怎样处理？

(6) 怎样检测车速传感器？

(7) 怎样检测电磁阀？

(8) 挡位开关（多功能开关）信号有什么作用？

(9) 在01M自动变速器电路图上找出电磁阀线束，并将该部分摘画出来。

(10) 01M 变速器转速传感器与车速传感器插头互换后，对自动变速器有什么影响?
(11) 说明 ATF 的检查方法。
(12) 以 01M 自动变速器为例，说明 ATF 更换的步骤。
(13) 说明手动换挡试验的步骤。
(14) 说明失速试验的步骤和注意事项。
(15) 以 01M 变速器为例，说明失速试验结果的分析思路。
(16) 说明变矩器离合器性能试验方法。
(17) 换挡曲线对于自动变速器路试有何意义?

项目二 电控无级变速器维修

项目描述

尽管现代电控自动变速器的挡位数量在不断增加，已由传统4速改为5速、6速、7速，但其本质仍然是有级变速器（仅有几个固定传动比）。现在有另外一种形式的变速器叫做无级变速器，可以实现传动比的无级变化。奥迪、日产、本田等许多车型就采用了电控无级变速器，并且实现了手动/无级一体化。电控无级变速器的出现使汽车的动力性、经济性和操纵稳定性发生了质的飞跃，但也存在一些需要继续改进的问题，比如在传动冲击和噪声、起步控制、变速控制和传动带（轮）寿命等方面。

同电控自动变速器一样，电控无级变速器也由动力传动系统（动力输入、输出装置，变速装置）、液压控制系统和电子控制系统组成，如图2-1所示。

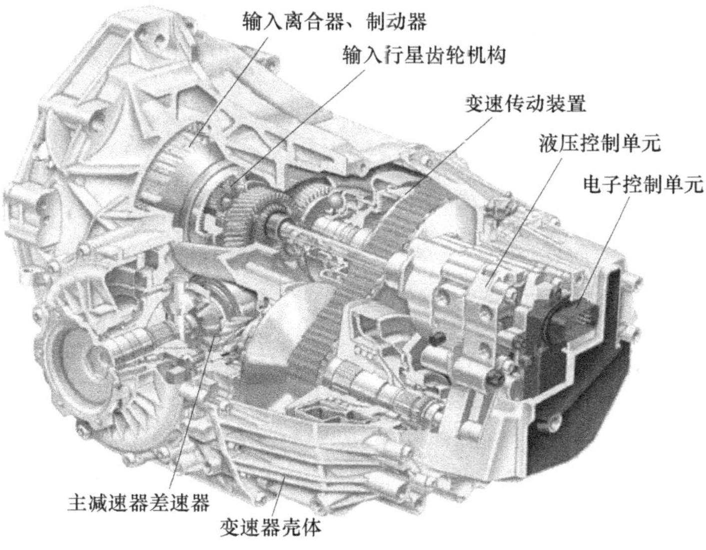

图2-1 奥迪01J无级变速器

知识要点

电控无级变速器的组成；各组成元件的安装、作用及基本工作原理；常见故障检测、试验及故障分析思路。

技能要点

电控无级变速器各组成元件的检修；故障试验方法；变速器的分解、组装、试验、调整和维护。

知识准备

一、无级变速器的动力传动系统

1. 动力传动系统的组成

现在大部分无级变速器采用钢带来传递动力，只有奥迪轿车01J型 Multitronic 无级变速器（见图2-1）采用钢链作为变速动力传递元件。无论是传动带还是传动链，各型无级变速器动力传动系统的动力连接方式不外乎电磁离合器式、液力变矩器式和电控湿式摩擦片式三种。

电磁离合器式无级变速器由于质量、尺寸较大，热负荷能力低已经被淘汰，后两种形式各有特点，用在不同车型上。电子控制湿式摩擦片式变速器结构尺寸较小、能量损失较小、响应快，主要应用在中、小排量轿车（如广州本田飞度1.3L）上。液力变矩器式变速器结构起步转矩大，坡道起步、怠速爬行及低速加速性能较好，容易驾驶，而且能够减轻因发动机转矩不均匀所引起的振动和冲击，主要用在大排量乘用车（如东风日产轩逸2.0L，见图2-2）上。

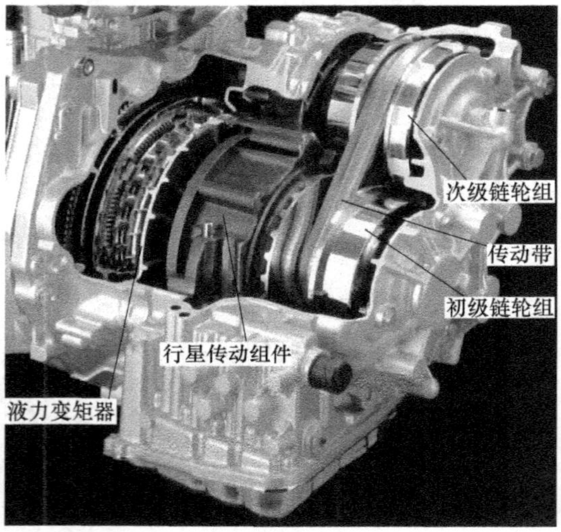

图2-2 东风日产轩逸无级变速器剖视图

下面以广州本田飞度无级变速器为例对动力传动系统的组成加以说明。

如图2-3所示，飞度无级变速器内主要有：输入轴、行星齿轮排、前进离合器、倒挡制动器、主动带轮组件、钢带、从动带轮组件、起步离合器、中间轴主动齿轮和主减速器等。

2. 动力传动系统的原理及工作过程

（1）传动钢带的结构 传动钢带由两条环状无缝钢带和许多V形薄钢片构成，每条钢带有12片（飞度）。这种金属V带可以承受很大的拉力和侧向压力，带轮之间的动力传递靠薄钢片之间的推压，而不是靠钢带的拉力，如图2-4所示。

（2）传动钢链的结构 奥迪01J无级变速器采用钢链传动，如图2-5所示。传动钢链与传动钢带相比具有转矩大、效率高、噪声小和寿命长等优点。

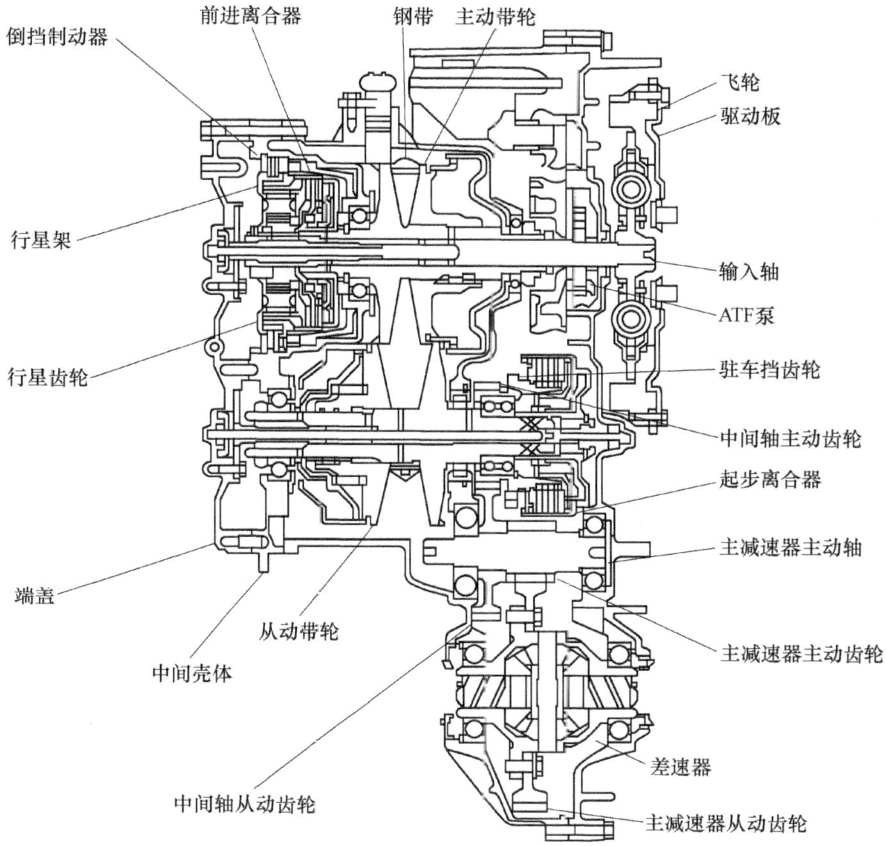

图 2-3　飞度无级变速器动力传动系统组成

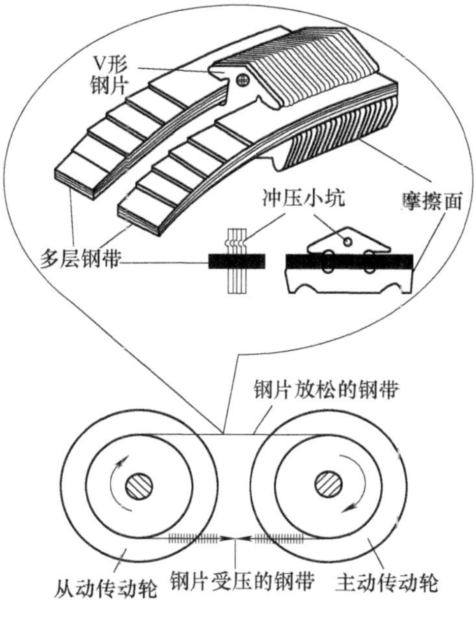

图 2-4　传动钢带的结构

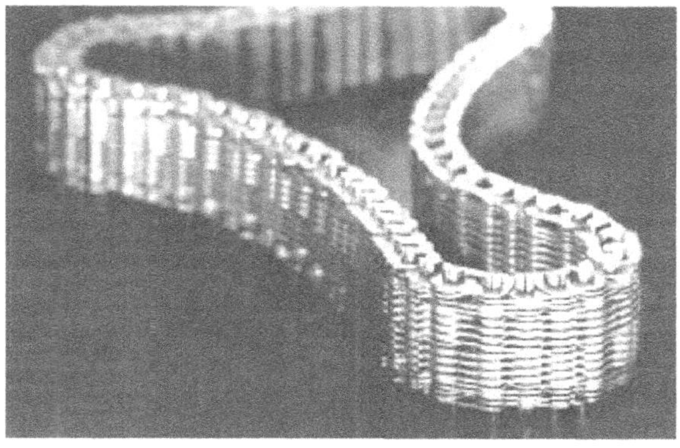

图 2-5　01J 传动钢链

（3）变速原理

1）组合式传动带轮。如图2-6所示，V形传动轮由固定轮面和活动轮面两部分组成，活动轮背面装有液压缸，缸内油压根据电控单元指令调节。活动轮面受到轴向力作用产生轴向位移时，轮槽的宽度发生改变，使与之啮合的传动带的位置改变而靠近或远离传动轮中心，使传动轮的工作半径发生变化。

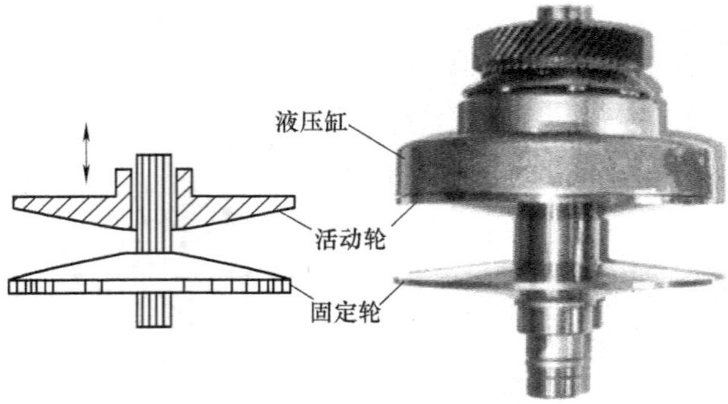

图2-6 组合式传动带轮

2）传动比的改变。

① 主动传动轮与从动传动轮的轮槽宽度相等，工作半径相等，传动比等于1，如图2-7所示。

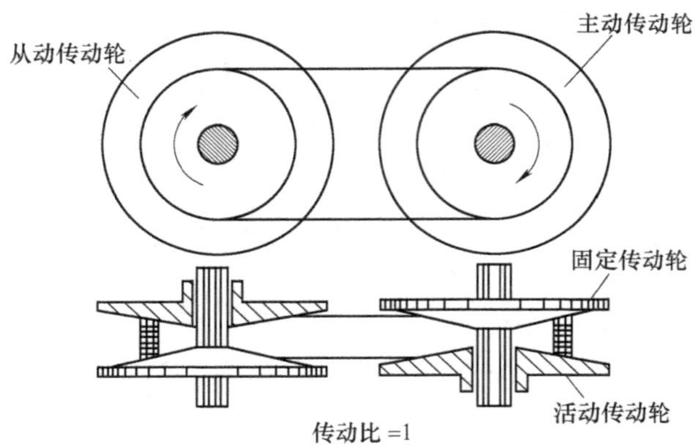

图2-7 传动比等于1的传动

② 当主、从动传动轮的活动部分同时向上移动时，主动轮槽变窄，传动带向外移动，工作半径增大；从动轮槽变宽，传动带向里移动，工作半径减小，传动比小于1，如图2-8所示。

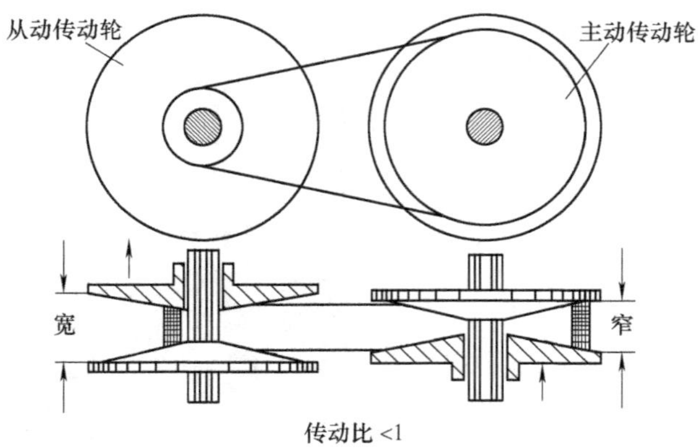

图2-8 传动比小于1的传动

③ 当主、从动传动轮的活动部分同时向下移动时，主动轮槽变宽，传动带向里移动，工作半径减小；从动轮槽变窄，传动带向外移动，工作半径增大，传动比大于 1，如图 2-9 所示。

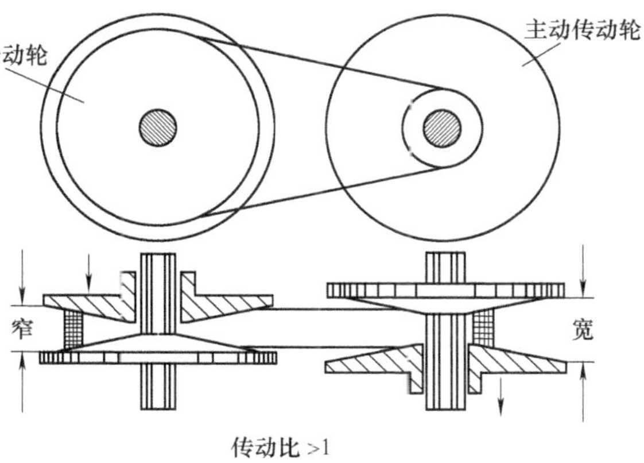

图 2-9　传动比大于 1 的传动

（4）传动原理　飞度变速杆的位置如图 2-10 所示，共有 P、R、N、D、S、L 六个位置。其中：P 为停车挡，驱动车轮被机械锁定；R 为倒车挡；N 为空挡；D 为行车挡；S 为第 2 挡，快速加速；L 为低速挡，发动机制动和爬坡。

根据图 2-3，飞度无级变速器动力传动系统可简化为图 2-11。

图 2-10　飞度 CVT 变速杆

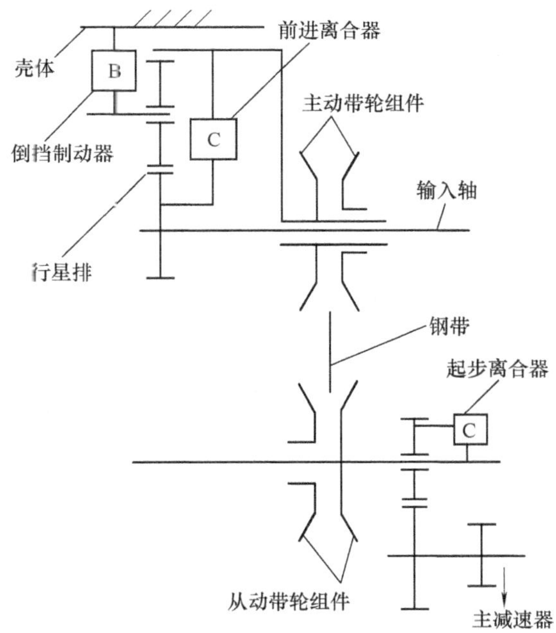

图 2-11　飞度无级变速器动力传动系统简图

1）变速杆位于 P、N 位。变速杆位于 P、N 位时，前进离合器、倒挡制动器均不充油而分离，发动机经输入轴传来的动力无法经行星排传至传动带轮，动力传递中断。

2）变速杆位于 D/S/L 位。变速杆位于 D/S/L 位时，前进离合器充油接合，倒挡制动器泄油分离。行星排的太阳轮、齿圈连为一体，同速同向传动。

3）变速杆位于 R 位。变速杆位于 R 位时，前进离合器泄油分离，倒挡制动器充油接合。行星排的行星架被固定，太阳轮与齿圈之间反向降速传动，实现倒车。

4）起步离合器的作用。当变速杆位于 R/D/S/L 位时，通过调节其压力使汽车起步和慢行平稳。具体来说有以下功能：

① 踏下制动板，在汽车停车的情况下，变速器在前进挡或倒挡时发动机能够怠速运转，此时起步离合器打滑；

② 变速器在前进挡或倒挡时，发动机总是运转，不踏制动踏板和加速踏板，起步离合器在一定油压作用下打滑，使汽车产生蠕动；

③ 起步和加速时准许起步离合器有一定程度的打滑，以减少动力传动过程中对系统的冲击；

④ 在正常行驶时起步离合器全锁止，以提高传动效率。

二、电子控制系统

1. 电控系统的组成

无级变速器的电控系统由传感器、电控单元和执行器组成，如图 2-12、图 2-13 所示。

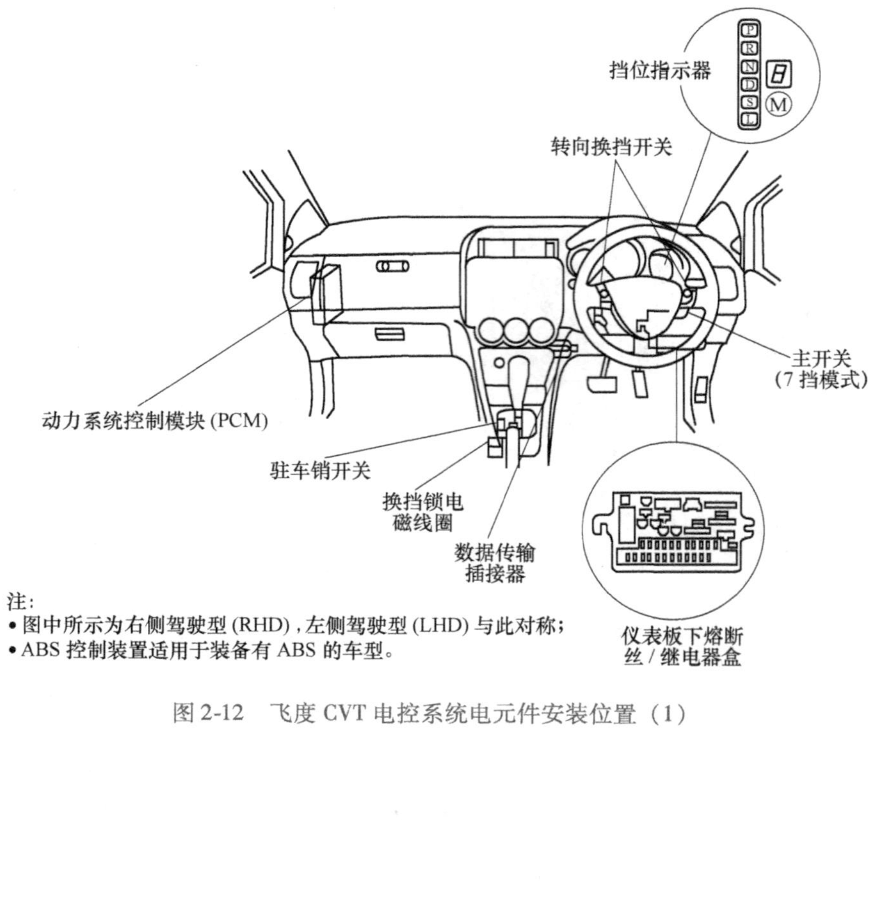

图 2-12　飞度 CVT 电控系统电元件安装位置（1）

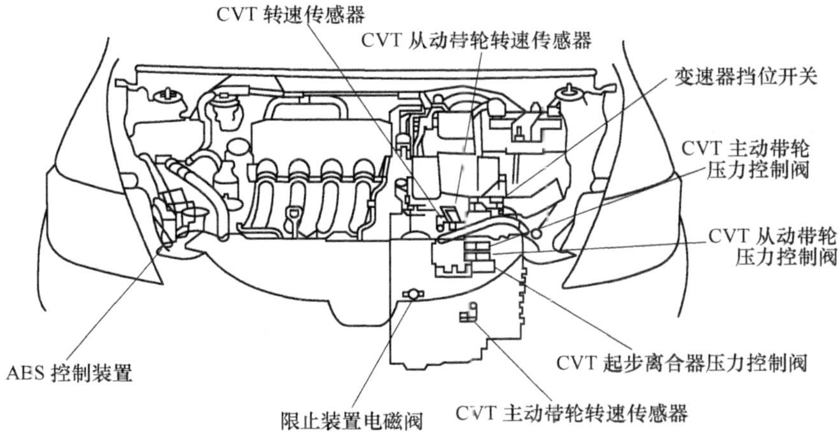

图 2-13　飞度 CVT 电控系统电元件安装位置（2）

无级变速器的电控系统原理框图如图 2-14 所示。

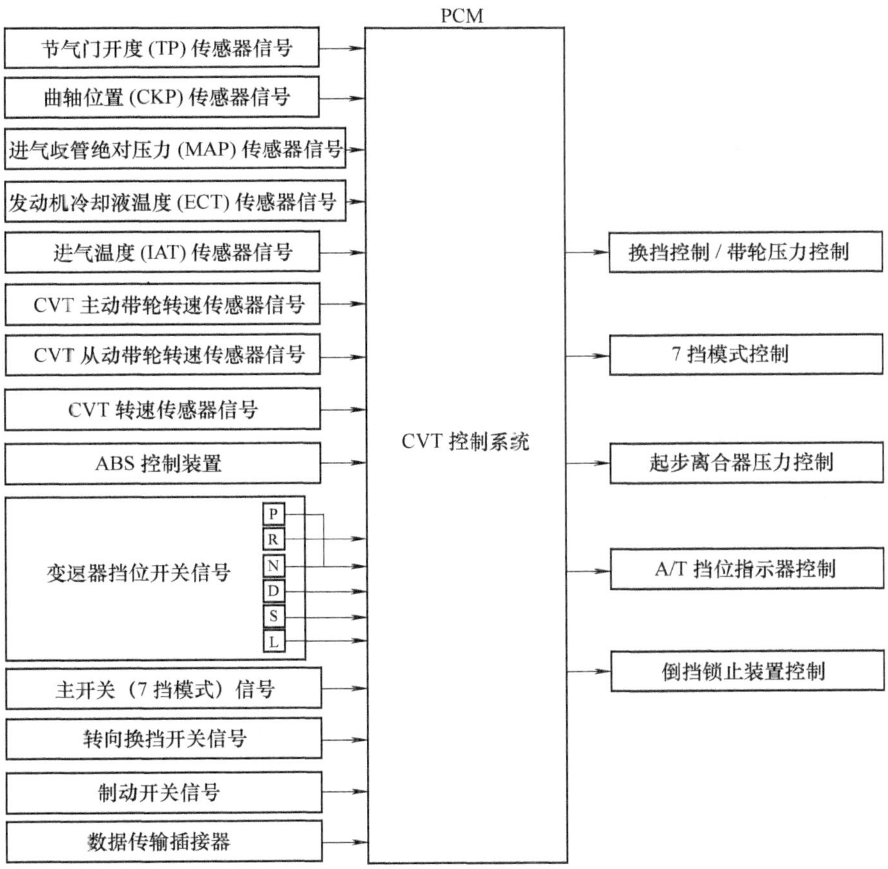

图 2-14　CVT 电控系统原理框图（飞度）

2. 电控系统电路图

飞度 CVT 电控系统电路原理如图 2-15 所示。

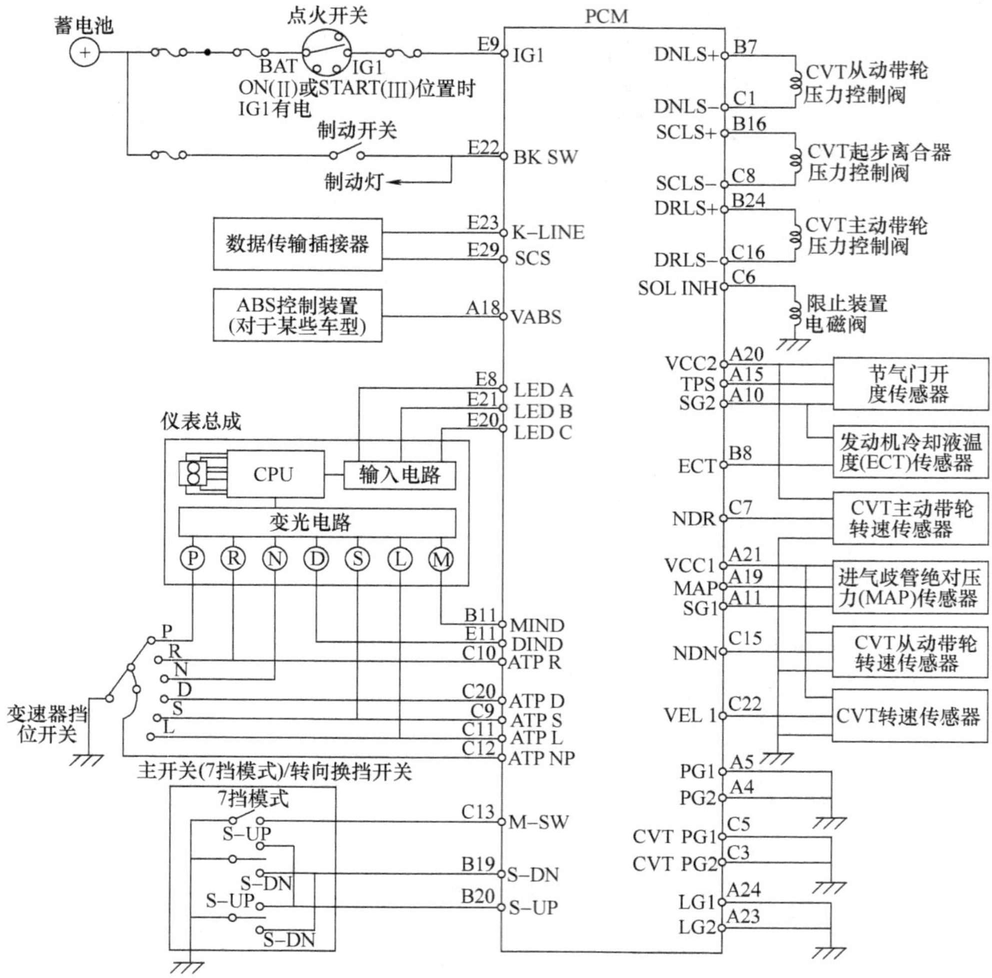

图 2-15 飞度 CVT 电控系统电路原理图

电控单元端子如图 2-16 所示。

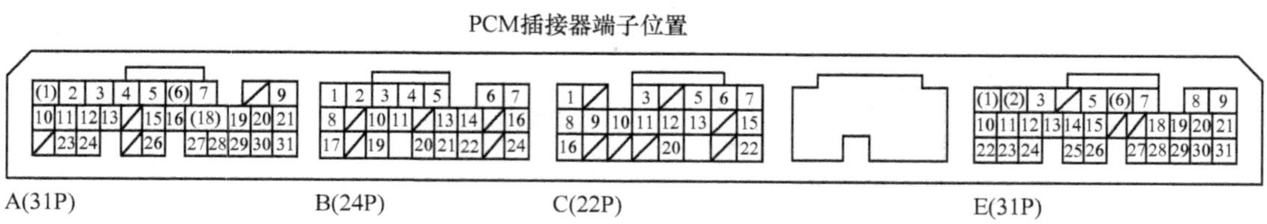

图 2-16 飞度 CVT 电控系统 PCM 端子位置

电控单元插接器端子说明见表 2-1 ~ 表 2-4。

表 2-1　插接器 A 端子说明

端子号	寻线颜色	信号	说明	测量条件/端子电压
A4	黑	PG2	搭铁	
A5	棕	PG1	搭铁	
A10	绿/黑	SG2	传感器搭铁	
A11	绿/白	SG1	传感器搭铁	
A18	蓝/白	VABS	车速传感器信号输入（ABS 车型）	点火开关置于 ON（II）位置：大约 5V 点火开关置于 OFF 位置：0V
A20	黄/红	VCC2	传感器供电回路	点火开关置于 ON（II）位置：大约 5V 点火开关置于 OFF 位置：0V
A21	黄/红	VCC1	传感器供电回路	点火开关置于 ON（II）位置：大约 5V 点火开关置于 OFF 位置：0V
A23	棕/黄	LG2	搭铁	
A24	棕/黄	LG1	搭铁	

表 2-2　插接器 B 端子说明

端子号	导线颜色	信号	说明	测量条件/端子电压
B7	绿/白	DN LS +	CVT 从动带轮压力控制阀供电正极电极	点火开关置于 ON（II）位置：脉冲信号
B11	红/白	M IND	M 指示器控制（6 挡 CVT +7 挡模式）	选择 7 挡手动换挡模式：大约 6V 手动换挡以外的其他模式：0V
B16	黄	SC LS +	CVT 起步离合器压力控制阀供电正极电极	点火开关置于 ON（II）位置：脉冲信号
B19	浅绿/红	S-DN	换低速挡开关信号输入（6 挡 CVT +6 挡模式）	点火开关置于 ON（II）位置： 换低速挡开关踩下：0V 换低速挡开关松开：大约 5V
B20	黄	S-UP	换高速挡开关信号输入（6 挡 CVT +7 挡模式）	点火开关置于 ON（II）位置： 换高速挡开关踩下：0V 换高速挡开关松开：大约 5V
B24	蓝/白	DR LS +	CVT 主动带轮压力控制阀供电正极电极	点火开关置于 ON（II）位置：脉冲信号

表 2-3　插接器 C 端子说明

端子号	导线颜色	信号	说　明	测量条件/端子电压
C1	粉/黑	DN LS-	CVT 从动带轮压力控制阀供电负极电极	点火开关置于 ON（II）位置：脉冲信号
C3	黑	CVT PG2	搭铁	
C5	黑	CVT PG1	搭铁	
C6	绿/黑	SOL INH	锁止器电磁线圈控制	锁止器电磁线圈置于 ON（II）位置：蓄电池电压 锁止器电磁线圈置于 OFF（II）位置：0V
C7	红/蓝	NDR	CVT 主动带轮转速传感器信号输入	点火开关置于 ON（II）位置：0V 或约 5V 发动机在[N]位置怠速运转：约 2.5V
C8	粉/蓝	SC LS-	CVT 起步离合器压力控制阀供电负极电极	点火开关置于 ON（II）位置：脉冲信号
C9	蓝/白	ATP S	变速器挡位开关[S]位置输入	[S]位置：0V [S]以外的其他位置：大约 10V
C10	白	ATP R	变速器挡位开关[R]位置输入	[R]位置：0V [R]以外的其他位置：大约 10V
C11	蓝	ATP L	变速器挡位开关[L]位置输入	[L]位置：0V [L]以外的其他位置：大约 10V
C12	浅绿	ATP NP	变速器挡位开关[P]和[N]位置输入	[P]和[N]位置：0V [P]和[N]以外的其他位置：大约 5V
C13	黄	M-SW	主开关（7 挡模式）信号输入（6 挡 CVT +7 挡模式）	7 挡模式：0V 松开 7 挡模式：约 5V
C15	白	NDN	CVT 从动带轮转速传感器信号输入	点火开关置于 ON（II）位置：0V 或约 5V 发动机在[N]位置怠速运转：约 2.5V
C16	绿/黄	DR LS-	CVT 主动带轮压力控制阀供电负极电极	点火开关置于 ON（II）位置：脉冲信号
C20	粉	ATP D	变速器挡位开关[D]位置输入	[D]位置：0V [D]以外的其他位置：约 5V
C22	白/红	VEL1	CVT 转速传感器信号输入	点火开关置于 ON（II）位置：0V 或约 5V 行驶时（前车轮转动）：约 2.5V

表 2-4 插接器 E 端子说明

端子号	导线颜色	信号	说明	测量条件/端子电压
E8	蓝/白	LED A	换挡指示器控制（6 挡 CVT +7 挡模式）	点火开关置于 ON（II）位置、非 7 挡模式：约 5V 7 挡模式： • 4 挡、5 挡和 6 挡：约 5V • 1 挡、2 挡、3 挡和 7 挡：约 0.3V
E9	黑/黄	IG1	电磁阀供电电路	点火开关置于 ON（II）位置：蓄电池电压 点火开关置于 OFF 位置：0V
E11	粉	D IND	D 指示器控制	点火开关首次置于 ON（II）位置：约 6V，持续 2s 在 D 位置：约 6V
E13	蓝/红	SLC	换挡锁控制	点火开关置于 ON（II）位置，P 位置，制动踏板踩下，加速器踏板松开：蓄电池电压
E20	绿/黑	LED C	换挡指示器控制（6 挡 CVT +7 挡模式）	点火开关置于 ON（II）位置、非 7 挡模式：约 5V 7 挡模式： • 1 挡、3 挡和 5 挡：约 5V • 2 挡、4 挡、6 挡和 7 挡：约 0.3V
E21	红/白	LED8	换挡指示器控制（6 挡 CVT +7 挡模式）	点火开关置于 ON（II）位置，非 7 挡模式：约 5V 7 挡模式 • 2 挡、3 挡和 6 挡：约 5V • 1 挡、4 挡、5 挡和 7 挡：约 0.3V
E22	白/黑	BK SW	制动开关信号输入	制动踏板踩下：蓄电池电压 制动踏板松开：0V
E23	红/白	K-LINE	PCM-至-DLC 通信线路	点火开关置于 ON（II）位置，蓄电池电压
E29	棕	SCS	SCS 端子信号输入	点火开关置于 ON（II）位置 • SCS 端子断开：约 5V • SCS 端子对地短路：0V

3. 电控系统各元件的功能

（1）转速传感器　飞度无级变速器安装了 CVT 转速（中间齿轮轴转速）传感器、主动带轮转速传感器和从动带轮转速传感器，其安装位置如图 2-13 所示。三个转速传感器均为霍尔式，PCM 根据传来的转速信号进行变速控制和起步离合器控制。

（2）进气歧管绝对压力传感器　进气歧管绝对压力传感器安装在发动机进气管上，该传感器将发动机负荷信号传送到 PCM，PCM 据此进行传动带与带轮之间接触压力控制和起步离合器控制。

（3）节气门位置传感器　节气门位置传感器安装在节气门体上，PCM 据此传感器信号进行起步离合器控制、带轮接触压力控制、倒挡传动比控制和发动机目标转速控制。

（4）发动机冷却液温度传感器　发动机冷却液温度传感器信号用于 PCM 进行低传动比控制，以便于发动机快速升温。

（5）主开关（7 速模式）/转向换挡开关　主开关（7 速模式）/转向换挡开关的安装位置如图 2-12 所示。压下主开关，变速器切换至 7 速自动模式。松开主开关或将变速杆移至其他挡位，即可取消7速模式。在7速自动模式下，变速器可以在7级速比范围内变换。转向换挡开关“+”、“-”可随时被激活而进入7速手动换挡模式。在手动模式下，按“+”升高速度等级，按“-”降低速度等级。

（6）挡位开关及换挡指示器　挡位开关及换挡指示器的安装位置如图2-12所示。电控单元PCM根据挡位开关信号进行挡位转换控制、传动比控制和起步离合器控制等，同时此信号还送到仪表总成，点亮相应挡位指示灯。

（7）制动灯开关　制动灯开关安装在制动踏板上方，PCM据此信号进行起步离合器压力控制和变速杆锁止控制。

（8）电控单元PCM　飞度无级变速器电子控制单元PCM（动力系统控制模块）具有以下功能：

1）换挡控制。换挡控制如图2-17所示，汽车运行时，动力系统控制模块根据各种传感

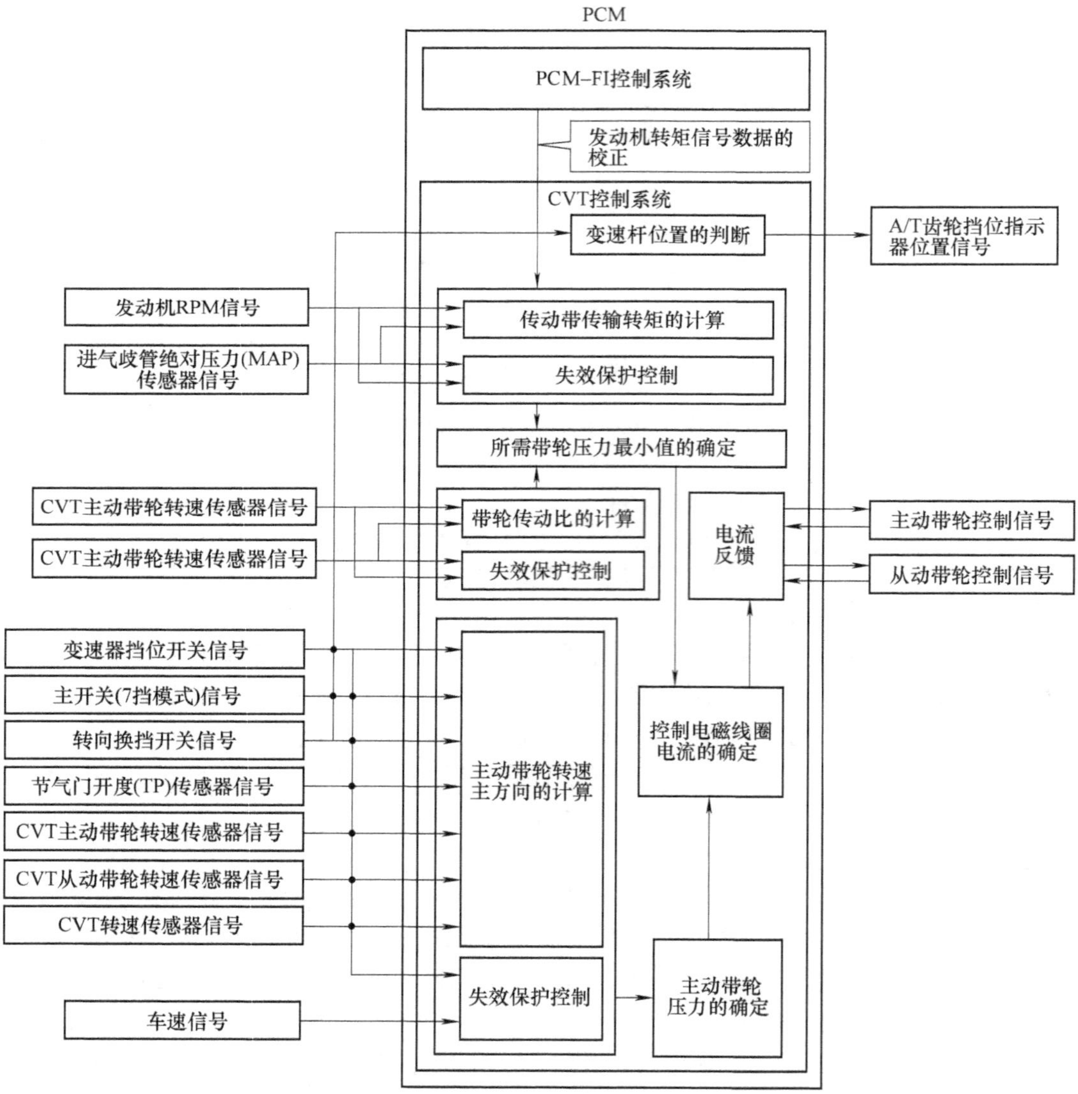

图2-17　飞度CVT换挡和带轮压力控制流程图

器和开关传来的信号，将实际行驶条件与储存的行驶条件进行比较，即时确定一个主、从动带轮最佳传动比，通过调节主从动带轮的油压以改变其工作半径进行换挡（传动比）控制。

① 当变速杆处于D位和S位时，主、从动带轮传动比在2.367~0.407的范围内；在R位时，如果踩下加速踏板，传动比被设定为1.326；如果松开加速踏板，则设定为2.367。通过传动比的调节，维持发动机在各种行驶工况下均处于最佳工作转速状态。

② 发动机冷却液温度较低时，传动比被设定为较低级，以便使发动机迅速暖机，催化转换器尽早工作。

③ 汽车长时间高速行驶，无级变速器的油温可能高于限定值。动力控制模块对发动机连续高速运转时间进行检测，并在必要时改变带轮的传动比，直至变速器油温降到限定值以内。

2）钢带与带轮接触压力控制。动力控制模块根据进气歧管绝对压力传感器、节气门位置传感器等传来的发动机负荷信号和其他信号，确定合适的钢带与带轮接触压力值，通过带轮油压调节电磁阀控制合适的油压。控制流程如图2-17所示。

① 在爬坡、加速等高负荷条件下，保持高的接触压力，以防止钢带打滑。

② 在中速巡航行驶等低负荷条件下，动力控制模块检测到较小的节气门开度和较低的进气歧管压力，保持较低的接触压力，以减小钢带的摩擦，提高传动效率并改善燃油经济性。

3）起步离合器压力控制。起步离合器的作用是保证汽车起步加速平稳，并在D、L、S和R位实现装有液力变矩器的自动变速器所具有的蠕动功能。

起步离合器的压力控制原理如图2-18所示。动力控制模块接受来自CVT转速传感器、

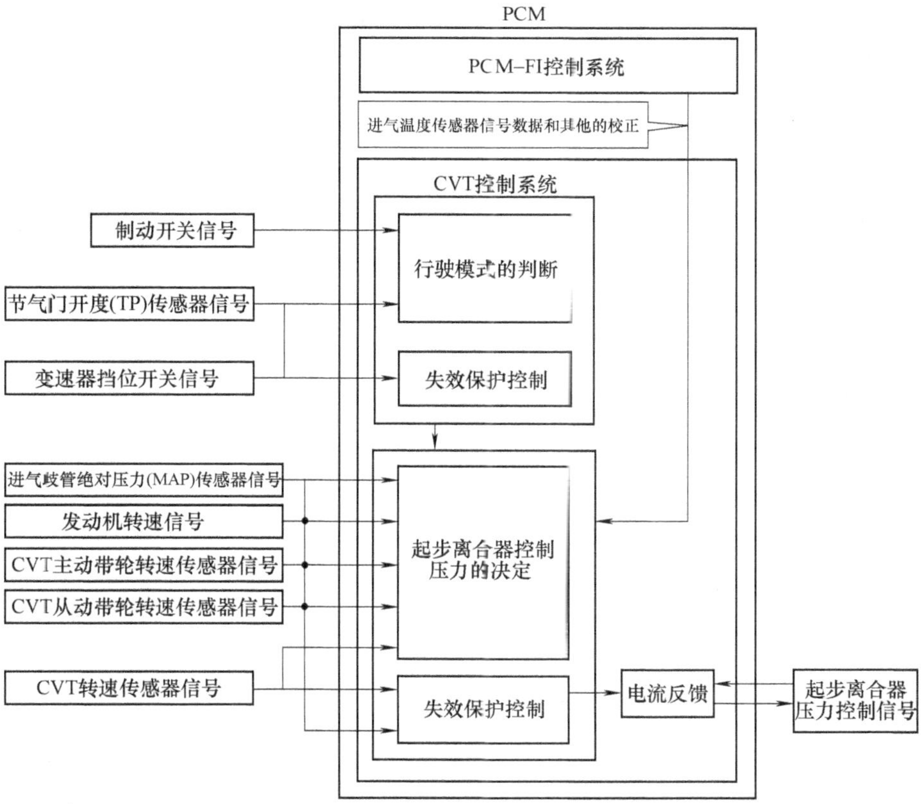

图2-18 飞度CVT起步离合器压力控制原理

挡位传感器、节气门位置传感器、进气歧管绝对压力传感器、制动开关、发动机转速传感器、CVT 主动带轮转速传感器、CVT 从动带轮转速传感器的信号和来自 ABS 的车速后备信号确定施加于起步离合器的正确压力值，然后通过油压调节电磁阀提供合适的起步离合器油压。

① 当节气门关闭并且车辆停止行驶或车辆在前进挡以非常低的速度行驶时，动力控制模块将起步离合器油压调节到较低值，从而产生蠕动的效果。如果车辆行驶过程中，失去进气歧管绝对压力传感器信号，PCM 将采用先前储存的数据，并检测其他传感器，以便对起步离合器压力进行控制。若 PCM 断电，则必须执行起步离合器校正程序，以容许 PCM 记忆正确数据，实现正确的蠕动控制。

② 在车辆行驶过程中，当节气门关闭且车速降至 60km/h 以下时，PCM 将缓慢降低起步离合器的压力值。在怠速停车时，PCM 将检测进气歧管绝对压力传感器信号，并存储起步离合器所需要的正确压力值。

4）倒挡限止控制。根据车速控制倒挡的实现与否。

① 在车速高于 10km/h 时，如果选择挂倒挡，则 PCM 将限止装置电磁阀通电，切断倒挡制动器油压，使倒挡无法实现。

② 当车速低于 10km/h 时，选择倒挡时，PCM 将限止装置电磁阀断电，接通倒挡制动器的油压，实现倒挡。

5）7 速模式控制。飞度无级变速器在 D 位和 S 位下具备 7 速模式，7 速模式又分为 7 速自动模式和 7 速手动换挡模式。压下主开关，变速器切换至 7 速自动模式。在 7 速自动模式下，变速器可以在 7 级速比范围内自动变换，并且此时的转向换挡开关可随时被激活。如果此开关被激活，则 7 速自动模式随即被取消而进入 7 速手动换挡模式。在 7 速手动换挡模式下，驾驶员可通过转向换挡开关以手动方式在 7 级速度范围内上下变换，这与手动变速器的情形类似。松开主开关或将变速杆移至其他挡位，即可取消 7 速模式。

6）失效保护控制。当电子控制系统出现输入或输出的故障时，电子控制系统通常将电磁阀设定在一个默认的位置，无级变速器仍可以工作。若电子控制系统出现严重故障，则电子控制系统将停止工作，同时激活失效保护功能，此时无级变速器变成机械液压式变速器。在前进挡时，失效保护将缩小传动比范围，使其为 1.0～1.8。在倒挡时，带轮将在 1.0～2.37 的传动比范围内进行工作。

（9）电磁阀　飞度无级变速器共有四个电磁阀，其中主动带轮压力控制电磁阀、从动带轮压力控制电磁阀和起步离合器压力控制电磁阀安装在控制阀体上，如图 2-19 所示。限止装置电磁阀安装在飞轮壳体上，如图 2-20 所示，用于倒挡控制。

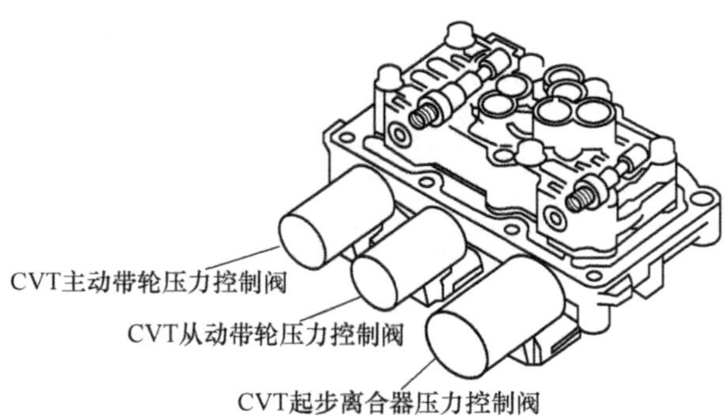

图 2-19　压力调节阀的安装位置图

（10）换挡联锁装置　飞度 CVT 换挡联锁系统的组成如图 2-21 所示。该联锁系统可以保证：①只能在 P/N 位才能起动发动机，只能在 P 位才能拔出点火钥

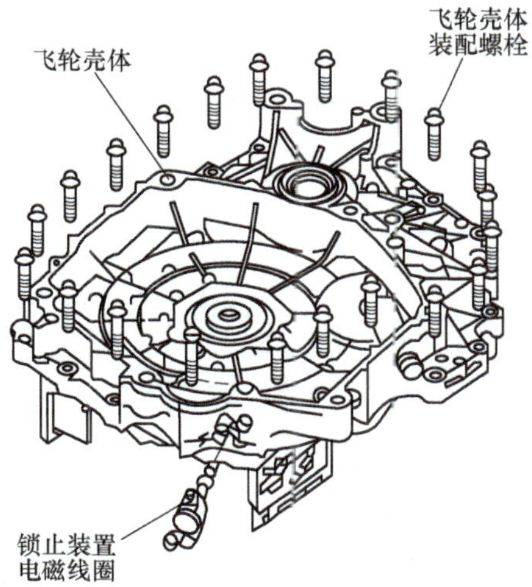

图 2-20　限止装置电磁阀安装位置图

匙。②只有先踩下制动踏板才能将变速杆移出 P 位。

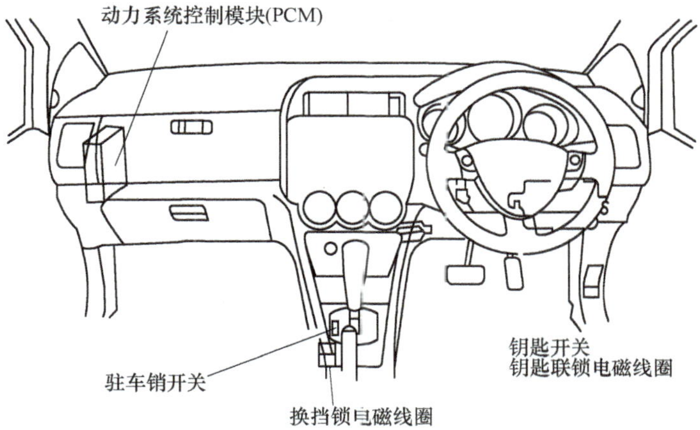

图 2-21　换挡联锁系统组成

三、液压控制系统

1. 液压系统的组成及安装

以飞度 CVT 为例，液压系统由 CVT 油滤清器、油泵及各种滑阀体组成，如图 2-22 所示。

阀体类型包括主阀体、CVT 油泵体、控制阀体、CVT 油道体（集流体）以及手动阀体。带轮和离合器分别由各自的供油管供油，倒挡制动器由内部液压回路供油。

主阀体则用螺栓固定在飞轮壳上，CVT 油道体定位在主阀体上，并与其他阀体以及内部液压回路相连，如图 2-23 所示。

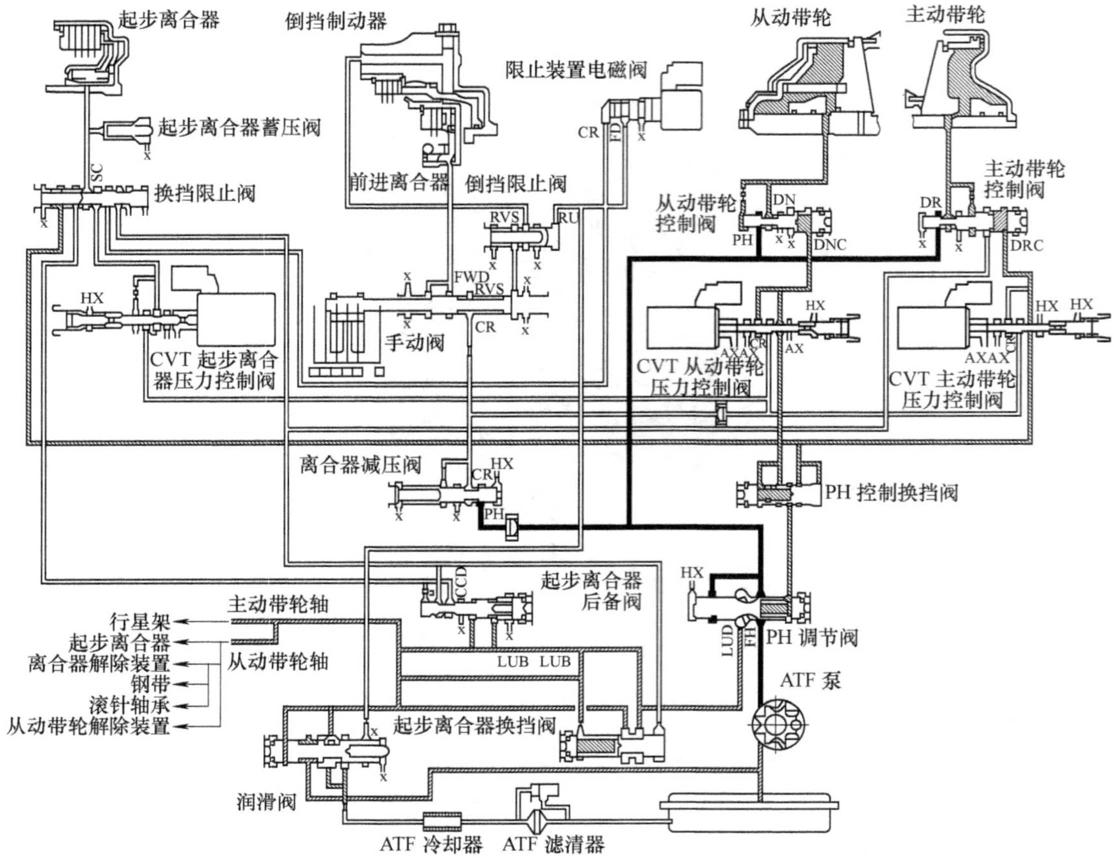

图 2-22 无级变速器液压系统的组成（飞度）

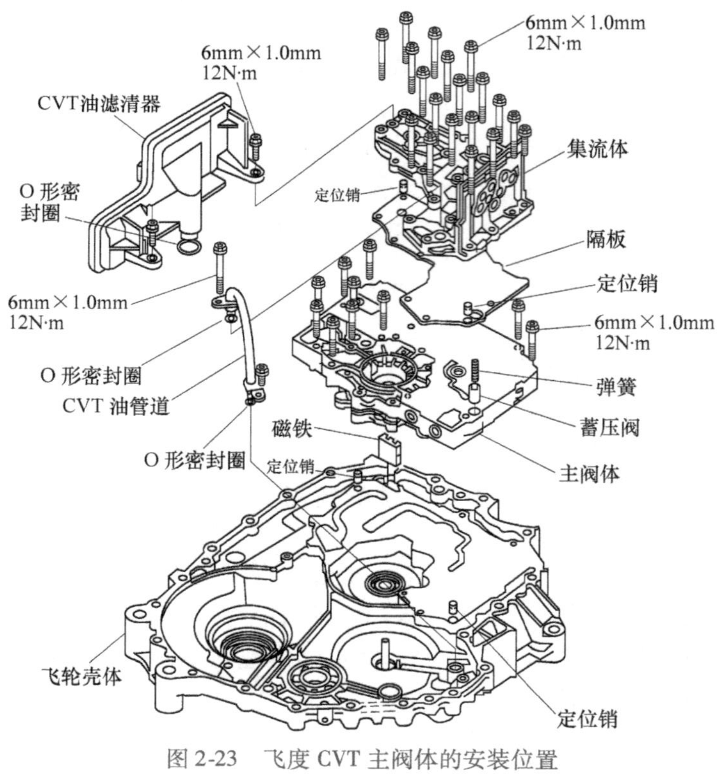

图 2-23 飞度 CVT 主阀体的安装位置

CVT 油泵体用螺栓固定在主阀体上，如图 2-24 所示。

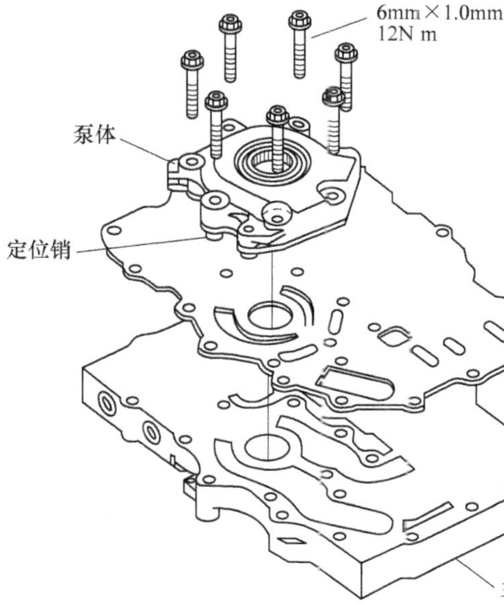

图 2-24　飞度 CVT 油泵体的安装位置

控制阀体位于变速器体外部，如图 2-25 所示。

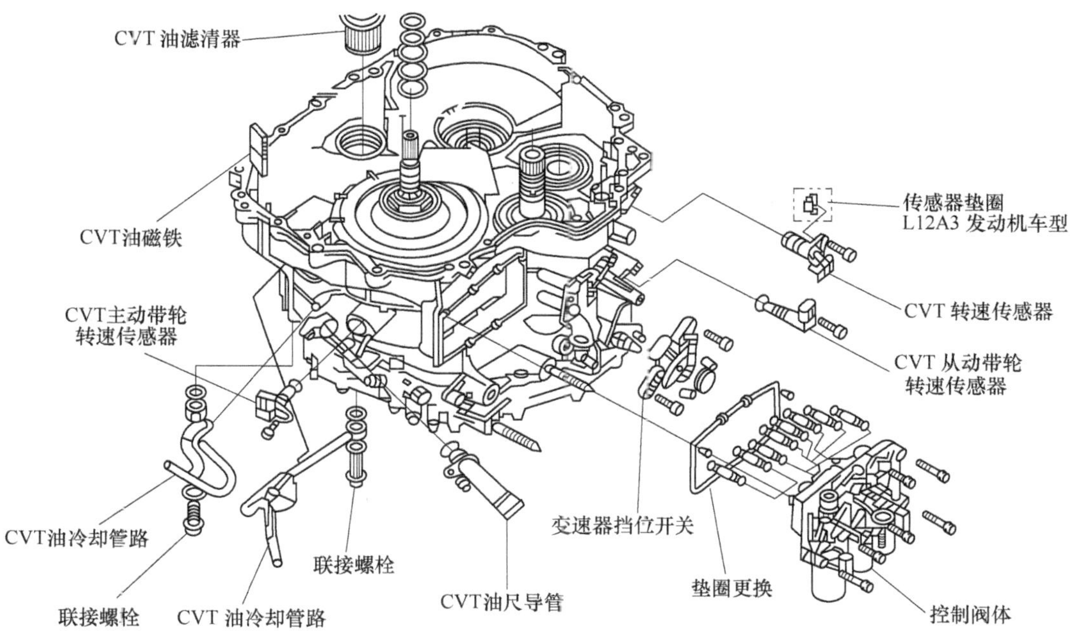

图 2-25　飞度 CVT 控制阀体的安装位置

手动阀体固定在中间壳体上，如图 2-26 所示。

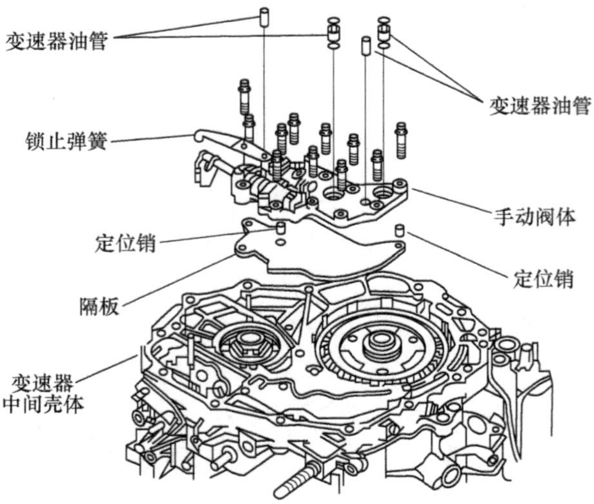

图 2-26 飞度 CVT 手动阀体的安装位置

2. 液压系统各控制阀的作用

(1) 油泵 油泵是液压系统的液压源，为主油压（PH）调节阀提供油压。飞度 CVT 油泵内部结构为内啮合齿轮式，其内转子通过花键与输入轴连接，如图 2-27 所示。

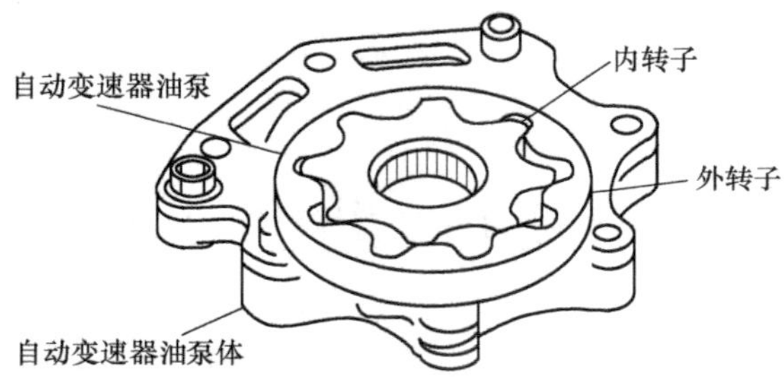

图 2-27 飞度 CVT 油泵

(2) 主阀体 主阀体的结构如图 2-28 所示。

1）主（PH）调节阀。PH 调节阀用于保持 CVT 油泵所提供的液压，并向液压控制回路及润滑回路提供 PH 压力。PH 压力是由 PH 调节阀根据 PH 控制换挡阀提供的 PH 控制压力（PHC）进行调节的。

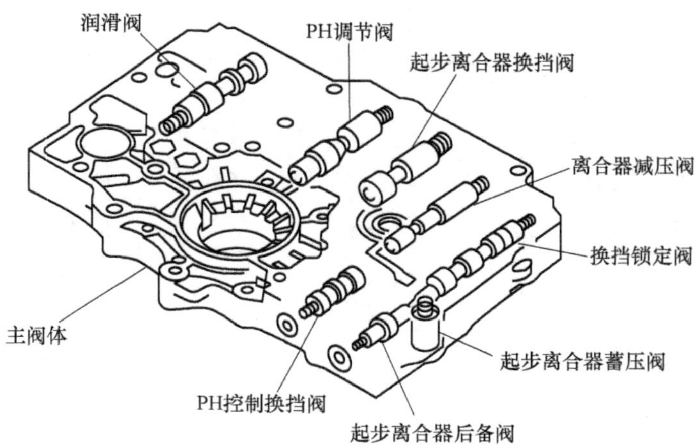

图 2-28 飞度 CVT 主阀体

2 PROJECT

2）PH 控制换挡阀。PH 控制换挡阀向 PH 调节阀提供 PH 控制压力（PHC），以便根据主动带轮控制压力（DRC）和从动带轮控制压力（DNC）对 PH 压力进行调节。

3）离合器减压阀。离合器减压阀接收来自 PH 调节阀的 PH 压力，并对离合器减压压力（CR）进行调节。

4）换挡锁定阀。换挡锁定阀用于切换油液通道，以便在电气系统发生故障的情况下将起步离合器控制从电子控制切换到液压控制。

5）起步离合器蓄压阀。起步离合器蓄压阀对提供给起步离合器的液压具有稳定作用。

6）起步离合器换挡阀。在电子控制系统发生故障的情况下，起步离合器换挡阀接受换挡锁定压力（SI），并将润滑压力（LUB）旁路转换至起步离合器后备阀。

7）起步离合器后备阀。起步离合器后备阀提供离合器控制压力（CCB），以便在电子控制系统故障情况下，对起步离合器进行控制。

8）润滑阀。润滑阀用于稳定内部液压回路的润滑压力。

（3）控制阀体　控制阀体的结构如图 2-29 所示。

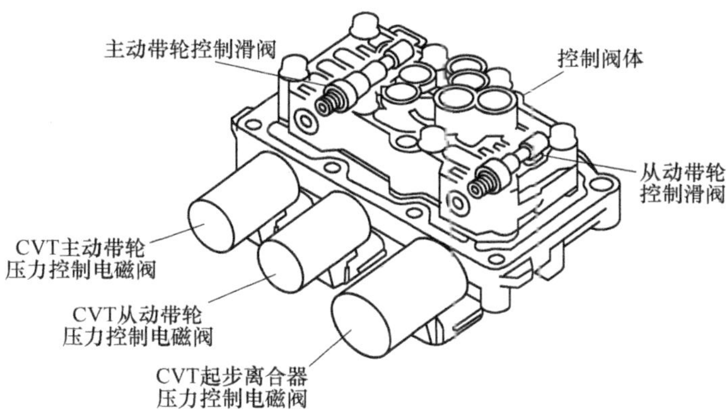

图 2-29　飞度 CVT 控制阀体

1）主动轮压力控制阀。主动轮压力控制阀由调节电磁阀和滑阀组成，调节电磁阀由动力系统控制模块（PCM）控制。主动带轮压力控制电磁阀向主动带轮控制滑阀提供主动带轮控制压力（DRC）。

2）从动轮压力控制阀。从动轮压力控制阀同样由调节电磁阀和滑阀组成，调节电磁阀由动力系统控制模块（PCM）控制。从动带轮压力控制电磁阀向从动带轮控制滑阀提供从动带轮控制压力（DNC）。

3）起步离合器压力控制阀。起步离合器压力控制阀也是由调节电磁阀和滑阀组成，调节电磁阀由动力系统控制模块（PCM）控制。起步离合器压力控制电磁阀按照 PCM 指令，向起步离合器压力控制滑阀提供控制压力（SCC），起步离合器压力控制滑阀调节起步离合器压力（SC）。

4）主动带轮控制滑阀。主动带轮控制滑阀对主动带轮压力（DR）进行调节，并向主动带轮提供压力。

5）从动带轮控制滑阀。从动带轮控制滑阀对从动带轮压力（DR）进行调节，并向从动带轮提供压力。

（4）手动阀体　手动阀体的结构如图 2-30 所示。

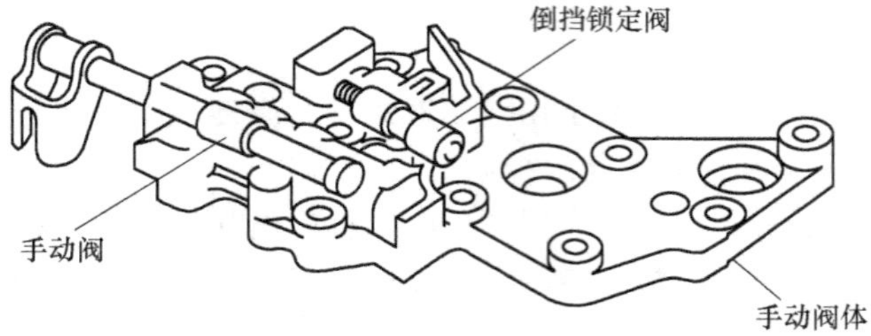

图 2-30　飞度 CVT 手动阀体

1）手动阀。手动阀位置由变速杆位置决定，以机械方式开启或封闭油液通道。

2）倒挡锁定阀。倒挡锁定阀由倒挡锁定装置电磁阀提供的倒挡锁定压力（RI）进行控制。当车辆以大约 10km/h 以上的车速向前行驶时，倒挡锁定阀将截止通向倒挡制动器的液压回路，禁止倒挡工作。

任务实施

任务一　检查 CVT 油液

活动一　明确检查标准

检查 CVT 油液时，应使油液预热到 50～80℃，液面高度在油尺上下刻线之间，颜色正常、无异味、无杂质。

活动二　检查 CVT 油液

CVT 油液的检查方法与自动变速器油液检查方法基本相同，具体如下：

1）检查有无 CVT 油泄漏。

2）发动机起动暖机后，行驶汽车至 CVT 油液温度达到 50～80℃。

3）将汽车停在水平地面上并拉紧驻车制动。

4）发动机怠速运转，将变速杆在各挡位走一遍，并稍作停留，然后将变速杆置于 P 位。

5）擦净油尺口，松开油尺锁止装置，拔出油尺并用无绒布（纸）擦干净油尺上的油液。

6）重新将油尺插入油尺口并确认插到底。

7）拔出油尺，检查油液高度及质量是否符合要求。

8）检查完毕，将油尺插入油尺口并固定好锁止装置。

活动三　处理检查结果

1）若油液质量符合要求，液面高度不足，只需添加至规定高度即可。

2）若颜色发黑或有焦煳味，应进一步检查 CVT 的工作情况，并在 CVT 修理后清洗 CVT 油液冷却系统。

3）若油液颜色呈乳白色或浑浊，说明油水混合，应进一步检查可能的渗漏点，并在维修后清洗 CVT 油液冷却系统。

4）若油液中有摩擦材料颗粒，应进一步检查 CVT 的工作情况，并在 CVT 修理后更换 CVT 油液散热器，清洗冷却系统油管。

任务二　测试失速转速

活动一　明确测试标准

查阅有关维修资料，确定失速转速标准。如本田飞度 1.3CVT，D、R 位失速转速为 2500r/min，S、L 位失速转速为 3000r/min；东风日产轩逸 MR20DE 发动机，D 位失速转速为 2300～3000r/min。

活动二　完成失速转速测试

1）检查 CVT 油液液面高度，必要时添加。

2）连接发动机转速表并放置在易观察处，在转速表上标出规定的失速转速。

3）行驶汽车，使发动机、变速器达到正常工作温度。

4）将汽车停放在宽阔水平地面上，可靠实施驻车制动并前后塞掩驱动轮。

5）起动发动机，将变速杆置于规定测试位置，左脚将制动踏板踩到底。

6）右脚迅速将加速踏板踩到底，快速观察记录发动机所能够达到的最高转速后抬起加速踏板。

7）将变速杆置于 N 位，发动机怠速运转至少 1min，冷却 CVT 油液。

8）将变速杆至于其他测试位置，重复步骤 6）、7）。

活动三　分析测试结果（以飞度 CVT 为例）

测试完毕，根据测试结果对照测试标准分析判断可疑故障部位，见表 2-5。

表 2-5　影响失速转速的因素

故　　障	故障原因
在D、S、L和R位置时，失速转速过高	（1）油位过低或 ATF 泵输出过低 （2）ATF 滤清器堵塞 （3）PH 调节器阀卡滞 （4）前进离合器打滑 （5）起步离合器故障

（续）

故　障	故障原因
在R位置时，失速转速过高	（1）倒挡离合器打滑 （2）起步离合器故障
在D、S、L和R位置时，失速转速过低	（1）发动机输出过低 （2）起步离合器故障 （3）带轮控制阀卡滞

任务三　测试管路油压

活动一　明确管路油压测试标准

查阅有关维修资料，明确油压测试孔的位置、油压测试条件和油压标准值。如飞度 CVT 的油压检测孔如图 2-31 所示，检测条件及标准值见表 2-6。

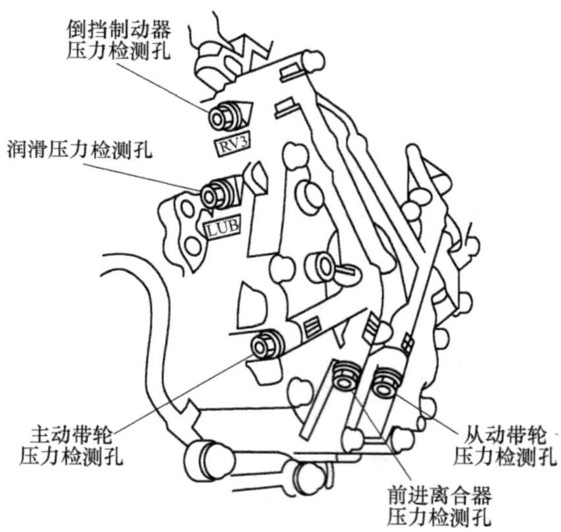

图 2-31　飞度 CVT 油压检测孔位置

表 2-6　飞度 1.3CVT 油压测试标准

部　件	变速杆位置	发动机转速/（r/min）	维修极限/（MPa）
前进离合器	D	1700	1.44～1.71
倒挡制动器	R	1700	1.44～1.71
主动带轮	N	1700	0.31～0.58
从动带轮	N	1700	0.43～0.91
润滑		2500	0.27～0.40

活动二　完成管路油压测试（飞度 CVT）

1）检查 CVT 液压油面高度，视情添加。

2）举升汽车前部，悬空驱动轮，可靠实施驻车制动，前后可靠塞掩后轮。

3）起动发动机，变速杆置于 D 位，预热发动机和 CVT 油至正常工作温度后熄火。

4）连接发动机转速表。

5）根据测量要求，选择合适量程的油压表接入相应油压检测孔。

6）起动发动机，按照测试要求，将变速杆推入相应位置，从相关油压表上读取记录发动机相应转速下的油压值。

7）测试完毕，拆下油压表，换用新的密封圈，按照规定转矩拧紧测试孔密封螺栓。

活动三 分析管路油压测试结果

测试完毕，根据测试结果对照测试标准分析判断可疑故障部位，见表 2-7。

表 2-7 故障及可疑部位

故 障	可疑故障部位
无前进离合器压力或压力太低	前进离合器
无倒挡制动器压力或太低	倒挡制动器
无主动带轮压力或太低	（1）ATF 泵 （2）PH 调节阀 （3）主动带轮控制阀 （4）从动带轮控制阀
主动带轮压力太高	（1）PH 调节阀 （2）主动带轮控制阀 （3）从动带轮控制阀 （4）CVT 主动带轮压力控制阀
无从动带轮压力或太低	（1）ATF 泵 （2）PH 调节阀 （3）主动带轮控制阀 （4）从动带轮控制阀 （5）CVT 从动带轮压力控制阀
从动带轮压力太高	（1）PH 调节阀 （2）主动带轮控制阀 （3）从动带轮控制阀 （4）CVT 主动带轮压力控制阀
无润滑压力或太低	（1）ATF 泵 （2）润滑阀

任务四 路试无级变速器

活动一 明确路试内容及标准

无级变速器的路试检查主要包括发动机起动前检查、发动机怠速时检查、换挡车速检查和发动机制动检查四方面。

查阅有关维修资料，明确该车型无级变速器换挡车速与发动机转速之间的对应关系。飞度 1.3CVT 有关参数见表 2-8，东风日产轩逸 CVT 有关参数见表 2-9。

表 2-8 飞度 1.3CVT 换挡点

变速杆位置	TPS 电压/V	车速/（km/h）	发动机转速/（r/min）
D	0.75	40	1050～1450
	2.0	40	2050～2650
		60	2200～2800
		100	2650～3250
	4.5	40	4000～4600
		60	4300～4900
		100	4750～5350
S	0.75	40	1550～1950
		60	1900～2500
		100	2800～3400
	2.0	40	2650～3250
		60	2850～3450
		100	3350～3950
	4.5	40	4450～5050
		60	4800～5400
		100	5200～5800
L	0.75	40	2700～3300
		60	3400～4000
		100	4100～4700
	2.0	40	3450～4050
		60	4050～4650
		100	4650～5250
	4.5	40	4450～5050
		60	4800～5400
		100	5200～5800

表 2-9　轩逸 CVT 换挡点

发动机型号	节气门位置	换挡模式	发动机转速/（r/min）	
			在 40km/h（25MPH）	在 60km/h（37MPH）
MR20DE	8/8	“D”位	3500－4300	4600－5400
		运动模式	3500－4300	4600－5400
		“L”位	3500－4300	4600－5400
	2/8	“D”位	1400－2300	1600－2500
		运动模式	2200－3000	2800－3600
		“L”位	3500－4300	4100－4900

注：在车速大约为 18km/h（11MPH）至 90km/h（56MPH）时，锁止离合器接合。

活动二　完成路试

1）汽车停放在平整的场地，变速杆置于 P 位，点火开关处于“OFF”位等待 5min 以上。

2）点火开关处于“ON”位，不起动发动机，CVT 指示灯应点亮大约 2s。

3）点火开关处于“OFF”位，放松驻车制动，变速杆置于 P 位，不能前后推动车辆，变速杆置于 N 位，应能前后推动车辆。

4）变速杆置于 P/N 以外位置，点火开关由 ON 转至 STAR，不能起动发动机。变速杆置于 P/N 位，点火开关由 ON 转至 STAR，应能起动发动机。

5）起动发动机，变速杆由 N 推入 R/D 位时，不应有明显的换挡冲击。

6）变速杆依次置于 D、R、S、L 位，松开制动，不踩加速踏板，汽车应有轻微蠕动。

7）行驶汽车，待发动机、CVT 温度达到正常工作温度后，将变速杆置于 D 位，保持规定的节气门开度（节气门位置传感器输出规定电压），在行车过程中记录相应车速下的发动机转速。然后分别将变速杆置于其他位置，同样记录相应车速下的发动机转速。

8）汽车运行过程中，变速杆置于 D、S、L 位，以较高车速行驶，快速放松加速踏板，感觉车速变化，判断是否有发动机制动作用。

活动三　分析路试结果

1）若点火开关由“OFF”位到“ON”位，CVT 指示灯不正常，说明指示灯控制电路不正常。

2）若不是只有变速杆 P/N 位才能起动发动机，说明联锁装置有故障，应检查相应电路及挡位开关。

3）若换挡冲击过大，说明油压过高或离合器、制动器间隙过小。

4）若汽车没有蠕动，应检查起步离合器及其控制油压。

5）若换挡车速与标准相差较大，说明 TPS、VSS 信号不准或变速器有打滑现象。

6）若没有发动机制动，说明变速器打滑。

任务五 检测转速传感器电路

活动一 识记转速传感器的电路图及电路参数

由表 2-1 可知，三个转速传感器的工作电压均为 5V，由 PCM 端子 VCC1、VCC2 提供。三个转速传感器共用接地，脉冲输出信号分别经由 VEL1、NDN、NDR 端子送入电控单元 PCM，如图 2-32 所示。

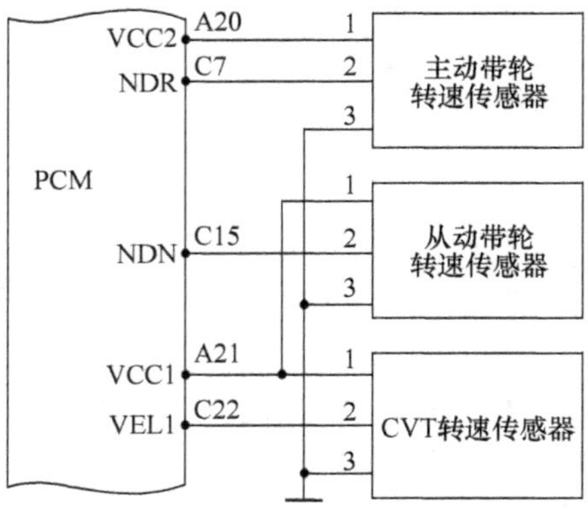

图 2-32 飞度无级变速器转速传感器电路原理图

活动二 检测 PCM 端转速传感器输入信号（以主动带轮转速传感器为例）

在 PCM 端子 C7 背面插入探针，连接示波器，举升汽车，起动发动机并挂挡行驶，观察 C7 与车身搭铁之间的电压波形，如图 2-33 所示。当车速改变时，脉冲频率改变但占空比不变；否则，应进一步检测有关电路是否有故障。

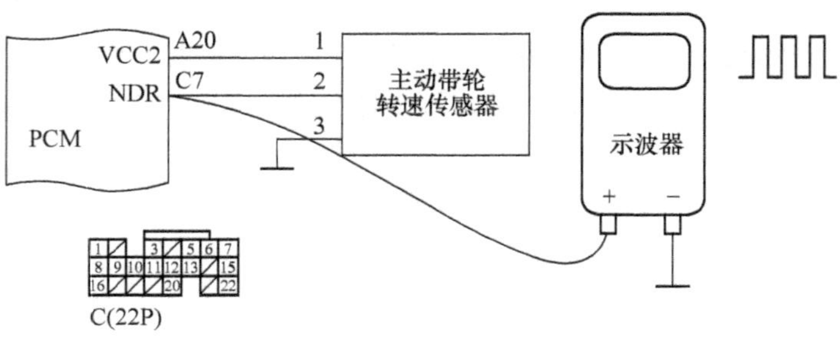

图 2-33 主动带轮转速传感器信号波形检测

活动三 检测转速传感器（以主动带轮转速传感器为例）

点火开关处于“OFF”位，脱开主动带轮转速传感器线束插接器，为传感器施加 5V 直流电压，连接示波器，如图 2-34 所示。举升汽车，起动发动机，挂挡运行，观察示波器波形显示。当车速改变时，脉冲频率改变但占空比不变；否则，应进一步检查传感器转子的安装是否正确。若转子安装不正确，对其进行调整；若安装正确，应更换传感器。

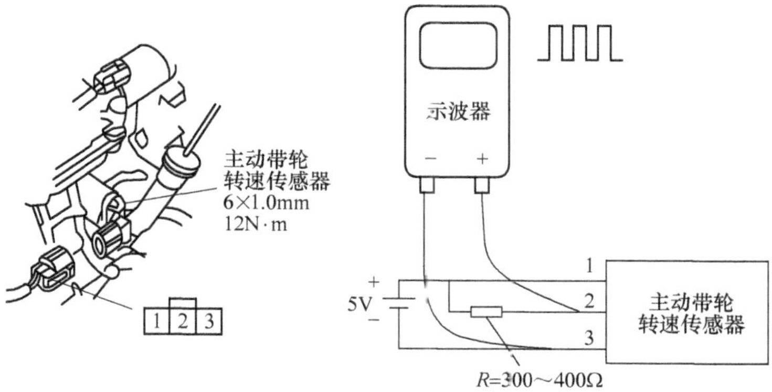

图 2-34　主动带轮转速传感器检测

活动四　检测转速传感器连接线路（以主动带轮转速传感器为例）

1. 检测导线

点火开关处于“OFF”位，脱开电控单元线束插接器和主动带轮转速传感器线束插接器，用万用表检测“A20”与“1”、“C7”与“2”、“车身搭铁”与“3”之间的导通情况及“A20”、“C7”与车身搭铁之间的电阻，测量方法及结果如图 2-35 所示。否则，应进一步检测相关导线是否有短路、断路、搭铁故障。

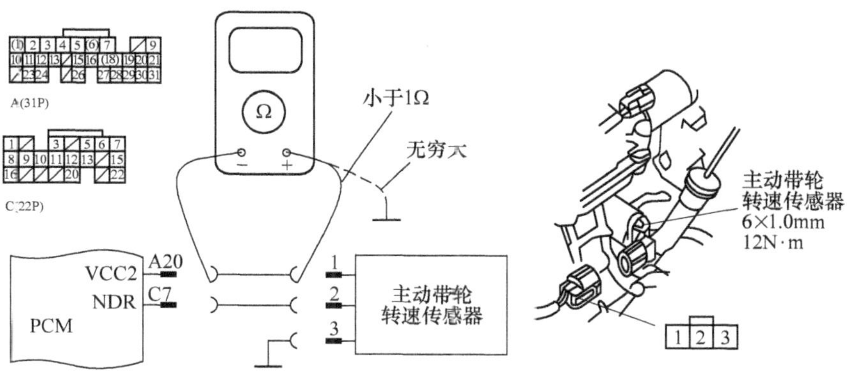

图 2-35　传感器导线检测

2. 检测传感器线束连接器

点火开关处于“OFF”位，脱开电控单元 PCM 线束插接器，装回传感器线束插接器，在 PCM 线束侧为传感器施加 5V 直流电压，连接示波器，如图 2-36 所示。举升汽车，起动发动机，挂挡运行，观察示波器波形显示应与“活动三”所测结果一致，否则应进一步检测插接器是否接触不良。

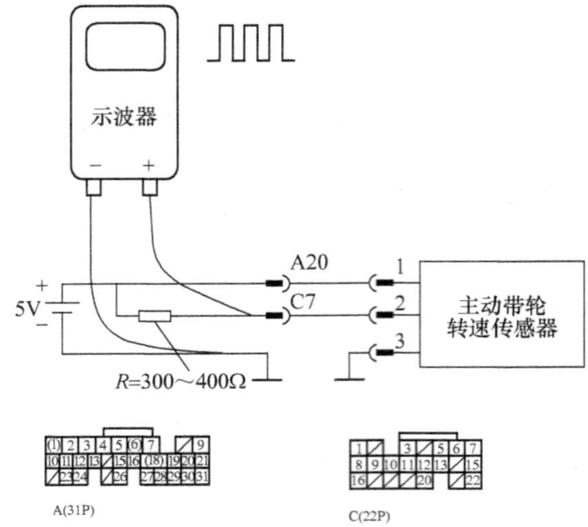

图 2-36 主动带轮转速传感器线束插接器检测

活动五 转速传感器供电检测

点火开关处于“OFF”位，装回电控单元线束插接器，脱开传感器线束插接器，点火开关处于“ON”位，用万用表检测传感器线束侧插接器“1”、“2”端子与“3”端子之间的电压，测得结果应如图 2-37 所示。否则，应进一步检测电控单元插接器是否接触不良或电控单元有无电压输出。

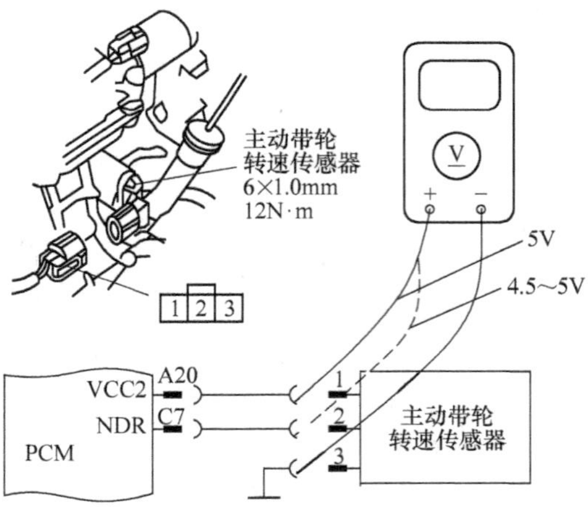

图 2-37 转速传感器供电检测

任务六 检测主开关（7 速模式）/转向换挡开关电路

主开关/转向换挡开关与安全气囊位于同一区域，维修时应特别注意安全气囊的维修提示。

活动一　识记主开关（7 速模式）/转向换挡开关的电路图及电路参数

主开关（7 速模式）/转向换挡开关的电路原理如图 2-38 所示，主开关为 PCM 提供搭铁信号。主开关闭合，进入 7 速自动模式，主开关断开，取消 7 速自动模式。S-DN 闭合，降低一级速比，S-UP 闭合，升高一级速比。PCM 的 3 个接线端子电位在开关断开时为 5V，开关闭合时为 0V。

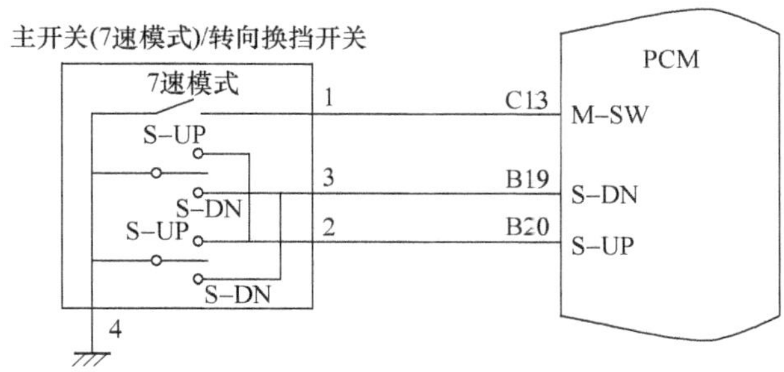

图 2-38　主开关（7 速模式）/转向换挡开关的电路原理图

活动二　检测 PCM 主开关（7 速模式）/转向换挡开关端子电位

点火开关处于“ON”位，用万用表检测 PCM 端子“C13”、“B19”、“B20”与车身搭铁之间的电压，如图 2-39 所示。当推动主开关或压下换挡开关“+”或“-”时，电压应在 0V、5V 之间变换。否则，应进一步检测相关电路是否有故障。

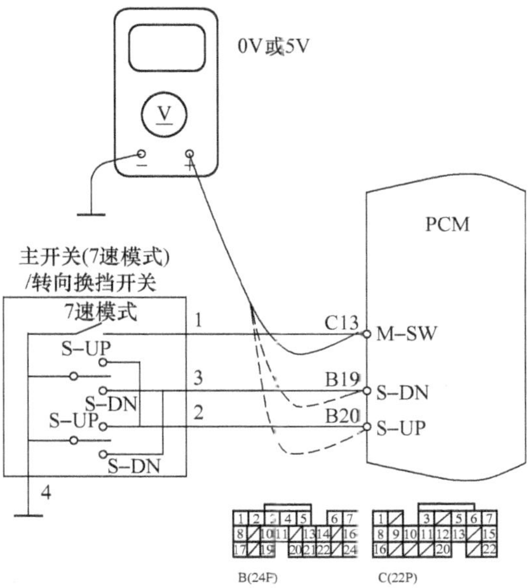

图 2-39　PCM 端子电位检测

活动三　检测主开关/转向换挡开关

点火开关处于“OFF”位，拆除转向盘盖和安全气囊，脱开主开关/转向换挡开关线束插接器，用万用表测量相应端子之间的电阻，如图 2-40 所示。

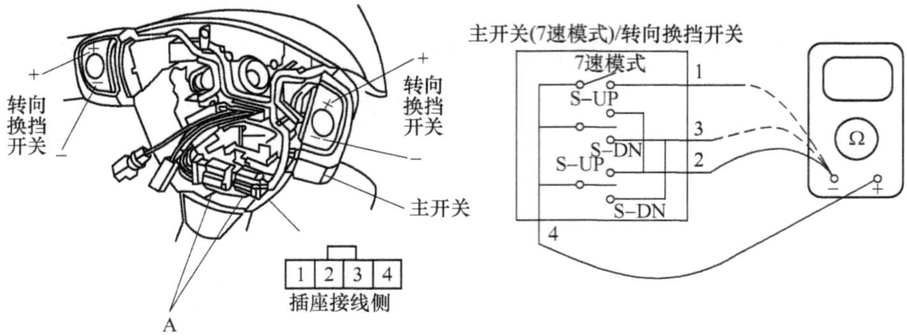

图 2-40　主开关/转向换挡开关检测

1）“2”与“4”之间的电阻，在两转向换挡开关“+”分别被按下时小于1Ω，抬起时无穷大。

2）“3”与“4”之间的电阻，在两转向换挡开关“-”分别被按下时小于1Ω，抬起时无穷大。

3）“1”与“4”之间的电阻，在推压主开关时小于1Ω，放松时无穷大；否则，更换主开关/转向换挡开关。

活动四　检测主开关/转向换挡开关线路

1. 检测导线

点火开关处于“OFF”位，脱开电控单元和开关的线束插接器，用万用表检测端子“C13”与“1”、“B19”与“3”、“B20”与“2”之间及任一端子对地的电阻，以及“4”与“车身搭铁”之间的电阻，检测方法及结果应如图 2-41 所示。否则，应进一步检测导线是否有短路、断路、搭铁故障。

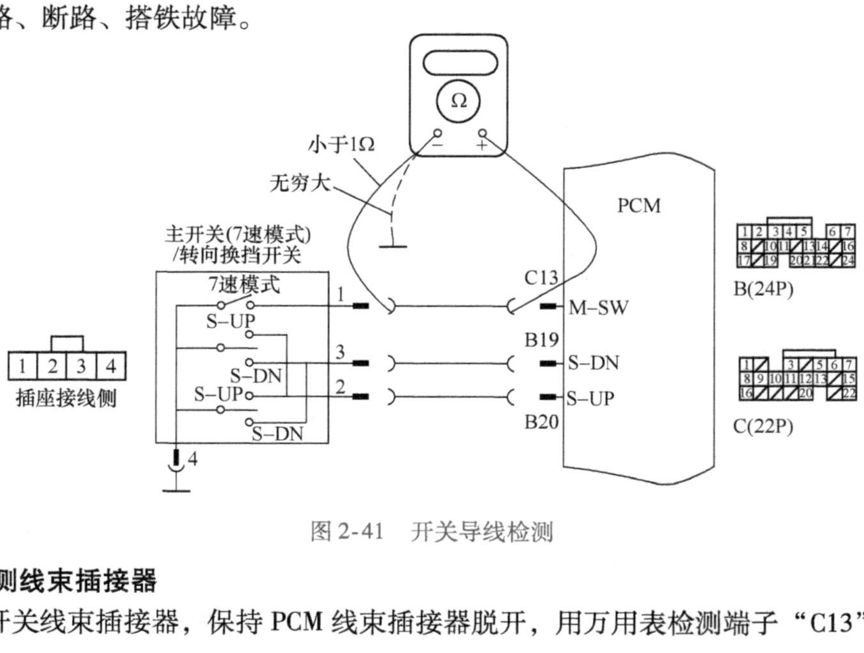

图 2-41　开关导线检测

2. 检测线束插接器

装回开关线束插接器，保持 PCM 线束插接器脱开，用万用表检测端子“C13”、“B19”、

"B20"的对地电阻，检测方法及结果如图 2-42 所示。否则，应进一步检测开关线束插接器是否接触不良。

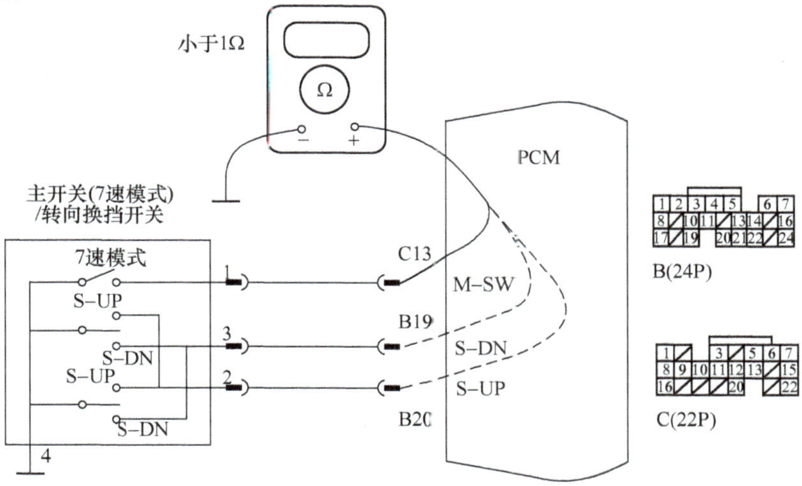

图 2-42　检测开关线束插接器

活动五　检测开关供电电路

点火开关处于"OFF"位，装回电控单元线束插接器，脱开开关线束插接器。点火开关处于"ON"位，用万用表检测开关线束侧插接器端子"1""2""3"与车身搭铁之间的电压，如图 2-43 所示。测得值应为 5V，否则，应进一步检测电控单元线束插接器是否接触不良或电控单元有无 5V 电压输出。

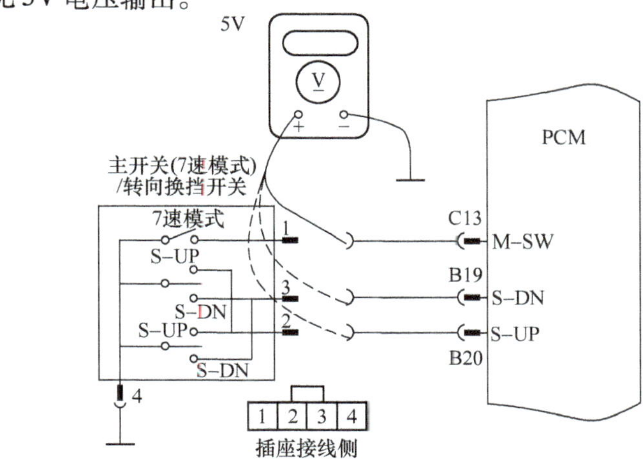

图 2-43　主开关/转向换挡开关供电检测

任务七　检测挡位开关及换挡指示器电路

活动一　识记挡位开关及换挡指示器的电路图及电路参数

挡位开关及换挡指示器的电路原理如图 2-44 所示。图中，挡位开关为 PCM 和换挡指示器提供搭铁信号；PCM 通过 B11、E11 端子为换挡指示器“M”“D”提供控制信号，电压为 6V；PCM 通过端子 E8、E20、E21 为换挡指示器电路提供搭铁信号；IG1 为换挡指示器提供电源，点火开关 ON 时约等于蓄电池端电压。

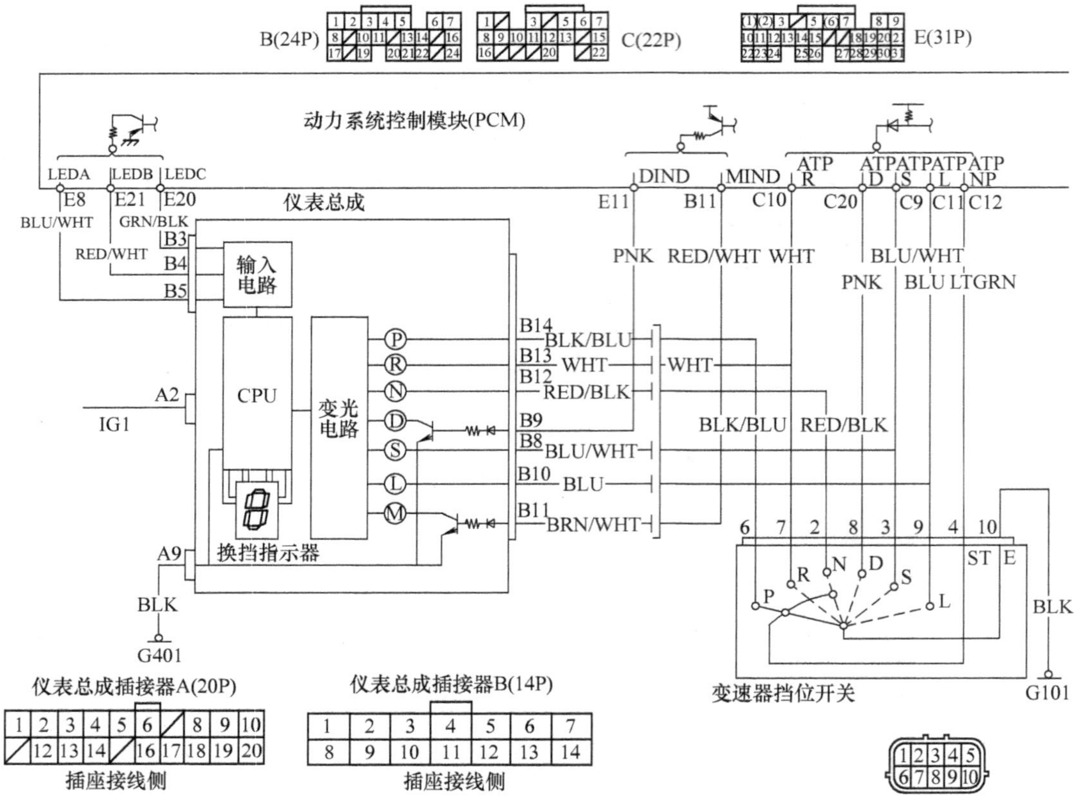

图 2-44　挡位开关及换挡指示器电路图

挡位开关电路参数见表 2-10。

表 2-10　挡位开关电路参数

端子名称	检测条件	检测结果
PCM C12（ATP/NP）——搭铁，开关 4——搭铁	点火开关 ON，变速杆 P/N 位	电压 0V
	点火开关 ON，变速杆 P/N 位以外	电压约 5V
PCM C11（ATP/L）——搭铁，开关 9——搭铁	点火开关 ON，变速杆 L 位	电压 0V
	点火开关 ON，变速杆 L 位以外	电压约 10V
PCM C9（ATP/S）——搭铁，开关 3——搭铁	点火开关 ON，变速杆 S 位	电压 0V
	点火开关 ON，变速杆 S 位以外	电压约 10V
PCM C20（ATP/D）——搭铁，开关 8——搭铁	点火开关 ON，变速杆 D 位	电压 0V
	点火开关 ON，变速杆 D 位以外	电压约 5V
PCM C10（ATP/R）——搭铁，开关 7——搭铁	点火开关 ON，变速杆 R 位	电压 0V
	点火开关 ON，变速杆 R 位以外	电压 10V
开关 6——搭铁，开关 2——搭铁	点火开关 OFF，变速杆 P/N 位	电阻 <1Ω
	点火开关 OFF，变速杆 P/N 位以外	电阻无穷大

挡位开关电路的检测方法与主开关/转向换挡开关电路相同，只是电压值不同，可参照主开关/转向换挡开关检测方法进行，故在此仅介绍换挡指示器的检测。

活动二　检测换挡指示器电路

1）点火开关处于“OFF”位，脱开仪表线束插接器 B（14P）、电控单元线束插接器 E（31P），检测对应端子之间及任一端子的对地电阻，如图 2-45 所示。测量结果应符合表 2-11 所列值。否则，应进一步检测有关导线是否有短路、断路或搭铁故障。

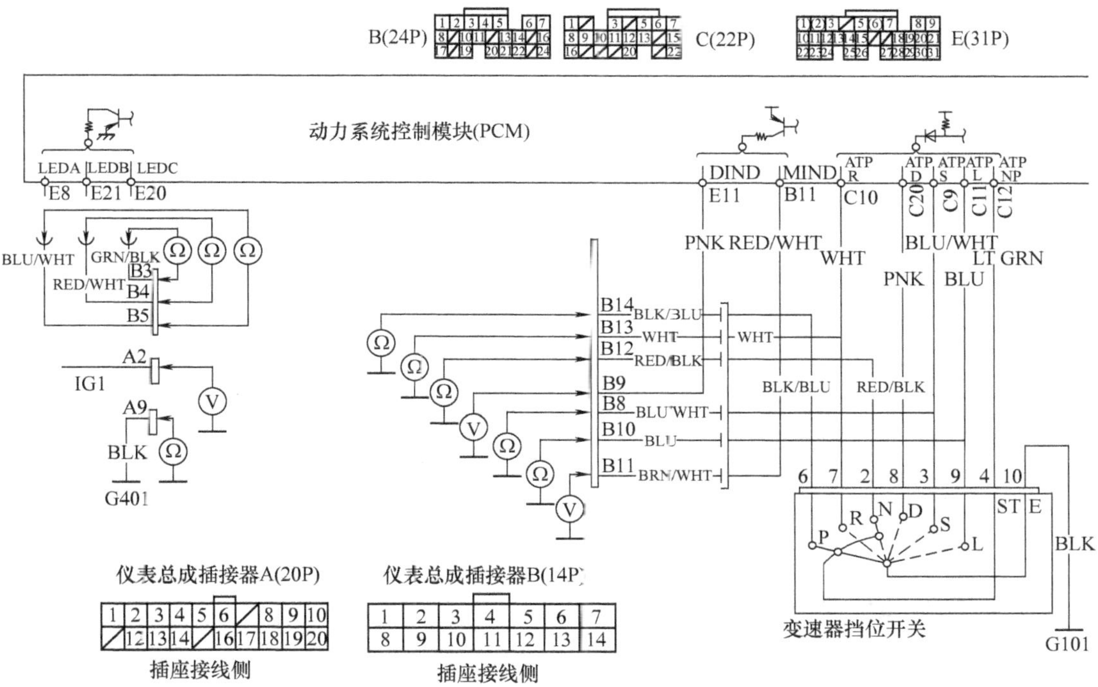

图 2-45　换挡指示器电路检测

表 2-11　仪表总成输入电路检测

端子名称	检测条件	检测结果
PCM E8（LED A）——仪表 B3	脱开仪表 B（14P）、PCME（31P）	端子间电阻 <1Ω 端子对地电阻无穷大
PCM E21（LED B）——仪表 B4	脱开仪表 B（14P）、PCME（31P）	端子间电阻 <1Ω 端子对地电阻无穷大
PCM E20（LED C）——仪表 B5	脱开仪表 B（14P）、PCME（31P）	端子间电阻 <1Ω 端子对地电阻无穷大

2）装回电控单元线束插接器 E（31P），脱开仪表线束插接器 A（20P）、B（14P）。按照表 2-12 所示检测条件，用万用表对仪表插接器相关端子进行检测，如图 2-45 所示。若检测结果不符合表中要求，应进一步检测相关电路是否有短路、断路或搭铁故障。

表 2-12 换挡指示器电路参数

端子名称	检测条件		检测结果
PCME11（DIND）——车身搭铁，仪表 B9——车身搭铁	点火开关首次 ON		约 6V，持续 2s
	点火开关 ON，变速杆 D 位		约 6V
PCMB11（MIND）——车身搭铁，仪表 B11——车身搭铁	点火开关 ON，7 速手动模式		约 6V
	点火开关 ON，非 7 速手动模式		0V
仪表 A2——车身搭铁	点火开关 ON		蓄电池端电压
	点火开关 OFF		0V
仪表 B14——车身搭铁	脱开仪表 B（14P）	变速杆 P/N 位	电阻 <1Ω
		其他位置	电阻无穷大
仪表 B13——车身搭铁	脱开仪表 B（14P）	变速杆 R 位	电阻 <1Ω
		其他位置	电阻无穷大
仪表 B12——车身搭铁	脱开仪表 B（14P）	变速杆 P/N 位	电阻 <1Ω
		其他位置	电阻无穷大
仪表 B8——车身搭铁	脱开仪表 B（14P）	变速杆 S 位	电阻 <1Ω
		其他位置	电阻无穷大
仪表 B10——车身搭铁	脱开仪表 B（14P）	变速杆 L 位	电阻 <1Ω
		其他位置	电阻无穷大
仪表 A9——车身搭铁	脱开仪表 A（20P）		电阻 <1Ω

3）若以上测量均正常，而仪表换挡指示器不正常，则需进一步检查仪表线束插接器是否接触不良或更换仪表总成。

任务八 检测制动灯开关电路

活动一 识记制动灯开关的电路图及电路参数

制动灯开关为常开式，蓄电池直接供电，其电路如图 2-46 所示。

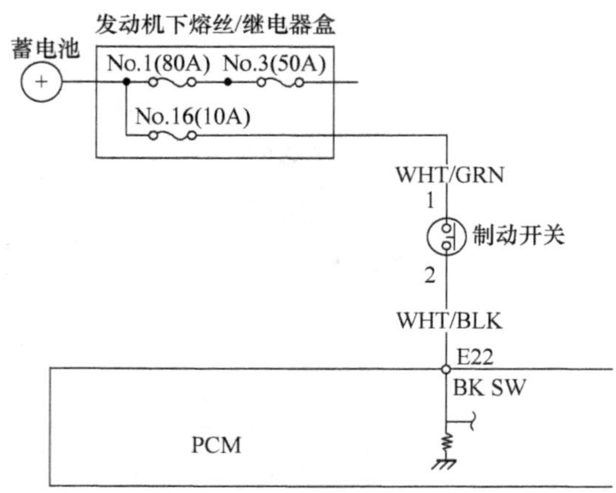

图 2-46 制动灯开关电路

活动二 检测制动灯开关电路

制动灯开关电路的检测包括开关、线路、插接器和电源等部位，其检测方法在电控自动变速器部分的有关内容中已作介绍，可参照进行，在此不再赘述。

任务九 检测其他传感器电路

进气歧管绝对压力传感器、节气门位置传感器、发动机冷却液温度传感器与发动机共用，其检测方法可参考发动机部分相关章节，在此不再赘述。

任务十　检测电控单元 PCM

活动一　识记电控单元的电路图及电路参数

电控单元 PCM 的电源及搭铁回路如图 2-47 所示。

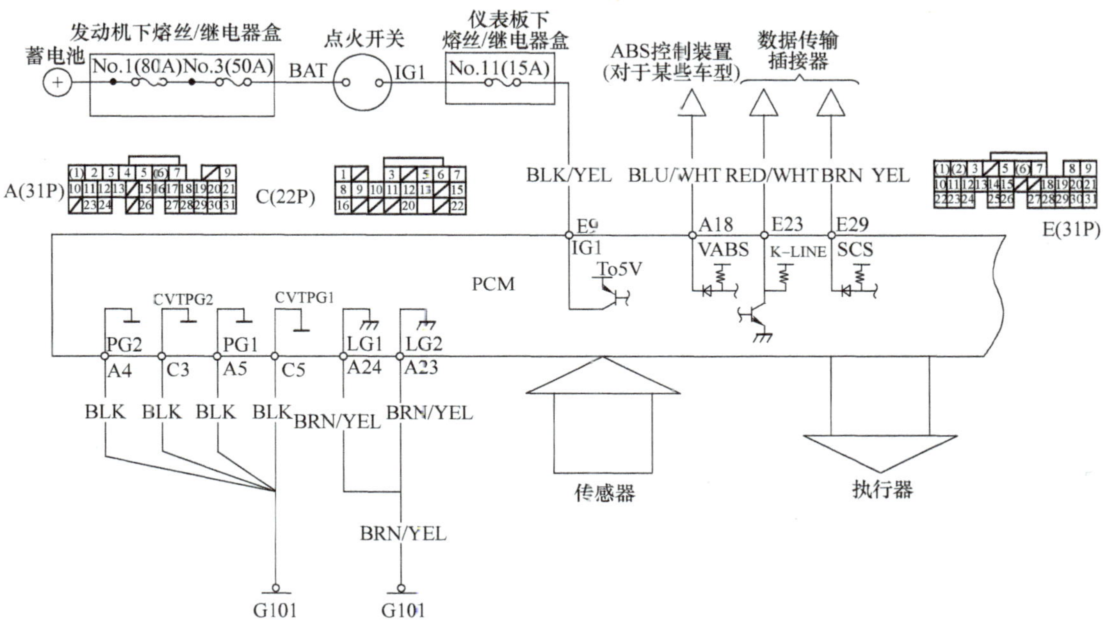

图 2-47　动力控制模块电源及搭铁电路

活动二　检测电控单元电路

通常电控单元检修不涉及其内部电路检修，只对其外部电源电路进行检测。在相关电源电路正常的情况下，传感器输入电控单元相关信号后，电控单元应发出相应指令到执行器。否则，可判定电控单元有故障，应更换。

飞度 CVT 电控单元 PCM 与发动机电控单元 ECM 组合在一起，在发动机正常的情况下可进行如下检测：

1）关闭点火开关，脱开电控单元 PCM 线束插接器，用万用电表检测 E9 插孔与车身搭铁之间的电压，检测方法及结果应如图 2-48 所示。否则，检查相应线路或熔丝有无短路、断路、搭铁。

2）用万用电表分别测量 A4、A5、A23、A24、C3、C5 插孔与车身搭铁之间的电阻，检测方法及结果如图 2-48 所示。否则，检测相应线路是否有无短路、断路、搭铁、接触不良。

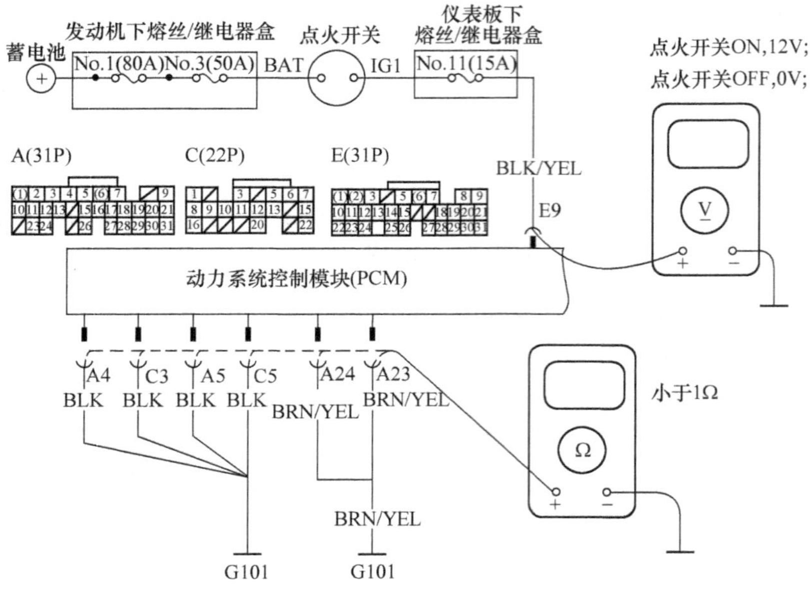

图 2-48　电控单元检测

任务十一　检测电磁阀电路

活动一　识记电磁阀的电路图及电路参数

电磁阀电路如图 2-49 所示。主动带轮压力控制电磁阀、从动带轮压力控制电磁阀、起步离合器压力控制电磁阀是调节阀，线圈电阻 3. 8 ~6. 8Ω，脉冲工作电压由 PCM 提供。限止装置电磁阀是开关阀，线圈电阻为 17. 1 ~21Ω，工作电压为蓄电池端电压，由 PCM 提供。

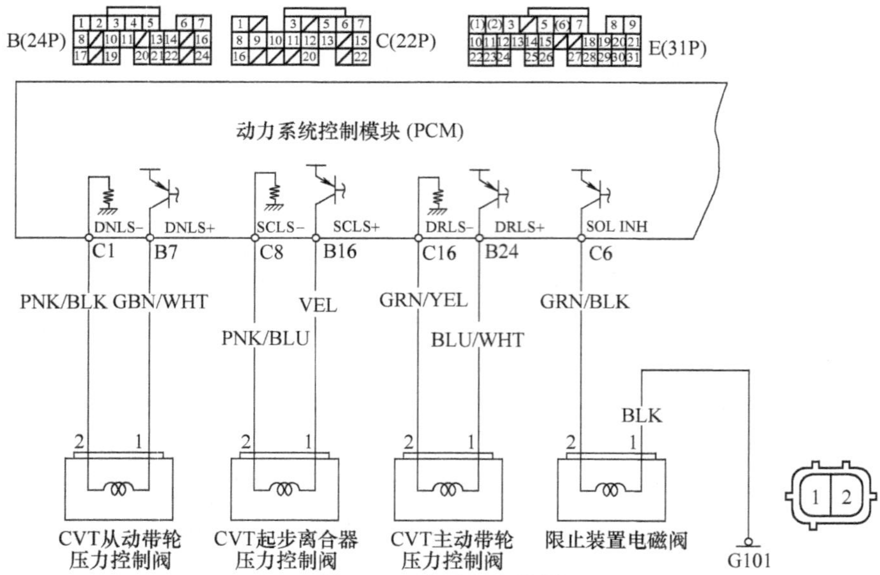

图 2-49　电磁阀电路图

活动二　检测压力控制电磁阀工作电压波形

示波器通过探针分别连接 PCM 端子 C1、C8、C16，举升汽车，挂挡运行，观察波形，如图 2-50 所示。所测波形为矩形脉冲，否则，应进一步检测有关电路是否存在故障。

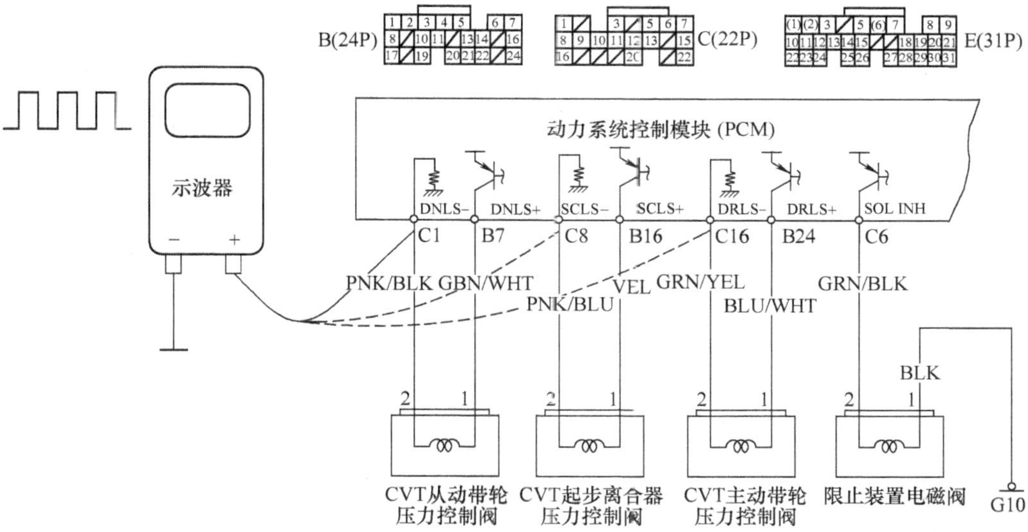

图 2-50　检测压力控制电磁阀工作电压波形

活动三　检测电磁阀

1. 电阻测量

点火开关处于“OFF”位，脱开电磁阀线束插接器，测量各电磁阀线圈电阻，如图2-51所示。电阻值应符合标准要求，否则，更换电磁阀。

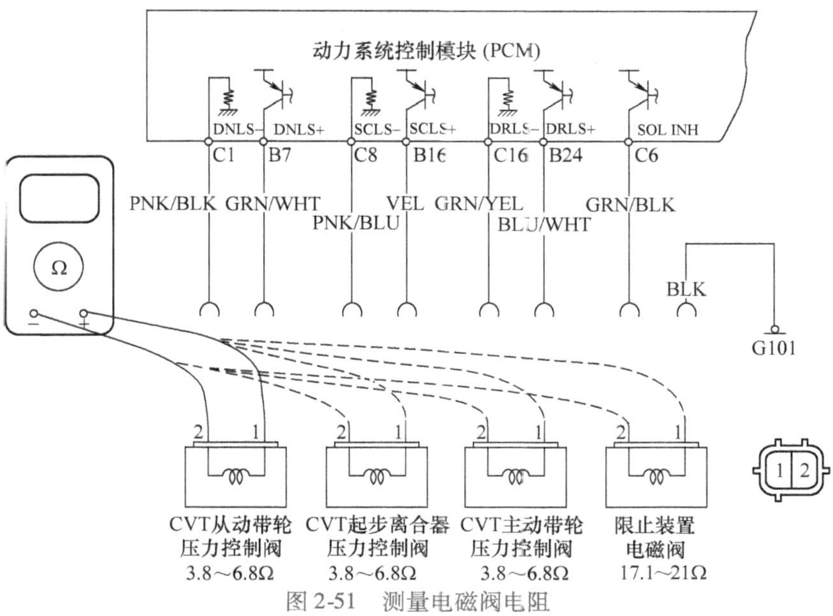

图 2-51　测量电磁阀电阻

2. 动作测试

给电磁阀通以蓄电池电压，应能听到清脆的开关动作声，并密封良好；否则，更换电磁阀。

活动四 检测电磁阀线路

1. 检测连接导线

点火开关处于“OFF”位，脱开电控单元 PCM 和电磁阀线束插接器，用万用电表测量对应端子之间及任一端子对地的电阻，检测方法及结果如图 2-52 所示；否则，应进一步检测导线是否有断路、短路或搭铁故障。

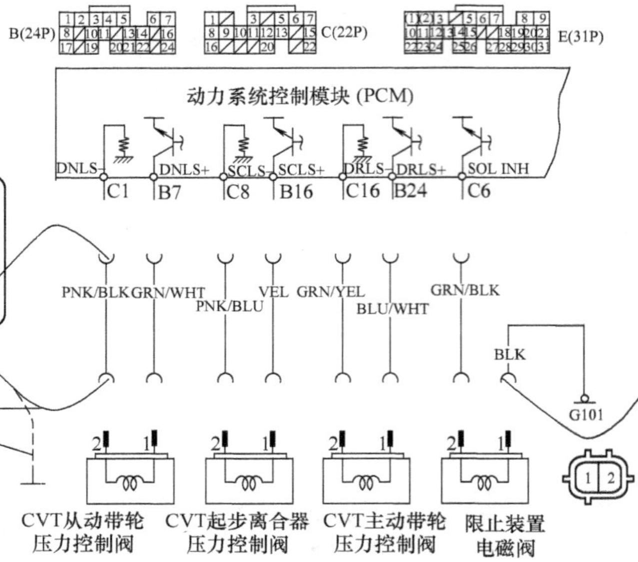

图 2-52 电磁阀连接导线检测

2. 检测电磁阀线束插接器

装回电磁阀线束插接器，用万用表在 PCM 端子“C1”与“B7”、“C8”与“B16”、“C16”与“B24”、“C6”与“车身搭铁”间测量电磁阀电阻，如图 2-53 所示。测得结果与“活动三”测得值相差不大于2Ω，否则，应进一步检测电磁阀线束插接器是否接触不良。

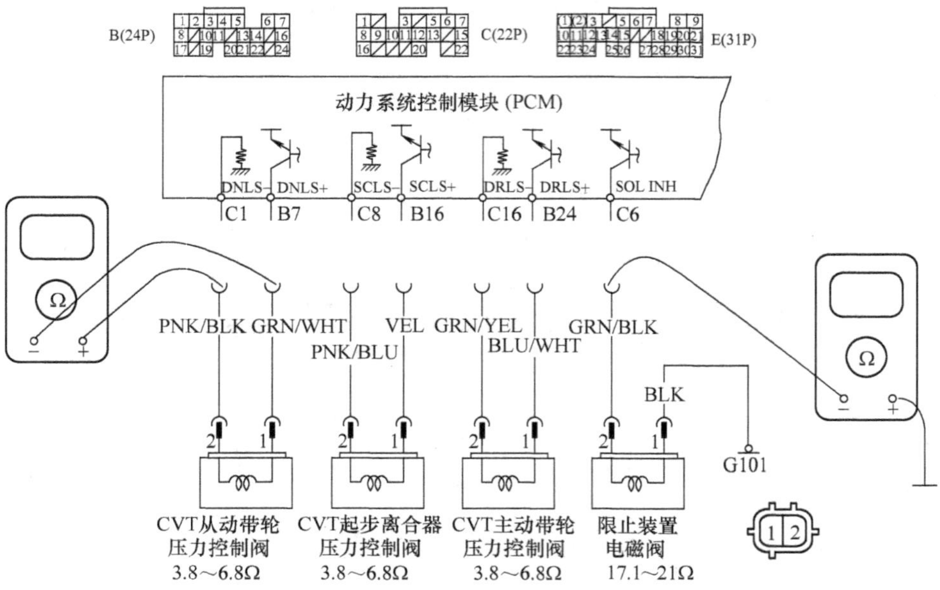

图 2-53 电磁阀线束插接器检测

活动五　检测电磁阀供电电路

1. 检测限止电磁阀供电电路

装回电控单元线束插接器，脱开限止装置电磁阀线束插接器。用万用表测量限止装置电磁阀线束侧端子“2”与“1”之间的电压，如图2-54所示。举升汽车，起动发动机，运行汽车，当车速大于10km/h且变速杆置于R位时，为蓄电池端电压；当车速低于10km/h且变速杆置于R位时，为0V。否则，应进一步检测PCM线束插接器是否接触不良或PCM有无电压输出。

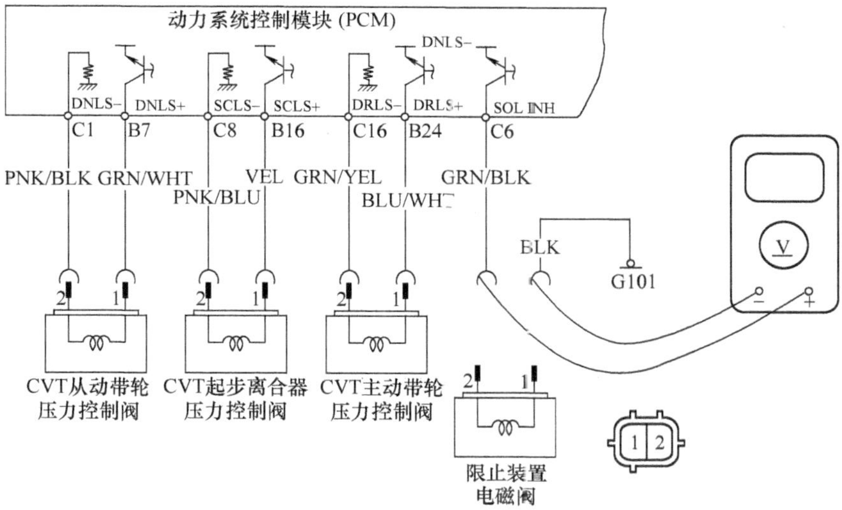

图2-54　限止电磁阀供电检测

2. 检测压力控制电磁阀供电电路

装回限止装置电磁阀线束插接器，脱开压力控制电磁阀线束插接器，用示波器分别连接各压力控制阀线束侧端子“1”与“2”，点火开关处于“ON”位，测得波形应为矩形脉冲，如图2-55所示。否则，应进一步检测PCM插接器有无接触不良或PCM有无脉冲输出。

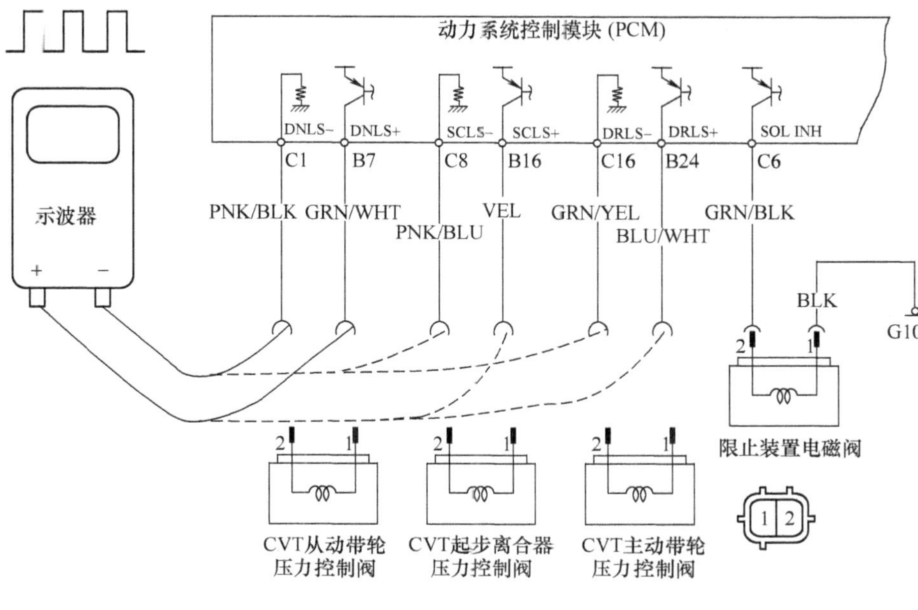

图2-55　压力控制电磁阀供电检测

任务十二　检测换挡联锁系统电路

活动一　识记换挡联锁系统电路图及电路参数

换挡联锁系统电路如图 2-56 所示，其中：

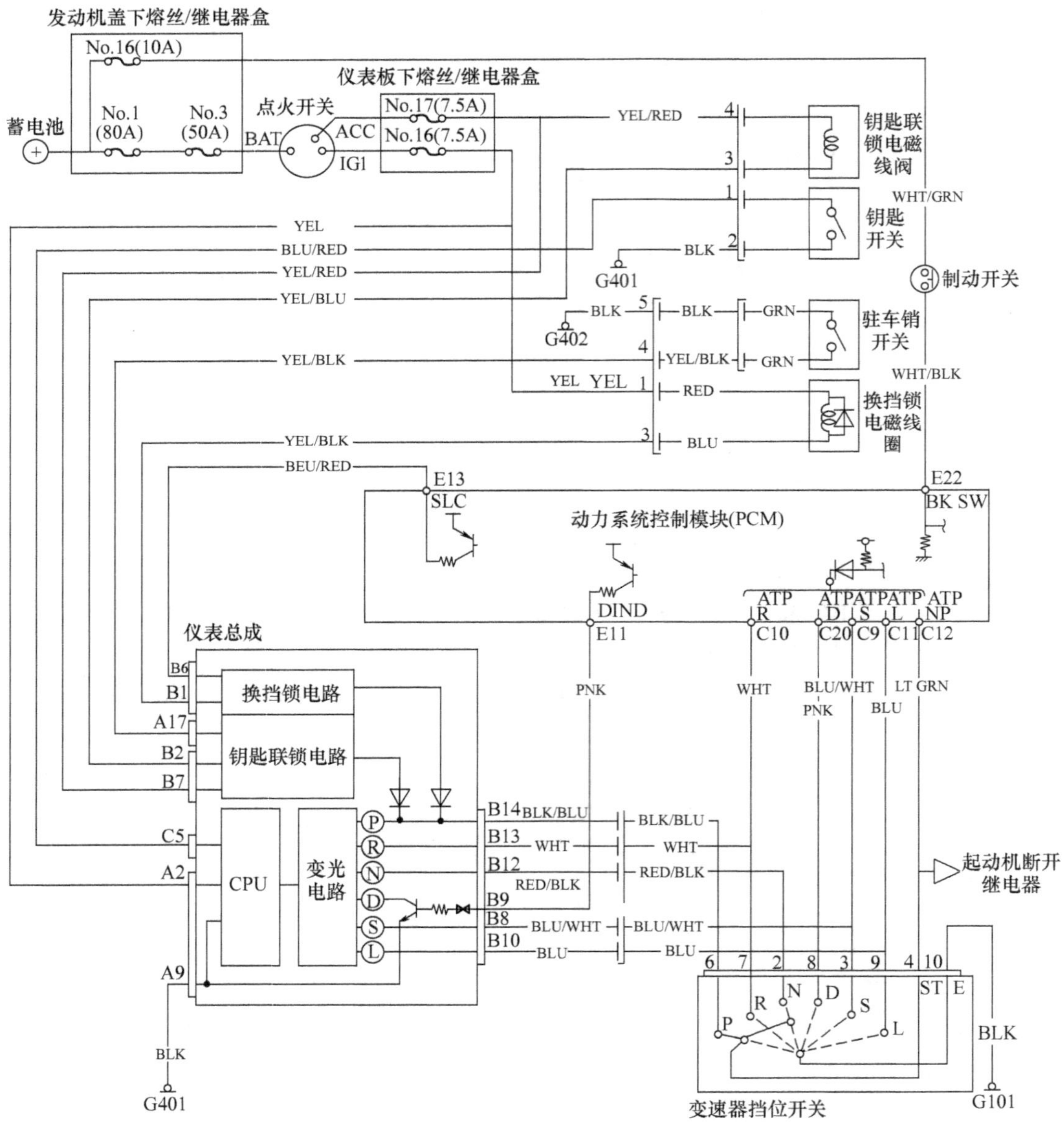

图 2-56　换挡联锁系统电路图

1）PCMSLC 端子在点火开关处于“ON”时，踩下制动踏板、抬起加速踏板、变速杆位于 P 位时输出蓄电池端电压。

2）驻车销开关在变速杆 P 位时闭合导通。

3）换挡锁电磁线圈在变速杆 P 位、踩下制动踏板时电路接通，线圈两端的电压为蓄电池端电压。

4）钥匙联锁线圈只有在变速杆 P 位时断电，钥匙才能由 ACC 旋至 LOCK 而拔出。

5）钥匙开关在点火钥匙插入点火开关时闭合，在驾驶员离车未拔钥匙时提醒驾驶员。

活动二　检测驻车销开关电路

1. 检测驻车销开关电路电压

点火开关处于“ON”位，用万用表测量仪表插接器端子“A17”与“车身搭铁”之间的电压，检测方法及结果如图 2-57 所示。否则，应进一步检测相关电路故障。

2. 检测驻车销开关

点火开关处于“OFF”位，脱开驻车销开关线束插接器，用万用表检测量端子“1”与“2”之间的电阻，检测方法及结果如图 2-58 所示。否则，更换驻车销开关。

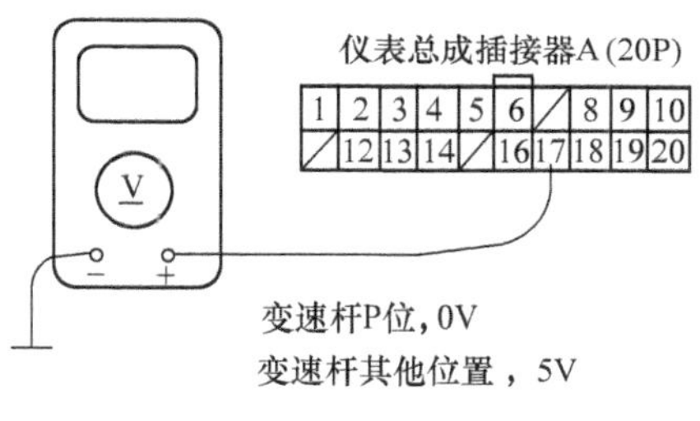

图 2-57　驻车销开关电路电压检测

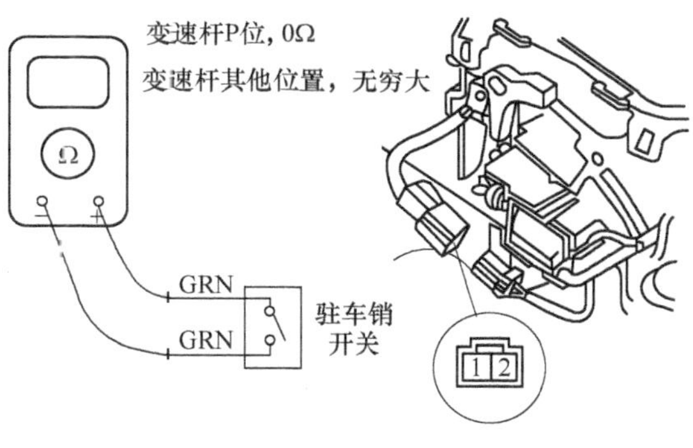

图 2-58　驻车销开关检测

3. 检测驻车销开关线路

（1）检测连接导线　点火开关处于“OFF”位，脱开仪表总成插接器 A（20P）及驻车销开关线束插接器，用万用表检测对应端子之间及任一端子对地的电阻，检测方法及结果如图 2-59 所示。否则，应进一步检测相应连接线是否断路、短路或搭铁故障。

（2）检测线束插接器　装回驻车销开关线束插接器，用万用表检测仪表插接器端子“A17”与“车身搭铁”之间的电阻，检测方法及结果如图 2-60 所示。否则，检查驻车销开关线束插接器是否接触不良。

4. 检测驻车销开关供电电路

装回仪表线束插接器 A（20P），脱开驻车销开关线束插接器，用万用表测量端子“1”与“车身搭铁”之间的电压，测量方法与结果如图 2-61 所示。否则，进一步检测仪表线束插接器是否接触不良或仪表单元有无 5V 电压输出。

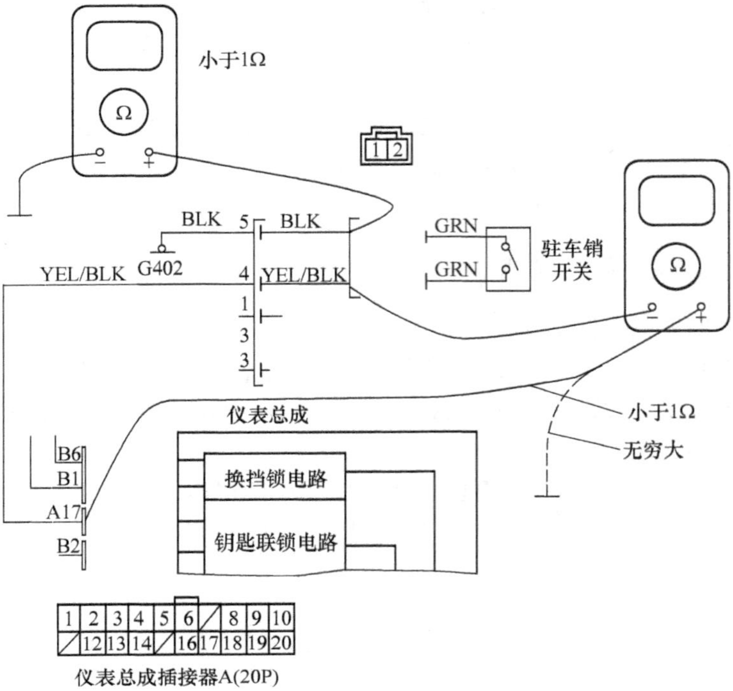

图 2-59　驻车销开关线路检测

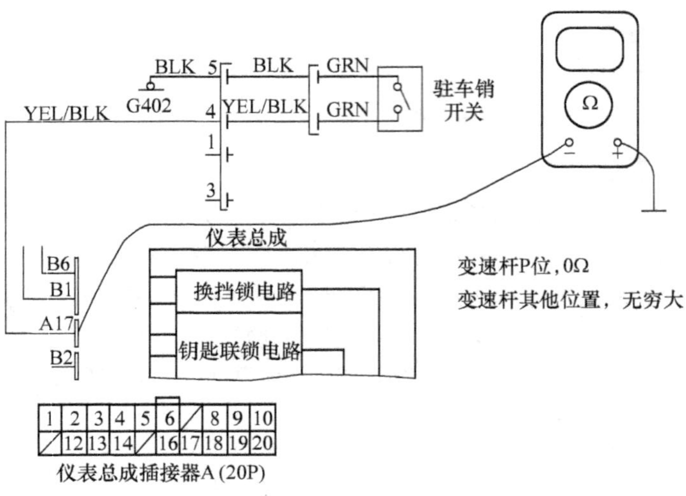

图 2-60　驻车销开关线束插接器检测

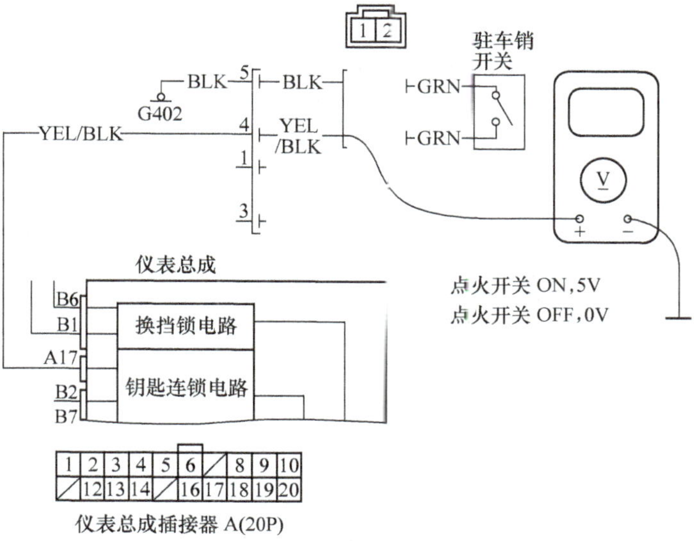

图 2-61　驻车销开关供电检测

活动三　检测换挡锁电磁线圈电路

1. 检测换挡锁电磁线圈工作电压

点火开关处于“ON”位，用万用表检测仪表线束插接器端子“B1”与“车身搭铁”之间的电压，检测方法及结果如图 2-62 所示。否则，应进一步检测有关电路是否存在故障。

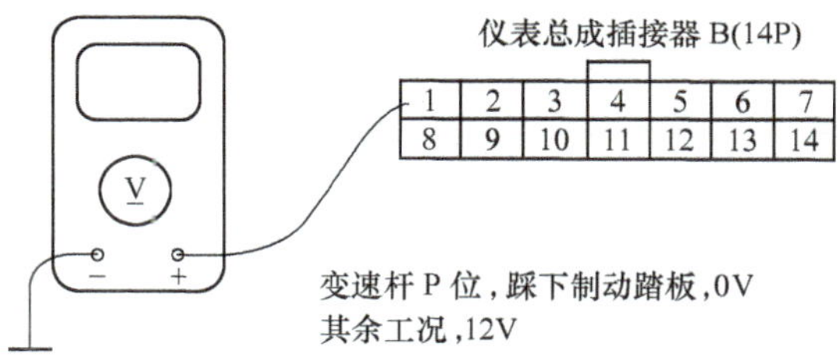

图 2-62　换挡锁电磁线圈工作电压检测

2. 换挡锁电磁线圈检测

点火开关处于“OFF”位，脱开换挡锁电磁线圈/驻车销开关线束插接器，在插接器端子“1”与“3”之间施加蓄电池端电压（切记不可接反），此时变速杆应能从 P 位移出，如图 2-63 所示。否则，更换换挡锁电磁线圈。

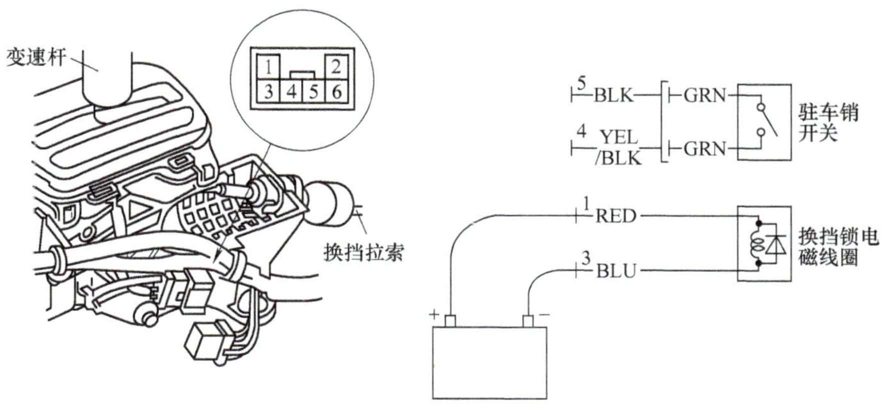

图 2-63　换挡锁电磁线圈测试

3. 检测换挡锁电磁线圈线路

（1）检测换挡锁电磁线圈连接导线　点火开关处于“OFF”位，脱开换挡锁电磁线圈/驻车销开关线束插接器及仪表总成插接器 B（14P）。先检测线束侧端子“1”与“车身搭铁”之间的电压，然后测量端子“3”与仪表“B1”及任一端子对地的电阻，检测方法及结果如图 2-64 所示。否则，检测相应线路是否断路、短路或搭铁故障。

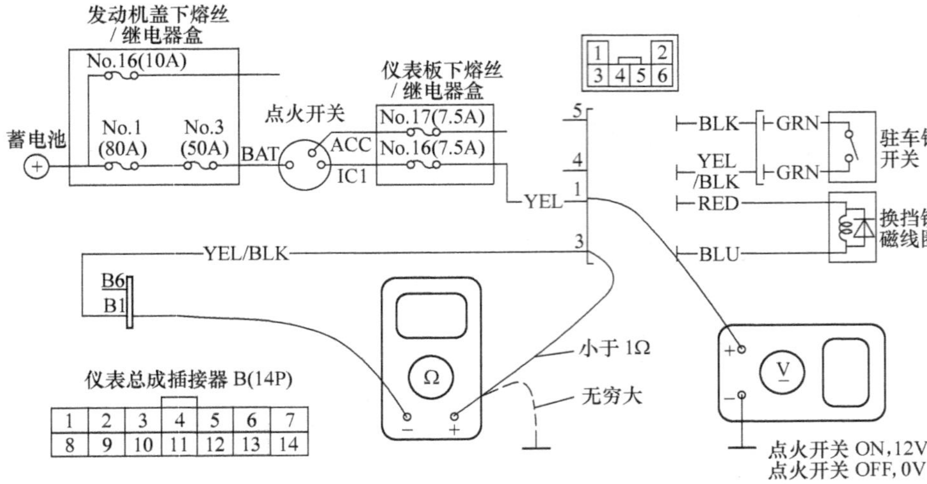

图 2-64　换挡锁电磁线圈连接导线检测

（2）检测换挡锁电磁线圈线束插接器　点火开关处于“OFF”位，装回换挡锁电磁线圈线束插接器，脱开仪表总成插接器 B（14P）。点火开关处于“ON”位，将端子“B1”搭铁，此时变速杆应能从 P 位移出，如图 2-65 所示。否则，应检查换挡锁电磁线圈线束插接器是否接触不良。

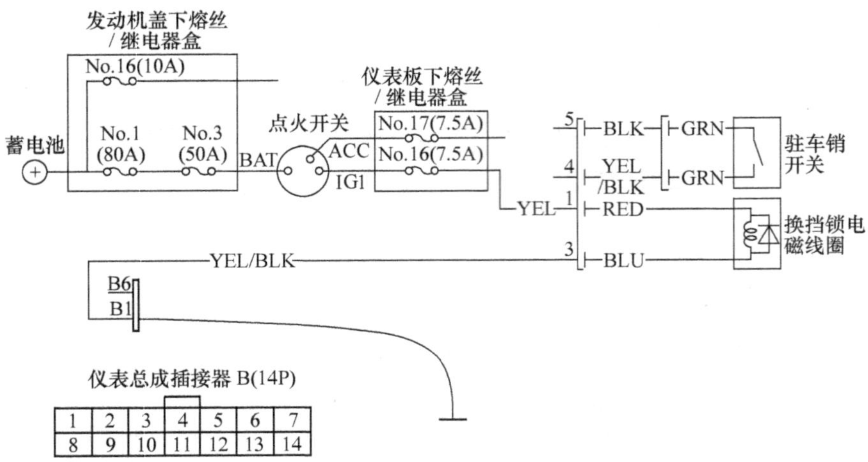

图 2-65　换挡锁电磁线圈线束插接器检测

活动四　换挡联锁装置其他电路检测

钥匙锁电磁线圈及钥匙开关电路检测步骤和方法，与换挡锁电磁线圈及驻车销开关电路检测类似，可参照进行。

换挡联锁装置中的制动灯开关电路、挡位开关电路等前已述及。

任务十三　挡位开关的更换

活动一　明确更换的依据

在经过测量确认挡位开关内部相应触点因导通不良、不导通、串通导致不能准确提供挡位信息时需更换挡位开关。若内部触点导通良好，但不能准确反映挡位信息时，需调整挡位开关。

活动二　更换挡位开关

下面以飞度 CVT 为例，说明挡位开关的更换步骤。

1）拆除空气滤清器壳体和进气导管。

2）换挡至 N 位。

3）断开变速器挡位开关插接器，拆除旧的变速器挡位开关，如图 2-66 所示。

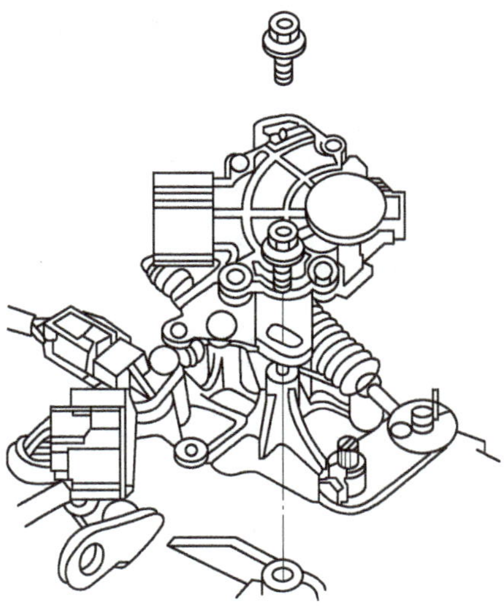

图 2-66　拆除旧挡位开关

4）将控制杆换至 N 位，如图 2-67 所示。换挡至 N 位时，不要挤压控制轴端。如果控制轴端被挤压在一起，将会由于控制轴与开关之间存在轴向间隙而产生错误的挡位信号。

5）检测新挡位开关的导通性，应符合要求。

6）使旋转构架上的切口与新的变速器挡位开关上的空挡开关切口对准，然后在切口内放置 2.0mm 厚的塞尺或等效工具，保持开关在 N 位，如图 2-68 所示。

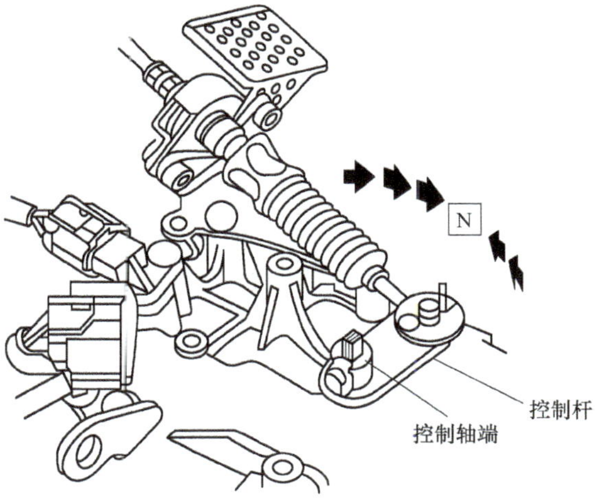

图 2-67　控制杆置于 N 位置

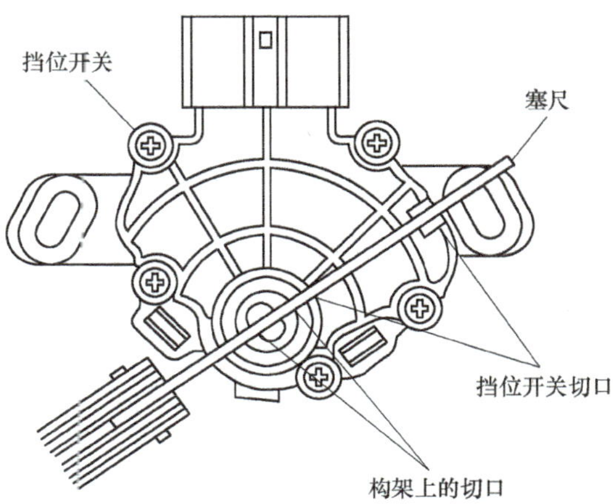

图 2-68　对正切口

7）将挡位开关连同塞尺保持在 N 位，轻轻地插入控制轴上，如图 2-69 所示。

8）继续将开关保持在 N 位，拧紧变速器挡位开关上的螺母，如图 2-70 所示。拧紧螺母时，不要移动变速器挡位开关。

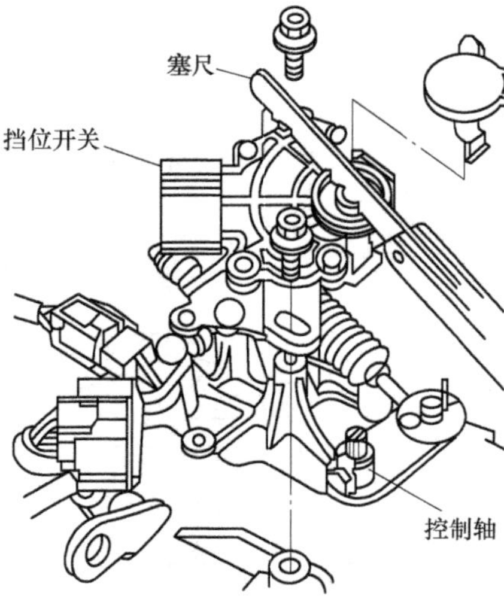

图 2-69 将挡位开关装在控制轴上

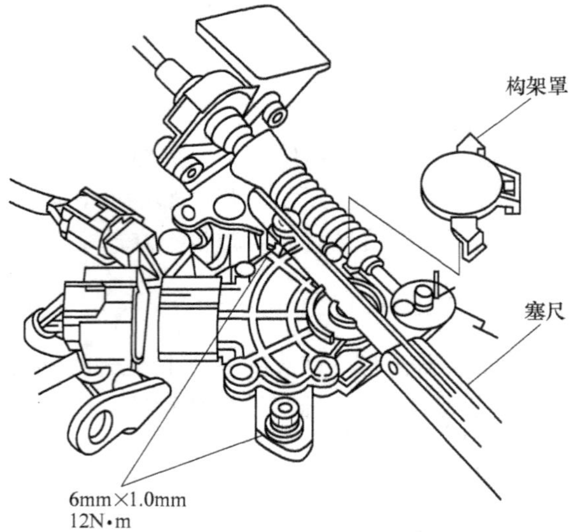

图 2-70 拧紧挡位开关固定螺母

9）拆除塞尺，然后安装旋转构架罩，连接变速器挡位开关插接器。

10）安装空气滤清器壳体和进气导管。

活动三 检查更换质量

1）将点火开关置于“ON”位。在所有挡位上操作变速杆，检查变速杆位置、变速器挡位、挡位开关和挡位指示器的同步情况，如图 2-71 所示。

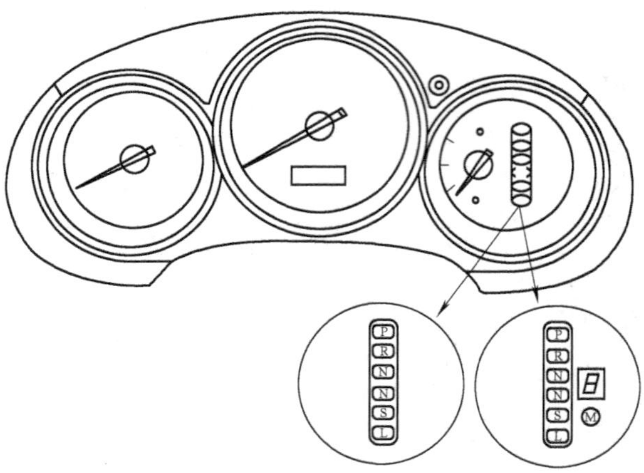

图 2-71 挡位指示器

2）确认变速杆在 P 位和 N 位时发动机能起动，变速杆在其他任何位置时不能起动。

3）检查变速杆位于 R 位时，倒车灯亮。

2 PROJECT

4）检查变速杆的操作应灵活顺畅。

任务十四　起步离合器校准

CVT在经过维修、断开蓄电池电缆、更换PCM或更换发动机等情况下，需要进行起步离合器的校准，以保证起步离合器作用良好。

飞度CVT起步离合器的校准分为汽车静止状态下校准和汽车行驶状态下校准两种。

1. 汽车静止状态下校准

1）实施驻车制动，并牢固地塞住4个车轮。

2）将发动机热机到正常工作温度（散热器风扇转动）。

3）清除所有故障码，确定没有故障。

4）将点火开关置于“OFF”位。

5）将本田PGM测试仪或HDS连接到DLC上，如图2-72所示。

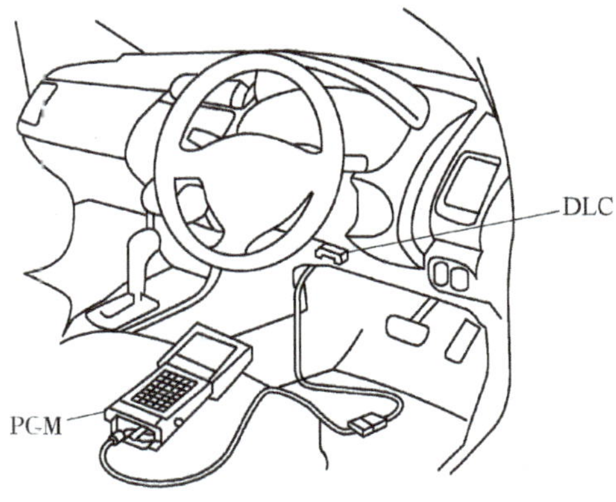

图2-72　连接诊断仪

6）使用本田PGM测试仪或HDS短接SCS线，或直接从诊断座DLC（第9脚）上短接SCS线。

7）踩下制动踏板，一直踩住直到校准结束。

8）在无负载条件下，起动发动机，然后打开前照灯。在校准过程中，前照灯必须亮着。

9）将变速杆P→N→D→S→L，换至N位，再N→D→S→L，再换至N位。换挡杆应在每个挡位上停留，重复换挡两次，在20s内完成。

10）检查变速杆在N位时D指示灯是否亮1min，然后熄灭。如果D指示灯闪烁，或者D指示灯常亮（1min后没有熄灭），将点火开关置于OFF，从第6）步开始，重新执行上述步骤。

11）换挡至D位，并检查D指示灯是否亮2min，然后熄灭。如果D指示灯闪烁，或者D指示灯常亮（2min后没有熄灭）。将点火开关置于OFF，从第6）步开始，重新执行上述步骤。

12）将点火开关置于“OFF”位，校准结束。

13）进行试车，确认起步离合器控制系统没有故障。

2. 汽车行驶状态下校准

1）将发动机热机到正常工作温度（散热器风扇转动）。

2）起动发动机，然后打开前照灯。

3）在无负载条件下，在D位驾驶车辆，直到速度达到60km/h。然后松开加速踏板，不要踩下制动踏板，在超过5s的时间内使车辆减速（可使用驻车制动），直到停车，校准结束。

4）进行再试车，确认起步离合器控制系统没有故障。

【课堂训练与测评】

1. 选择题

(1) 发动机冷却液温度（　　）时，传动比被设定为（　　）级，以便使发动机迅速暖机，催化转换器尽早工作。

A. 较低　较低　　B. 较高　较低　　C. 较低　较高

(2) 在爬坡、加速等高负荷条件下，保持（　　）的接触压力，以防止钢带打滑。

A. 较高　　B. 中等　　C. 较低

(3) 在中速巡航行驶等低负荷条件下，保持（　　）的接触压力，以减小钢带的摩擦，提高传动效率并改善燃油经济性。

A. 较高　　B. 中等　　C. 较低

(4) 在车速高于（　　）km/h 时，如果选择挂倒挡，则 PCM 将限止装置电磁阀通电，切断倒挡制动器油压，使倒挡无法实现。

A. 10　　B. 15　　C. 20

(5) 飞度无级变速器共有四个电磁阀，三个为（　　）阀，一个为（　　）阀。

A. 调节　是非　　B. 是非　调节　　C. 调节　调节

(6) 检查 CVT 油液时，应使油液加热到（　　）℃，液面高度在油尺上下刻线以内，颜色正常、无异味、无杂质。

A. 30～60　　B. 40～70　　C. 50～80

(7) 若颜色发黑或有焦煳味，应进一步检查 CVT 的工作情况，并在 CVT 修理后清洗 CVT 油液(　　)。

A. 油底壳　　B. 冷却系统　　C. 滤清器

(8) 若油液颜色呈乳白色或浑浊，说明（　　），应进一步检查可能的渗漏点，并在维修后清洗 CVT 油液冷却系统。

A. 油水混合　　B. 氧化变质　　C. 离合器磨损

(9) 若油液中有摩擦材料颗粒，应进一步检查 CVT 的工作情况，并在 CVT 修理后应更换 CVT 油液（　　），清洗冷却系统油管。

A. 滤清器　　B. 油底壳　　C. 散热器

(10) 无级变速器的（　　）主要包括发动机起动前检查、发动机怠速时检查、换挡车速检查和发动机制动检查四方面。

A. 接车检查　　B. 故障码检查　　C. 路试检查

(11) 若换挡冲击过大，说明油压（　　）或离合器、制动器间隙过小。

A. 过高　　B. 不稳定　　C. 过低

(12) 若汽车没有蠕动，应检查（　　）及其控制油压。

A. 起步离合器　　B. 前进离合器　　C. 倒挡制动器

(13) 若换挡车速与标准相差较大，说明 TPS、（　　）信号不准或变速器有打滑现象。

A. MAP　　B. VSS　　C. PCM

(14) CVT 在经过维修、断开蓄电池电缆、更换 PCM 或更换发动机等情况下，需要进行（　　）的校准，以保证起步离合器作用良好。

A. 起步离合器　　B. 前进离合器　　C. 倒挡制动器

(15) 飞度 CVT 起步离合器的校准分为汽车（　　）状态下校准和汽车（　　）状态下校准两种。

A. 高速　低速　　B. 低温　高温　　C. 静止　行驶

2. 填空题

(1) 无级变速器动力传动系统的动力连接方式有（　　）式、（　　）式和（　　）式三种。

(2) V形传动轮由（　　）轮面和（　　）轮面两部分组成，活动轮背面装有液压缸，缸内油压根据电控单元指令调节。

(3) V形传动轮活动轮面受到轴向力作用产生轴向位移时，（　　）的宽度发生改变，与之啮合的传动带的位置改变而（　　）或（　　）传动轮中心，即传动轮的（　　）发生变化。

(4) 起步离合器可以在变速杆位于R/D/S/L位时，通过调节其压力使汽车（　　）和（　　）平稳。

(5) 奥迪01J无级变速器采用（　　）传动，（　　）与传动钢带相比具有转矩大、效率高、噪声小和寿命长等优点。

(6) 飞度无级变速器内主要有：输入轴、（　　）、（　　）离合器、（　　）制动器、主动带轮组件、钢带、从动带轮组件、起步（　　）、中间轴及齿轮和主减速器等。

(7) 电子控制湿式摩擦片式结构尺寸较小、（　　）较小和（　　）快，主要应用在（　　）排量轿车上。

(8) 采用液力变矩连接的CVT，起步（　　）大，坡道起步、（　　）爬行及（　　）加速性能较好，容易驾驶，而且能够减轻因发动机转矩不均匀所引起的（　　）和（　　），主要用于（　　）排量乘用车。

(9) 飞度无级变速器安装了（　　）传感器、（　　）传感器和（　　）传感器，三个转速信号送到PCM，PCM依据此信号进行（　　）控制和（　　）控制。

(10) 进气歧管绝对压力传感器将发动机负荷信号传送到PCM，PCM据此信号进行传动带与带轮之间（　　）控制、（　　）控制。

(11) PCM据节气门位置传感器信号进行（　　）控制、带轮（　　）控制、（　　）传动比控制和发动机目标转速控制。

(12) 电控单元PCM根据挡位开关信号进行（　　）控制、（　　）控制和（　　）控制等，同时此信号还送到仪表总成，点亮相应（　　）。

(13) 制动灯开关安装在制动踏板上方，PCM根据此信号进行（　　）压力控制和（　　）锁止控制。

(14) 飞度CVT换挡联锁系统可以保证：①只能在（　　）挡才能起动发动机，只能在（　　）挡才能拔出点火钥匙。②只有先踩下制动踏板才能将变速杆移出（　　）位。

(15) 飞度CVT液压系统由CVT油（　　）、（　　）及各种（　　）组成。

(16) PH调节阀用于保持CVT油泵所提供的液压，并向液压（　　）回路及（　　）回路提供PH压力。

(17) 换挡锁定阀用于切换油液通道，以便在电气系统发生故障的情况下将（　　）控制从（　　）控制切换到（　　）控制。

(18) 起步离合器蓄压阀对提供给起步离合器的液压具有（　　）作用。

(19) 主动轮压力控制阀由（　　）和滑阀组成，（　　）由动力系统控制模块控制。

(20)（　　）阀根据变速杆位置，以机械方式开启或封闭油液通道。

项目三 电控机械式自动变速器维修

项目描述

电控机械式自动变速器（Automated Mechanical Transmission，简称 AMT）是在传统手动齿轮式变速器基础上改进而来的，它保留了原总成绝大部分部件，只是采用电子技术改进其中的手动操作部分。因此，AMT 不仅保留了手动齿轮变速器效率高、成本低的长处，而且还具备了自动变速器的全部优点。它以特有的经济、方便、安全和舒适性而备受驾驶者欢迎，成为自动变速器的一个重要发展方向。

按照执行机构动力源的不同，AMT 的选/换挡系统可分为电控气动式、电控液动式和电控电动式三种类型。其中，电控气动式选/换挡系统多在大型或重型等有气源的车辆上使用，对于一般乘用车辆，由于没有气源，多采用电控液动式或电控电动式选/换挡系统。

AMT 选/换挡系统由三部分组成，即传感器、电控单元和执行机构。

传感器包括速度传感器（发动机转速传感器、输入轴转速传感器和输出轴转速传感器）、节气门位置传感器和挡位传感器等。执行机构包括电动机、电磁阀、液压缸和气缸等。

AMT 的基础功能：一是依据当前汽车运行状况、路面情形及驾驶者的意图，自动判定变速器的最佳挡位，即挡位决策功能；二是自动控制发动机、变速器、离合器完成换挡，即换挡、起步的自动操纵功能。

AMT 的维修包括选/换挡系统和变速传动系统，变速传动系统的维修与手动变速器几乎相同，在此不再赘述。本项目主要围绕选/换挡系统，介绍其维护、故障诊断、电子元件检测、分解、装配、调整和试验等。

知识要点

选/换挡系统的分类及组成；各组成元件的作用、基本工作原理与安装；各种电子元件的检测参数；常见故障检测、试验及分析思路。

技能要点

AMT 选/换挡系统的维护；各组成元件的检修、装配与调整；故障试验方法。

知识准备

一、电控气动式选/换挡系统

电控气动式选/换挡系统主要应用在大型和重型商用汽车上，下面以重汽 WABCO Smart-Shift AMT 为例加以介绍。

1. 变速传动系统简介

重汽 HW20716A 变速器包括 16 个前进挡和 4 个倒挡，挡位如图 3-1 所示。

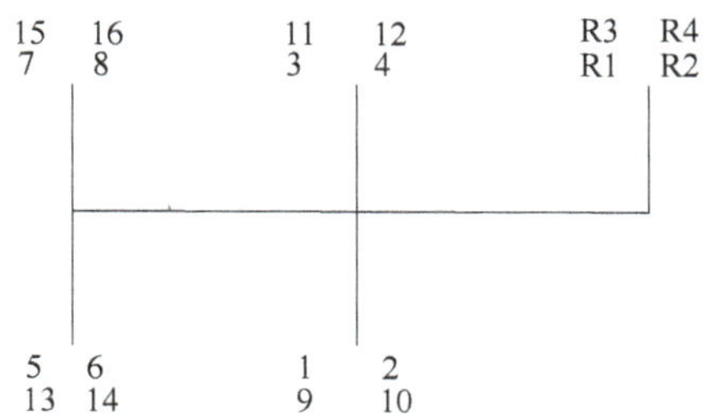

图 3-1 重汽 HW20716A 变速器挡位图

采用双中间轴及由前副箱、主箱、后副箱构成的 2×4×2 结构，后副箱采用行星齿轮减速结构，承载能力强，结构可靠。各挡位动力传递路线如图 3-2 所示。

2. 选/换挡系统的组成与特性

选/换挡系统的组成如图 3-3 所示，各总成元件在变速器上的安装位置如图 3-4 所示。

选/换挡系统有手动模式（M）和自动模式（A）。

自动模式下，变速器控制单元 TCU 根据车速、发动机转速、加速踏板位置和制动信号等信号综合判断并选择合适的挡位。

手动模式下，由驾驶员选择换挡时机和挡位，离合器由 AMT 系统自动控制。

系统还有经济模式（E）/动力模式（P）、爬行模式（C），各模式的切换通过变速杆上的按钮完成。

3. 选/换挡系统电路原理图

选/换挡系统控制电路如图 3-5 所示。

4. 选/换挡系统主要部件

（1）变速杆总成　变速杆总成除变速杆外，还集成有 ATM 控制器（ECU）以及各种选择按键，如图 3-6 所示。它是驾驶员和 ECU 之间的操作界面，传递驾驶员的换挡控制要求。

ATM 控制器（ECU）满足并实现以下主要功能：

1）接收和处理各传感器发出的转速、位置和温度信号。

2）发出选挡、换挡指令。

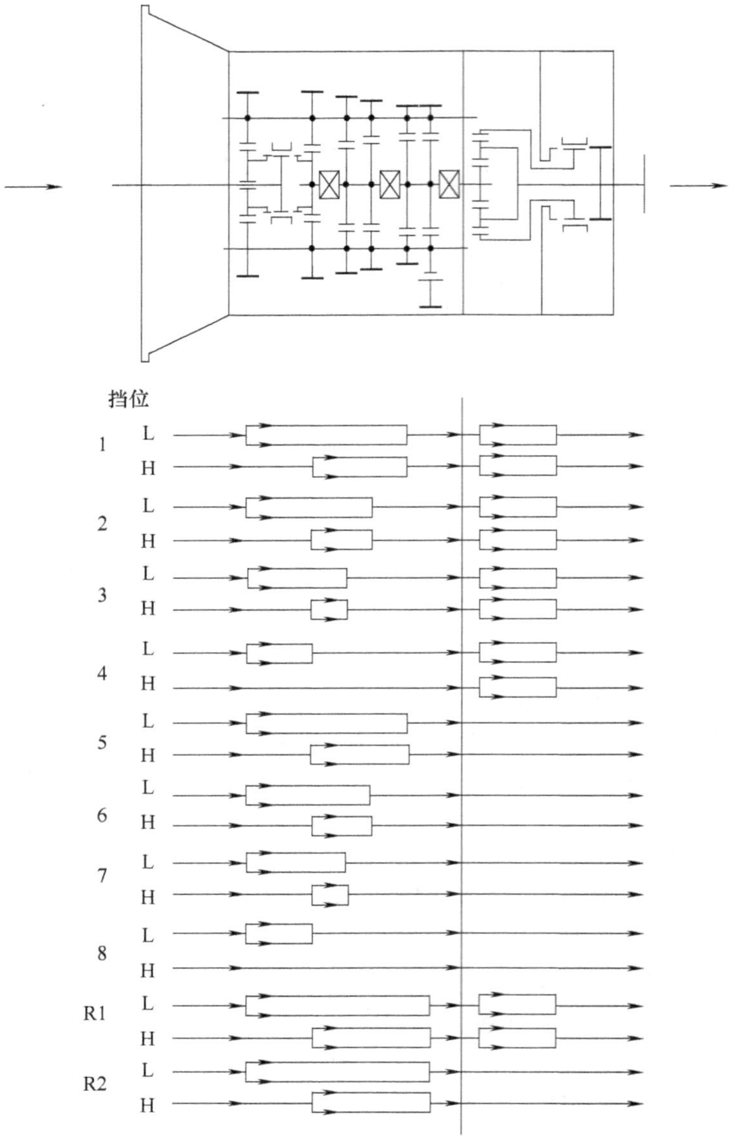

图 3-2 重汽 HW20716A 变速器动力传递路线

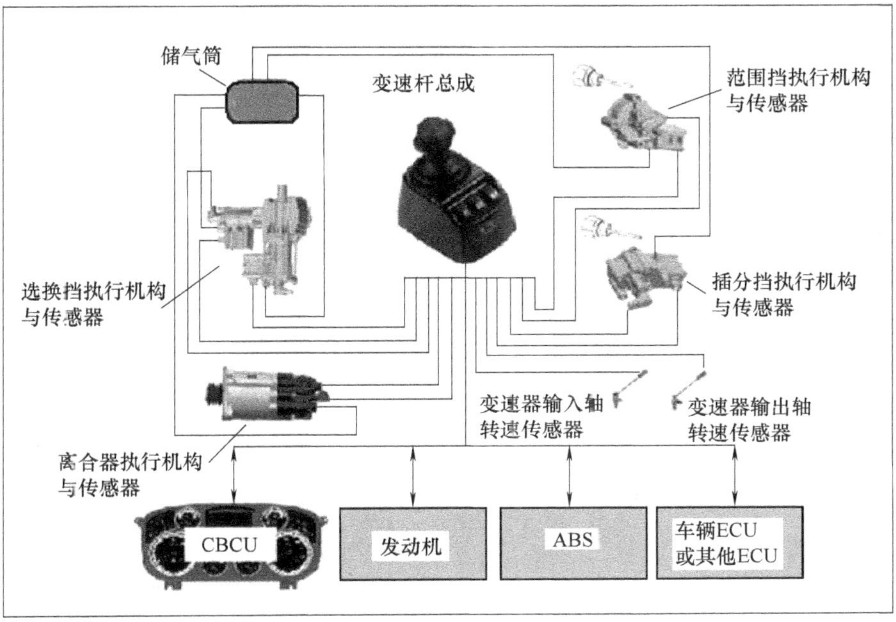

图 3-3　SmartShift AMT 选/换挡系统组成

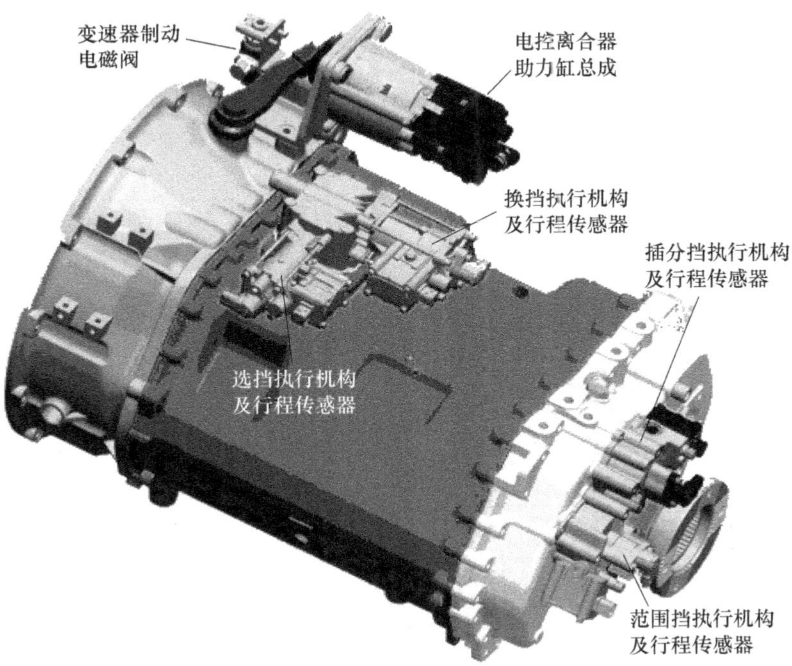

图 3-4　SmartShift AMT 选/换挡系统各总成元件的安装位置

项目三　电控机械式自动变速器维修

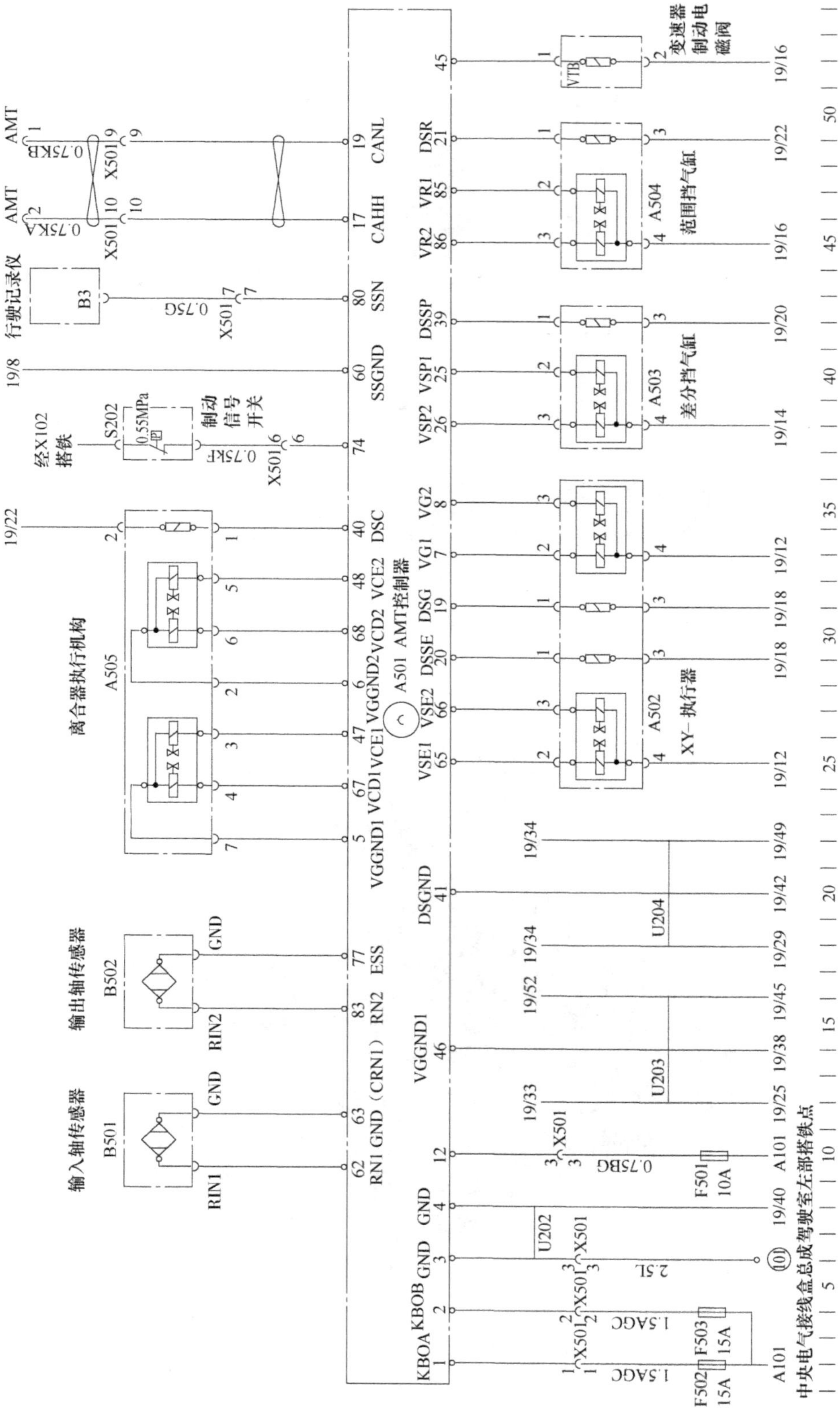

图3-5 重汽HW20716A7 AMT ECU 外围电路图

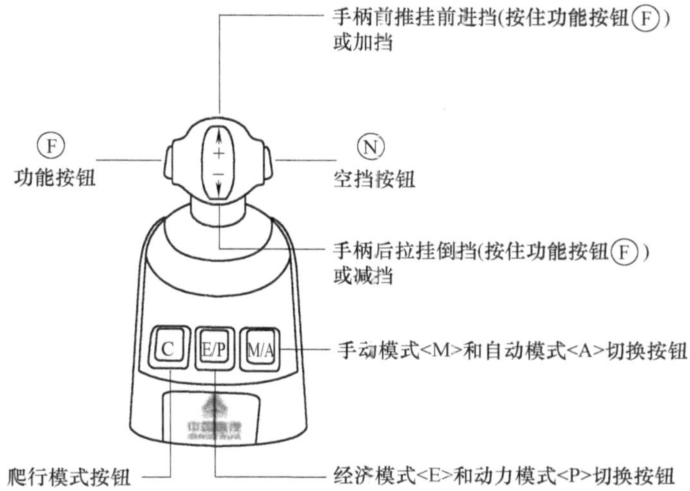

图 3-6　变速杆总成

3）通过 CAN－BUS 与其他系统进行数据交流。

4）通过 CAN 总线 KWP2000 进行故障诊断。

5）判断挡位信息并通过 CAN 总线发出。

6）标定和调整 AMT 系统适应于变速器和车辆的特定设置或配置。

（2）选/换挡（X－Y）执行机构　选/换挡执行机构由控制电磁阀、执行气缸、行程位置传感器、换挡指及互锁块组成，如图 3-7 所示。

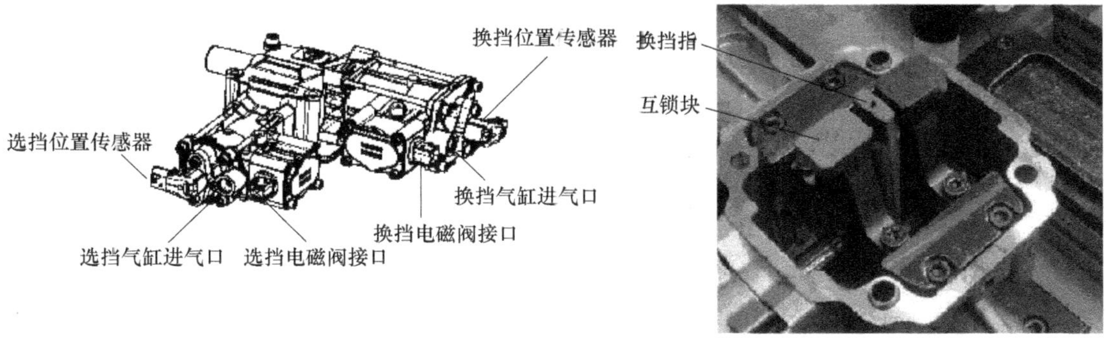

图 3-7　选/换挡执行机构（小盖）

气缸在电磁阀的精确控制下，实现要求的选/换挡位置，其电路气路原理如图 3-8 所示。

（3）插分挡/范围挡执行机构　插分挡/范围挡执行机构用来完成插分挡及范围挡的切换，主要包括控制电磁阀和行程位置传感器，如图 3-9 所示。其原理如图 3-10 所示。

（4）离合器执行机构　离合器执行机构包括四个电磁阀（一对控制接合，一对控制分离）、行程传感器、助力气缸，如图 3-11 所示。其电路气路原理如图 3-12 所示。

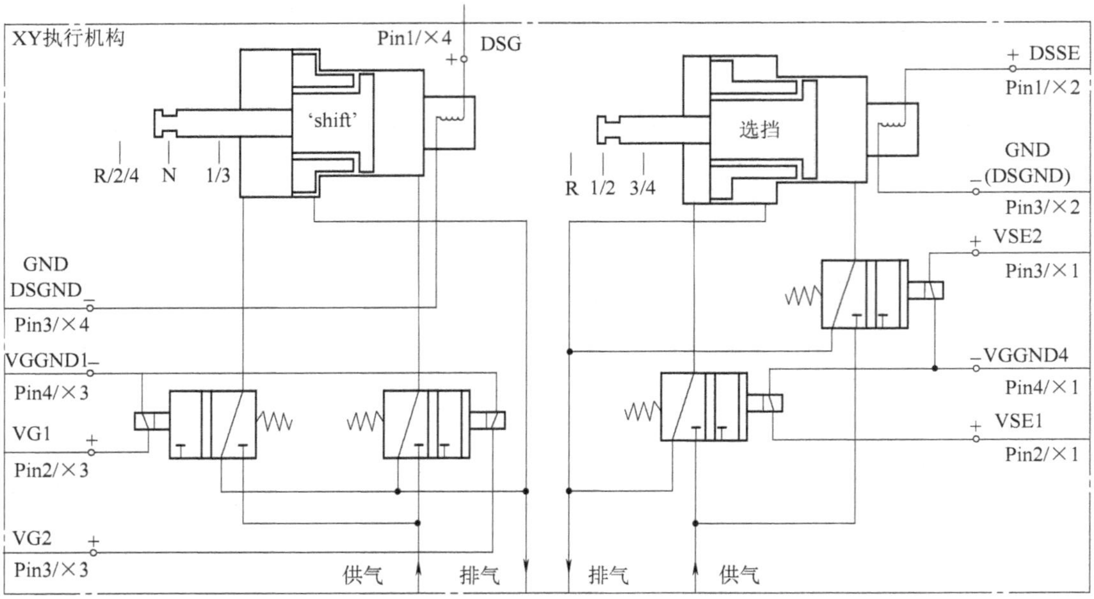

图 3-8 选/换挡执行机构电路气路原理

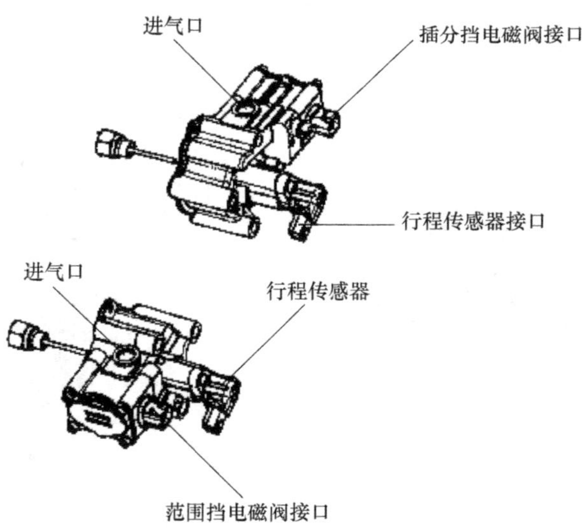

图 3-9 插分挡/范围挡执行机构

（5）变速器制动（TB）机构 变速器制动机构在变速器换挡时起作用。离合器分离后，TB 电磁阀通电，气缸充气，制动片、摩擦片压紧，制动器工作，齿轮转速降低，当需要换挡的齿轮达到同步要求时，选/换挡机构开始动作完成换挡。机构组成如图 3-13 所示，其气路电路原理如图 3-14 所示。

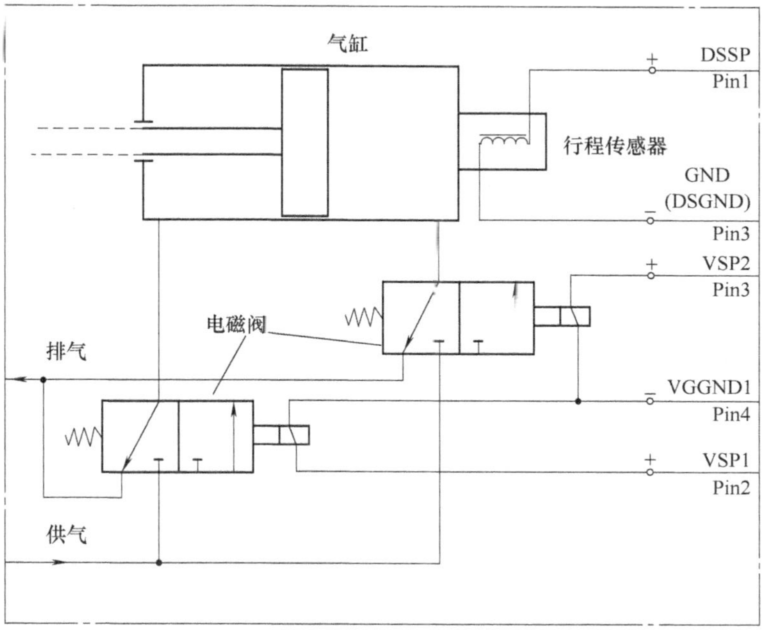

图 3-10　插分挡执行机构电路气路原理

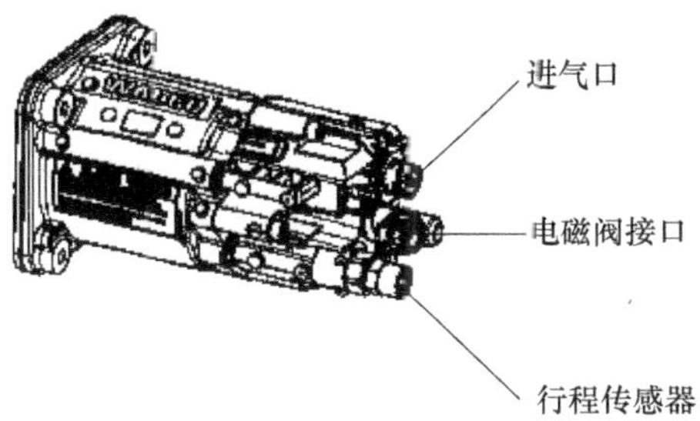

图 3-11　离合器执行机构

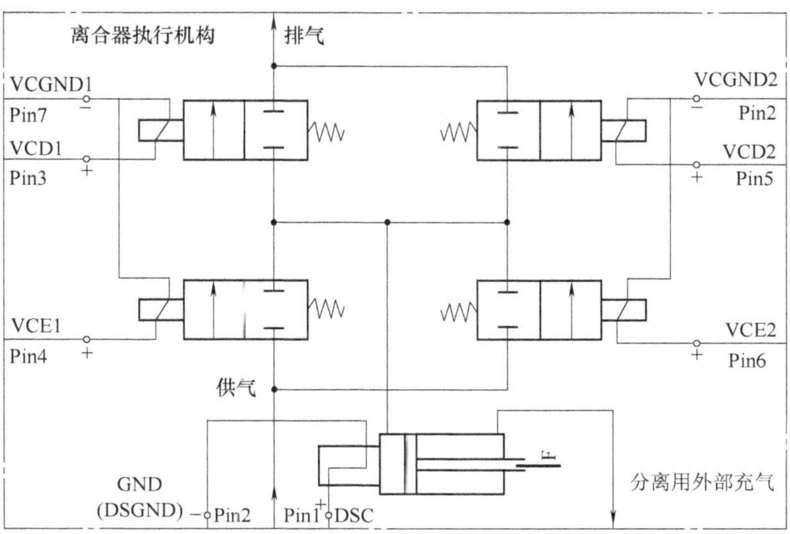

图 3-12　离合器执行机构电路气路原理

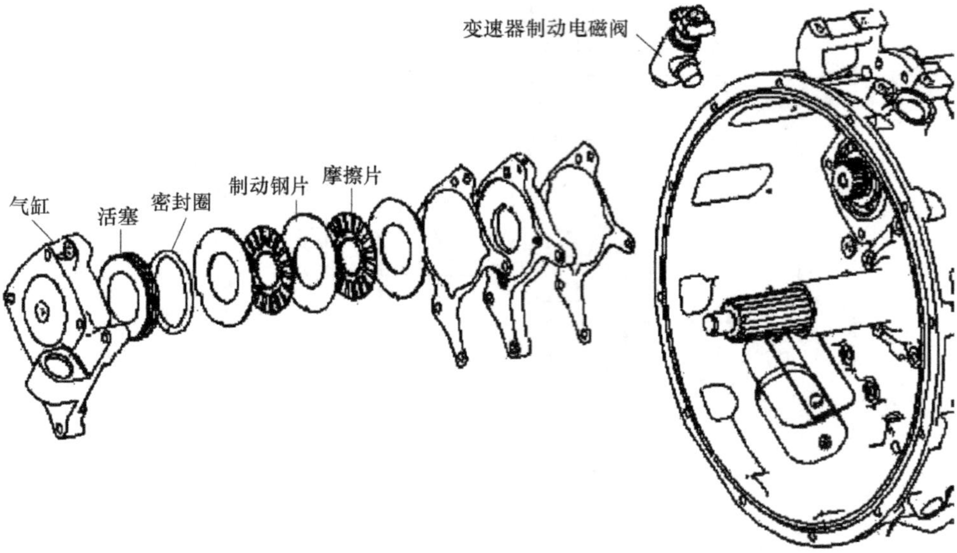

图 3-13　离合器执行机构

（6）输入、输出轴转速传感器　输入、输出轴转速传感器的外形尺寸相同（见图 3-15），但工作原理和线束插接件颜色不同。输入轴转速传感器线束插接器为黑色，输出轴转速传感器线束插接器为桔黄色。

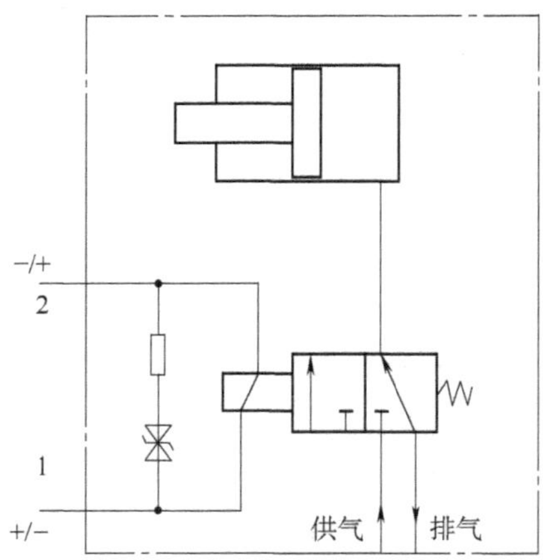

图 3-14　离合器执行机构气路电路原理

图 3-15　输出轴转速传感器

（7）显示仪表　AMT 仪表显示部分及其功能如图 3-16 所示。

5. 选/换挡系统气路原理

选/换挡系统气路原理如图 3-17 所示。

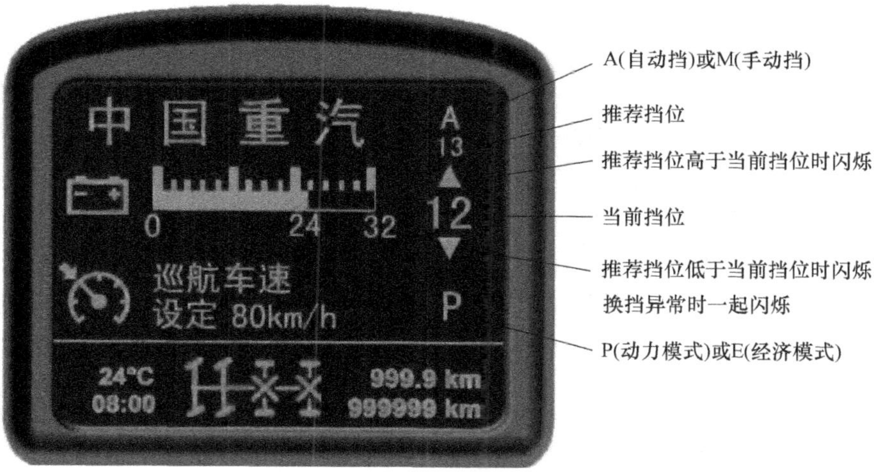

图 3-16 显示仪表

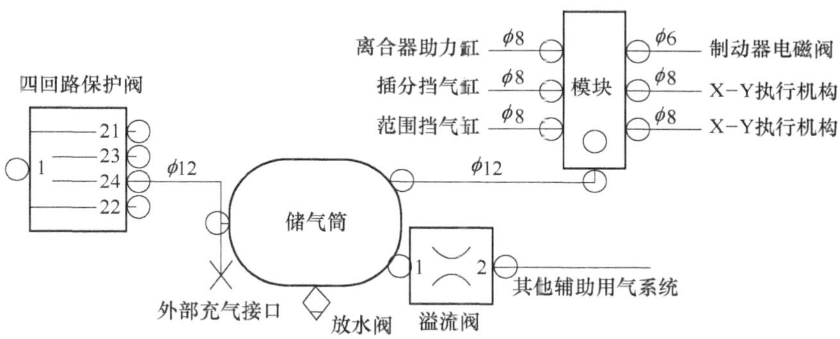

图 3-17 选/换挡系统气路原理

二、电控液动式选/换挡系统简介

1. 选/换挡系统的组成

电控液动式选/换挡系统具有工作安稳、操作简便、易于实现安全维护、具有一定的吸收振动与冲击功能、起步换挡品质好以及便于空间安排等优点，缺点是结构控制复杂、成本高和故障点多。

目前，电控液动式选/换挡系统以马瑞利速选器（SELESPEED）应用最为广泛，已经在哈飞、奇瑞和雪佛兰等车型上广泛应用，系统组成如图 3-18 所示。

2. 选/挡系统的基本原理

电控选/换挡系统的基本原理是在发动机控制单元 ECU 和变速器控制单元 TCU 的控制下，由液压泵驱动液压油进入选/换挡执行机构和离合器执行机构的阀体中，实现选挡、换挡和离合器的分离与接合，如图 3-19 所示。

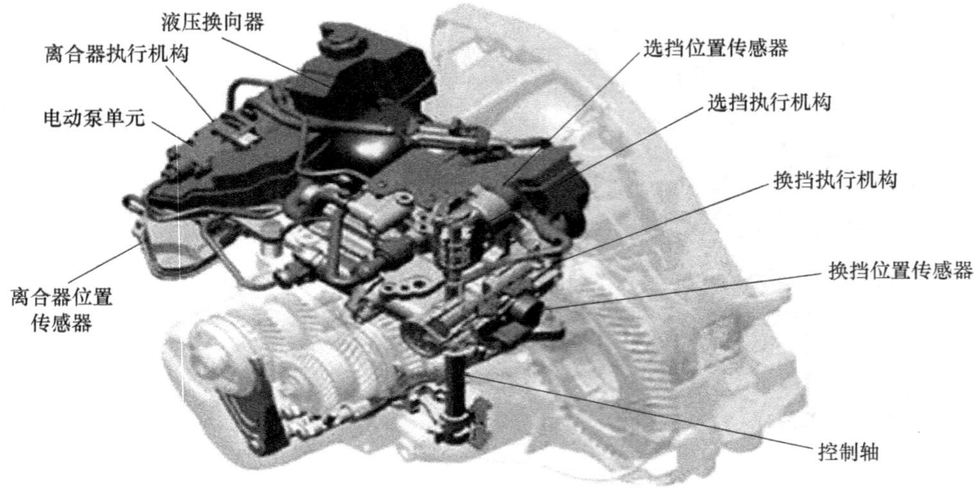

图 3-18 电控液动式 AMT 选/换挡系统

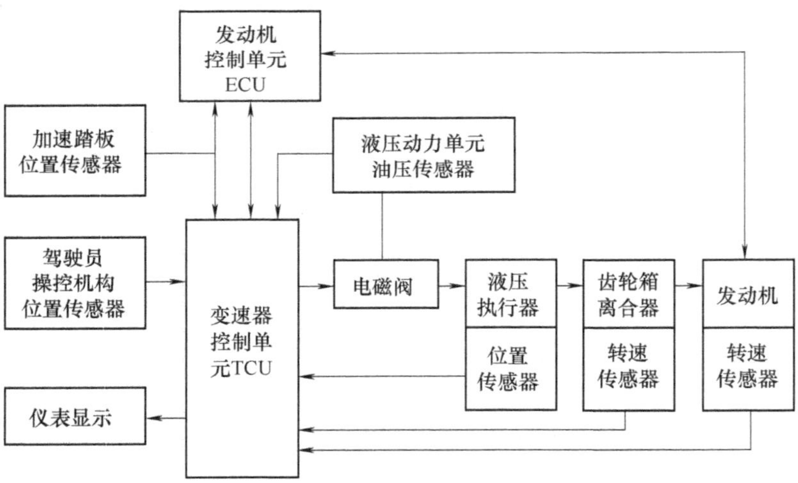

图 3-19 电控液压式选/换挡系统原理框图

3. 选/换挡电控系统电路原理图

选/换挡电控系统电路原理图如图 3-20 所示。

4. 选/挡系统主要部件

（1）液压控制单元　液压控制单元的组成如图 3-21 所示。

（2）驱动控制单元　驱动控制单元的组成如图 3-22 所示。

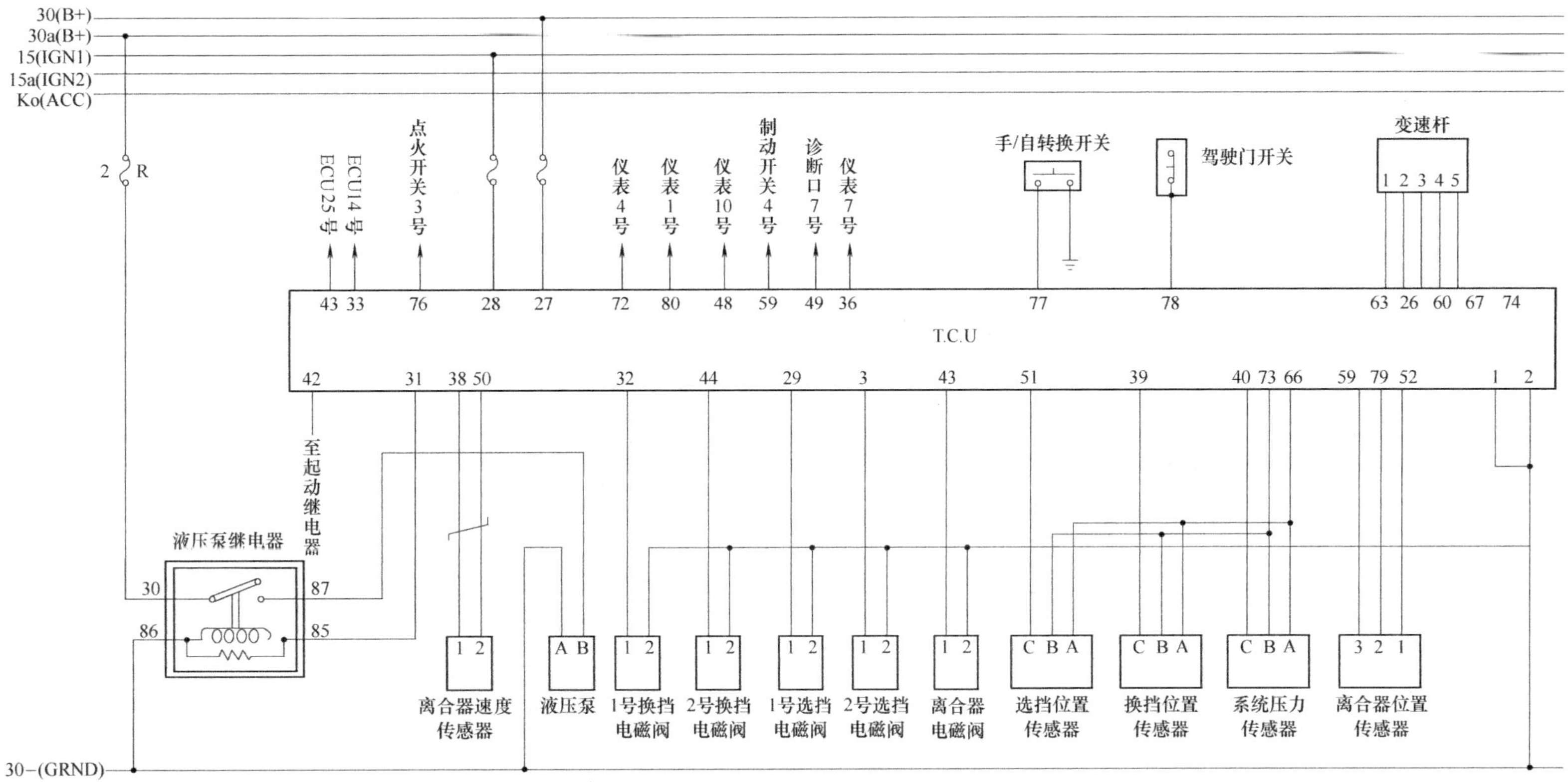

图3-20 奇瑞（马瑞利）AMT系统电路原理

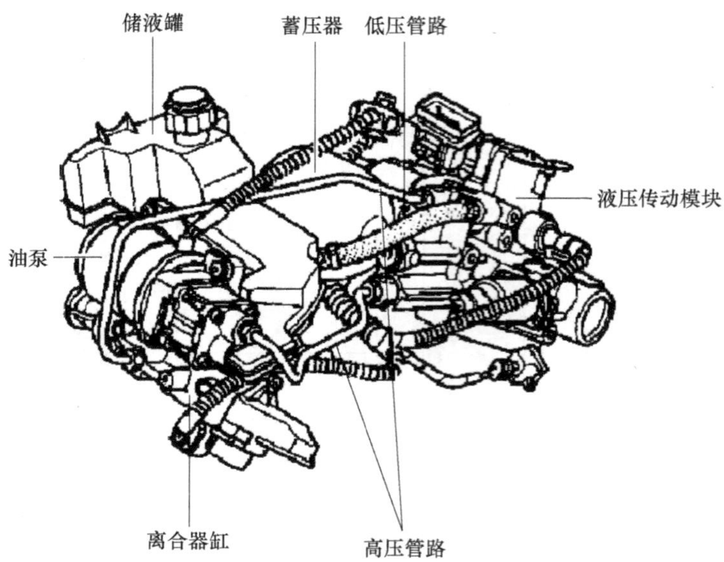

图 3-21 液压控制单元

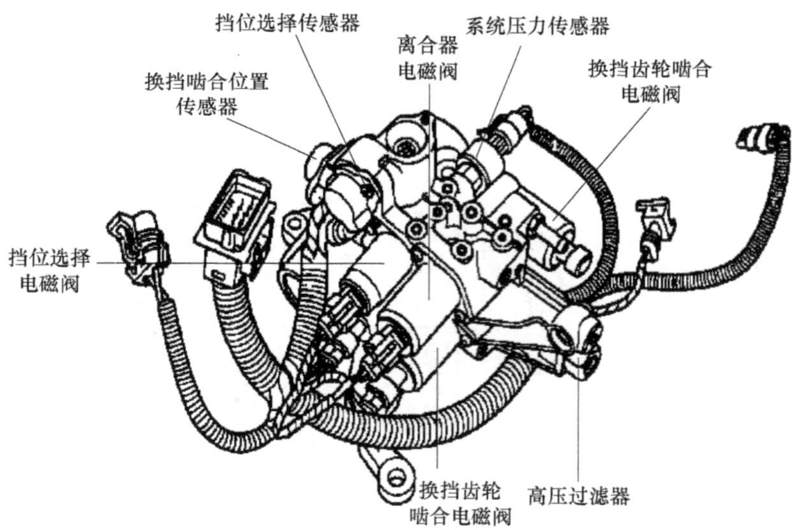

图 3-22 驱动控制单元

三、电控电动式选/换挡系统简介

电控电动 AMT 的换挡系统具有结构相对简单、质量轻、系统动作误差小和控制简单等优点，缺点是活动部件要进行两个方向的活动，换挡时间比较长，起步质量较差。

目前，采用电控电动式选/换挡系统的车型有长城、北斗星和众泰等，下面以长城 01AM 为例加以说明。

图 3-23 电控电动式选/换挡系统组成

1. 选/换挡系统的组成

电控电动式选/换挡系统的组成除离合器控制机构、选/换挡执行机构（图 3-23）外，还包括电控单元、变速杆总成和仪表显示等。

2. 选/换挡系统的基本原理

电控电动式选/换挡系统基本控制原理如图 3-24 所示。

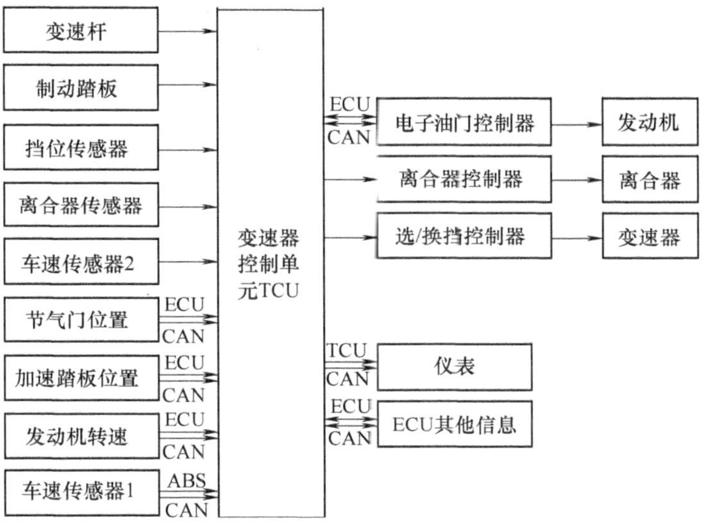

图 3-24 电控电动式选/换挡系统控制原理图

电控电动式选/换挡系统的工作过程如图 3-25 所示。

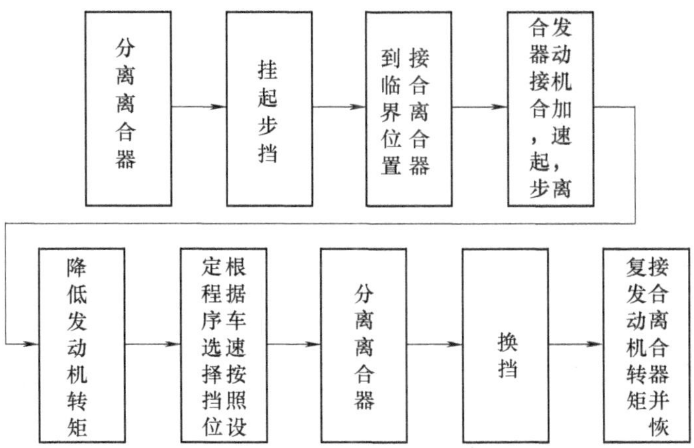

图 3-25 电控电动式选/换挡系统工作过程

3. 选/换挡系统电路原理图

电控电动式选/换挡系统的电路原理图如图 3-26 所示。

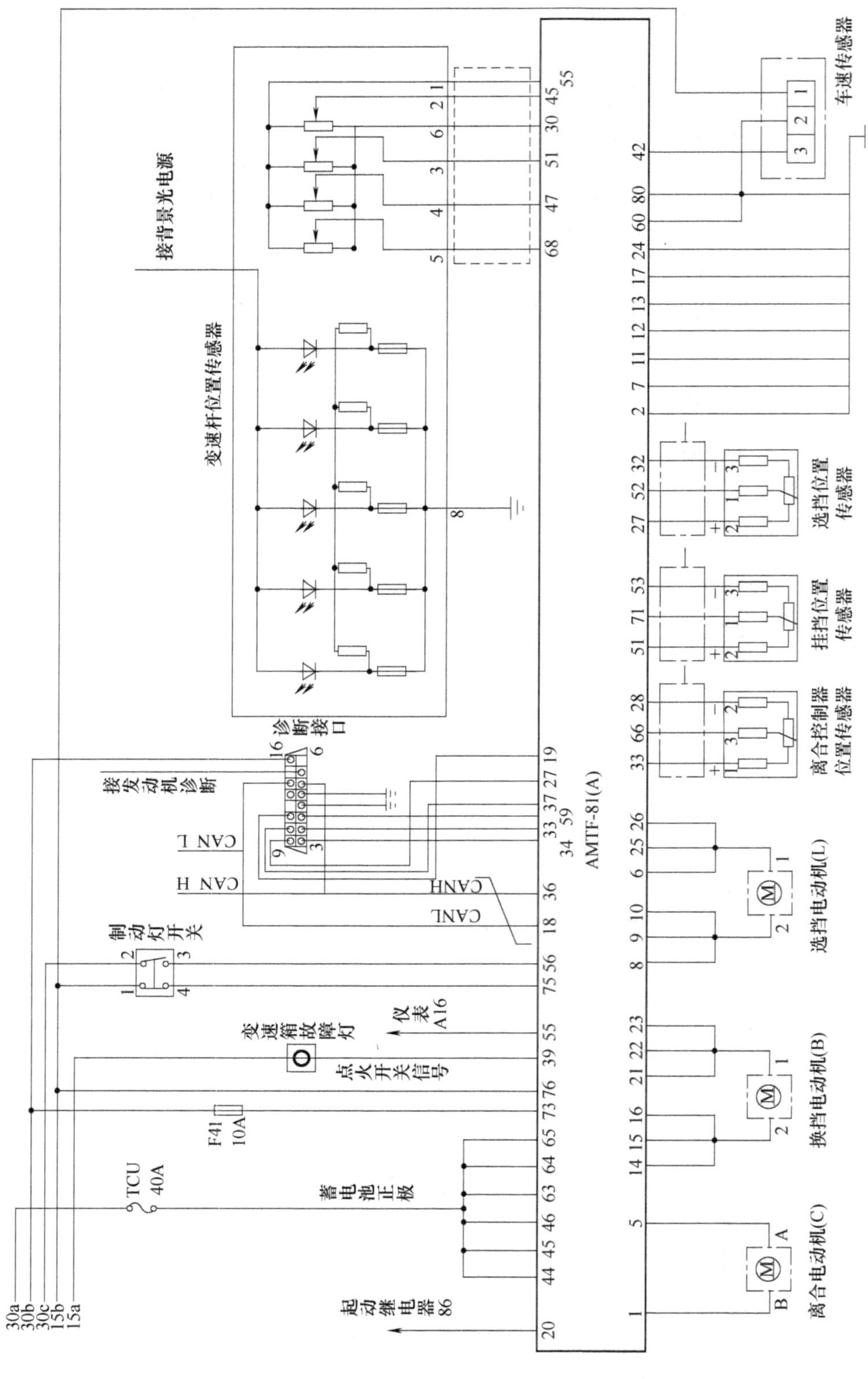

图3-26 电控电动式选/换挡系统（长城01AM）电路原理图

4. 选/换挡系统主要部件

(1）电动换挡器　选位电动机通过齿轮齿条减速后驱动换挡轴轴向移动，当挂挡拨块到达预定位置后，换挡电动机通过齿轮齿条减速后驱动换挡轴旋转，带动挂挡拨块摆动实现挂挡。挂挡传感器、选位传感器均为可变电阻式，如图 3-27、图 3-28 所示。

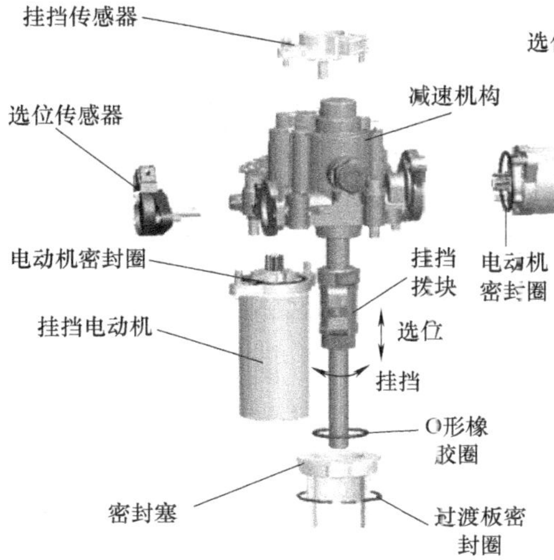

图 3-27　电动换挡器分解图

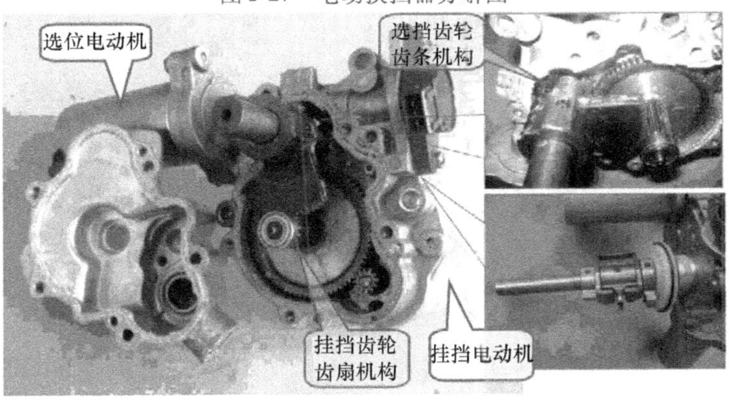

图 3-28　电动换挡器内部结构

(2）离合器控制器　离合控制电动机通过蜗轮蜗杆机构减速后带动离合拉钩移动，操纵离合器接合或分离。离合器位置传感器为线性可变电阻式，离合拉钩上的安装调整螺栓用来调整离合器分离轴承的自由间隙，以适应离合器系统的尺寸误差。起步力矩调整螺栓在汽车出厂时已调好，使用中一般无需调整。离合器控制器分解图如图 3-29 所示，内部结构如图 3-30 所示。

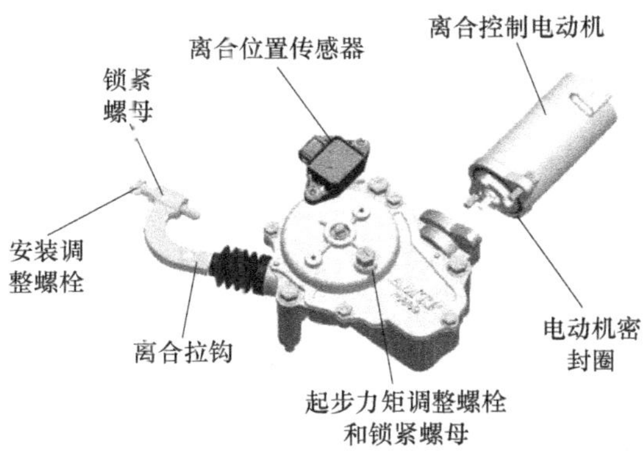

图 3-29　离合器控制器分解图

(3）变速杆　变速杆结构如图 3-31 所示。变速杆面板字母含义如下："R"——倒车挡；

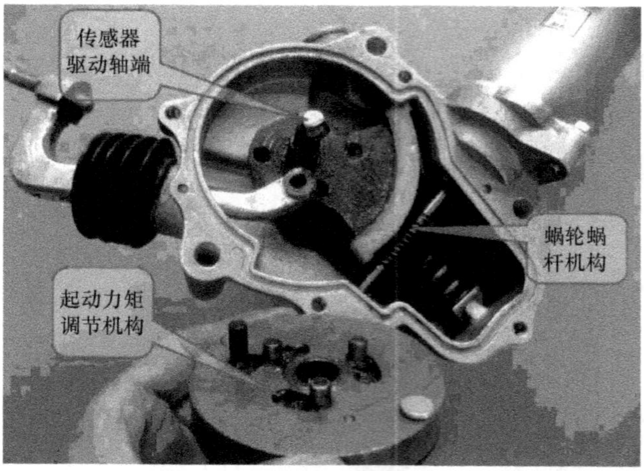

图 3-30 离合器控制器内部结构

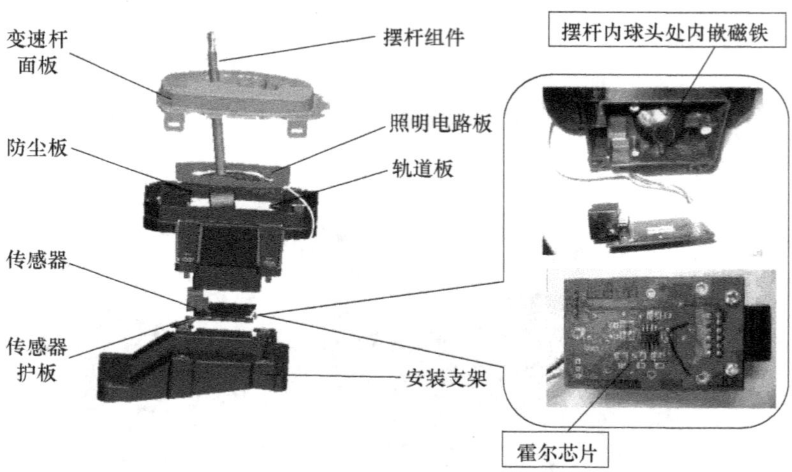

图 3-31 变速杆分解图

"N"——空挡；"D"——自动前进挡模式；"M"——手动换挡模式；"+"——手动模式下挡位增一；"-"——手动模式下挡位减一，如图3-32 所示。

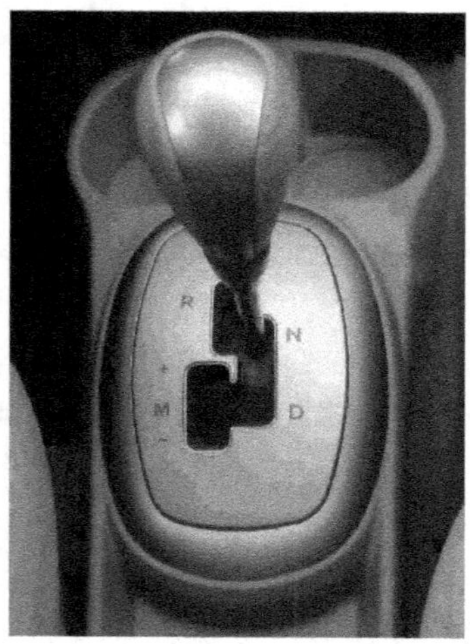

图 3-32 变速杆面板

任务实施

电控电动式选/换挡系统结构相对简单，电控液动式选/换挡系统的检测与维修可参考自动变速器的液压与电控系统相关要领进行，故在此仅以重汽 SmartShift AMT 电控气动式选/换挡系统为例加以介绍。

任务一　AMT 系统重置（标定）

当 AMT 系统机械部件更换、维修或软件更新后，需要进行重置来确保系统处于最佳性能。另外，系统重置能否成功也是判断选/换挡系统功能是否正常的依据之一。

活动一　系统重置准备

系统重置前应确保具备下列条件：

1）拉紧驻车制动；

2）发动机熄火；

3）系统气压大于 0.65MPa；

4）输出轴转速为零；

5）仪表显示功能正常。

活动二　完成系统重置

按照下列步骤完成系统重置：

1）关电——关闭电源总开关 15s 以上，或者将点火开关关闭 1min 以上。

2）按键——将变速杆置于中间位置且同时按下“F”和“N”按键并保持。

3）开钥匙——大约 0.5s 后重置过程开始，重置开始后仪表上的空挡指示灯“N”消失，同时向下的箭头“▼”会闪烁。

4）看仪表——约 20s 后，看到仪表屏幕上“N”出现并开始闪烁时起动发动机。当空挡指示“N”再次正常显示后，表示重置结束并成功，此时松开“F”和“N”按键。整个重置过程大约需要 80s。

5）挂入起步挡位，缓踩加速踏板使离合器缓慢接合，回空挡，关闭点火开关 1min，重置结束。

任务二　范围挡执行机构检测

活动一　识记范围挡执行机构电路及参数

范围挡执行机构电路如图 3-33 所示。

机构各元件主要性能参数如下：

工作气压：0.55 ~0.8MPa

工作电压：24V +8/ -4V

工作温度范围：-30 ~ +120℃

电磁阀电阻：40Ω ±2Ω（20℃）

传感器电阻：70Ω ±1Ω（20℃）

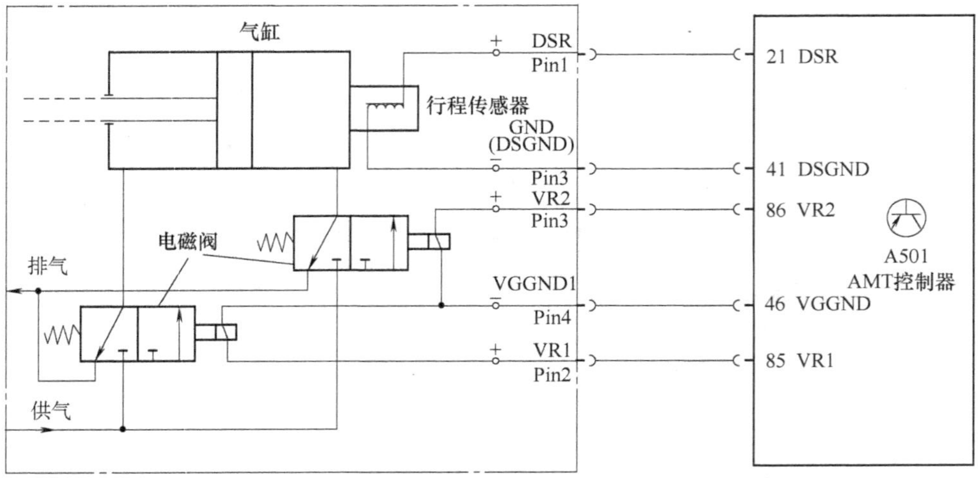

图 3-33　范围挡执行机构电路图

活动二　检测电磁阀电路

由于电磁阀参数相同、电路相似，功能均为完成气路切换，检测方法也可以相互借鉴，故在此仅以范围高挡电磁阀为例加以介绍。其余电磁阀电路检测，读者可以此为参考，自行完成。

1. 电磁阀检测

SW OFF，脱开范围挡执行机构上的电磁阀线束插接器，用万用表测量端子 2—4 之间的电阻，应为 40Ω ±2Ω（20℃）。否则说明电磁阀线圈故障，应更换，如图 3-34 所示。

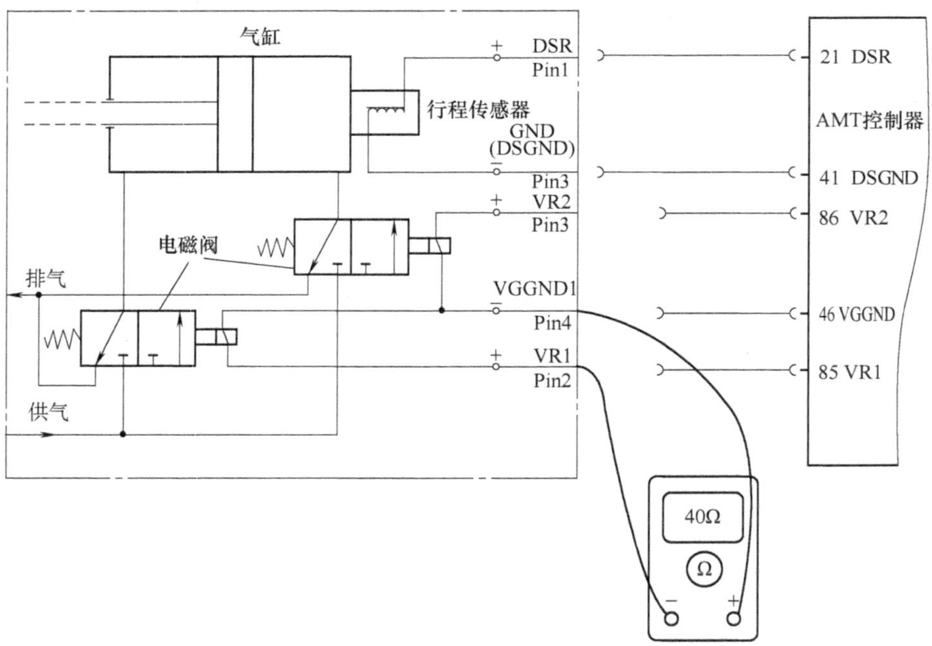

图 3-34　电磁阀检测

2. 检测电磁阀连接导线

SW OFF，脱开范围挡电磁阀及 AMT 控制器线束插接器，用万用表分别测量两插接器间电磁阀连接导线（Pin4—46、Pin2—85）、导线间及导线与车身搭铁间的电阻，如图 3-35 所示。导线电阻应小于 1Ω，线间电阻及搭铁电阻应大于 10kΩ。否则，应检查并排除导线是否断路、接触不良、短路或搭铁故障。

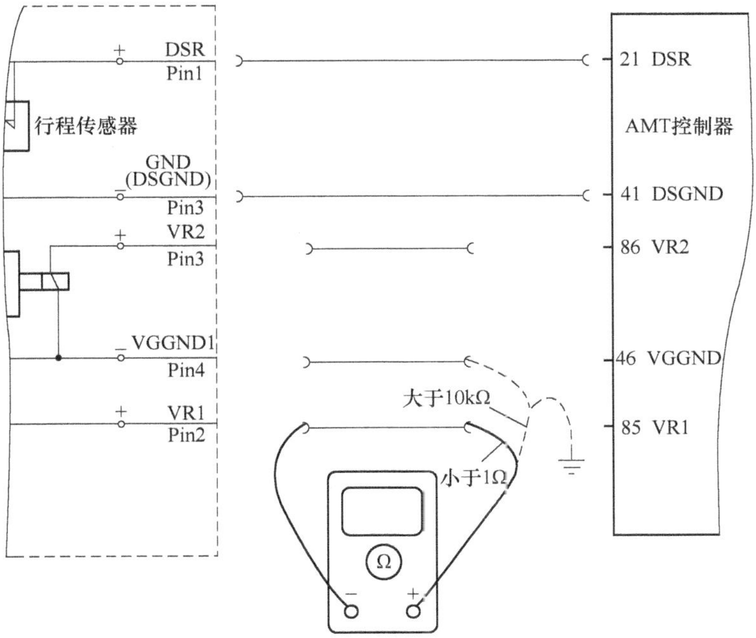

图 3-35　检测电磁阀连接导线

3. 检测电磁阀线束插接器

保持 AMT 控制器线束插接器脱开，装回电磁阀线束插接器，用万用表测量 AMT 插接器线束侧端子 46—85 之间的电阻，如图 3-36 所示。电阻值应不大于 44Ω（20℃），否则，应

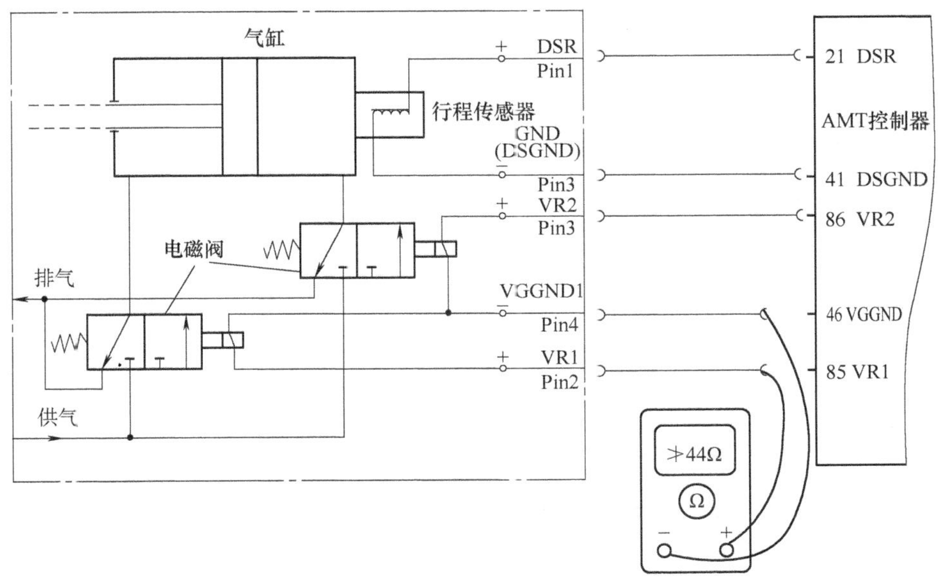

图 3-36　检测电磁阀线束插接器

检查并排除电磁阀线束插接器接触不良故障。

活动三 检测传感器电路

1. 检测传感器

SW OFF，脱开范围挡执行机构上的行程传感器线束插接器，用万用表测量端子 Pin1—Pin3 之间的电阻，如图 3-37 所示。测得电阻值应为 70Ω ± 1Ω（20℃），否则说明传感器线圈故障，应更换。

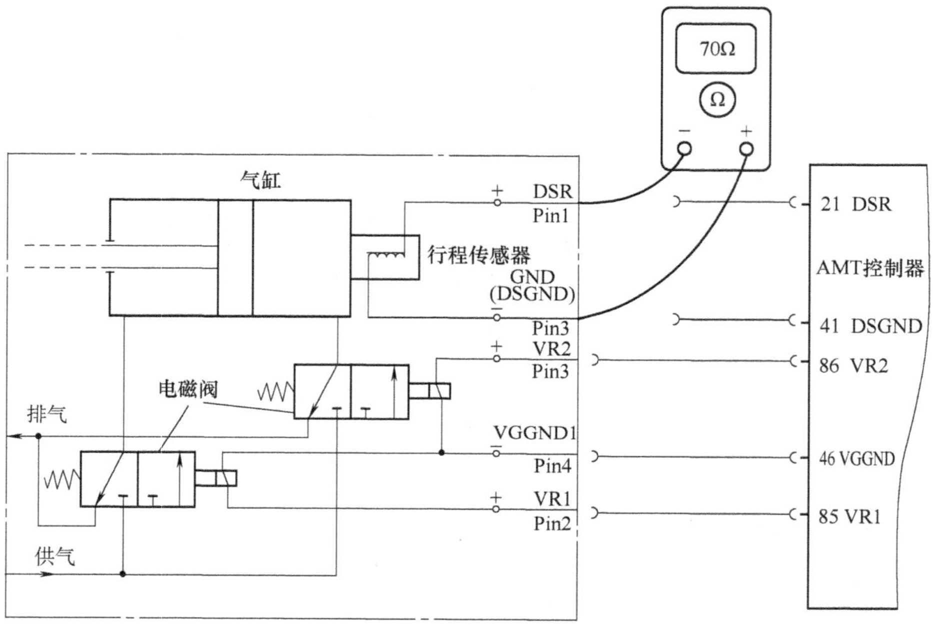

图 3-37 检测范围挡行程传感器

2. 检测传感器连接导线

SW OFF，脱开范围挡行程传感器及 AMT 控制器线束插接器，用万用表分别测量两插接器间传感器连接导线（Pin1—21、Pin3—41）、导线间及导线与车身搭铁间的电阻，如图 3-38所示。导线电阻应小于 1Ω；线间电阻及搭铁电阻应大于 10kΩ。否则，应检查并排除导线是否断路、接触不良、短路或搭铁故障。

3. 检测传感器线束插接器

保持 AMT 控制器线束插接器脱开，装回传感器线束插接器，用万用表测量 AMT 插接器线束侧端子 21—41 之间的电阻，如图 3-39 所示。电阻值应不大于 73Ω（20℃），否则，应检查并排除传感器线束插接器接触不良故障。

活动四 检测气路压力及密封性

1. 范围挡气路原理

范围挡气路原理如图 3-40 所示。

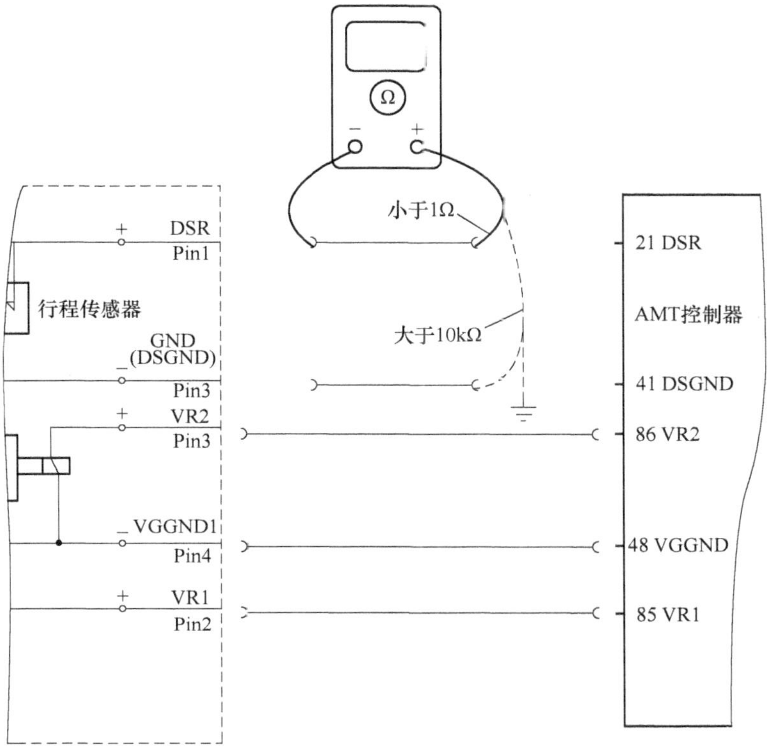

图 3-38　检测传感器连接线路

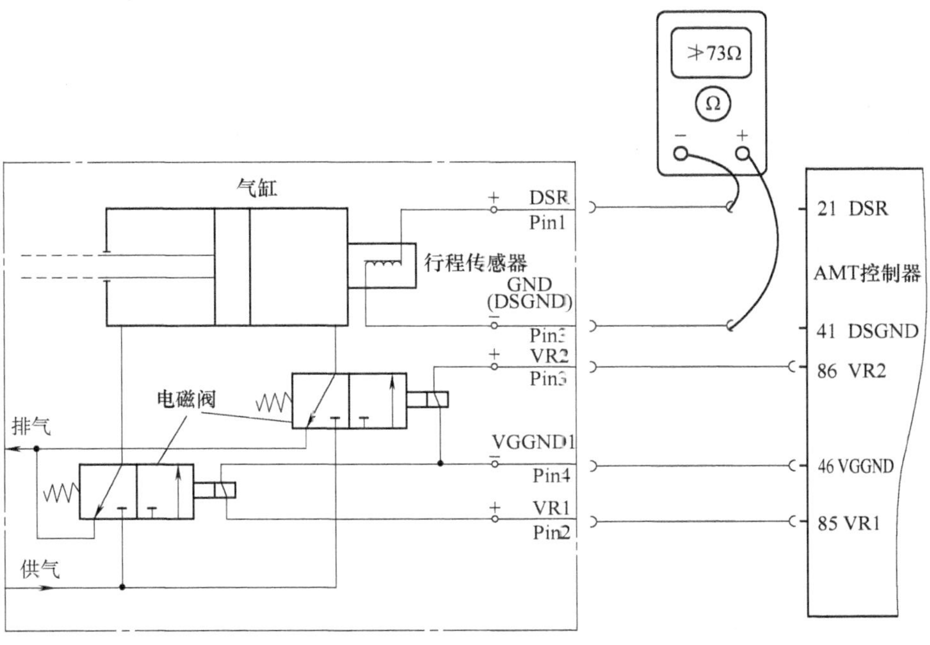

图 3-39　检测传感器线束插接器

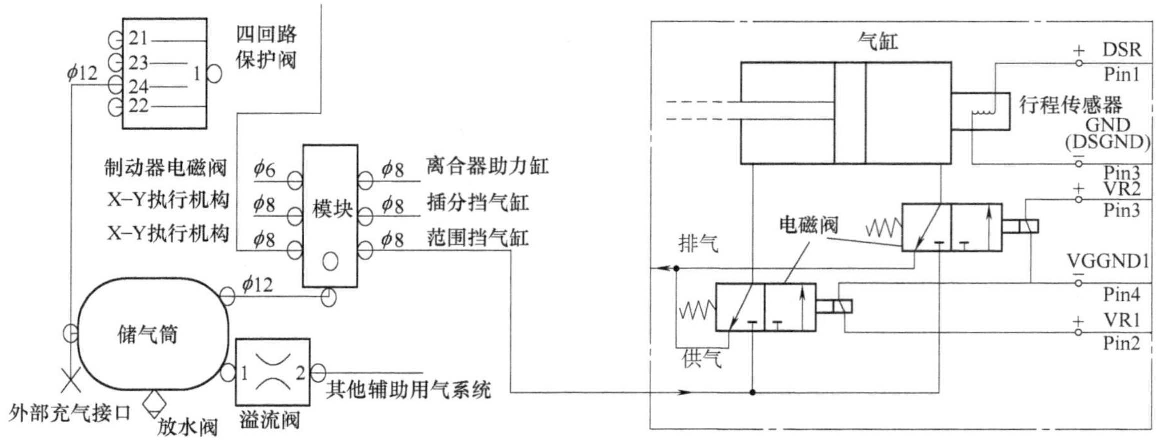

图 3-40　范围挡气路原理

2. 检测范围挡执行机构管路工作气压及密封性

拆开范围挡进气管路接头，接入三通接头及气压表（量程为 1.6MPa），如图 3-41 所示。测得压力应与储气筒气压相同，且在 0.55 ~ 0.8MPa 范围内并指针稳定。否则，应检查和排除管路的堵塞、凹瘪和漏气故障。

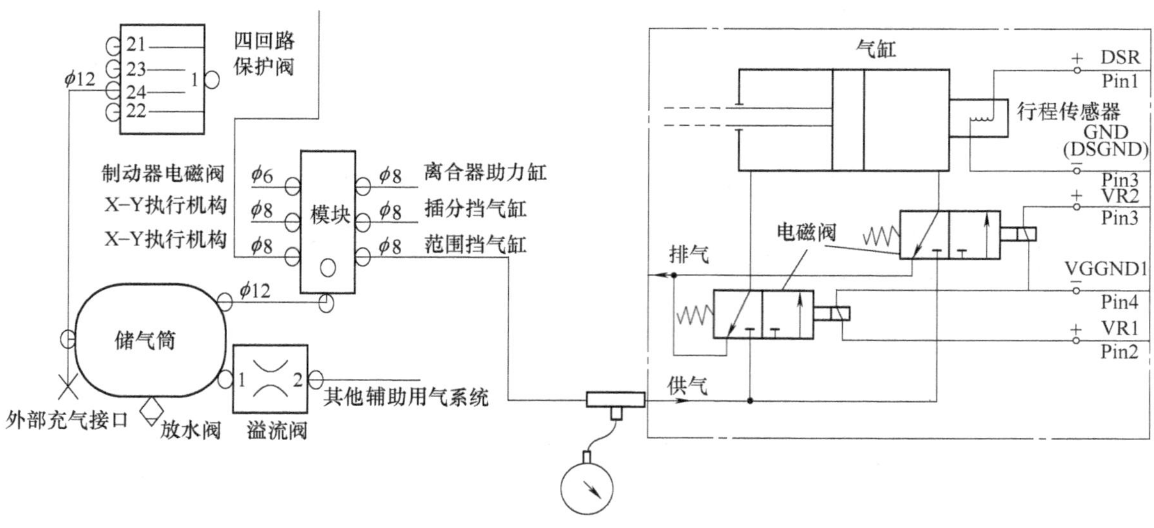

图 3-41　检测范围挡管路工作气压

3. 检测气缸及电磁阀气体回路密封性

SW OFF，脱开范围挡电磁阀线束插接器，分别在电磁阀接口端子 Pin2—Pin4、Pin3—Pin4 之间施加蓄电池电压，如图 3-42 所示。压力应在 0.55 ~ 0.8MPa 范围内且指针稳定，无漏气声，电磁阀动作清脆。否则，说明气缸或电磁阀气体回路有泄漏，应更换。

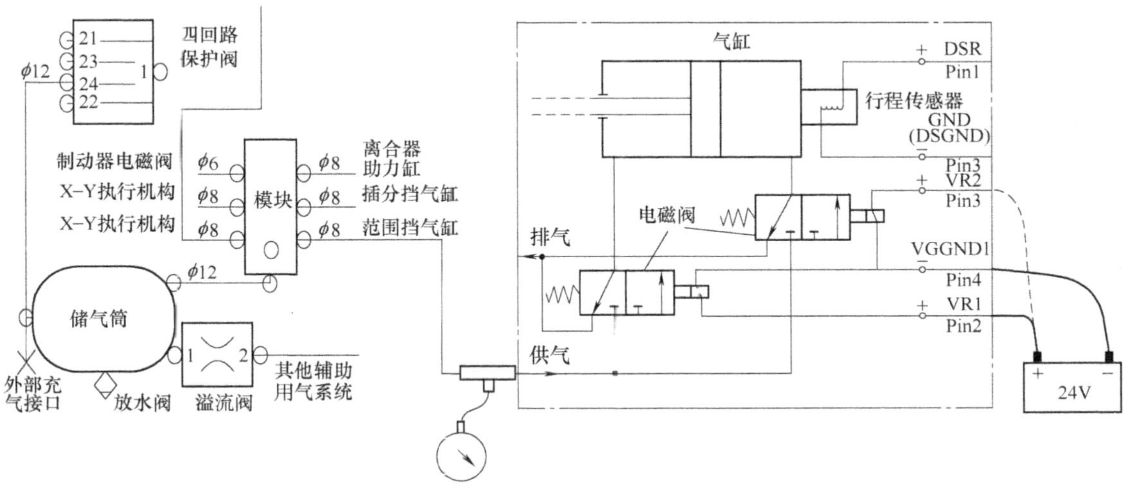

图 3-42　检测范围挡气缸及电磁阀气体回路密封性

任务三　插分挡执行机构检测

插分挡执行机构电路如图 3-43 所示，其电磁阀及传感器电路检测、气路密封性检测与范围挡执行机构类似，读者可以参照进行，在此不再赘述。

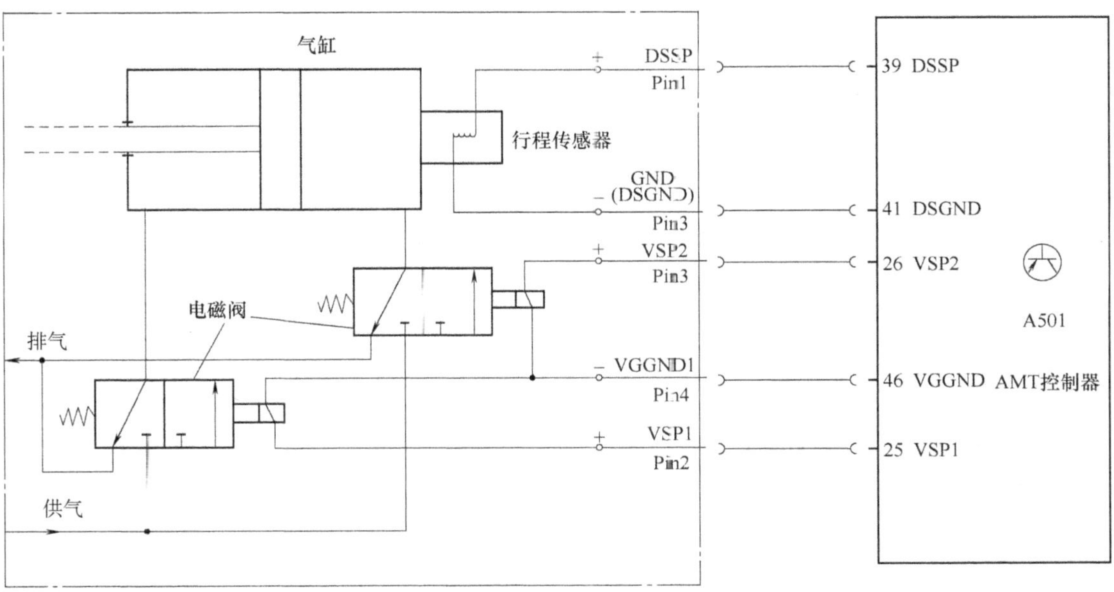

图 3-43　插分挡执行机构电路图

任务四 离合器执行机构检测

活动一 识记离合器执行机构电路及参数

离合器执行机构电路如图3-44所示。

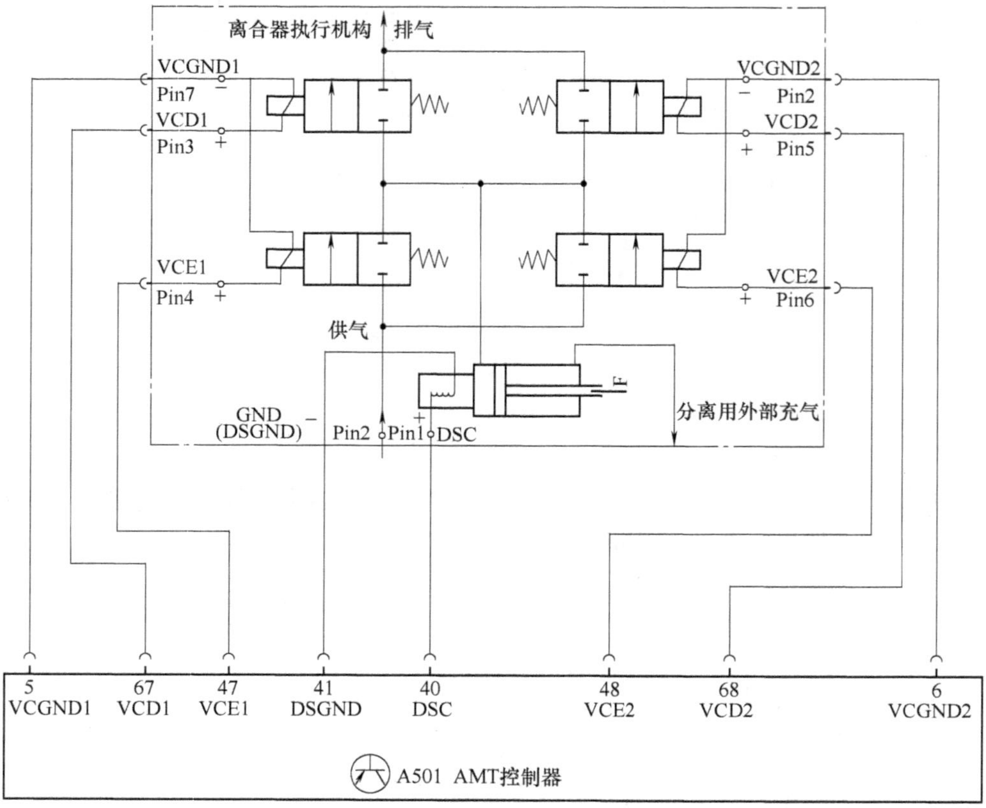

图3-44 离合器执行机构电路图

机构各元件主要性能参数如下：

工作气压：0.65～0.8MPa；

工作电压：24V +5/ -4V；

工作温度范围：-30～+90℃；

电磁阀电阻：40Ω ±2Ω（20℃）；

传感器电阻：70Ω ±1Ω（20℃）。

活动二 检测电磁阀电路

离合器执行机构有四个电磁阀，在此仅以其中一个分离电磁阀电路为例说明其检测方法，其余电磁阀电路检测读者可以自行参考进行。

1. 电磁阀检测

SW OFF，脱开离合器电磁阀线束插接器，用万用表测量电磁阀端子Pin2—Pin6之间的电阻，如图 3-45 所示。测得电阻值应为 40Ω ±2Ω（20℃），否则，说明电磁阀线圈有故障，应更换。

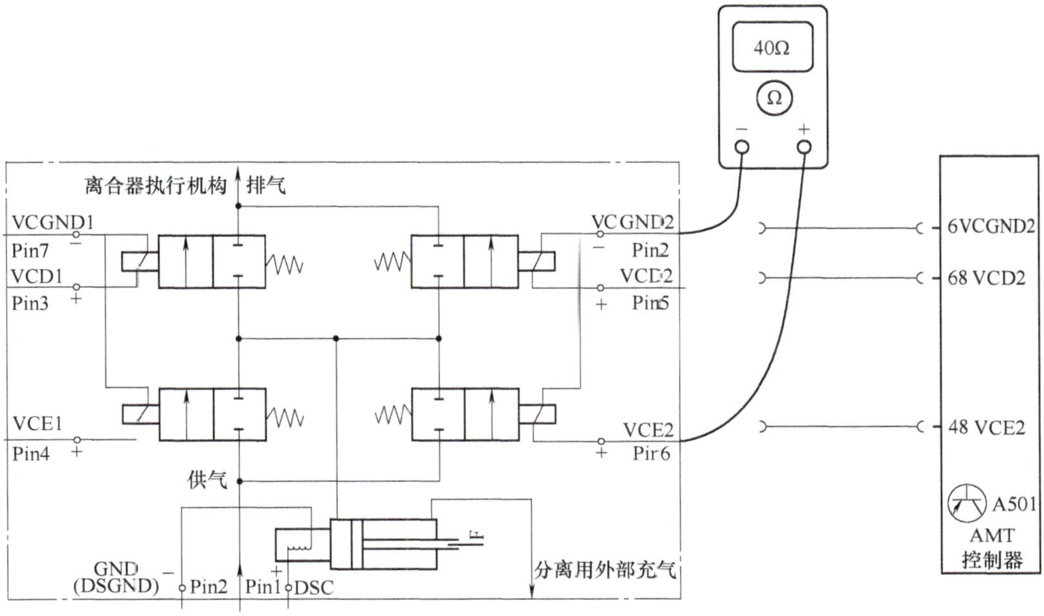

图 3-45 检测离合器执行机构电磁阀

2. 电磁阀连接导线检测

SW OFF，脱开范围挡电磁阀及 AMT 控制器线束插接器，用万用表分别测量两插接器间电磁阀连接导线（Pin2—6、Pin6—48）、导线间及导线与车身搭铁间的电阻，如图 3-46 所示。导线电阻应小于 1Ω，线间电阻及搭铁电阻应大于 10kΩ。否则，应检查并排除导线的断路、接触不良、短路或搭铁故障。

3. 检测电磁阀线束插接器

保持 AMT 控制器线束插接器脱开，装回电磁阀线束插接器，用万用表测量 AMT 插接器线束侧端子 6—48 之间的电阻，如图 3-47 所示。电阻值应不大于 44Ω（20℃），否则，应检查并排除电磁阀线束插接器接触不良故障。

活动三 检测传感器电路

1. 检测传感器

SW OFF，脱开离合器执行机构上的行程传感器线束插接器，用万用表测量端子 Pin1—Pin2 之间的电阻，如图 3-48 所示。测得电阻值应为 70Ω ±1Ω（20℃），否则，说明传感器线圈有故障，应更换。

2. 检测传感器连接导线

SW OFF，脱开离合器行程传感器及 AMT 控制器线束插接器，用万用表分别测量两插接器间传感器连接导线（Pin1—40、Pin2—41）、导线间及导线与车身搭铁间的电阻，如图 3-49 所示。导线电阻应小于 1Ω，线间电阻及搭铁电阻应大于 10kΩ。否则，应检查并排除导线断路、接触不良、短路或搭铁故障。

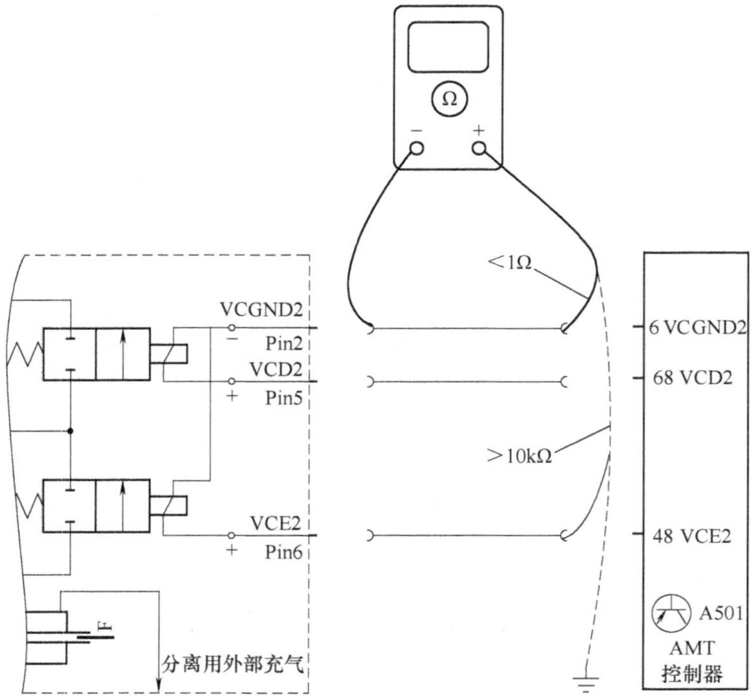

图 3-46 检测电磁阀连接导线

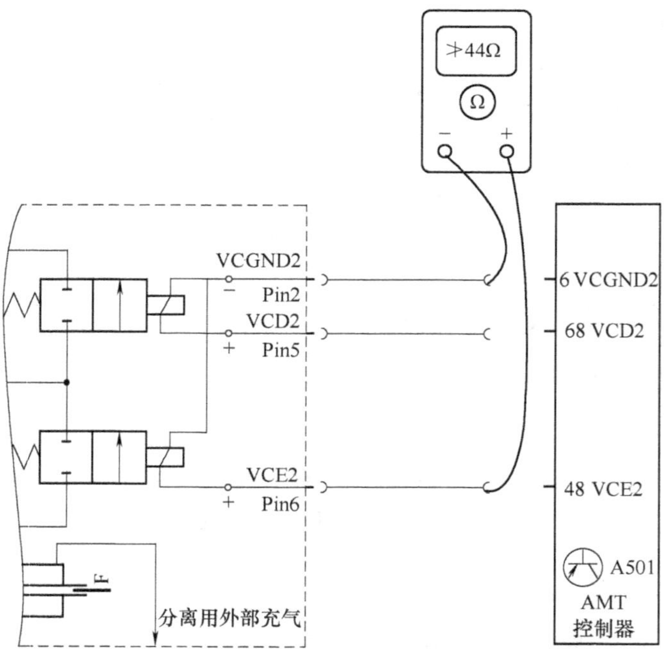

图 3-47 检测电磁阀线束插接器

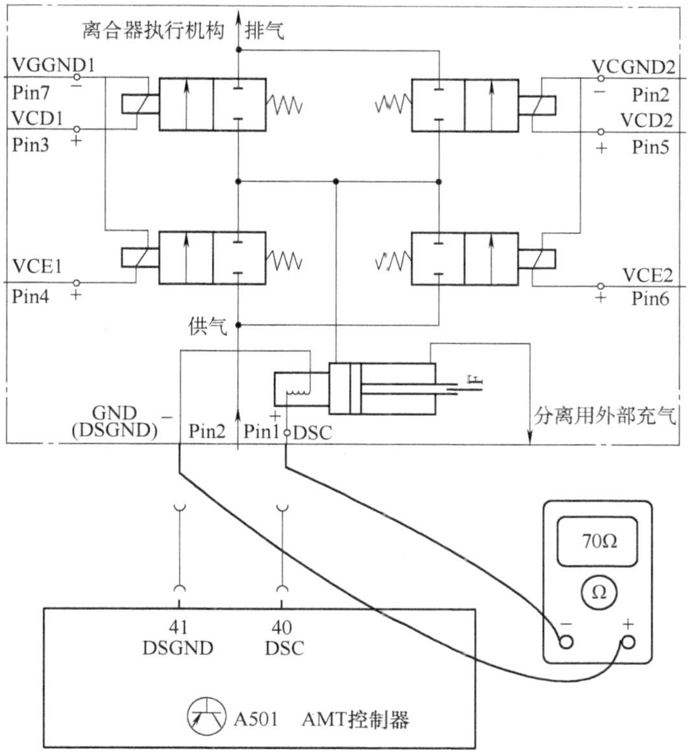

图 3-48 检测传感器电阻

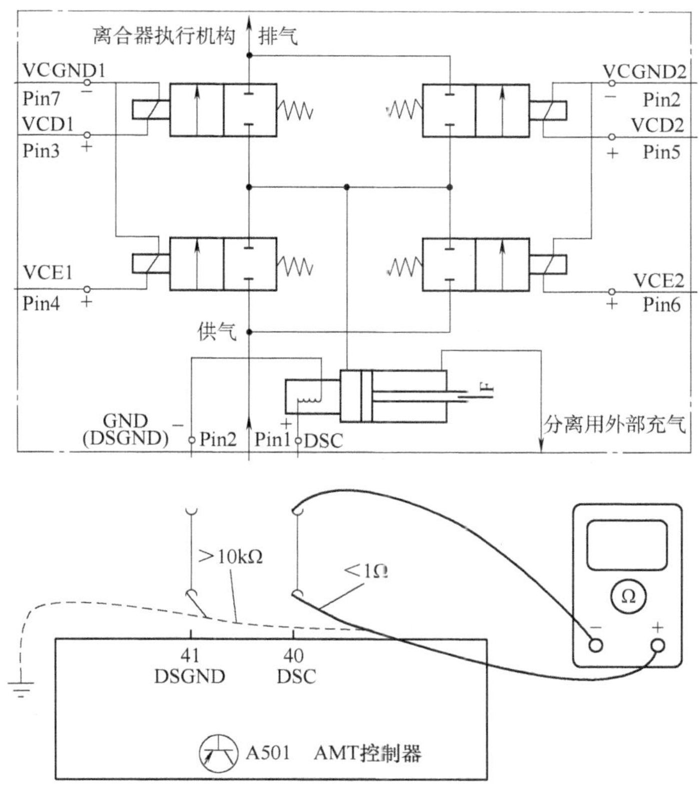

图 3-49 检测传感器连接导线

3. 检测传感器线束插接器

保持AMT控制器线束插接器脱开，装回传感器线束插接器，用万用表测量AMT插接器线束侧端子40—41之间的电阻，如图3-50所示。电阻值应不大于73Ω（20℃），否则，应检查并排除传感器线束插接器接触不良故障。

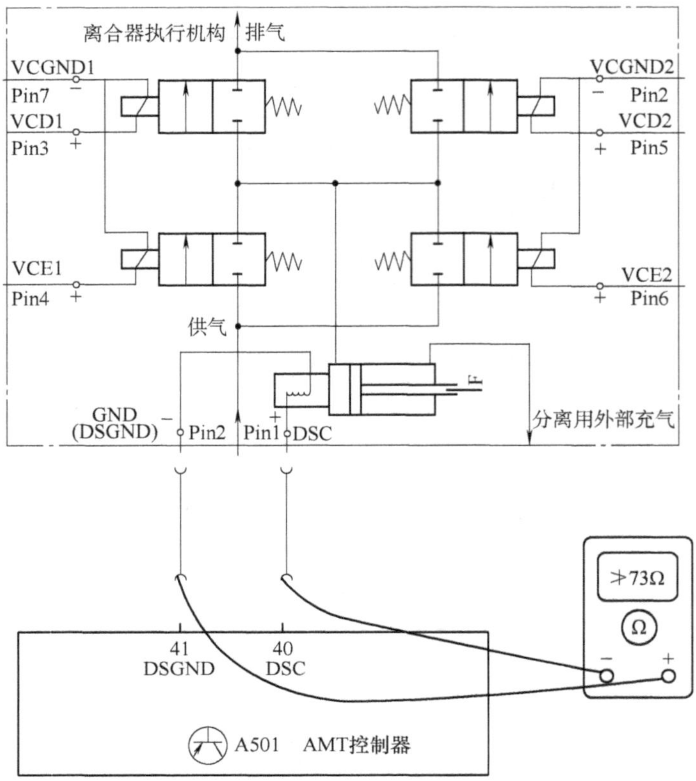

图3-50 检测传感器线束插接器

活动四 检测气路压力及密封性

1. 离合器执行机构气路原理

离合器执行机构气路原理如图3-51所示。

2. 检测离合器执行机构管路工作气压及密封性

拆开离合器执行机构进气管路接头，接入三通接头及气压表（量程为1.6MPa），如图3-52所示。测得压力应与储气筒气压相同，且在0.65～0.8MPa范围内且指针稳定。否则，应检查并排除管路堵塞、凹瘪和漏气故障。

3. 检测气缸及电磁阀气体回路密封性

SW OFF，脱开范围挡电磁阀线束插接器，分别在电磁阀接口端子Pin6—Pin2、Pin4—Pin7之间施加蓄电池端电压，如图3-53所示。压力应在0.65～0.8MPa范围内且指针稳定，无漏气声，电磁阀动作清脆。否则，说明气缸或电磁阀气体回路有泄漏，应更换。

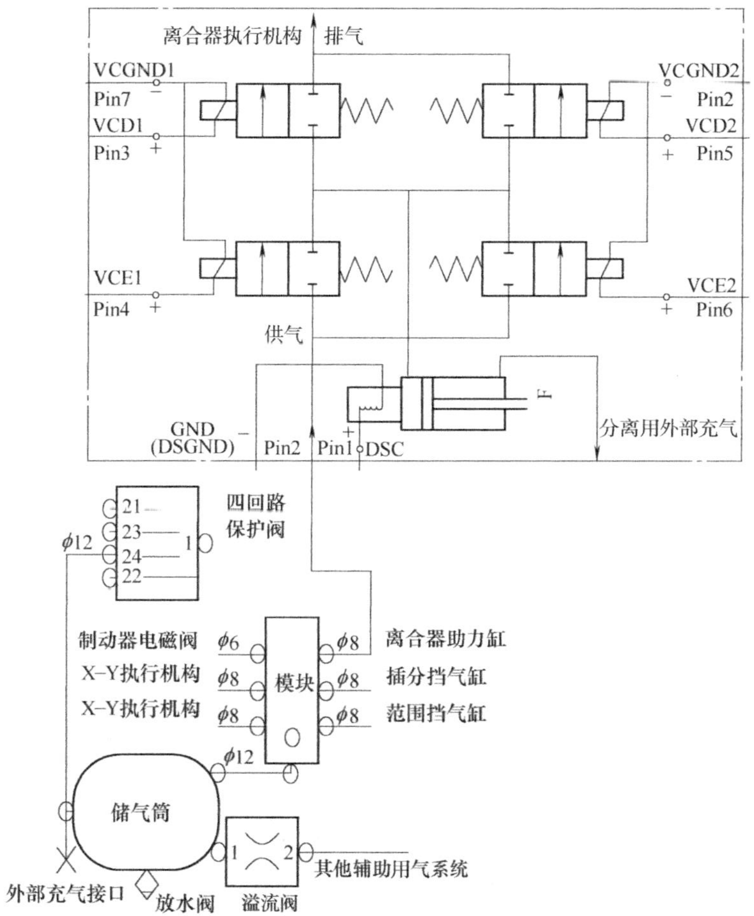

图3-51　离合器执行机构气路原理

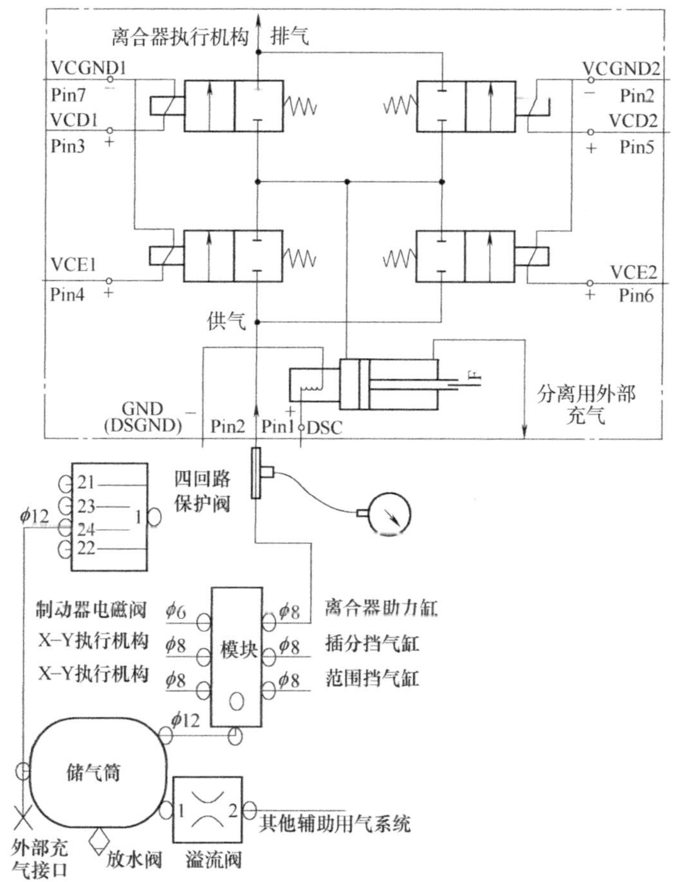

图3-52　离合器执行机构气路工作气压检测

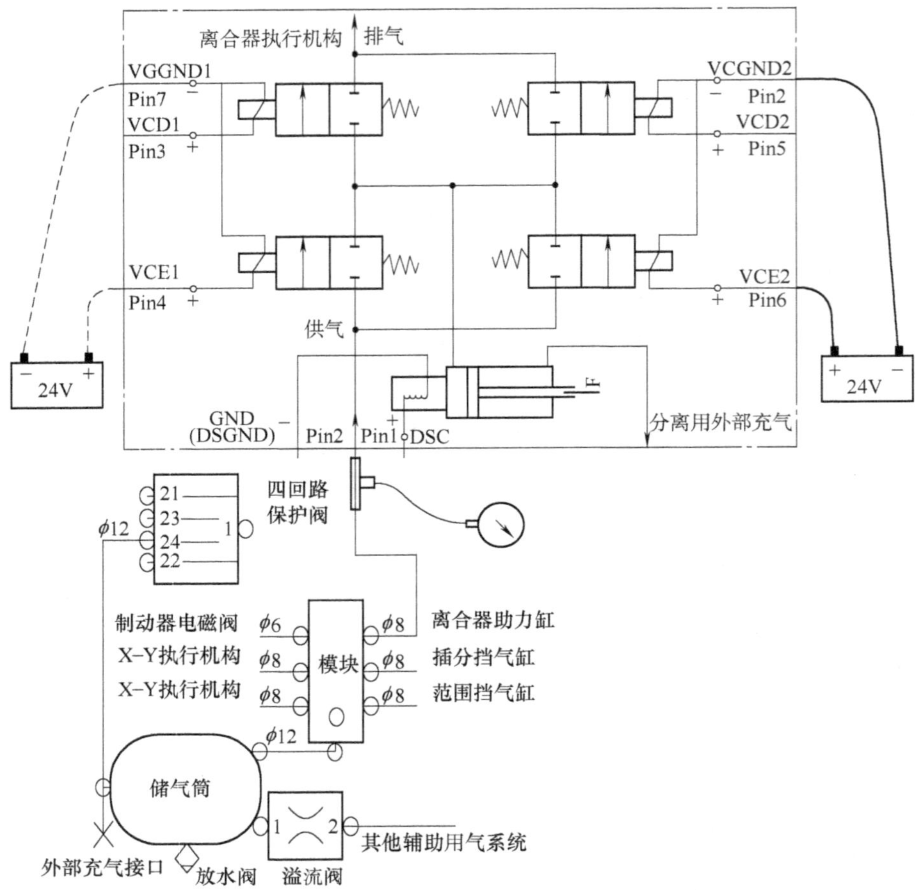

图 3-53　离合器气缸及电磁阀密封性检测

任务五　选/换挡执行机构检测

活动一　识记选/换挡执行机构电路及参数

由图 3-5、图 3-8 可知，变速器选/换挡执行机构电路如图 3-54 所示。

机构各元件主要性能参数如下：

工作气压：0.65 ~ 0.8MPa；

工作电压：24V +8/ -4V；

工作温度范围： -25 ~ +120℃；

电磁阀电阻：40Ω ±2Ω（20℃）；

传感器电阻：70Ω ±1Ω（20℃）。

活动二　检测电磁阀电路

选/换挡执行机构有四个电磁阀，在此仅以其中一个选挡电磁阀电路为例说明其检测方

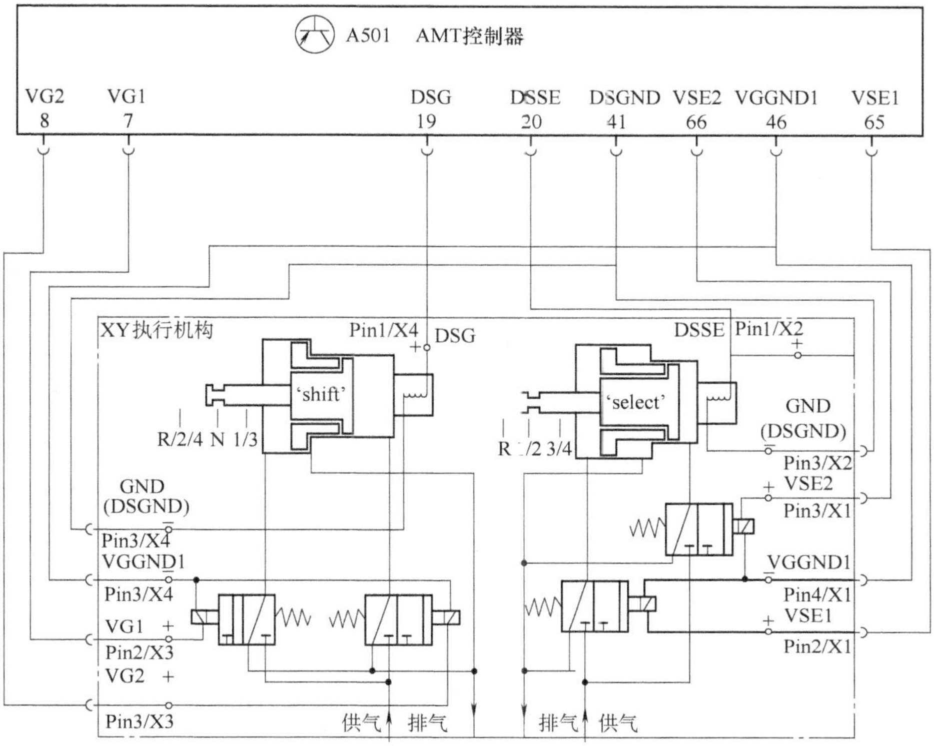

图 3-54 选/换挡执行机构电路图

法，其余电磁阀电路检测读者可以自行参照进行。

1. 电磁阀检测

SW OFF，脱开选挡电磁阀线束插接器，用万用表测量电磁阀端子 Pin2—Pin4 之间的电阻，如图 3-55 所示。测得电阻值应为 40Ω ± 2Ω（20℃），否则，说明电磁阀线圈有故障，

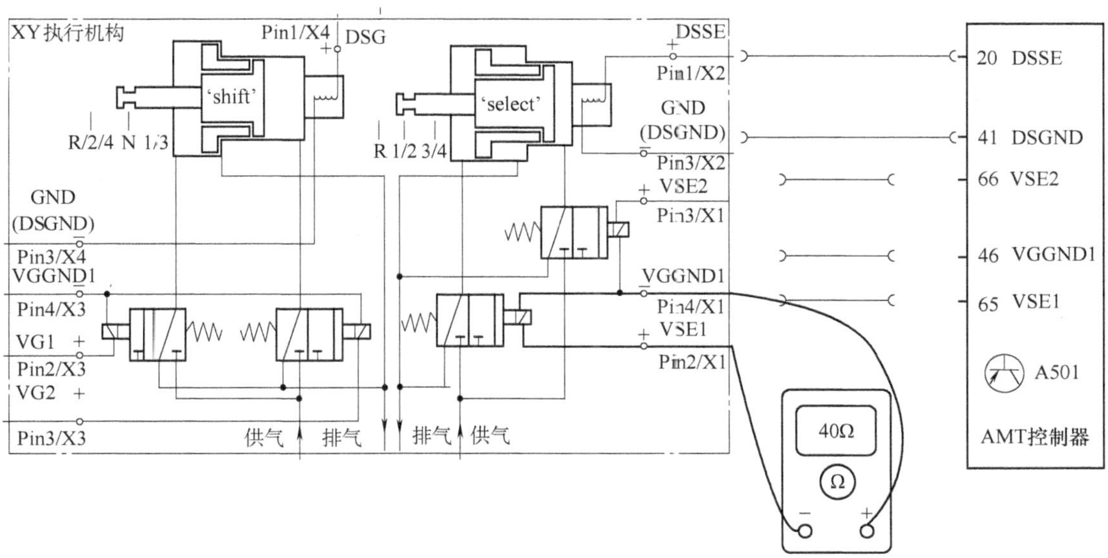

图 3-55 选挡电磁阀检测

应更换。

2. 电磁阀连接导线检测

SW OFF，脱开选挡电磁阀及 AMT 控制器线束插接器，用万用表分别测量两插接器间电磁阀连接导线（Pin2—65、Pin4—46）、导线间及导线与车身搭铁间的电阻，如图 3-56 所示。导线电阻应小于 1Ω，线间电阻及搭铁电阻应大于 10kΩ。否则，应检查并排除导线是否断路、接触不良、短路或搭铁故障。

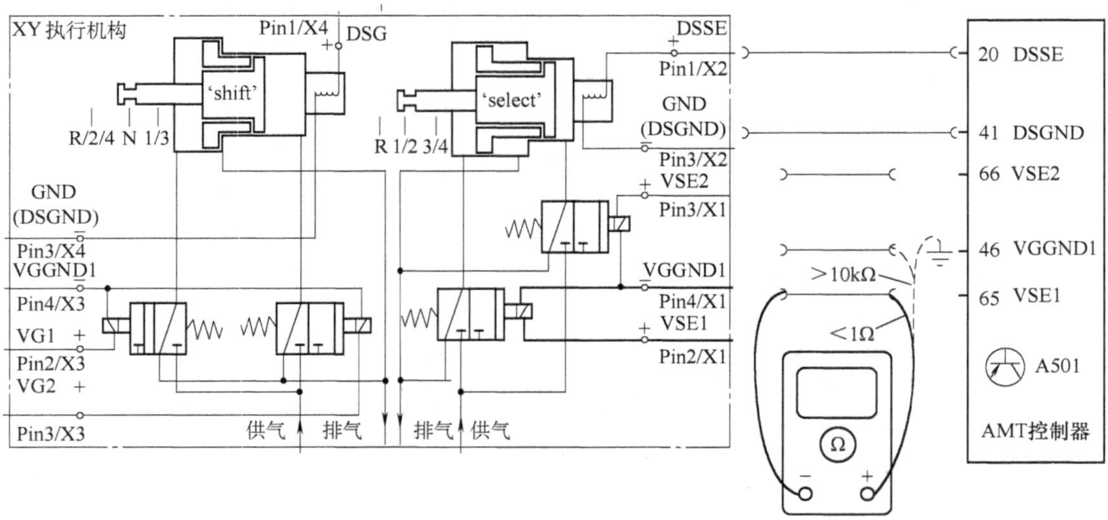

图 3-56 电磁阀连接导线检测

3. 检测电磁阀线束插接器

保持 AMT 控制器线束插接器脱开，装回电磁阀线束插接器，用万用表测量 AMT 插接器线束侧端子 46—65 之间的电阻，如图 3-57 所示。电阻值应不大于 44Ω（20℃），否则，应

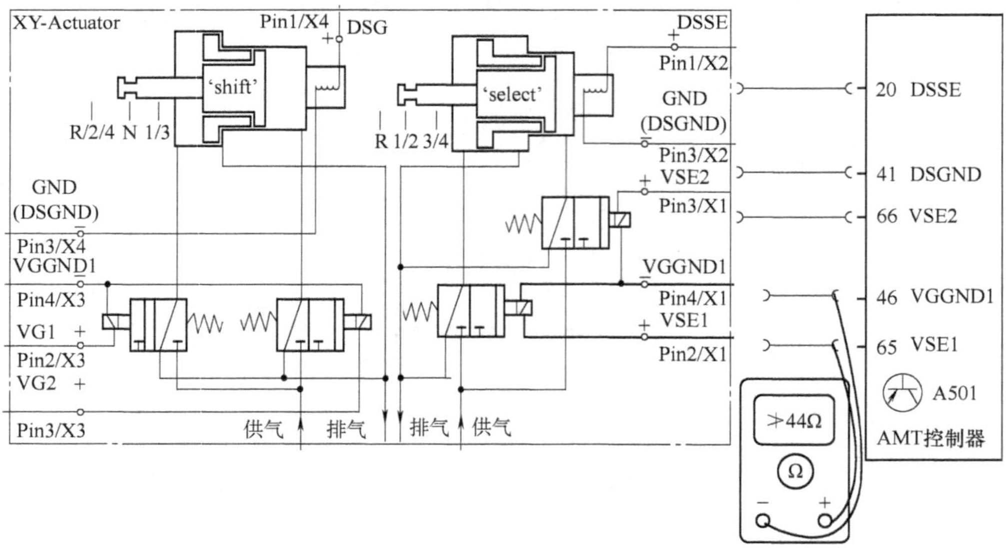

图 3-57 电磁阀线束插接器检测

检查并排除电磁阀线束插接器接触不良故障。

活动三　检测传感器电路

选挡行程传感器与换挡行程传感器的检测方法相同，只是对应的端子号不同，下面以选挡行程传感器为例加以介绍。

1. 行程传感器检测

SW OFF，脱开选挡行程传感器线束插接器，用万用表检测传感器端子 Pin1—Pin3 之间的电阻，如图 3-58 所示。测得阻值应为 70Ω ± 1Ω（20℃），否则，说明传感器线圈有故障，应更换传感器。

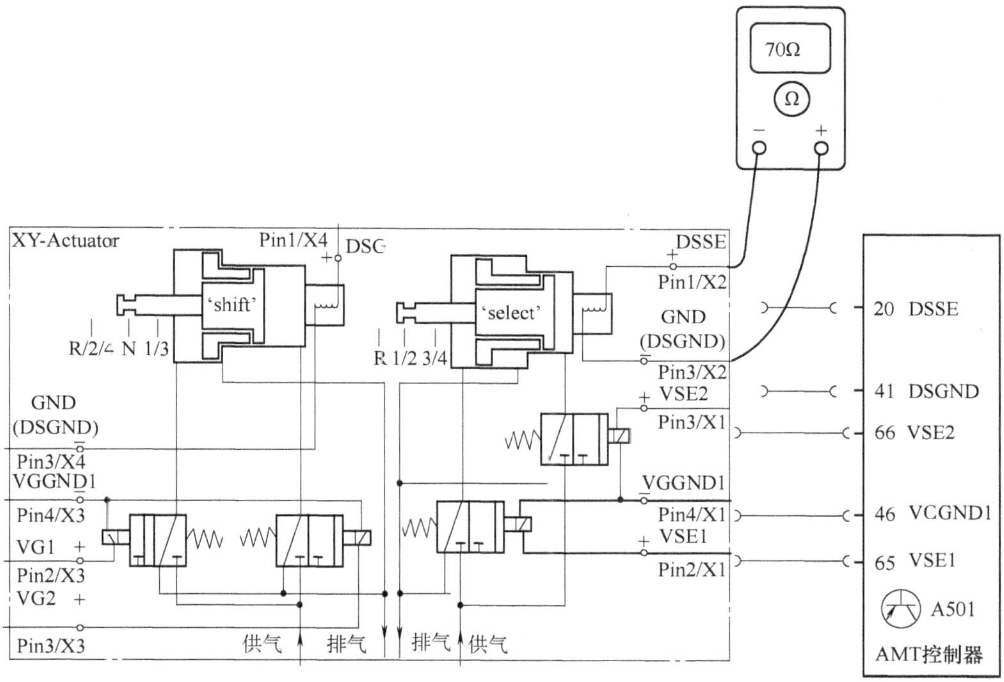

图 3-58　传感器检测

2. 行程传感器连接导线检测

SW OFF，脱开选挡行程传感器及 AMT 控制器线束插接器，用万用表分别测量两插接器间传感器连接导线（Pin1—20、Pin2—41）、导线间及导线与车身搭铁间的电阻，如图 3-59 所示。导线电阻应小于 1Ω，线间电阻及搭铁电阻应大于 10kΩ。否则，应检查并排除导线是否断路、接触不良、短路或搭铁故障。

3. 检测传感器线束插接器

保持 AMT 控制器线束插接器脱开，装回传感器线束插接器，用万用表测量 AMT 插接器线束侧端子 20—41 之间的电阻，如图 3-60 所示。电阻值应不大于 73Ω（20℃），否则，应检查并排除传感器线束插接器接触不良故障。

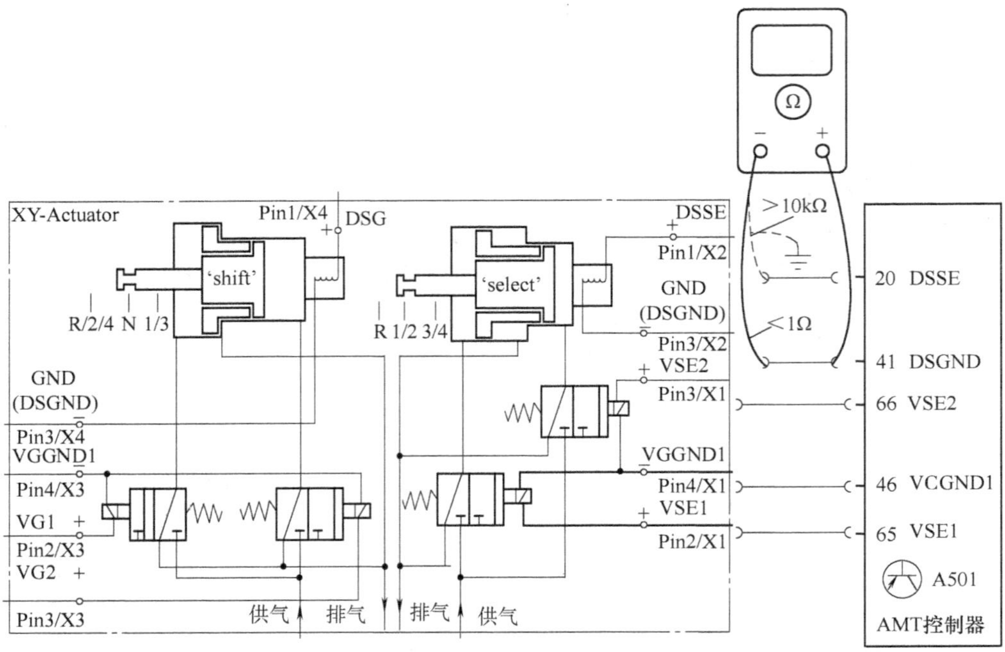

图 3-59 行程传感器连接导线检测

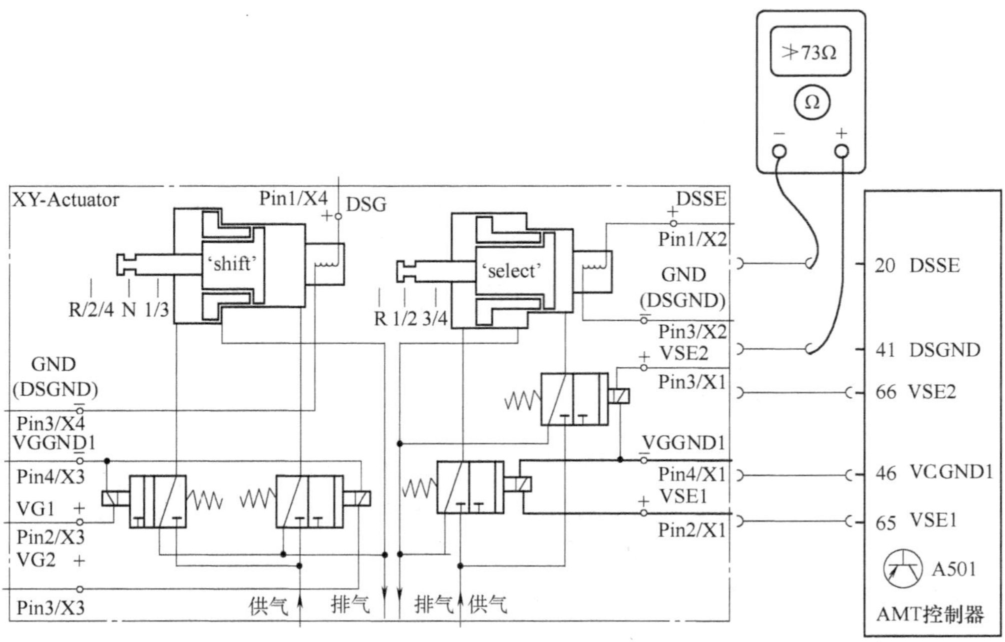

图 3-60 传感器线束插接器检测

活动四　检测气路压力及密封性

1. 选/换挡执行机构的气路原理

选/换挡执行机构的气路原理如图 3-61 所示。

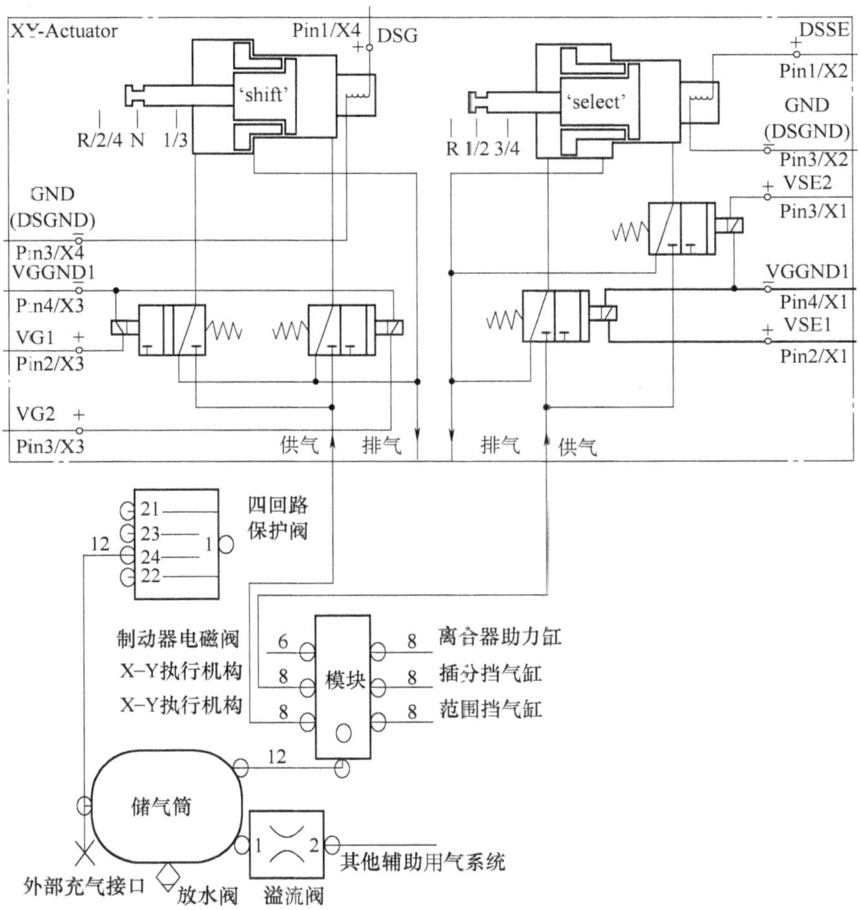

图 3-61　选/换挡执行机构气路原理

2. 检测选/换挡执行机构管路工作气压及密封性

拆开选挡执行机构进气管路接头，接入三通接头及气压表（量程为 1.6MPa），如图 3-62 所示。测得压力应与储气筒气压相同，且在 0.65～0.8MPa 范围内且指针稳定。否则，应检查并排除管路堵塞、凹瘪和漏气故障。

3. 选挡气缸及电磁阀回路密封性检测

SW OFF，脱开选挡电磁阀线束插接器，分别在电磁阀接口端子 Pin2—Pin4、Pin3—Pin4 之间施加蓄电池端电压，如图 3-63 所示。压力应在 0.65～0.8MPa 范围内且指针稳定，无漏气声，电磁阀动作清脆。否则，说明气缸或电磁阀气体回路有泄漏，应更换。

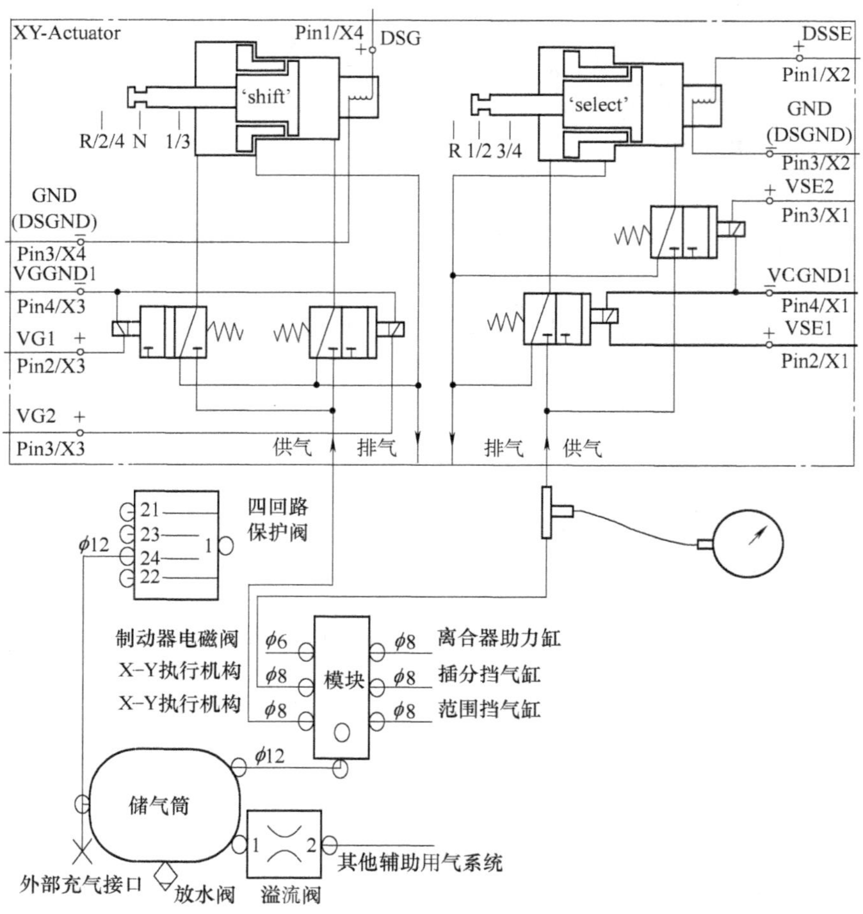

图 3-62　选挡执行机构管路气压检测

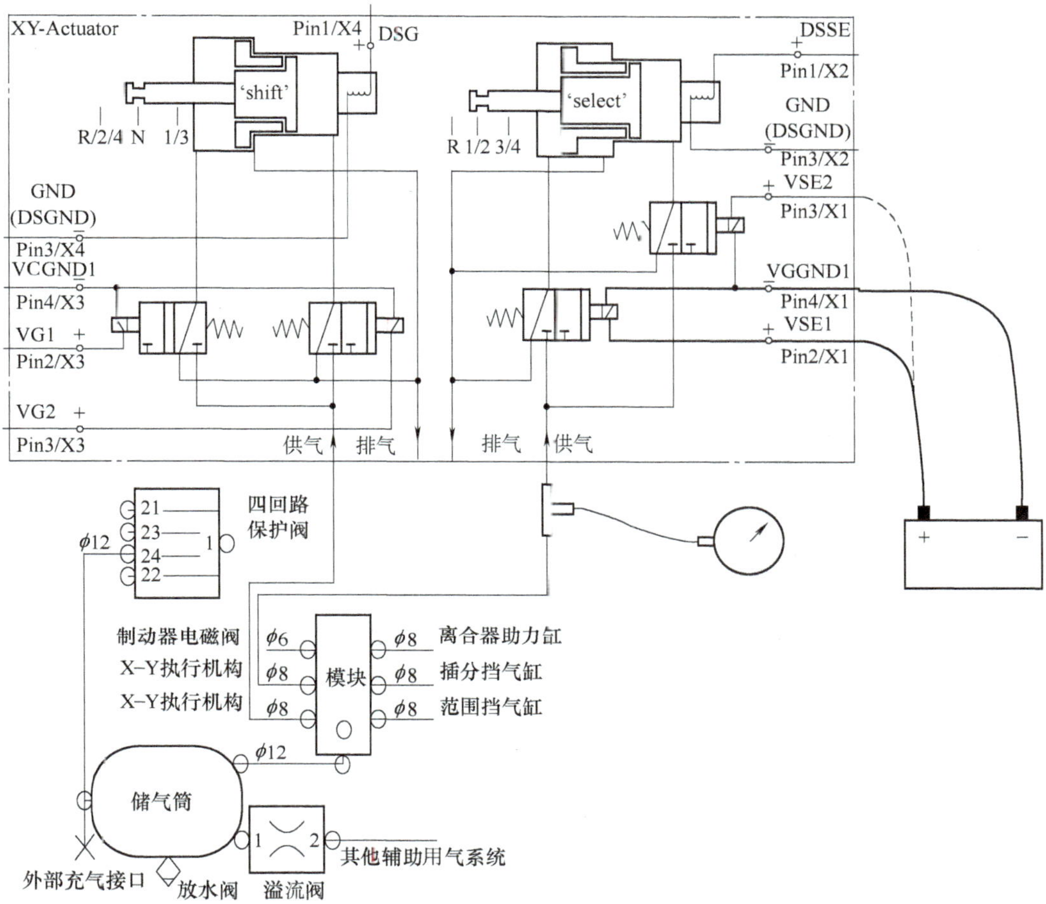

图 3-63　选挡气缸及电磁阀回路密封性检测

任务六　变速器制动机构检测

活动一　识记变速器制动机构电路及参数

变速器制动机构电路如图 3-64 所示。

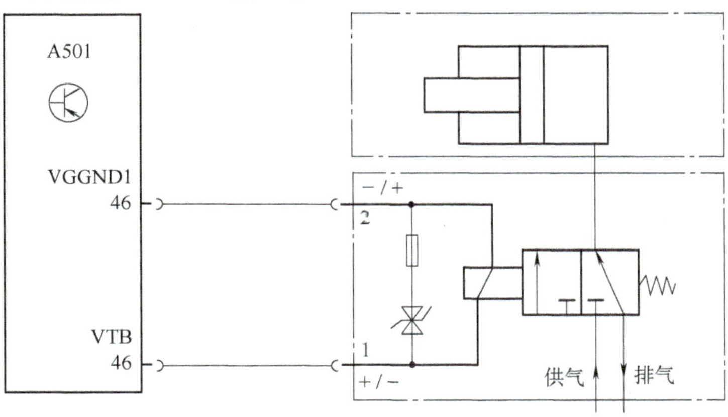

图 3-64　变速器制动机构电路

机构各主要元件性能参数如下：
工作气压：0.55～1.1MPa；
工作电压：24V＋8/－6.5V；
工作温度范围：－40～＋80℃；
电磁阀电阻：35Ω±2Ω（20℃）。

活动二　检测制动电磁阀电路

1. 检测制动电磁阀

SW OFF，脱开变速器制动电磁阀线束插接器，用万用表测量电磁阀端子1—2之间的电阻，如图3-65所示。测得电阻值应为35Ω±2Ω（20℃），否则，说明电磁阀线圈电路有故障，应更换。

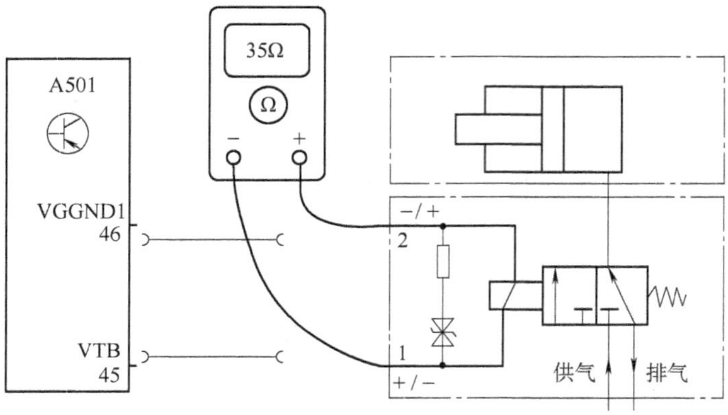

图3-65　变速器制动电磁阀检测

2. 检测制动电磁阀连接导线

SW OFF，脱开选挡电磁阀及AMT控制器线束插接器，用万用表分别测量两插接器间电磁阀连接导线（1—45、2—46）、导线间及导线与车身搭铁间的电阻，如图3-66所示。导线电阻应小于1Ω，线间电阻及搭铁电阻应大于10kΩ。否则，应检查并排除导线断路、接触不良、短路或搭铁故障。

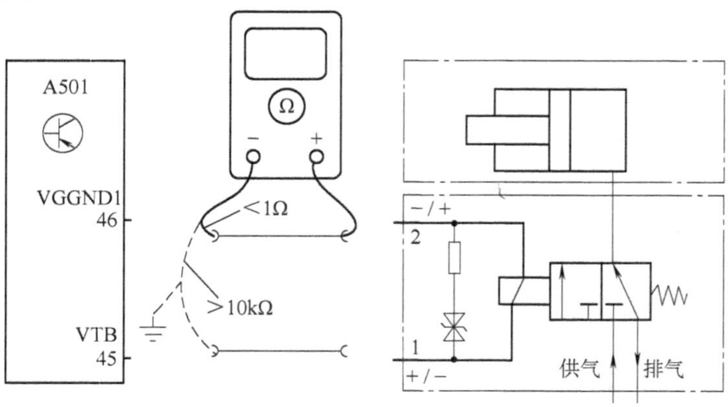

图3-66　检测电磁阀连接导线

3 PROJECT

3. 检测制动电磁阀线束插接器

保持 AMT 控制器线束插接器脱开，装回电磁阀线束插接器，用万用表测量 AMT 插接器线束侧端子 45—46 之间的电阻，如图 3-67 所示。电阻值应不大于 39Ω（20℃），否则，应检查并排除电磁阀线束插接器接触不良故障。

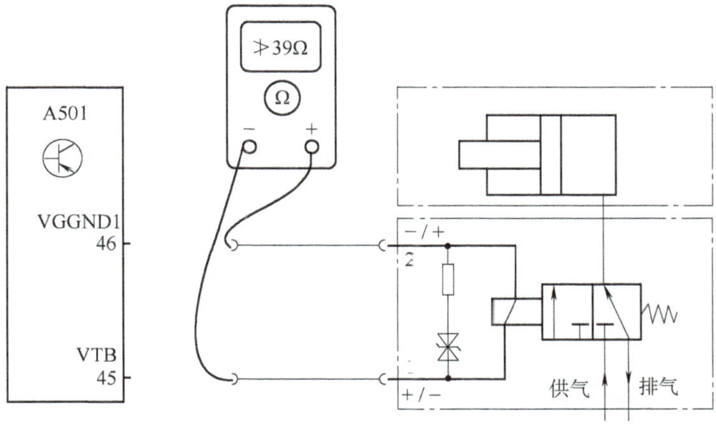

图 3-67　检测电磁阀线束插接器

活动三　检测气路密封性

1. 变速器制动电磁阀气路原理

变速器制动气路原理如图 3-68 所示。

2. 检测制动电磁阀管路气压及密封性

拆开制动电磁阀进气管路接头，接入三通接头及气压表（量程为 1.6MPa），如图 3-69 所示。测得压力应与储气筒气压相同，且在 0.55 ~ 1.1MPa 范围内且指针稳定。否则，应检查并排除管路堵塞、凹瘪和漏气故障。

3. 制动气缸及电磁阀回路密封性检测

SW OFF，脱开制动电磁阀线束插接器，分别在电磁阀接口端子 1—2 之间施加蓄电池端电压，如图 3-70 所示。压力应在 0.55 ~ 1.1MPa 范围内且指针稳定，无漏气声，电磁阀动作清脆。否则，说明气缸或电磁阀气体回路有泄漏，应更换。

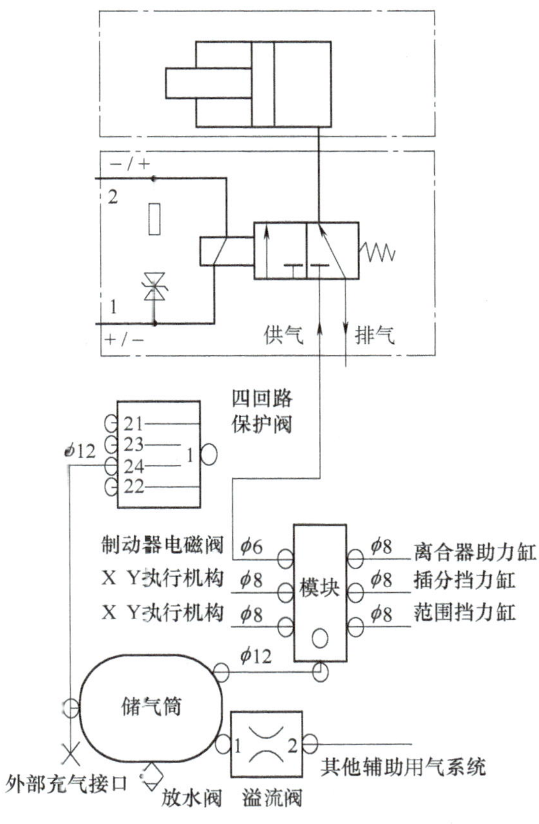

图 3-68　变速器制动电磁阀气路原理

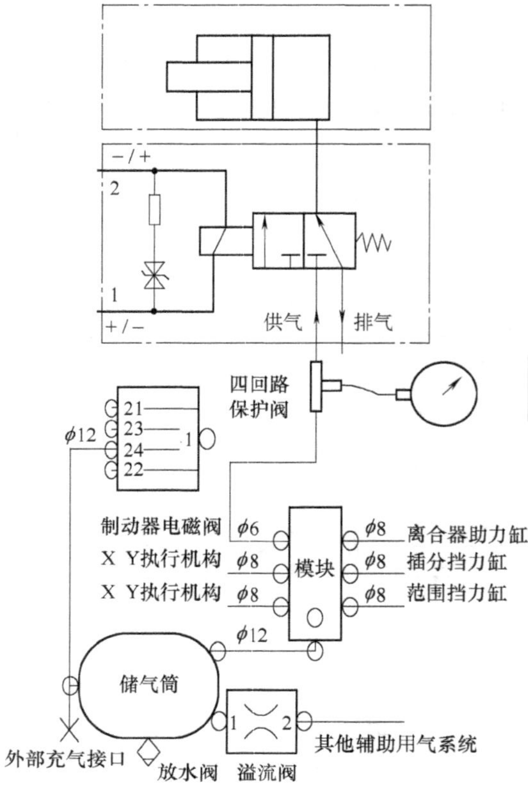

图 3-69 制动电磁阀管路气压检测

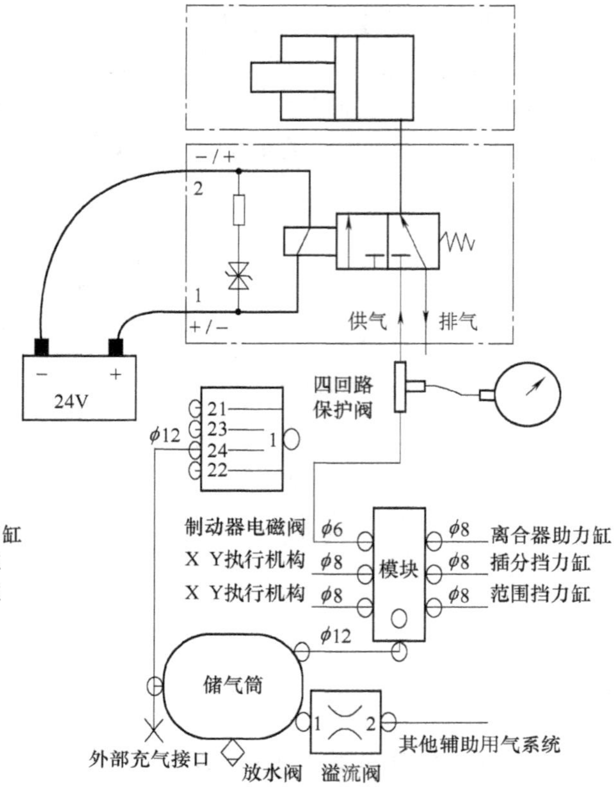

图 3-70 制动气缸及电磁阀气体回路密封性检测

任务七 转速传感器检测

活动一 识记转速传感器电路及参数

变速器输入轴、输出轴转速传感器电路如图 3-71 所示。

输入轴转速传感器为磁电式，线束插接器为黑色，感应线圈电阻为 1200Ω，输出交变信号。输出轴转速传感器为主动（磁阻）式，线束插接器为桔黄色，输出矩形脉冲信号。

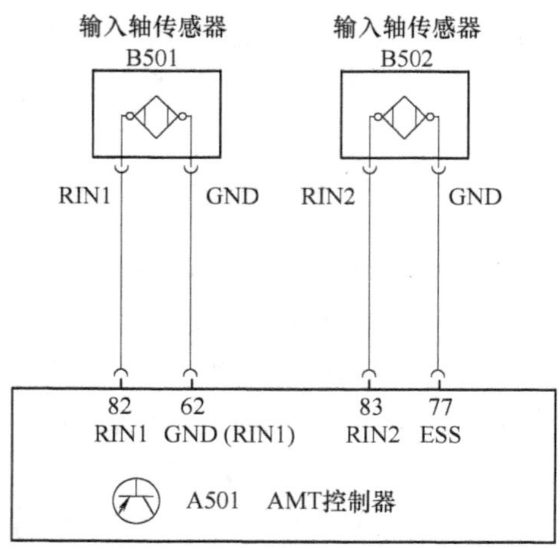

图 3-71 输入轴、输出轴转速传感器电路

活动二 检测输入轴转速传感器电路

1. 检测输入轴转速传感器输出信号

将示波器按照图 3-72 连接于输入轴转速传感器电路，然后变速杆置于空挡，离合器接合，起动发动机，示波器应检测到交变信号。该信号随发动机转速的增加幅值变大，频率变快。否则，应进一步检测传感器电路。

2. 检测输入轴转速传感器

SW OFF，脱开输入轴转速传感器线束插接器，用万用表测量线圈电阻，如图 3-73 所示。测得电阻值应为 1200Ω，除此之外，还应检测传感器永久磁铁的磁场强度以及清理传感器端部污物。

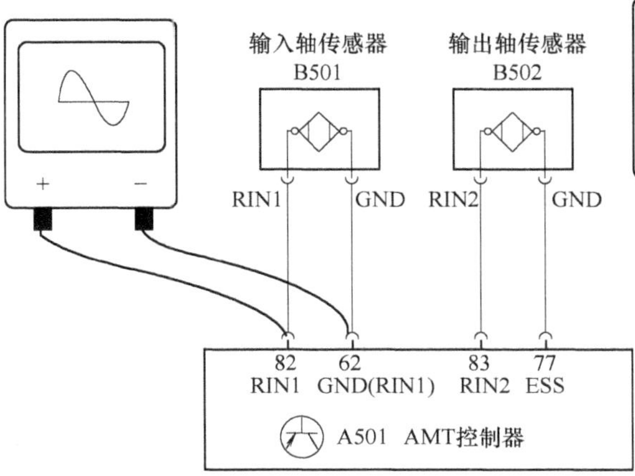

图 3-72 检测转速传感器输出信号

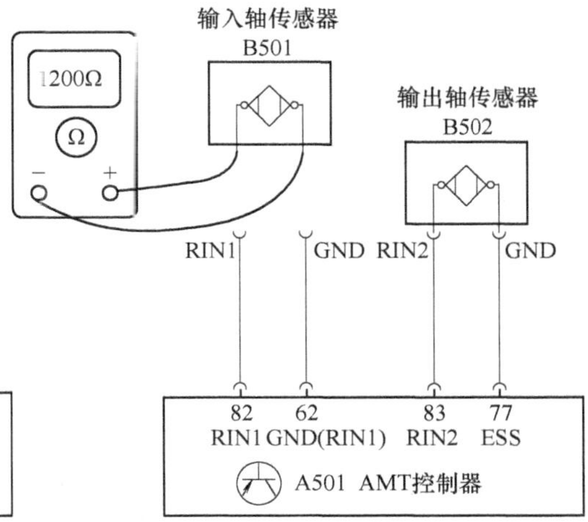

图 3-73 输入轴转速传感器测量

3. 检测输入轴转速传感器连接导线

保持传感器线束插接器脱开，再脱开 AMT 控制器线束插接器，用万用表检测连接导线（82—RIN1、62—GND）、线间及与车身搭铁间的电阻，如图 3-74 所示。测得导线电阻应小于 1Ω，线间及与车身搭铁间电阻应大于 10kΩ。否则，应检查并排除导线断路、接触不良、短路或搭铁故障。

4. 输入轴转速传感器线束插接器检测

装回输入轴转速传感器线束插接器，用万用表检测 AMT 控制器线束侧插接器端子 62—82 之间的电阻，如图 3-75 所示。测得电阻值与本活动步骤 2 测得的电阻值之差应不大于 2Ω。否则，应检查并排除线束插接器接触不良故障。

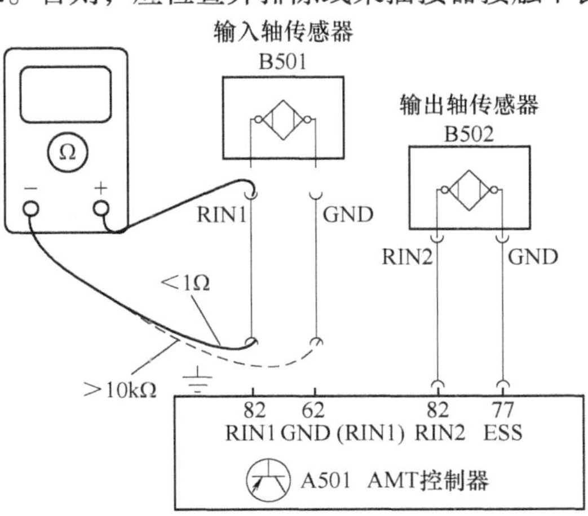

图 3-74 输入轴转速传感器连接导线检测

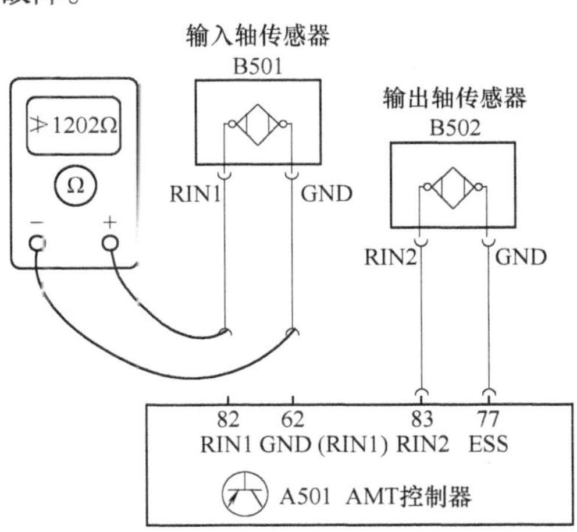

图 3-75 检测输入轴转速传感器线束插接器

活动三　检测输出轴转速传感器电路

1. 输出轴转速传感器信号波形检测

将示波器按照图3-76连接于输出传感器电路，将驱动轮悬空挂挡运行或进行路试，示波器应检测到矩形脉冲信号，该信号随车速的增加幅值不变，频率变快。否则，应进一步检测传感器电路。

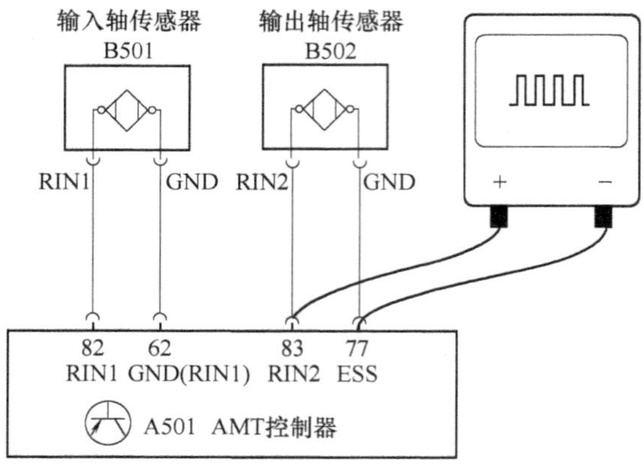

图3-76　检测输出轴转速传感器信号波形

2. 输出轴转速传感器工作电压检测

SW OFF，脱开输出轴转速传感器线束插接器，用万用表检测线束侧端子RIN2—GND之间的电压，如图3-77所示。测得结果应为：SW－ON，5V；SW－OFF，0V。否则，应进一步检测连接导线、AMT控制器线束插接器及AMT控制器。

3. 检测输出轴转速传感器连接导线

保持传感器线束插接器脱开，SW－OFF，脱开AMT线束插接器，用万用表检测导线（RIN2—83、GND—77）、导线间及导线与车身搭铁间电阻，如图3-78所示。测得结果应为导线电阻不大于1Ω，线间及导线与车身搭铁间电阻大于10kΩ。否则，应检查并排除导线断路、短路或搭铁故障。

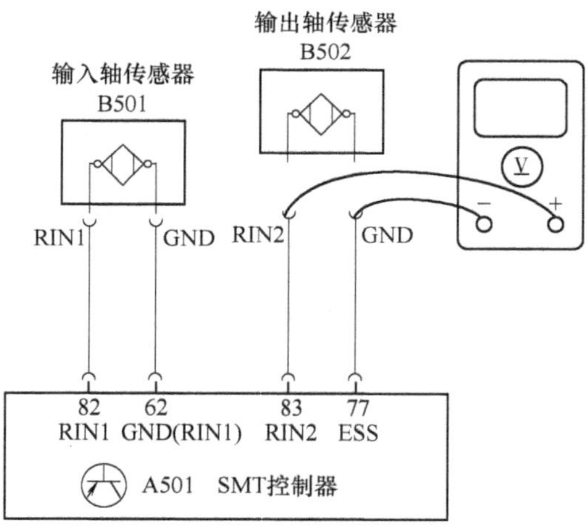

图3-77　输出轴转速传感器工作电压检测

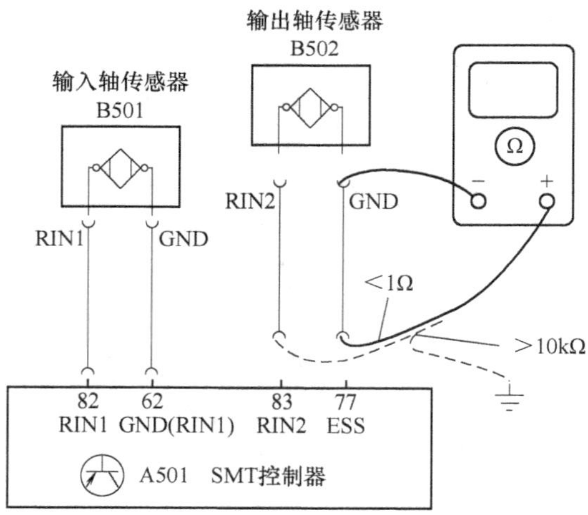

图3-78　输出轴转速传感器连接导线检测

任务八　AMT 控制器检测

对于AMT控制器的检测，一般不涉及内部电路。通过检测其供电、搭铁及电压输出是否正常，对其作出整体功能判断。

活动一　识记 AMT 控制器电源电路及参数

AMT 控制器的电源电路如图 3-79 所示。

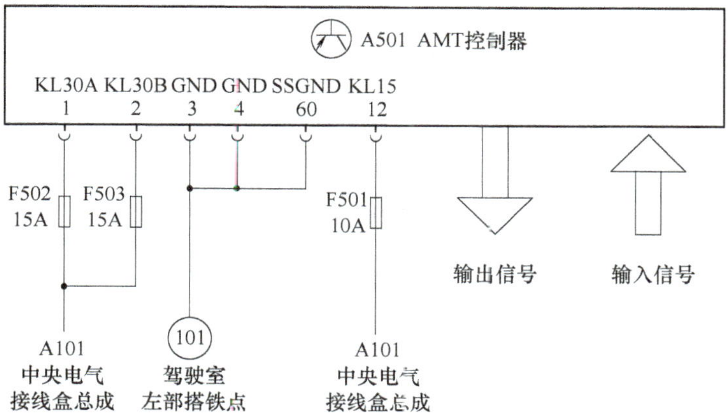

图 3-79　AMT 控制器电源电路

活动二　检测 AMT 控制器电源电路

1. 检测 AMT 供电

SW OFF，断开蓄电池负极电缆，脱开 AMT 控制器线束插接器，用万用表检测线束侧 1、2、12 号端子与车身搭铁之间的电压，如图 3-80 所示。1、2 号端子测得结果应为蓄电池端电压 24V；12 号端子测得结果应为：SW－ON，24V；SW－OFF，0V。否则，应进一步检查相关导线、中央电气接线盒总成熔丝及相关线路插接器并排除故障。

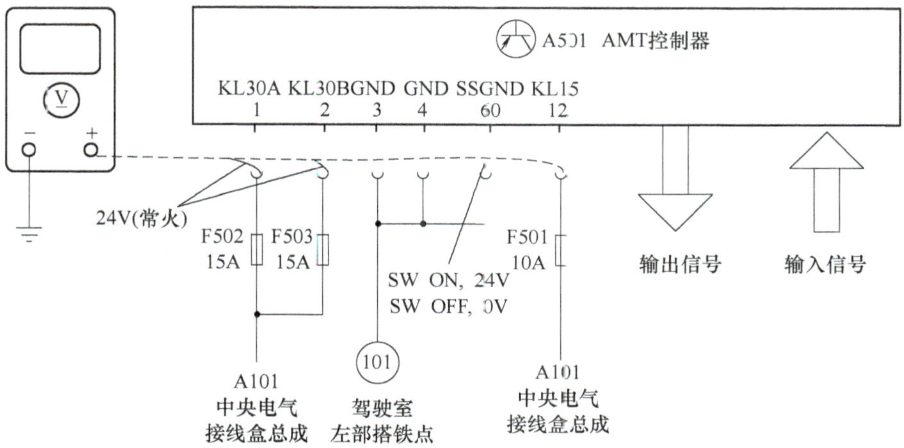

图 3-80　AMT 控制器供电检测

2. 检测 AMT 控制器搭铁

保持 AMT 线束插接器脱开，用万用表检测线束侧 3、4、60 号端子与车身搭铁之间的电阻，如图 3-81 所示。测得结果应小于 1Ω，否则，应进一步检测搭铁线路、线束插接器及搭铁点是否良好并排除故障。

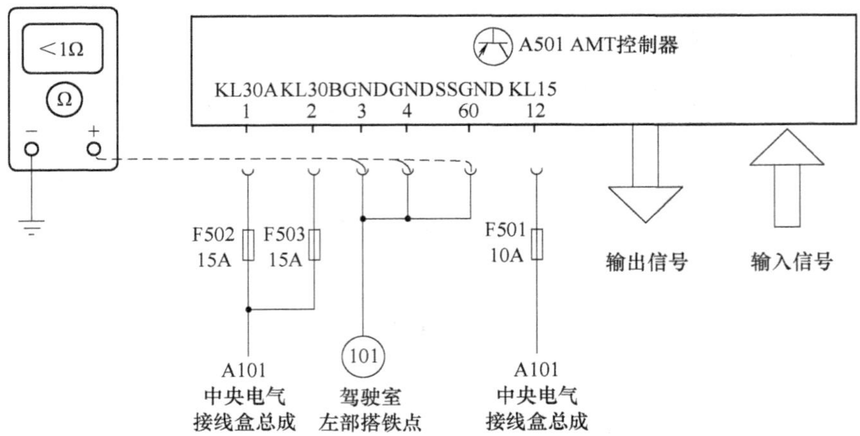

图 3-81 检测 AMT 控制器搭铁

【课堂训练与测评】

填空题

(1) AMT 不仅保留了手动齿轮变速器（ ）高、（ ）低的长处，而且还具备了（ ）的全部优点。

(2) 按照执行机构动力源的不同，AMT 的选/换挡系统可分为电控（ ）式、电控（ ）式和电控（ ）式三种类型。

(3) AMT 的基础功能：一是依据当前汽车运行状况、路面情形及驾驶者的意图，自动判定变速器的最佳（ ），即（ ）决策功能；二是自动控制发动机、变速器、离合器完成（ ），即（ ）、起步的（ ）操纵功能。

(4) 重汽 AMT 系统有（ ）模式（E）/（ ）模式（P）、（ ）模式（C），各模式的切换通过变速杆上的按钮完成。

(5) 电控液动式选/换挡系统具有工作（ ）、操作（ ）、易于实现安全维护、具有一定的吸收（ ）与（ ）功能、起步换挡品质好以及便于空间安排等优点，缺点是结构控制（ ）、成本（ ）、故障点多。

(6) 电控电动 AMT 的换挡系统具有结构相对（ ）、重量（ ）、系统动作误差（ ）、控制（ ）等优点，缺点是活动部件要进行两个方向的活动，换挡时间比较（ ），起步质量（ ）。

项目四　助力转向系统维修

项目描述

现在的汽车大部分都安装了助力转向系统，以减轻驾驶员的劳动强度，提高转向灵活性和操纵安全性。

随着汽车技术的进步，助力转向系统的工作特性已从简单助力到可变助力，如今又出现了具有动态控制功能的主动式转向系统。该系统既提高了转向灵活性，又能使驾驶操作时有显著的路感，可保证汽车高速行驶时的稳定性和安全性。

助力转向系统的维修主要包括液压系统的检测与维护、电控系统各元件及其电路的检测与故障诊断等。

知识要点

助力转向系统的组成；各组成元件的作用及基本工作原理；各种元件的检测参数；常见故障检测、诊断、试验与分析。

技能要点

助力转向系统维护；各组成元件的检测；故障诊断方法，试验与调整。

知识准备

一、助力转向系统的分类

按照助力工作介质不同，助力转向系统分为液压助力转向系统、气压助力转向系统、电动助力转向系统三种类型。

按照动力源不同，助力转向系统分为机械液压助力转向系统、电动液压助力转向系统、电动助力转向系统三种类型。

二、助力转向系统的组成和工作过程

1. 机械液压助力转向系统的组成

机械液压助力转向系统通常由油泵、动力油缸（图中未示）、转向控制阀、机械转向器、储液罐和输油管组成，如图 4-1 所示。

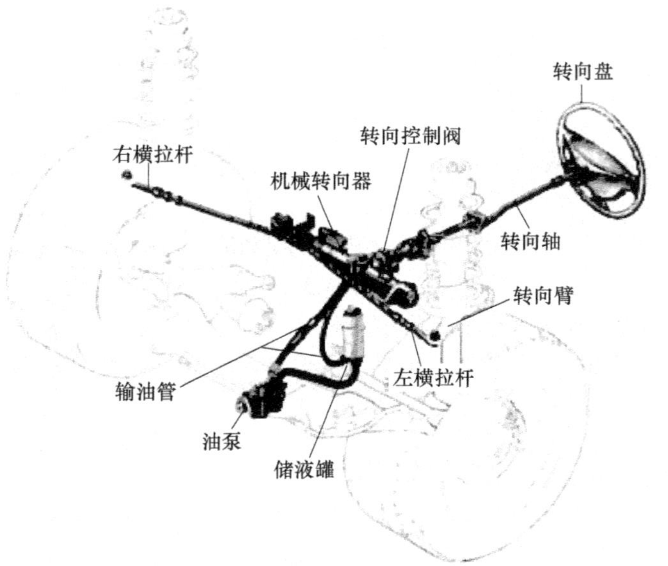

图 4-1 机械液压助力转向系统（桑塔纳 2000）

2. 电动液压助力转向系统的组成

电动液压助力转向系统主要由储液罐、电动油泵、机械转向器、助力转向传感器和助力转向控制单元等组成，如图 4-2 所示。其中助力转向控制单元和电动液压泵通常采用整体式

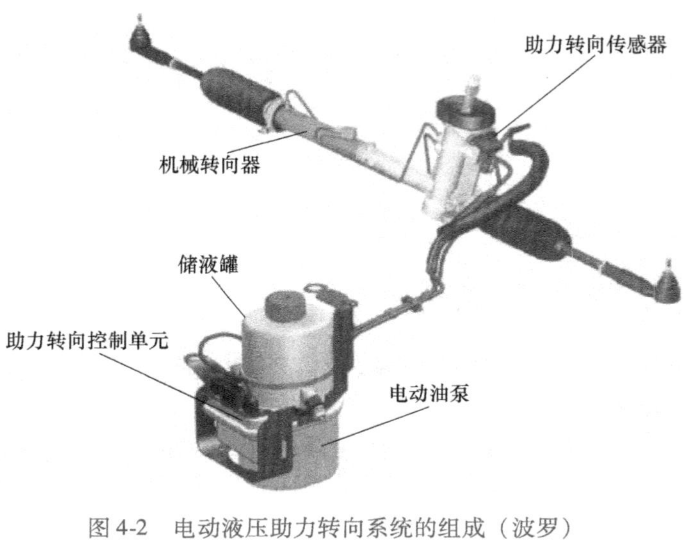

图 4-2 电动液压助力转向系统的组成（波罗）

结构。

和机械液压助力转向系统不同，电动液压助力转向系统采用的液压泵不再靠发动机传动带驱动，而是由直流电动机驱动，其动力来自于蓄电池。

助力转向系统工作时，助力转向控制单元根据车辆的行驶速度和转向角度等信号计算出最理想的助力状态参数。在低速大转向时，助力转向控制单元驱动电动油泵高速运转，油压高、助力作用强，驾驶员打方向省力；汽车在高速行驶时，助力转向控制单元驱动电动油泵低速运转，油压低、助力作用弱。在满足高速转向需要的同时，可节省一部分能量消耗。

3. 电动助力转向系统的组成

电动助力转向系统通常由转角传感器、转矩传感器、电子控制单元、助力转向电动机、减速器、机械转向器和蓄电池等组成，如图 4-3、图 4-4 所示。各元件的安装位置因车而异。

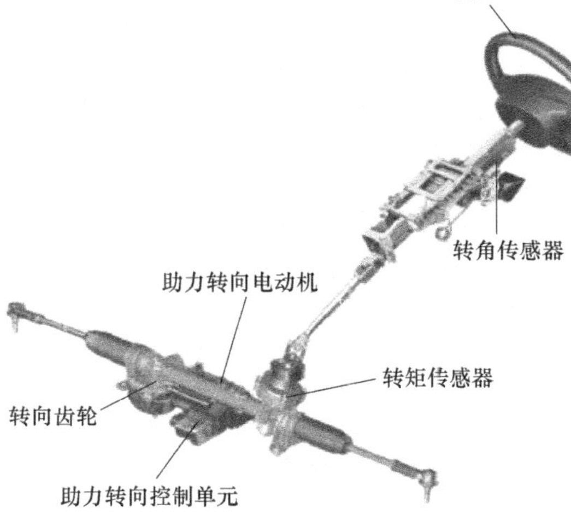

图 4-3　电动助力转向系统的组成（速腾）

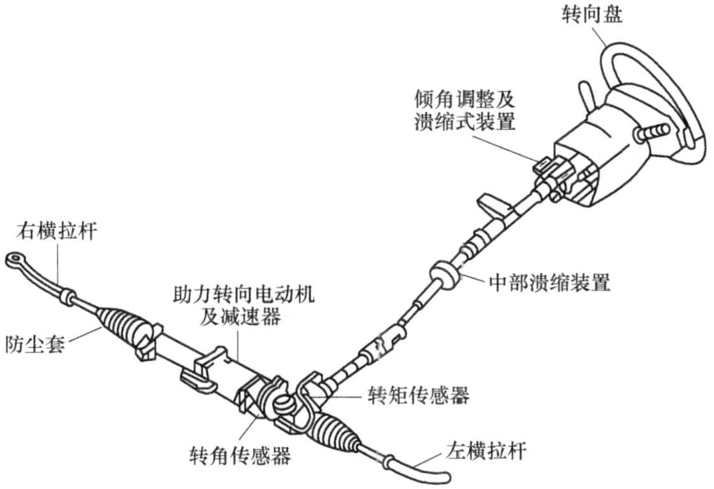

图 4-4　电动助力转向系统的组成（锐志）

汽车转向时，助力转向控制单元根据转角传感器、转矩传感器和车速传感器等信号，分析计算出转动方向和所需的转向力矩，通过数据总线向助力转向电动机发出动作指令，从而控制电动机输出转矩大小，实现可变助力转向功能。电动助力转向系统框图和助力转向特性曲线分别如图 4-5 和图 4-6 所示。车速低时，助力转矩大，转向盘轻便；车速高时，助力转矩小，转向盘沉重；不转向，助力系统不工作，处于伺服状态。

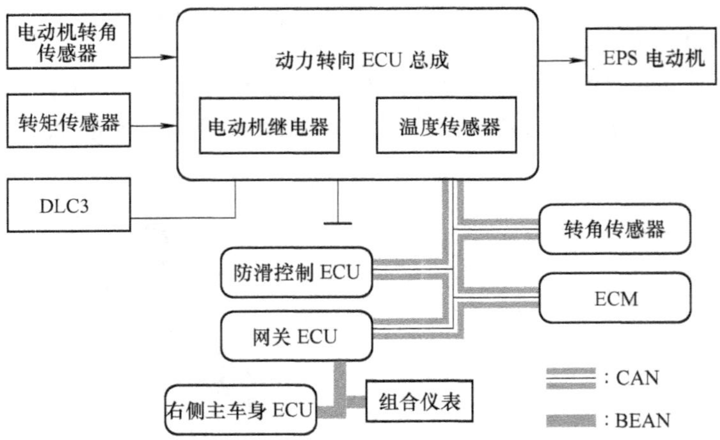

图 4-5 电动助力转向系统框图（锐志）

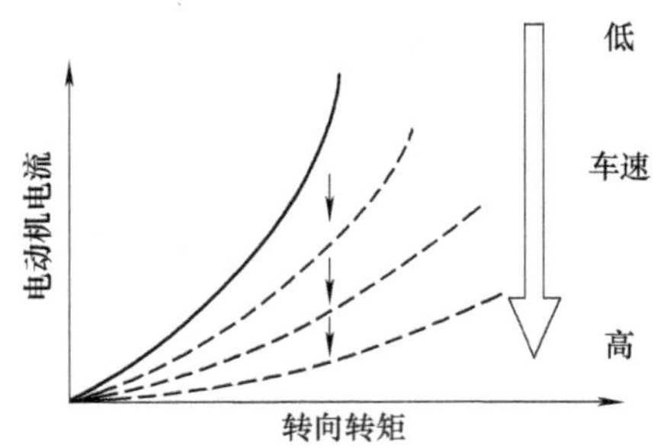

图 4-6 助力转向特性曲线（锐志）

三、助力转向系统主要部件的工作原理

1. 流量调节电磁阀

流量调节电磁阀安装在液压助力系统的供油管与回油管之间，如图 4-7 所示。

ECU 根据车速信号大小控制流经电磁阀的电流大小（索纳塔轿车为 0～1A，见图4-8），以改变电磁阀的开度，从而改变旁路回油量，调节助力油压大小。车速低时，电流大，电磁阀开度小，旁通回油少，助力油压大；反之，助力油压小。

2. 转矩传感器

常用的转矩传感器有霍尔式和磁感应式。

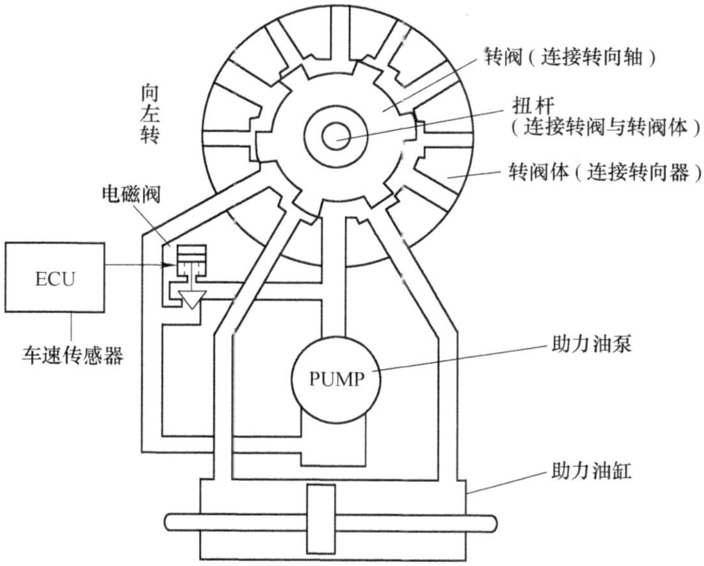

图 4-7　助力转向液压流量调节电磁阀

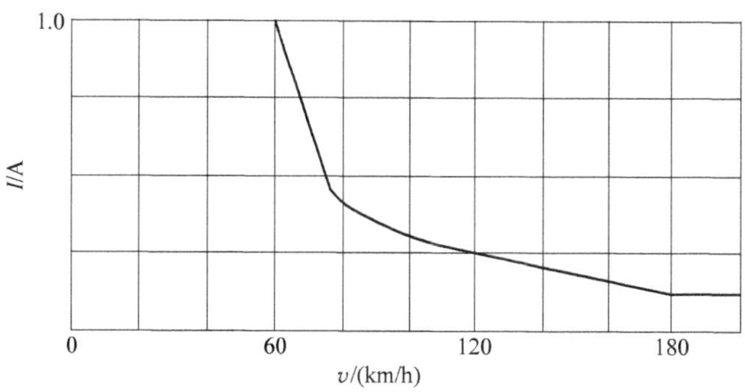

图 4-8　液压流量调节电磁阀性能特性图（索纳塔）

（1）霍尔式（磁阻式）转矩传感器　传感器的磁性转子和转向柱连接块为一体，磁阻传感元件和转向小齿轮连接块为一体，如图 4-9 所示。当转动转向盘时，转向柱连接块和转

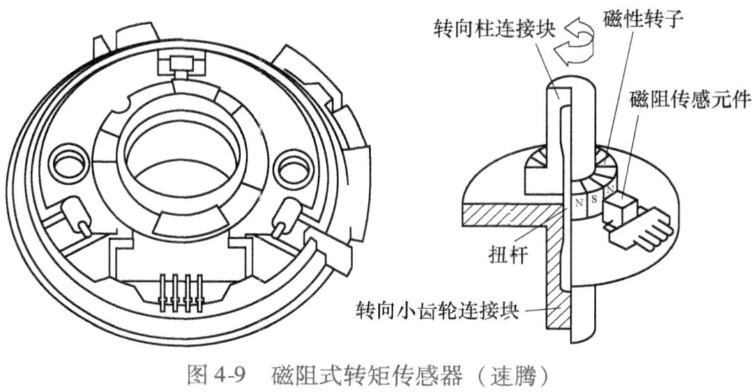

图 4-9　磁阻式转矩传感器（速腾）

向小齿轮连接块经扭杆传递转矩并出现相对反向运动，即磁性转子和磁阻传感元件反向相对运动。转动的方向和转矩的大小可以通过霍尔传感器输出，电压的高低电位变化和相位变化被测量出来并传递给控制单元。

（2）磁感应式转矩传感器　当实施转向时，施加在转向盘上的转矩经传感器输入轴、扭杆、输出轴传至转向小齿轮。传感器上层转子与下层转子间由于扭杆变形而产生相对角位移，且角位移的大小与转向力矩成正比。安装在定子内的电磁线圈将角位移转换成电信号传送至动力转向 ECU，如图 4-10 所示。

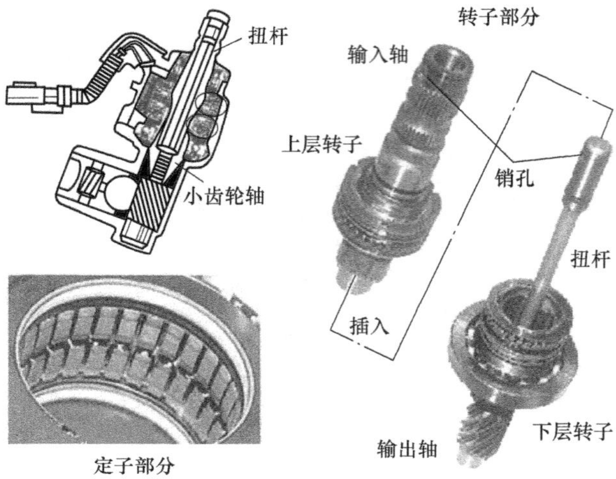

图 4-10　磁感应式转矩传感器（锐志）

3. 转向盘转角传感器

常用的转向盘转角传感器有光电式、霍尔式和电容式。

（1）光电式转向盘转角传感器　该传感器安装于转向柱上，当驾驶员转动转向盘时，转向柱带动转向盘转角传感器的转子随转向盘一起转动，光源就会通过转子缝隙照在传感器的感光元件上产生信号电压。由于转子缝隙间隔大小不同，故产生的信号电压变化也不同，如图 4-11 所示。

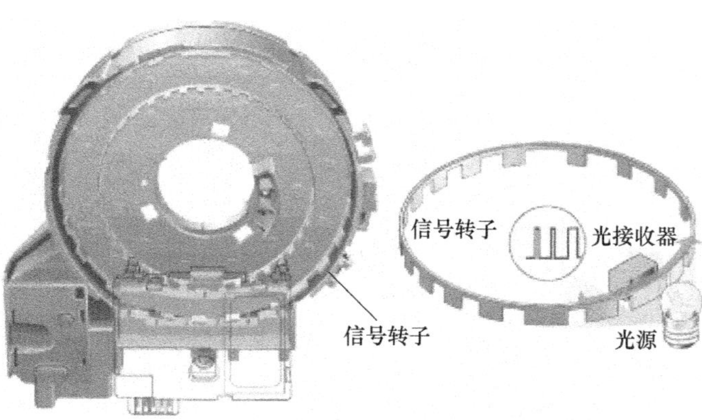

图 4-11　光电式转向盘转角传感器（速腾）

（2）霍尔式（磁阻式）转向盘转角传感器　传感器齿轮随转向盘转动，带动两测量齿轮旋转，主测量齿轮比次测量齿轮多两个齿，故两个测量齿轮转速不同，如图 4-12 所示。

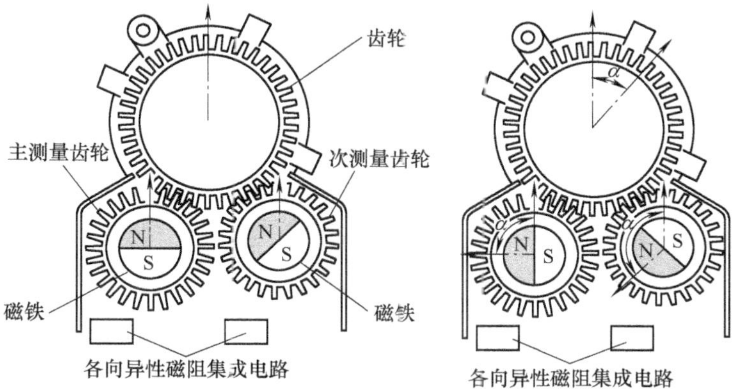

图 4-12　霍尔式（磁阻式）转向盘转角传感器（荣御）

由于两个测量齿轮磁铁的转速不同，因此在各向异性磁阻集成电路中就会产生两个相位和周期不同的信号，如图 4-13 所示。经过分析和计算后便可测得转向盘的转动方向和角度。

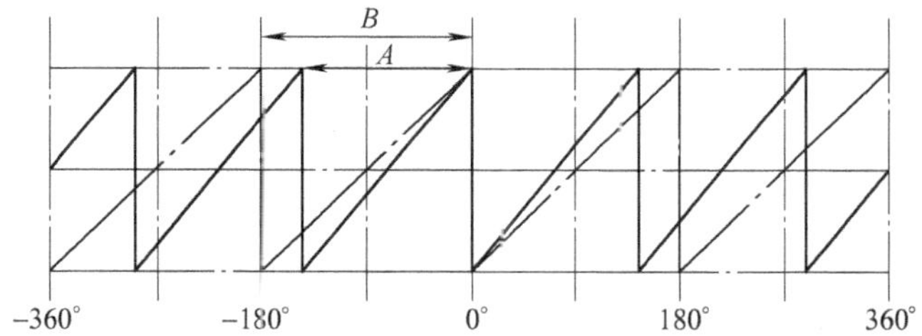

图 4-13　两信号相位和周期不同

（3）电容式转向盘转角传感器　传感器安装在转向轴上，转向轴带动转子在 9 个小型平板电容之间旋转，平板电容器的电容将顺序发生变化，由此可以得到输入轴的旋转信息，如图 4-14、图 4-15 所示。

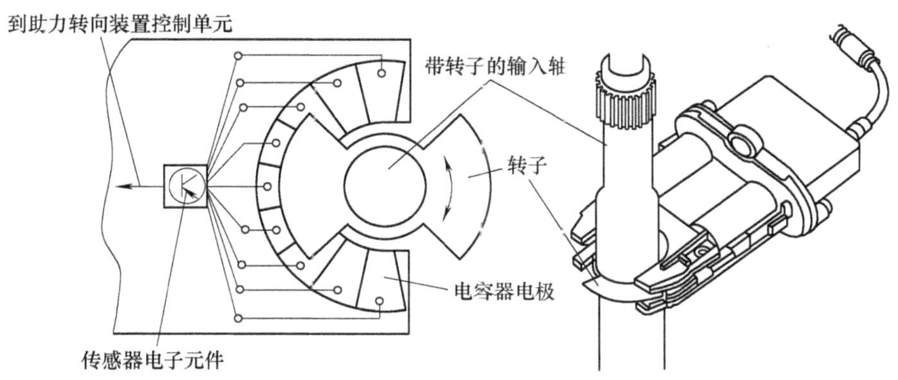

图 4-14　电容式转角传感器的构造

4. 电动助力转向电动机

助力转向电动机为无刷三相交流电动机，定子绕组为三相双星形联结，电动机转子是强永磁式的，将三相电源任意两相间进行换接即能迅速地改变电动机旋转（转向助力）方向。为获得更大的转矩，采用了与电动机转子内壳配套的循环滚珠式减速装置，如图4-16所示。极小的钢珠在四个极光滑的槽内循环滚动减速，将动力传递给转向齿条轴，推动两转向轮左右摆动实现转向。由于钢珠极小，在精细加工的导槽内循环滚动，故传动噪声极微小。

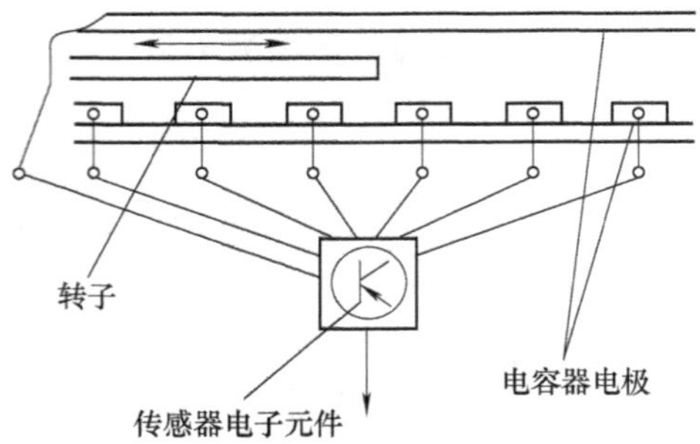

图4-15 电容式转角传感器的原理

助力转向电动机的电源为27～34V的三相交流电压，此电压由电动助力转向控制单元中的电源逆变器提供。当驾驶员操纵转向盘时，助力转向控制单元则会自动根据转向阻力大小向助力转向电动机输出27～34V的交流可变电压；当驾驶员未打方向或车辆直线行驶时，电动机不运转，此时电动机的工作电压为0V。

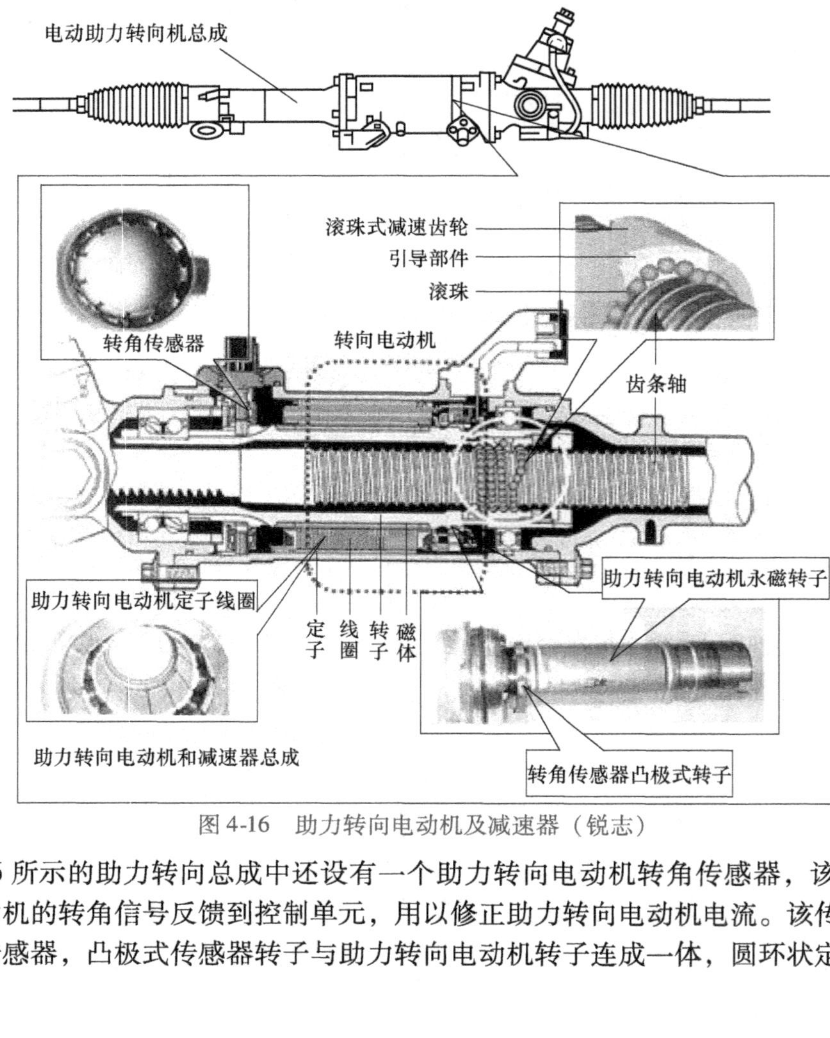

图4-16 助力转向电动机及减速器（锐志）

图4-16所示的助力转向总成中还设有一个助力转向电动机转角传感器，该传感器将助力转向电动机的转角信号反馈到控制单元，用以修正助力转向电动机电流。该传感器属于电磁感应式传感器，凸极式传感器转子与助力转向电动机转子连成一体，圆环状定子绕组线圈

套在转子外，通过电磁感应原理，检测出转子的转角。

5. 电动液压助力转向电动机

电动液压助力转向电动机为无刷直流电动机，一般与液压泵、电控单元连为一体，如图4-17所示。

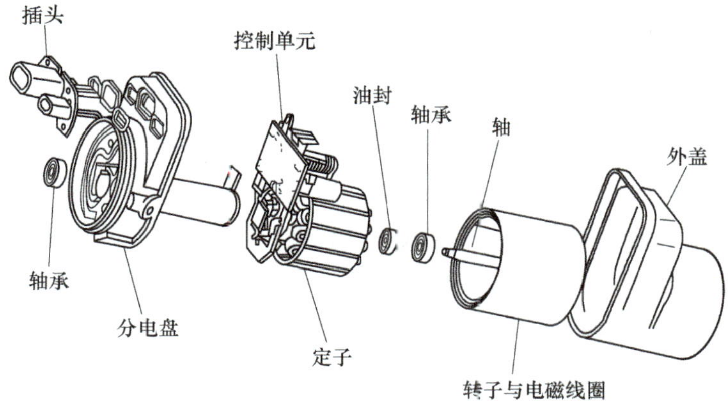

图 4-17　助力油泵驱动电动机（福克斯）

存储在电控单元中的电动机工作特性如图 4-18 所示。

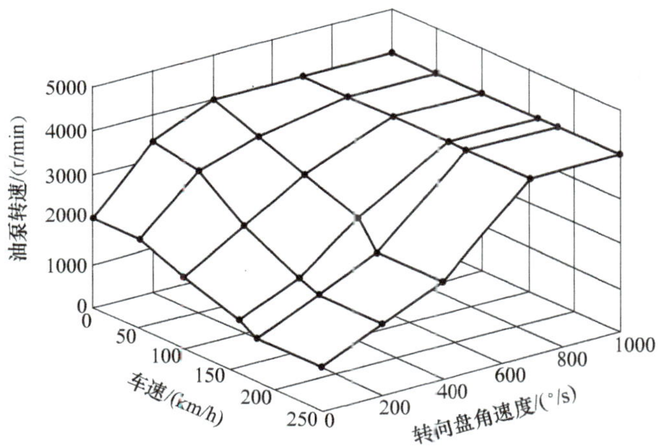

图 4-18　助力油泵电动机工作特性（福克斯）

任务实施

任务一　维护助力转向液压系统（以桑塔纳 2000 车型为例）

活动一　明确维护项目与要求

助力转向液压系统的维护项目与要求在各车型的维修手册中有明确要求，应严格遵照执行。桑塔纳 2000 维修手册和 GB/T18344—2001 的规定如下：

1）润滑维护（每行驶 7500km），检查助力转向液压系统各接头是否渗漏。

2）常规维护（每行驶15000km）。

① 检查传动带张紧度。旧传动带：100N压力下，标准静挠度为13～14mm；新传动带：100N压力下，标准静挠度为9～10mm。必要时调整或更换。

② 储液罐液面在刻线范围内，必要时添加。

③ 液压油品质良好。

3）每运行6万～10万km，更换液压油，型号为ATF或DexronⅡ。

活动二 检查助力转向液压系统的密封性

1）将汽车停放在平坦的地面上。

2）在发动机怠速时，转动转向盘数次，使转向油液达到正常工作温度（50～80℃）。

3）将转向盘快速转到左或右极限位置并保持不动（时间不能超过15s），检查液压系统的密封性，视情况紧固或更换密封元件。

活动三 检查储液罐油液

1）将汽车停放在平坦的地面上。

2）在发动机怠速时，转动转向盘数次，使转向油液达到正常工作温度（50～80℃）。

3）左右转动转向盘数次后，检查储液罐内的油液是否起泡或乳化。如果有起泡或乳化现象，则表示转向油液内已渗入空气，此时应进行排气操作。

4）检查转向液油质，若转向油液变质或使用期限已到，则应更换油液。

5）在发动机怠速时，检查储液罐油位高度。确保油位在储液罐的油位上限和油位下限之间，并以油液80℃时不超过上限为准，如图4-19所示。

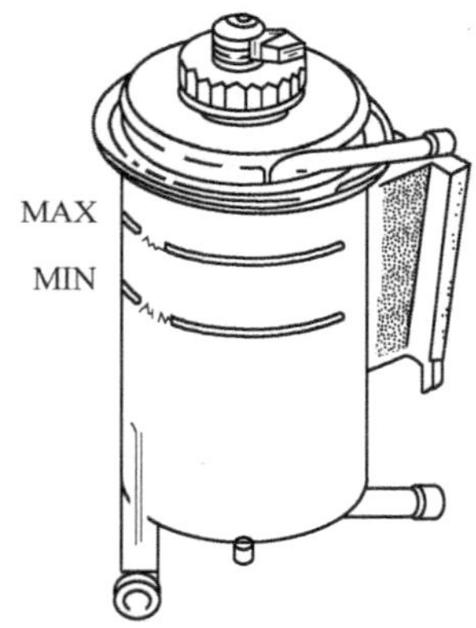

图4-19 储液罐

活动四 排除液压助力转向系统中的空气

1）将车辆前部用千斤顶或举升器顶起，并用支架牢靠固定。

2）转动转向盘，从左极限位置转到右极限位置，来回转动3～5次。

3）起动发动机，使之怠速运转，并重复步骤2）。

4）将车辆前部放下，在发动机怠速运转的状态下，来回转动转向盘5～8次，使油温升高，然后将转向盘置于中间位置，检查并记录储液罐内油面高度。

5）关闭点火开关3～5min后，再查看储液罐内油面高度，并与步骤4）的油面高度比较，若两次无差异或差值小于5.0mm，而且油液中无气泡或乳化现象，说明系统内空气已排净。否则，仍需重复4）、5）两步骤，直至空气被排净为止。

6）检查油位，视需要添加。

活动五 更换液压油

1）用千斤顶或举升器将车辆前部顶起，并稳固支撑。

2）卸下储液罐的回油软管，从储液罐及回油软管上放出旧油至适当的容器中。小心不要把旧油洒到车体或零部件上，以免损坏车漆，若溅洒应立即擦净。

3）使发动机怠速运转，一边排油一边左右连续转动转向盘至极限位置，直到油液排尽，再关闭发动机。

4）将回油软管重新安装到储液罐上。

5）向储液罐内加注规定的液压油至油位上限。

6）执行排气程序。

7）重新检查油位，必要时添加。

活动六　检查与调整液压泵传动带

1. 检查传动带

1）检查传动带外观应无裂纹、毛刺和硬化等现象。

2）在液压泵传动带的上侧中部施加 100N 的力，测量传动带的静挠度，其挠度值应符合标准，否则应予以调整。

2. 调整传动带松紧度

1）松开液压泵支架上的固定螺栓，如图 4-20 所示。

2）松开张紧螺栓的固定螺母，如图4-21所示。

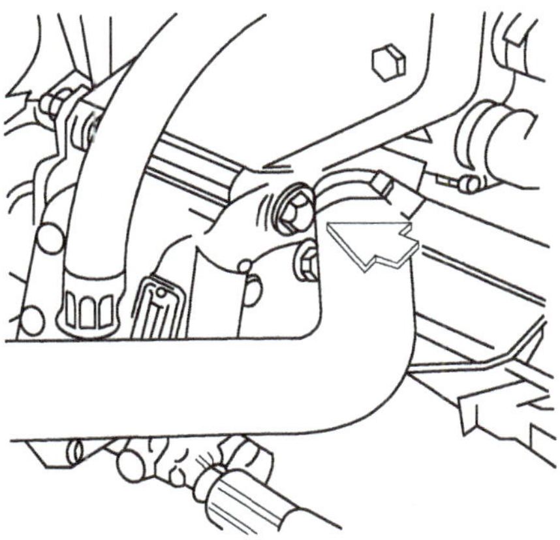

图 4-20　液压泵支架上的固定螺栓

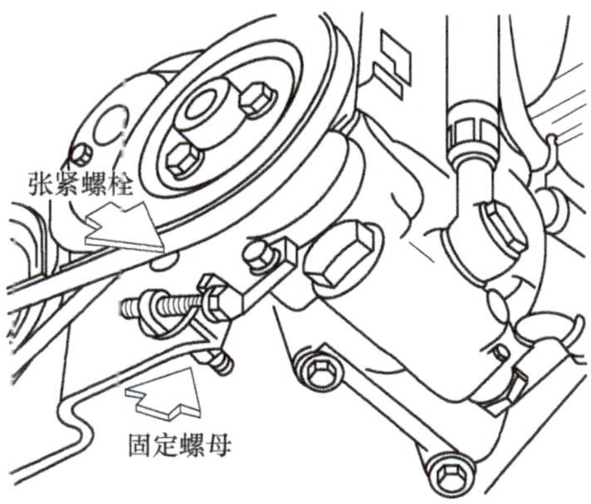

图 4-21　松开张紧螺栓的固定螺母

3）通过旋转张紧螺栓把 V 带张紧至合适紧度，如图 4-21 所示。

4）拧紧张紧螺栓的固定螺母。

5）拧紧液压泵支架上的固定螺栓。

任务二　检测油路压力

活动一　明确测试条件及标准

查阅维修手册等资料，明确油压测试的条件与标准。如桑塔纳 2000 型汽车的助力转向系统，当液压油温度为50～80℃、发动机转速怠速、转向盘打到极限位置时，系统油压为6.8～8.2MPa。

活动二　测试油路压力

1）连接油压表，如图4-22所示。

2）完全开启手控阀。

3）起动发动机并使其怠速运转。

4）将转向盘在左右极限位置之间连续转动若干次，使油液温度升至50～80℃，并确保液面高度正常。

5）发动机怠速运转，快速关闭手控阀（关闭时间不超过10s，避免油泵过热），此时观察并记录压力表最高稳定指示值。

6）发动机怠速运转，快速打开手控阀，转向盘向左或向右打到极限位置，此时观察并记录压力表最高稳定指示值。

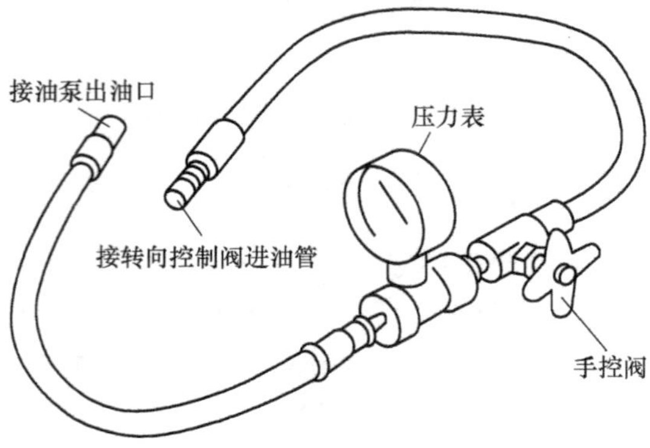

图4-22　助力转向系统油压表

活动三　分析处理测试结果

1）上述步骤5）测得的油压应为6.8～8.2MPa，若低于此范围，故障在助力油泵总成，应进一步检查或更换。

2）上述步骤6）测得的油压应为6.8～8.2MPa，若低于此范围，故障在转向控制阀或助力油缸（内部泄漏），应进一步检查或更换。

任务三　检测流量调节电磁阀电路（以索纳塔为例）

活动一　识记电磁阀的电路及电路参数

查阅有关维修资料可知，现代索纳塔汽车助力转向电控系统电路如图4-23所示。

EPS电控单元端子说明见表4-1。

活动二　检测电磁阀的电流

检测电磁阀的电流，可以全面掌握电控系统的工作情况。

点火开关处于“OFF”位，脱开电磁阀线束插接器，在线束端子“1”与电磁阀端子“1”之间插入连接线，将万用表接在线束端子“2”与电磁阀端子“2”之间，如图4-24所示。顶起驱动车轮，起动发动机，测量电磁阀的工作电流。发动机怠速运转并原地将转向盘向左或向右打到极限位置时，测得电流应为1A，挂挡运行，当车速从60km/h升高到120km/h时，电流应逐渐降为0.25A。否则，应进一步检查电磁阀电路。

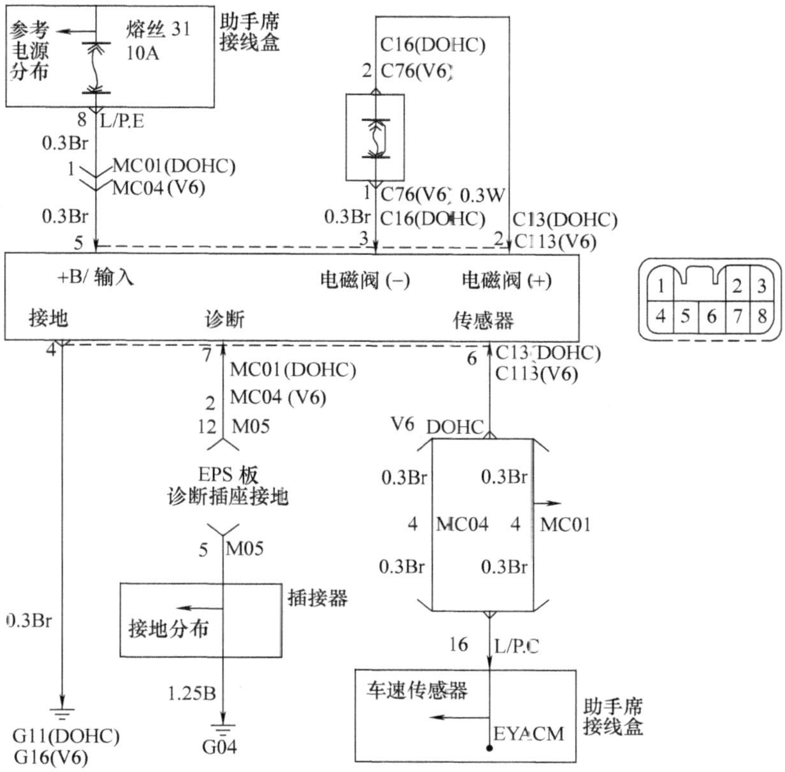

图 4-23　现代索纳塔 EPS 电路图

表 4-1　索纳塔 EPS 电控单元端子说明

端　子　号	说　　明	端　子　号	说　　明
1	无	5	IG2
2	电磁阀 +	6	车速传感器信号
3	电磁阀 –	7	自诊断
4	搭铁	8	无

索纳塔汽车助力转向电控系统电磁阀工作特性如图 4-8 所示，电路参数见表 4-2。

表 4-2　索纳塔 EPS 电路参数

ECU 端子	检 测 条 件	检 测 结 果
2—3	脱开电控单元线束插接器	5.7 ~ 7.7Ω 电阻
4— “搭铁”	同上	小于 1Ω 电阻
5— “搭铁”	点火开关 “ON”	蓄电池端电压
	点火开关 “OFF”	0V
6— “VSS. 3”	脱开电控单元线束插接器及 VSS 线束插接器	小于 1Ω 电阻

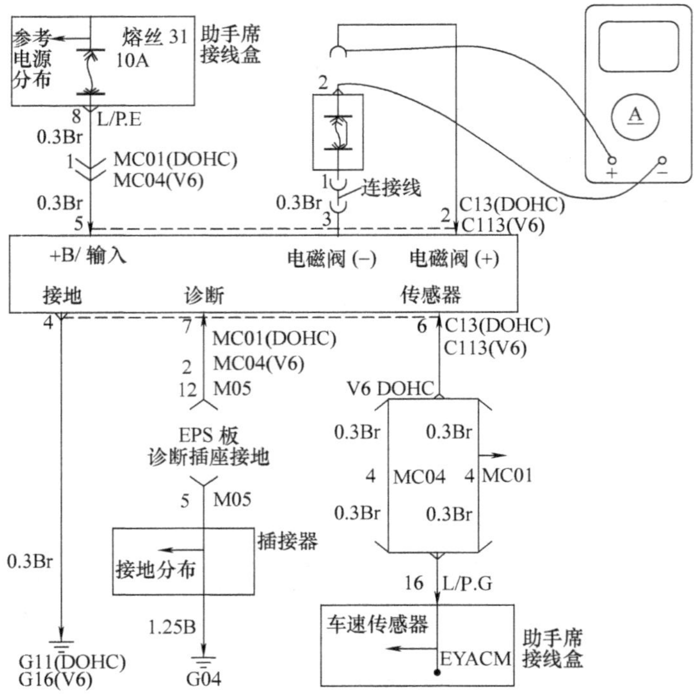

图 4-24 电磁阀工作电流检测

活动三 检测电磁阀元件

1. 电阻测量

关闭点火开关，脱开电磁阀线束插接器，用万用表测量电磁阀两端子之间的电阻，应为 5.7～7.7Ω。各端子对地（转向器壳体）的电阻应为无穷大，如图 4-25 所示。否则，更换电磁阀。

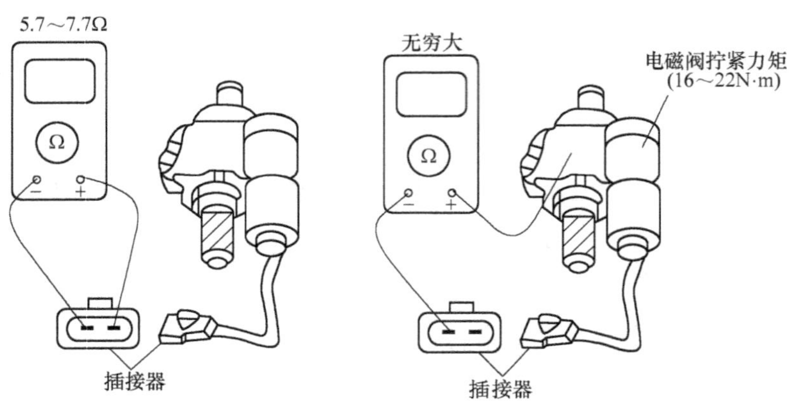

图 4-25 电磁阀电阻检测

2. 动作测试

将蓄电池电压加在电磁阀插接器端子上，应能听到清脆的动作声，如图 4-26 所示。

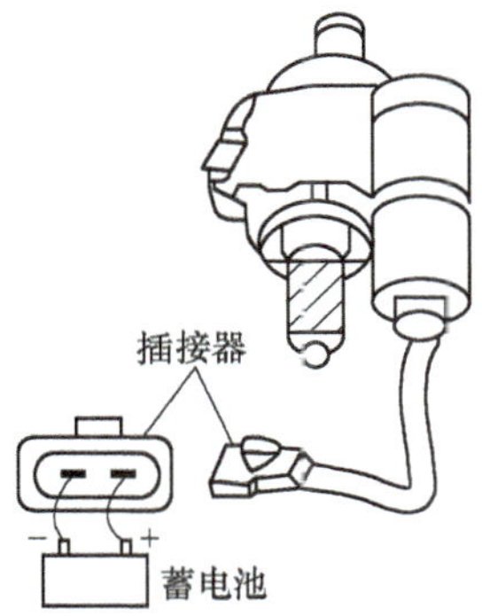

图 4-26　电磁阀动作测试

活动四　检测电磁阀线路

装回电磁阀线束插接器，脱开电控单元线束插接器，如图 4-27 所示，用万用表测量线束端子“2”、“3”，测量结果应符合图上所示参数标准。否则，应检查线路有无短路、断路、搭铁故障以及电磁阀线束插接器有无接触不良。

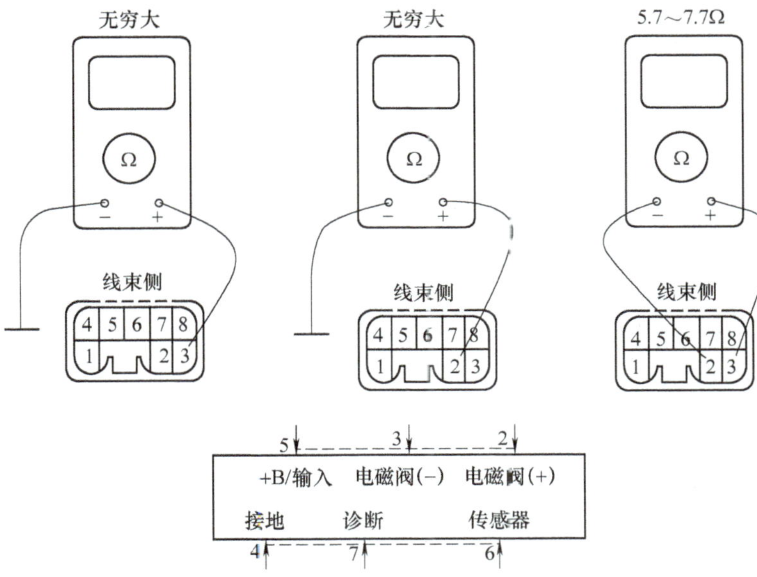

图 4-27　电磁阀线路检测

活动五　检测电磁阀供电

装回电控单元线束插接器，脱开电磁阀线束插接器，用万用表测量电磁阀插接器线束侧端子“1”与“2”间的电压，如图 4-28 所示。起动发动机并怠速运转，原地将转向盘向左或向右打到极限位置时，测得的电压值应为 5.7～7.7V。否则，应进一步检查电磁阀与电控单元插接器有无接触不良，或电控单元有无正常电压输出（若车速传感器及其线路正常应更换电控单元）。

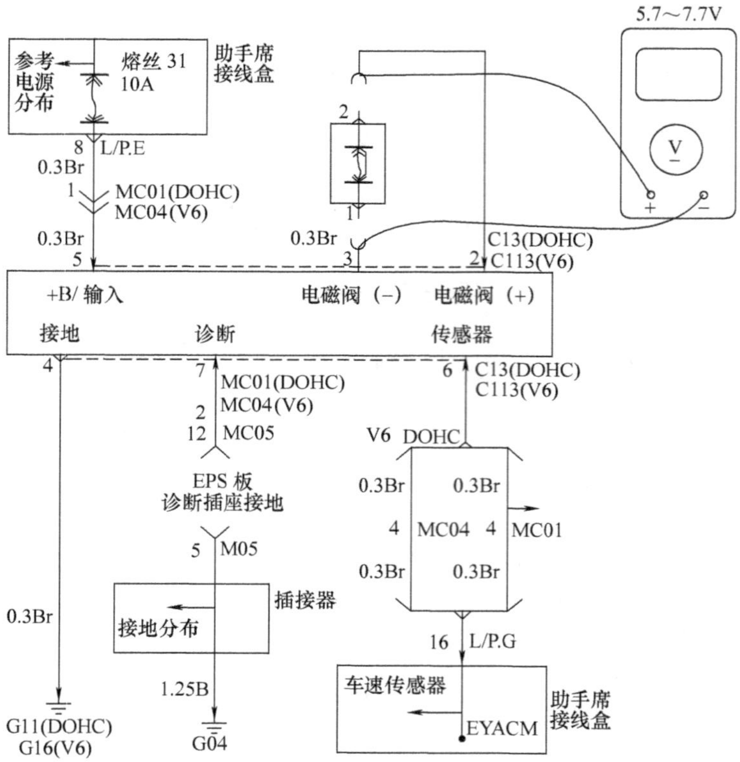

图 4-28 电磁阀供电电压检测

任务四 检测转矩传感器电路（以锐志为例）

活动一 识记转矩传感器的电路及电路参数

转矩传感器的相关电路如图 4-29 所示。

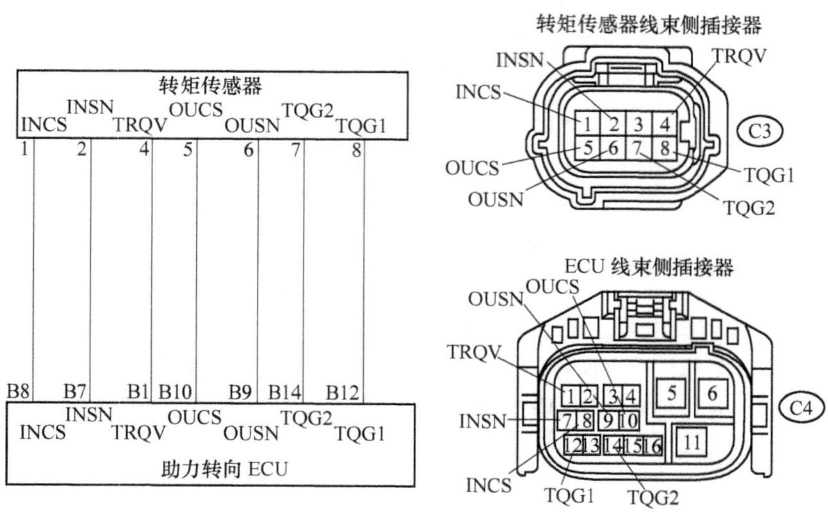

图 4-29 转矩传感器电路图（锐志）

转矩传感器有关性能参数见表 4-3。

表 4-3 转矩传感器性能参数

端 子 号	检测条件	标准参数
C4-1（INCS）—C3-7（TQG2）	始终	90～170Ω
C3-2（INSN）—C3-7（TQG2）	始终	300～430Ω
C3-4（TRQV）—C3-8（TQG1）	始终	4～14Ω
C3-5（OUCS）—C3-7（TQG2）	始终	90～170Ω
C3-6（OUSN）—C3-7（TQG2）	始终	300～430Ω

活动二 检测转矩传感器输出电压波形

起动发动机并怠速运转，用示波器分别检测电控单元插接器端子“C4-7”“C4-8”“C4-9”“C4-10”的波形。左右转动转向盘时，测得的波形如图 4-30 所示。否则，应进一步检查传感器线路。

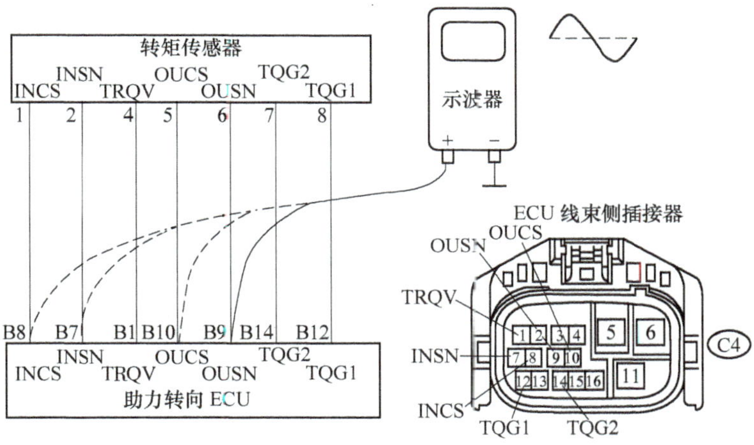

图 4-30 传感器输出电压波形检测

活动三 检测转矩传感器电阻

点火开关处于“OFF”位，脱开转矩传感器的线束插接器，用万用表检测传感器相应端子之间的电阻，测量结果应符合图 4-31 所示参数。否则，应更换转矩传感器。

活动四 检测转矩传感器线路

1. 检测导线

脱开转矩传感器线束插接器 C3 及电控单元线束插接器 C4，用万用表依次检测 C3、C4 线束侧相关端子 C3-1 与 C4-8、C3-2 与 C4-7、C3-4 与 C4-1、C3-5 与 C4-10、C3-6 与 C4-9、C3-7 与 C4-14、C3-8 与 C4-12 间的电阻，测量结果均应不大于 1Ω，任一端子对地电阻应是无穷大，如图 4-32 所示。否则应检查线路有无短路、断路或搭铁故障。

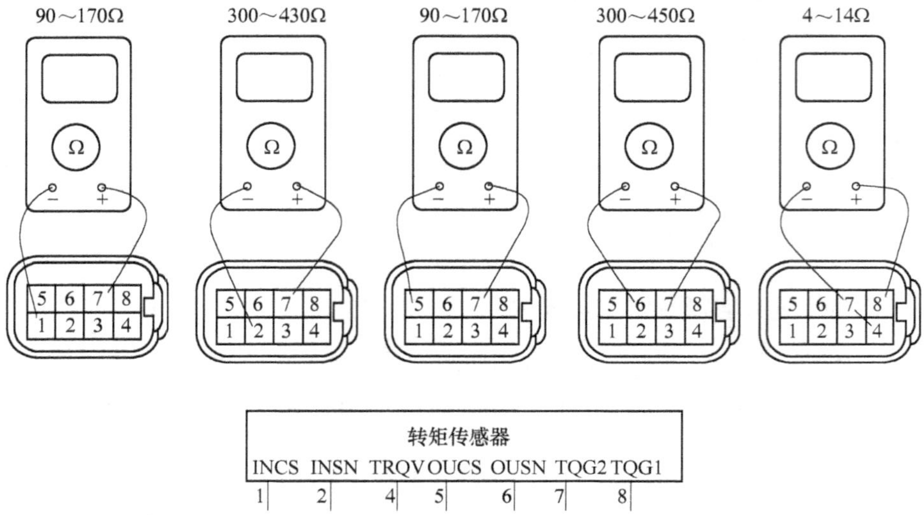

图 4-31 检测转矩传感器电阻

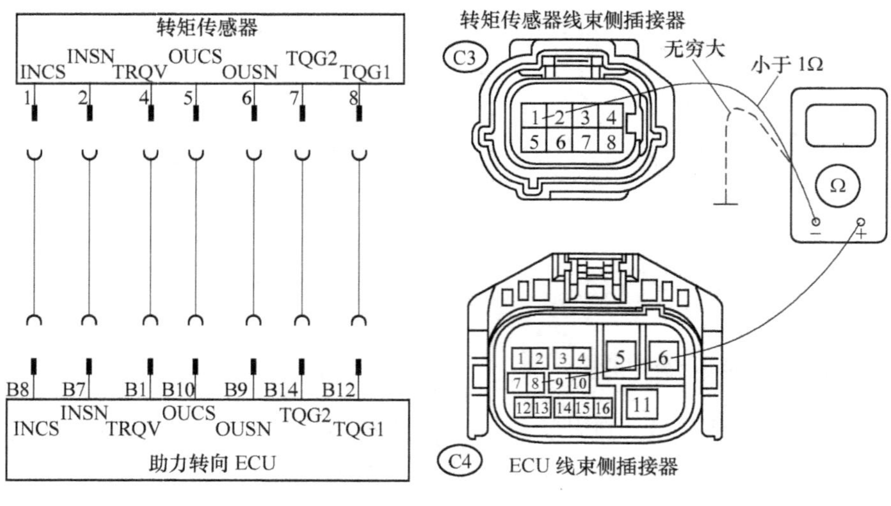

图 4-32 传感器连接导线检测

2. 检测插接器

装回转矩传感器线束插接器 C3，脱开电控单元线束插接器 C4，用万用表检测 C4 线束侧插接器相关端子间的电阻，测量结果应符合所示参数且与本任务之“活动三”所测对应结果相差不大于 2Ω，如图 4-33 所示。否则，应进一步检查连接器 C3 相关端子有无接触不良现象。

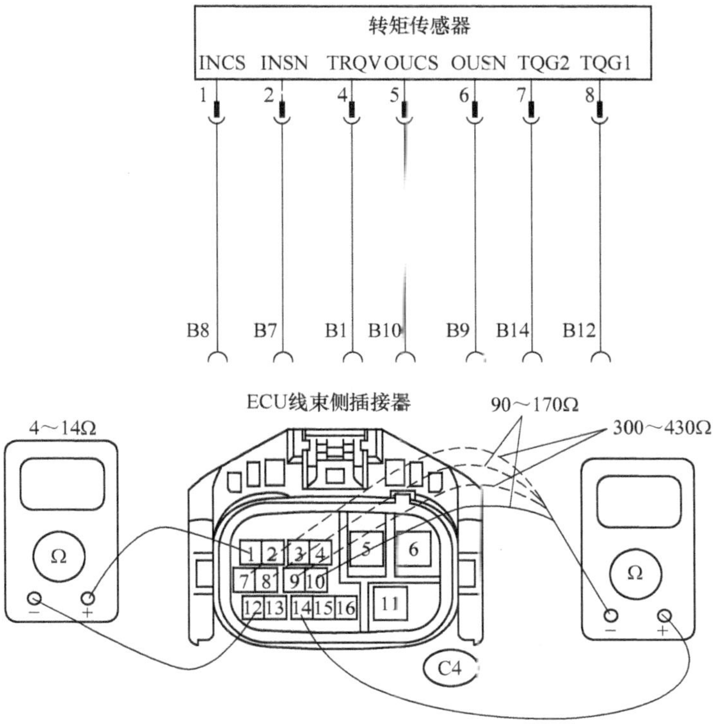

图 4-33　转矩传感器线束插接器检测

活动五　检测转矩传感器供电

装回电控单元线束插接器 C4，脱开转矩传感器线束插接器 C3。点火开关处于“ON”位，用示波器检测端子 C3-4 或 C3-8 的波形，如图 4-34 所示。否则，应进一步检测插接器 C4 有无接触不良或电控单元有无正常电压输出。

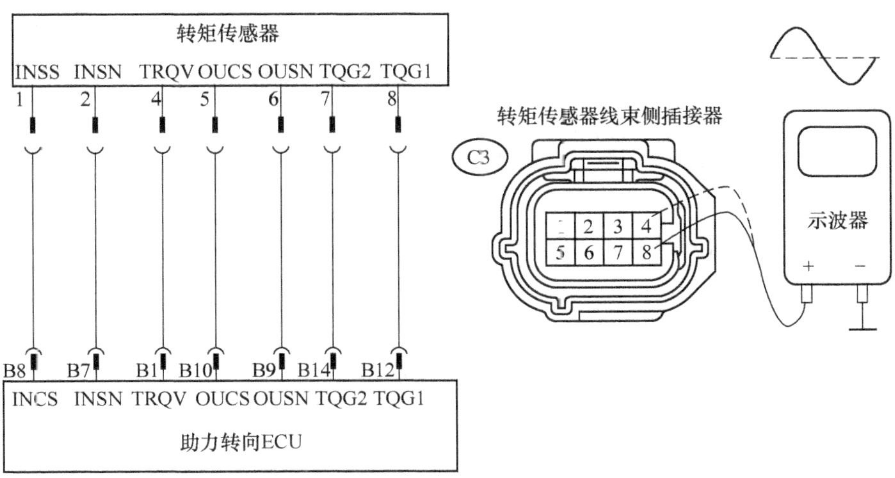

图 4-34　转矩传感器供电检测

任务五　检测转角传感器电路（以波罗为例）

活动一　识记转角传感器电路及电路参数

转角传感器电路如图 4-35 所示。

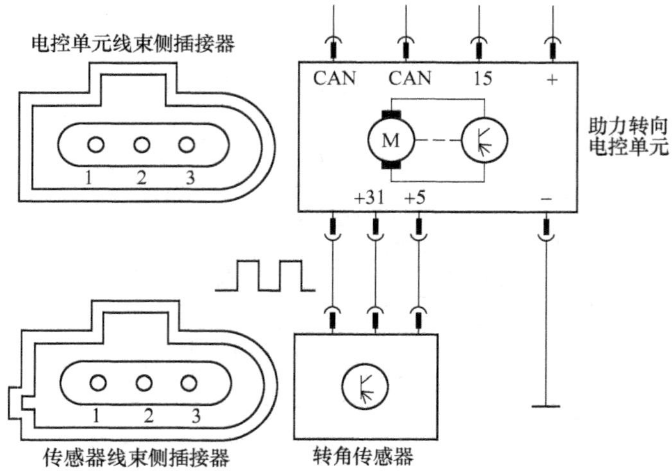

图 4-35　转角传感器电路（波罗）

传感器工作电压为 12V，输出信号为矩形脉冲。

活动二　检测传感器输出电压波形

点火开关处于“ON”位，原地左右转动转向盘，用示波器检测电控单元转角传感器端子“3”的波形，如图 4-36 所示。当转向盘的转动速度改变时，脉冲宽度应随之改变，同时能听到助力油泵电动机的转速随之改变。否则，应进一步检查相关线路。

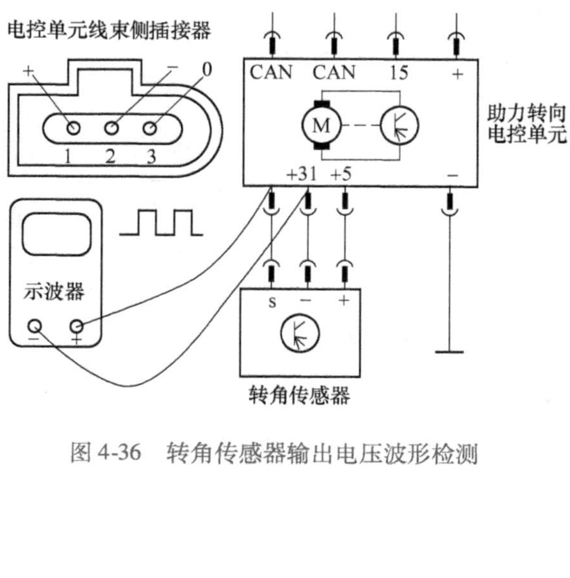

图 4-36　转角传感器输出电压波形检测

活动三　检测转角传感器元件

点火开关处于“OFF”位，脱开转角传感器的线束插接器，在传感器“3”“2”端子施加蓄电池电压（12V），转动转向盘，用示波器检测“1”号端子，其输出波形应如图 4-37 所示。否则更换传感器。

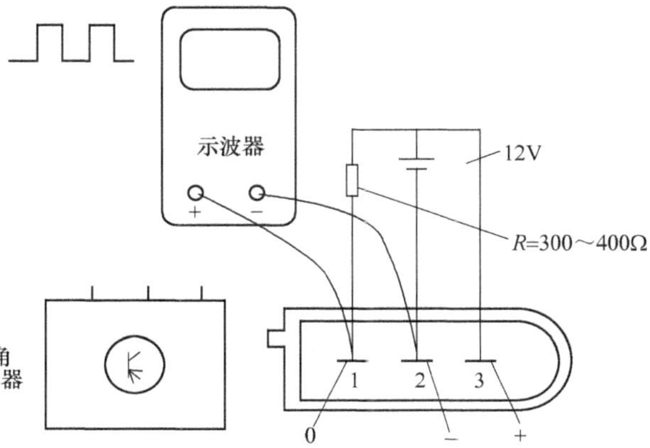

图 4-37　转角传感器元件检测

活动四　检测传感器线路

点火开关处于“OFF”位，脱开转角传感器线束两端的插接器，用万用表检测两插接器对应端子“3”与“1”、“2”与“2”、“1”与“3”之间的电阻及端子对地电阻，检测结果应如图 4-38 所示。否则，应进一步检测导线有无短路、断路或搭铁故障。

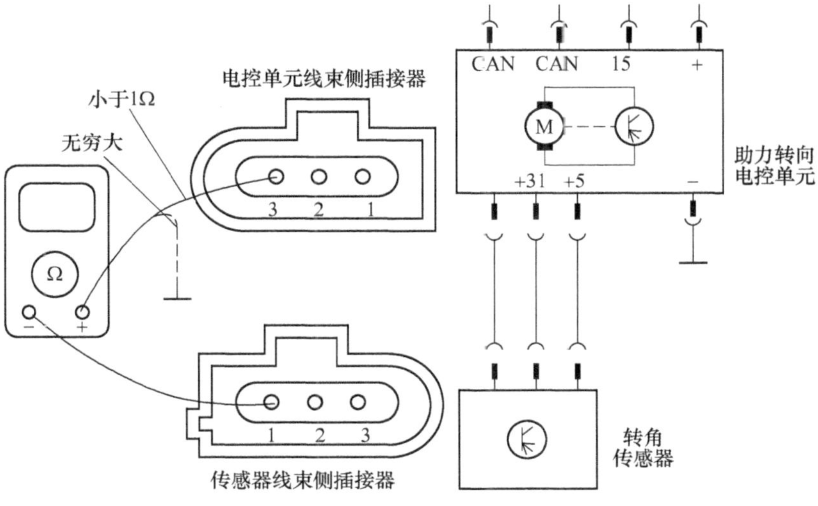

图 4-38　传感器连接导线检测

活动五　检测传感器供电

装回电控单元端线束插接器，点火开关处于“ON”位，用万用表测量传感器端线束插接器相应端子之间的电压，检测结果应如图 4-39 所示。否则，应进一步检测电控单元插接器是否接触不良或电控单元是否工作正常。

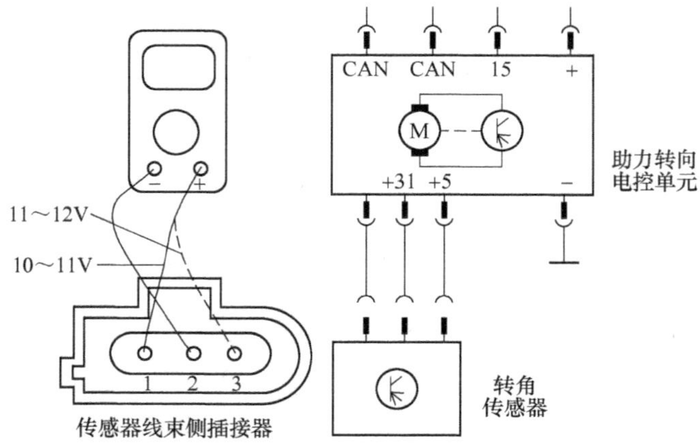

图 4-39　传感器供电检测

任务六　检测助力转向电动机转角传感器电路（以锐志为例）

活动一　识记助力转向电动机转角传感器的电路及电路参数

助力转向电动机转角传感器电路如图 4-40 所示。

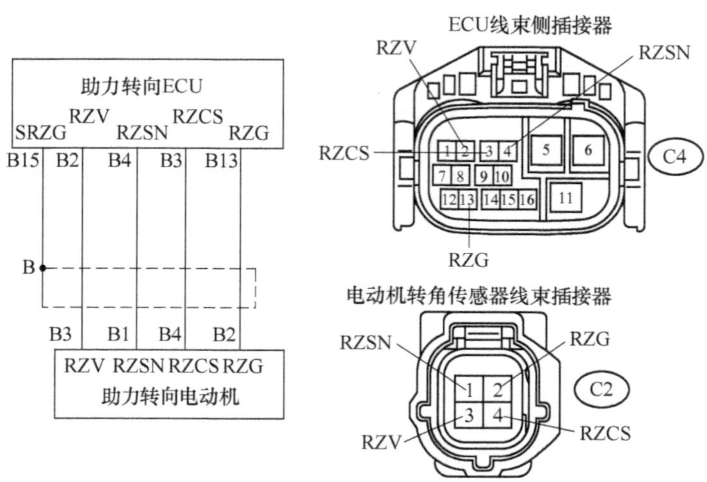

图 4-40　助力转向电动机转角传感器电路

助力转向电动机转角传感器有关标准参数见表 4-4。

表 4-4　助力转向电动机转角传感器参数

端　子　号	检测条件	标准参数
C2-1（RZSN）—C2-2（RZG）	始终	50～140Ω
C2-3（RZV）—C2-2（RZG）	始终	50～140Ω
C2-4（RZCS）—C2-2（RZG）	始终	15～45Ω

活动二　检测助力转向电动机转角传感器输出电压波形

起动发动机并怠速运转，用示波器分别检测电控单元端子“C4-2”“C4-4”的波形，左右转动转向盘时，波形应如图 4-41 所示。否则，应进一步检查传感器线路。

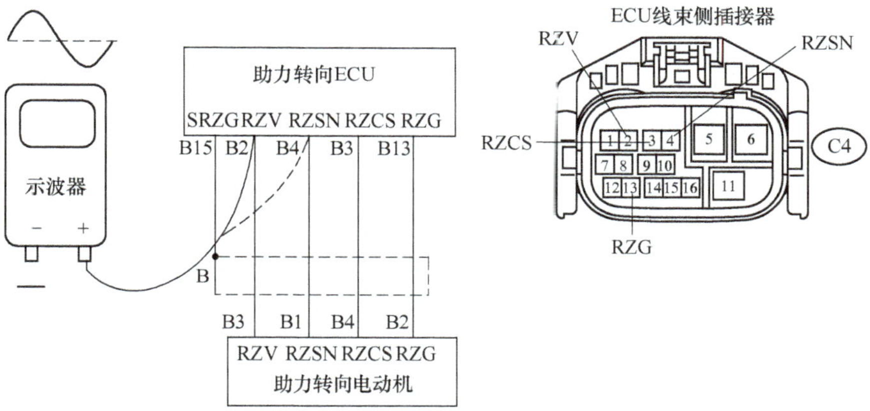

图 4-41　助力转向电动机转角传感器输出电压波形检测

活动三　检测助力转向电动机转角传感器元件

点火开关处于“OFF”位，脱开助力转向电动机转角传感器的线束插接器，用万用表检测传感器相应端子之间的电阻，测量结果如图 4-42 所示。否则，更换传感器。

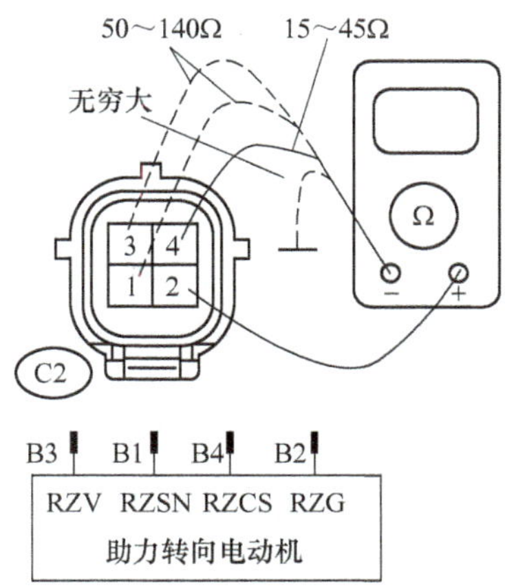

图 4-42　助力转向电动机转角传感器元件检测

活动四　检测助力转向电动机转角传感器线路

1. 检测传感器导线

脱开转矩传感器线束插接器 C2 及电控单元线束插接器 C4，用万用表依次检测 C2、C4 线束侧端子及 C2-3 与 C4-2、C2-1 与 C4-4、C2-4 与 C4-3、C2-2 与 C4-13 间的电阻，测量结果应不大于 1Ω；任一端子的对地电阻应是无穷大，如图 4-43 所示。否则，应检查线路有无短路、断路或搭铁故障。

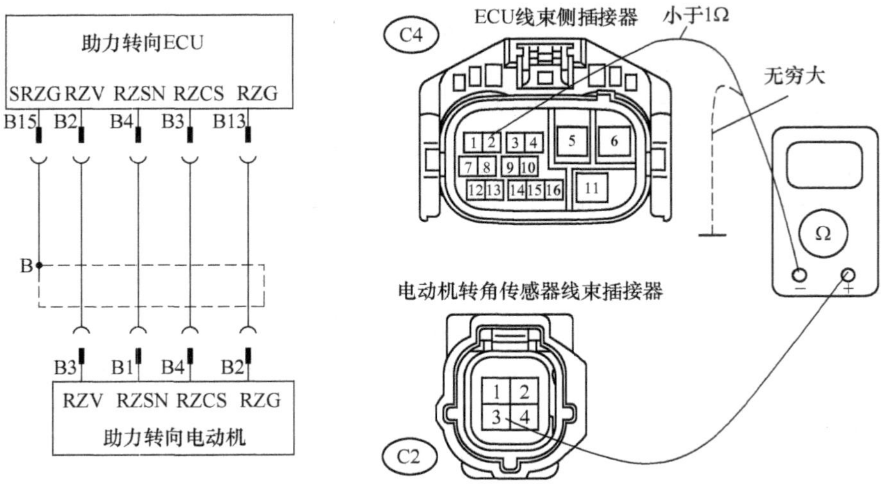

图 4-43　传感器导线（C2-3—C4-2）检测

2. 检测插接器

装回助力转向电动机转角传感器线束插接器 C2，脱开电控单元线束插接器 C4，用万用表检测 C4 线束侧相关端子间的电阻，测量结果应如图 4-44 所示，且与本任务之“活动二”所测对应结果相差不大于 2Ω。否则，应进一步检查插接器 C2 相关端子有无接触不良。

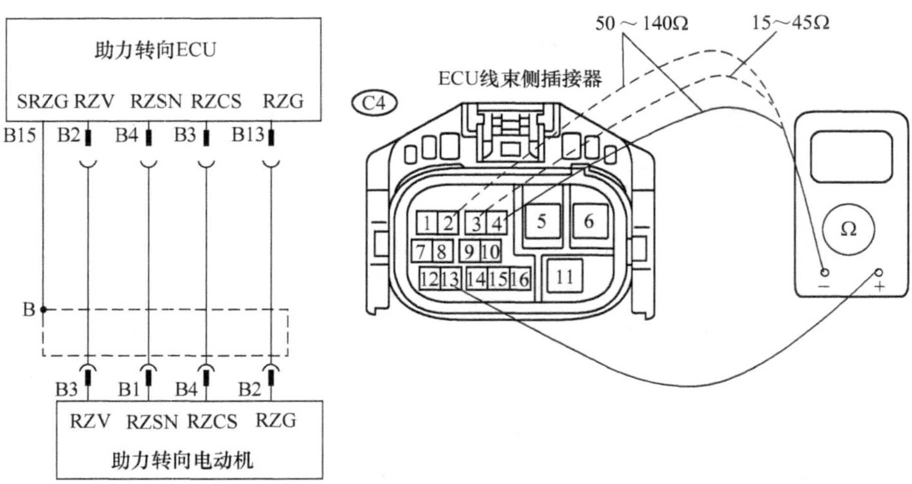

图 4-44　传感器线束插接器 C2 端子接触情况检测

活动五　检测供电

装回电控单元线束插接器 C4，脱开转矩传感器线束插接器 C2，点火开关处于“ON”位，用万用表检测端子 C2-4 的电压波形，如图 4-45 所示。否则，进一步检测插接器 C2 有无接触不良或电控单元有无电压输出。

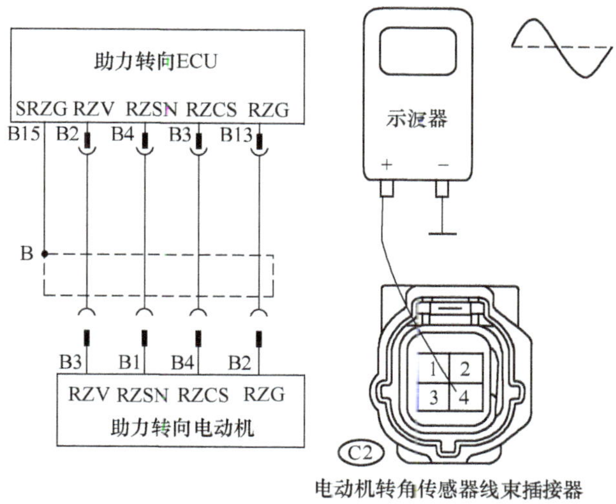

图 4-45　助力转向电动机转角传感器供电检测

任务七　检测助力转向电动机电路（以锐志为例）

活动一　识记助力转向电动机的电路及电路参数

助力转向电动机电路如图 4-46 所示。

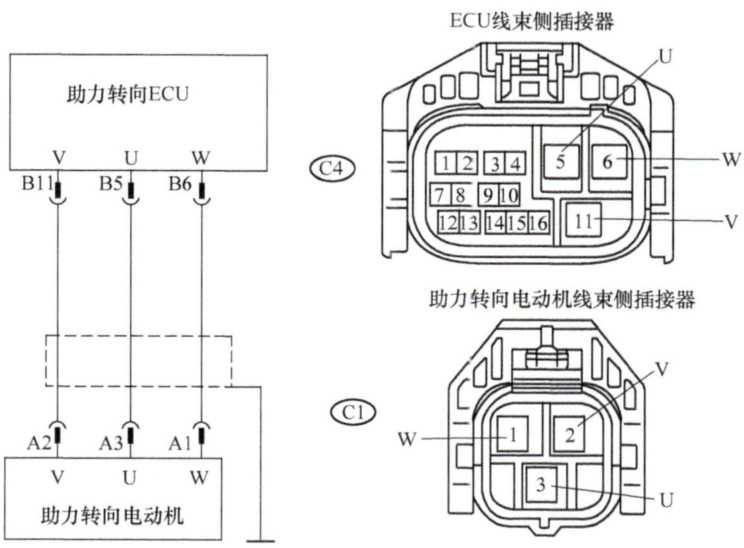

图 4-46　助力转向电动机电路（锐志）

助力转向电动机有关参数标准见表 4-5。

表 4-5 助力转向电动机有关参数

端 子 号	检 测 条 件	标 准 参 数
C1-3（U）—C1-2（V）	始终	小于 1Ω
C1-2（V）—C1-1（W）	始终	小于 1Ω
C1-1（W）—C1-3（U）	始终	小于 1Ω
C1-3（U）—车身搭铁	始终	10kΩ 或更大
C1-2（V）—车身搭铁	始终	10kΩ 或更大
C1-1（W）—车身搭铁	始终	10kΩ 或更大

活动二 检测助力转向电动机工作电流

起动发动机并怠速运转，原地左右转动转向盘，用钳形电流表测量助力转向电动机工作电流（交流），如图 4-47 所示。电流应按图示规律变化。否则，应进一步检查相关线路。

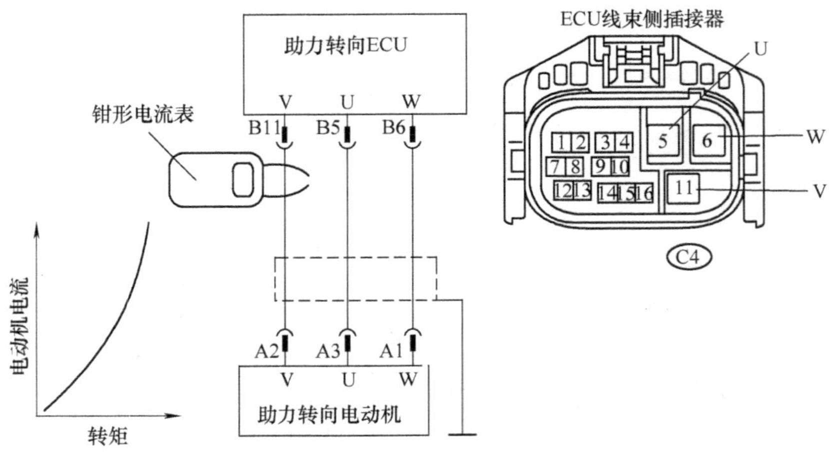

图 4-47 助力转向电动机工作电流检测

活动三 检测助力转向电动机线圈电阻

点火开关处于“OFF”位，脱开助力转向电动机线束插接器 C1，用万用表检测助力转向电动机有关端子（见表 4-5）之间的电阻，如图 4-48 所示。检测结果应符合表 4-5 所示值，否则，应更换助力转向电动机。

活动四 检测助力转向电动机线路

脱开助力转向电动机线束插接器 C1 及电控单元线束插接器 C4，用万用表检测 C4-11 与 C1-2、C4-5 与 C1-3、C4-6 与 C1-1 之间的电阻，应小于 1Ω，任一端子的对地电阻应为无穷

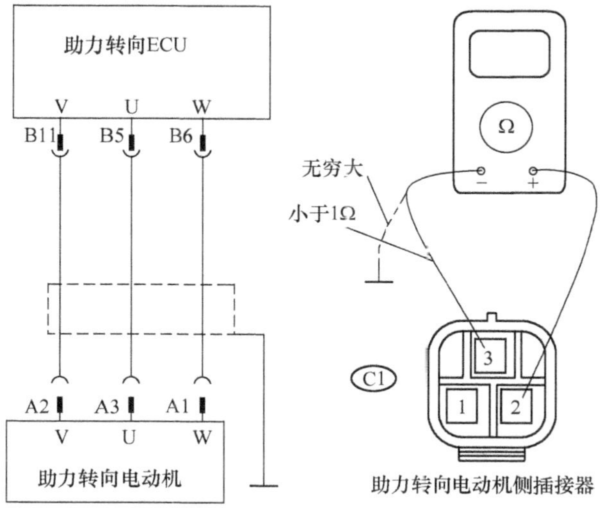

图 4-48　检测助力转向电动机

大，如图 4-49 所示。否则，应进一步检查相关线路是否有短路、断路或搭铁故障。

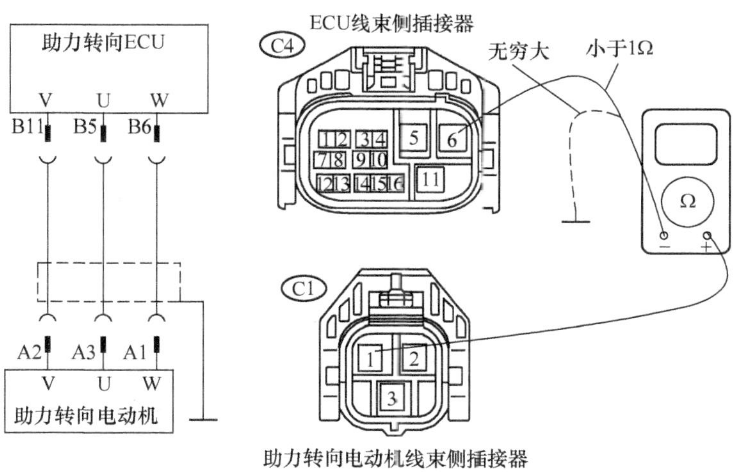

图 4-49　助力转向电动机线路检测

活动五　检测助力转向电动机供电

装回电控单元线束插接器 C4，保持助力转向电动机线束插接器脱开，点火开关处于"ON"位，在转向盘静止不动和左右转动转向盘时分别测量 C1-1 与 C1-2、C1-1 与 C1-3、C1-2 与 C1-3 之间的电压，测量结果应如图 4-50 所示。否则，应进一步检查 C4 插接器相关端子是否接触不良或电控单元是否有故障。

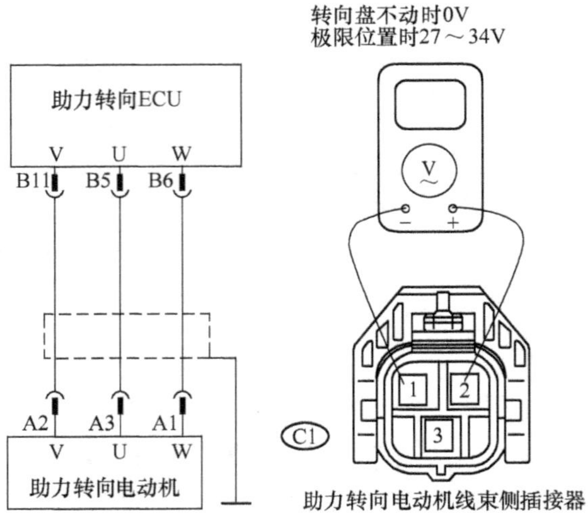

图 4-50 助力转向电动机供电检测

任务八 助力转向电动机转角传感器、转矩传感器零点校正（以锐志为例）

当更换动力转向 ECU、更换转向拉杆总成、左右转向力矩不同时需进行助力转向电动机转角传感器初始化和转矩传感器零点校正。

活动一 校正前的检查

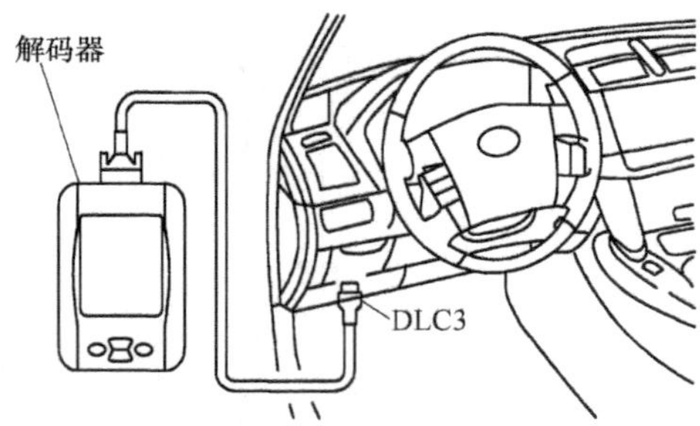

图 4-51 连接解码器

1）点火开关处于“OFF”位，连接解码器，如图 4-51 所示。

2）点火开关处于“ON”位。

3）接通解码器。

4）从数据表中选择“IGPowerSupply”（IG 电源）。

5）从屏幕上读取 IG 电源电压，应为 10～14V。否则，校准无法进行。

6）清除故障码“DTC C1516（转矩传感器零点调整未完成）、DTC C1526（转角传感器初始化未完成）”。

活动二 实施校正

1）接通解码器，选择“Utility”。

2）选择“Torque Sensor Adjustment”（转矩传感器调整）。

3）按照检测仪显示屏提示的步骤进行转角传感器校准值清除、转角传感器值初始化和转矩传感器零点校正。

任务九　诊断助力转向电控系统故障

活动一　明确故障诊断步骤

电动助力转向系统的故障诊断程序与发动机电控系统基本相同，通常经过：

1）接车询问。

2）读取并记录故障码、数据流。

3）清除故障码。

4）故障症状再现和确认。

5）读取故障码、数据流。若有故障码，进行有关电路检测；若无故障码，按照故障症状表进行有关检查。

6）根据检测结果，维修或更换有关部件。

7）确认、试车。

其中，故障码、数据流的读取可参照诊断仪或维修手册提示进行。

活动二　确认故障部位

若能够读出故障码，则按照维修手册的提示进行有关电路检测，检测方法如前所述。若没有故障码显示，则根据故障症状表确认故障部位，见表4-6。

表4-6　助力转向电控系统故障症状表

故障症状	可疑部位
转向困难	1. 动力转向机总成 2. 转向柱总成 3. 蓄电池和电源系统 4. 动力转向ECU总成的电源电压 5. 动力转向ECU总成
左右转向力矩不同或不均	1. 动力转向ECU总成未正确记录转向中心点 2. 动力转向机总成 3. 转向柱总成 4. 动力转向ECU总成
行驶时转矩未随车速而改变，或转向盘不易返回中间位置	1. 转速传感器 2. 防滑控制ECU 3. 动力转向ECU总成 4. 动力转向机总成
低速行驶中转动转向盘时，出现摩擦声	1. 动力转向机总成 2. 转向柱总成
车辆静止慢转转向盘时，出现尖锐声音（吱吱响）	动力转向机总成
车辆静止慢转转向盘时，转向盘振动且有噪声出现	1. 动力转向机总成 2. 转向柱总成

任务十 诊断助力转向液压系统故障

助力转向液压系统在使用中，由于零件产生磨损、变形及疲劳裂纹等，会发生不同程度的转向沉重、方向不稳、行驶跑偏和转向轮摆振等故障。

故障诊断步骤如下：

1）按照液压系统维护要求检查助力系统密封性、液面高度、油液质量、是否混入空气等，并恢复技术要求。

2）测试系统压力，具体步骤要求见“任务二”。

3）依据故障症状表（表4-7）分析故障所在部位。

表4-7 助力转向液压系统故障症状表

故障类型	故障现象	故障原因
转向沉重	汽车行驶中感到转向沉重、或转向盘转动困难	1. 储液罐缺油或油液高度低于规定要求 2. 各油管接头处密封不良，有泄漏现象 3. 转向液压回路中渗入了空气 4. 油管变形、油路堵塞 5. 动力转向泵传动带张紧力不足，传动带打滑 6. 转向油泵内部磨损、泄漏严重，使油泵输出压力达不到标准 7. 油泵内调压器失效，使输出压力过低 8. 转向控制阀、动力液压缸内部泄漏
转向回正不良	汽车在完成转向后，转向盘不能自动回到中间行驶位置（直线行驶位置），而需驾驶员操作才能回位	1. 液压回路中渗入空气 2. 回油管路变形阻塞 3. 转向控制阀或动力液压缸活塞发卡 4. 转向控制阀定中不良
转向盘抖动	在发动机工作时，转动转向盘，转向盘抖动，尤其是当转向盘转到极限位置时，其抖动更甚	1. 转向油泵传动带打滑 2. 储液罐液面过低 3. 转向液压系统油路中有空气渗入 4. 转向油泵输出压力不足 5. 转向油泵内调压器活塞卡滞
转向跑偏、发飘	汽车直线行驶时，难以保证驶向正前方向而总向一边跑偏	1. 转向控制阀扭杆损坏或太软，难以克服转向器逆传动阻力，使阀套不能及时回位 2. 因油液脏污使阀芯与阀套运动受到阻滞 3. 转向控制阀阀芯偏离中间位置，或虽然在中间位置但与阀套槽肩的缝隙大小不一致 4. 转向泵调压器的调压活塞卡住，使油泵泵油流量过大，造成动力缸左右腔压力差过大

（续）

故障类型	故障现象	故障原因
转向噪声	汽车转向时出现过大的噪声	1. 动力转向泵损坏或磨损严重或液体中混入空气导致噪声过大 2. 动力转向泵传动带轮松动或传动带打滑引起噪声过大 3. 转向控制阀性能不良 4. 油管接头松动或油管破裂 5. 滤油器滤网堵塞，或是液压回路中有过多的沉积物

知识链接

一、主动式转向系统（AFS）

AFS是Active Front Steering的缩写。自从汽车发明以来，转向传动装置通常都是固定的。换句话说，不论是在市区窄小的街道缓行或是高速公路上奔驰，转向盘与前轮偏转的角传动比始终一成不变。如果采用直接传动转向，驾驶者在转急弯时就不需要大幅转动转向盘，但是在高速行驶时，转向盘细微的动作都将会影响到行驶稳定性；反过来说，转向传动越是间接，车辆在高速公路上的行驶稳定性就越高，但是必须牺牲转弯时的操控性。所以，传统的转向系统都必须在安全性与舒适性之间做出权衡。

主动式转向系统可以确保车辆在任何速度下都能提供理想的转向操控能力，同时兼顾最大的驾驶乐趣、灵活性及安全性。

转向盘系统中装置了一套根据车速调整转向传动的变速器，如图4-52所示。这个系统包含了一个拳头般大小的行星齿轮以及两根输入轴，其中一根输入轴连接到转向盘，另一根则通过螺旋齿轮，由电动机驱动。

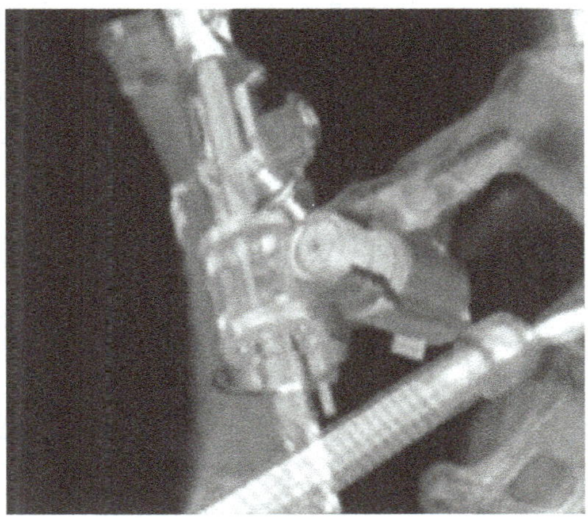

图4-52 转向传动变速机构

当车速较低时，控制电动机与转向柱呈同方向转动，以增大前轮的转向角度；而高速行驶时，控制电动机反方向转动，从而减小前轮的转向角度。

当车速低于50km/h，AFS把转向比降到10:1，也就是驾驶员从左到右转动转向盘1.8圈，前轮就可从左极限偏转到右极限，相当于普通转向系统转向盘转动3圈的效果。车速高于50km/h后，车速每增加10km/h，转向比就提高1（即60公里/小时为11:1），当车速达到及超过150km/h时，转向比就达到最大的20:1。此外，AFS还很“聪明”，它可识别路面情况，分析转弯状态。例如颠簸路面上，为避免地面冲击引起汽车过大振动或意外跑偏，即使车速并非很高，AFS 也会把转向比设定到20:1，以求获得平稳的驾驶感觉。而在汽车高频率左右摆动方向时，AFS 会认为是在多弯路段行驶，于是设定一个较低的转向比数值。更直接的转向比，将提升车辆的转向灵敏性。而当 AFS 发现汽车处于转向的临界点时，它也会适时地对转向进行干预修正，和车身稳定系统一起共同避免失控危险。

主动式转向系统的控制组件与发动机电子控制系统、动态稳定控制系统和两只横摆率传感器相联相通（数据共享）。依据这些系统提供的信息，它以平均 100 次/s 的运算速度，提供最实时、最理想的转向角度。系统通过测量转向角度，可以掌握驾驶者的意图。动态稳定控制系统依据车轮转动的圈数可以计算出车速，而横摆率传感器则可随时监控车辆垂直轴的稳定性。

主动式转向系统不仅可减轻转向盘的操作力，提升驾驶乐趣，还能增加转向盘的转动量，提高安全性。继宝马推出该类系统后，保时捷、雷克萨斯等也在旗下部分车型上应用了类似的系统。

二、四轮转向系统（4WS）

4WS 是 Four Wheel Steering System 的缩写。普通汽车上一般使用两轮转向系统，操纵转向盘以控制前轮偏转，使汽车转向。随着高速公路和高架公路的出现，并行车辆的增多和行驶速度的提高及道路条件的变化，许多乘用车开始采用四轮转向系统，即前、后轮都能转向。4WS 可以实现低速行驶转向时进行前后轮反方向偏转操作，减小转弯半径，提高汽车的灵活性；而中高速行驶转向时进行前后轮同方向偏转操作，提高车辆转弯时的稳定性和安全性，特别是上下高速公路和高架桥的引桥需在连续同方向弯道上高速行驶时，能保持汽车处于不足转向状态，保证同向并行车辆的安全，提高了汽车的操纵性能及安全性。

4WS 有电控机械传动式、电控液压传动式和电控电动式等结构形式。

1. 电控机械传动式 4WS

如图 4-53 所示，电控机械传动式 4WS 前后轮的转向机构都是机械传动。前轮转向器为

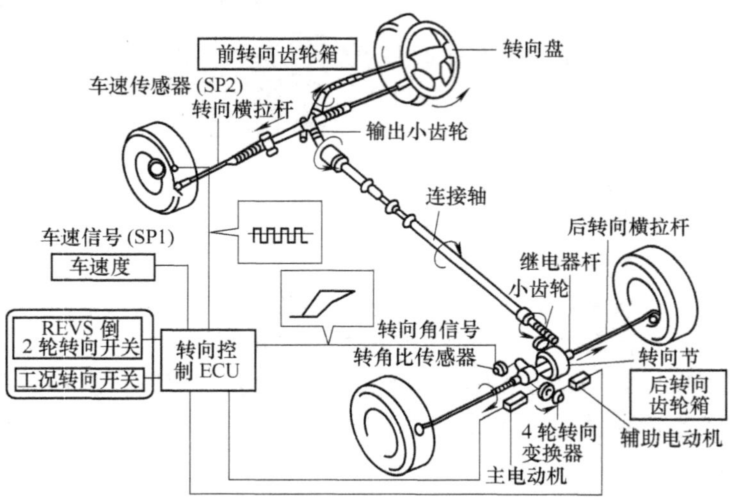

图 4-53 电控机械传动式 4WS

齿轮齿条式，在齿条运动的同时输出小齿轮旋转，通过连接轴传到后轮转向器。

后轮转向器中的转向节类似一个大轴承，如图 4-54 所示。外圈与扇形齿轮固定在一起，可绕转向节左右旋转中心偏转。内圈与从继电器杆突出的偏心轴连接，继电器杆在四轮转向变换器电动机的驱动下绕自身轴线作正向或逆向旋转，使偏心轴在转向节内作上下约 55°摆动。

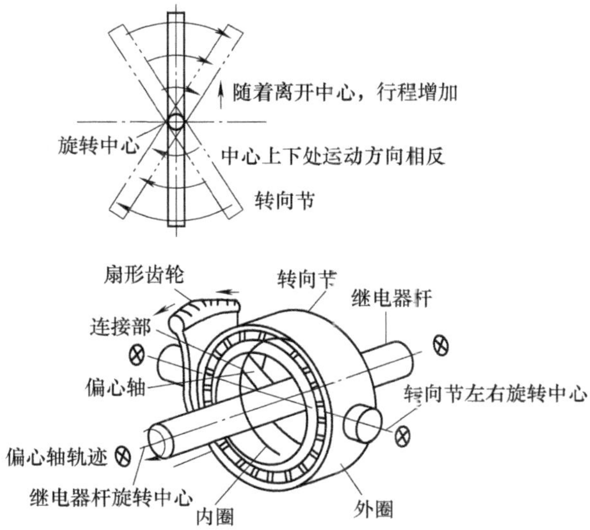

图 4-54　转向节

转向盘通过连接轴使小齿轮向左或向右旋转，进而通过扇形齿轮使转向节左右偏转，转向节经过偏心轴使继电器杆左右移动。继电器杆驱动后转向横拉杆并控制后轮转向。当偏心轴的前端位置与转向节左右旋转中心一致时，即使转向节左右偏转，继电器杆也不发生轴向移动，后轮不转向。当偏心轴的前端位置位于转向节上侧时，继电器杆与前转向横拉杆反向运动。当偏心轴的前端位于转向节下侧时，继电器杆与前转向横拉杆同向运动。

继电器杆的旋转由 4WS-ECU 通过主电动机和辅助电动机的驱动来实现。同时，转角传感器将继电器杆的偏转角度通过滑动电阻转变成模拟电压输送到 ECU，进行反馈控制。

REVS 倒 2 轮转向（倒车 2 轮转向）开关的作用是：当倒车时，接通此开关，锁住后转向，保持直线行驶，便于倒车。

2. 电控液压传动式 4WS

如图 4-55 所示，电控液压传动式 4WS 主要由储液罐、转向助力泵、分流阀总成、后轮控制阀、动力缸、车速传感器、轮速传感器、转向盘转角传感器（图中未示）、油压传感器和电控单元（图中未示）等组成。除分流阀、后轮控制阀外，其余总成与普通 2WS 车相同。

如图 4-56 所示，分流阀的作用是改变通向前轮助力转向器和后轮控制阀的油压和流量，使多余油液流回储液罐。后轮控制阀的作用是控制后轮转向，它两端的电磁线圈电流大小受 ECU 控制，其内部的滑阀在两端线圈电磁力的作用下轴向移动改变油路，使动力缸活塞杆左右移动，实现不同方向转向。

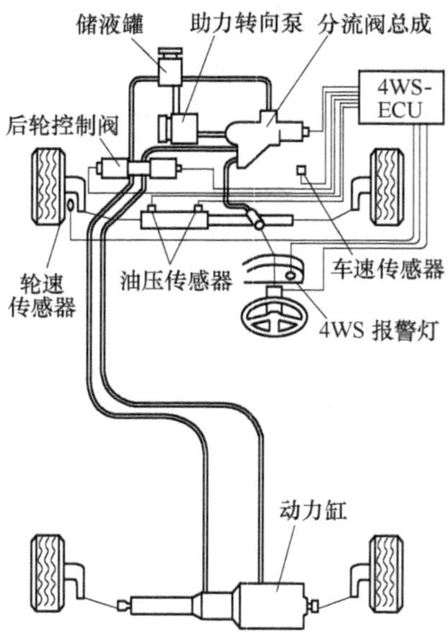

图 4-55 电控液压传动式 4WS

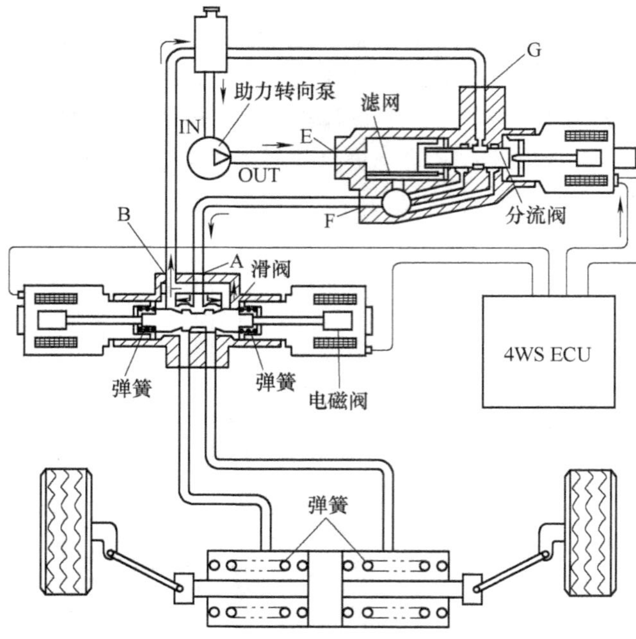

图 4-56 电控液压传动 4WS 工作原理图

当不需要后轮转向时，后轮控制阀两线圈断电，滑阀处于中间位置，A、B 两孔相通，分流阀根据电脑控制电流大小轴向移动，决定进入后轮控制阀的油量。液压油由储液罐经转向助力泵、E 孔、F 孔、A 孔、B 孔流回储液罐，处于常流状态。动力缸活塞处于平衡状态，后轮直线行驶。

当后轮需要转向（左转向）时，后轮控制阀右侧电磁阀通电，滑阀左移，A、B 油孔之间切断，液压油进入后轮转向动力缸左油室，活塞右移，推动后轮左转向。右油室油液经后轮控制阀 B 孔流回储液罐。

4WS ECU 可以根据不同车速、轮速、转向盘转角分别控制左右两侧电磁阀，实现低车速时逆向操纵，中高车速时同向操纵。同时，电磁阀电流大小也能调节，以实现“独立随动控制作用”，保证汽车不足转向特性处于稳定状态。

当系统发生异常时，仪表盘“4WS”指示灯亮，同时后轮控制电磁阀断电，后轮失去转向能力，变为 2WS。

3. 电控电动式 4WS

（1）电控电动式 4WS 的组成 电控电动式 4WS 的组成如图 4-57 所示。

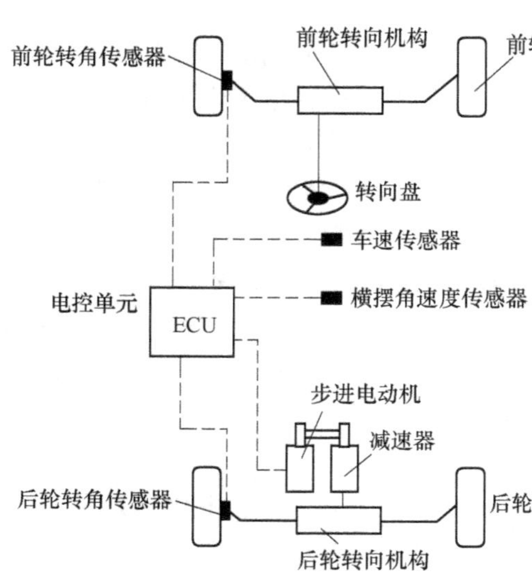

图 4-57 电控电动式 4WS 组成

（2）电控电动式 4WS 的工作原理 控制框图如图 4-58 所示。

1）工作原理。系统中前轮与普通的转向

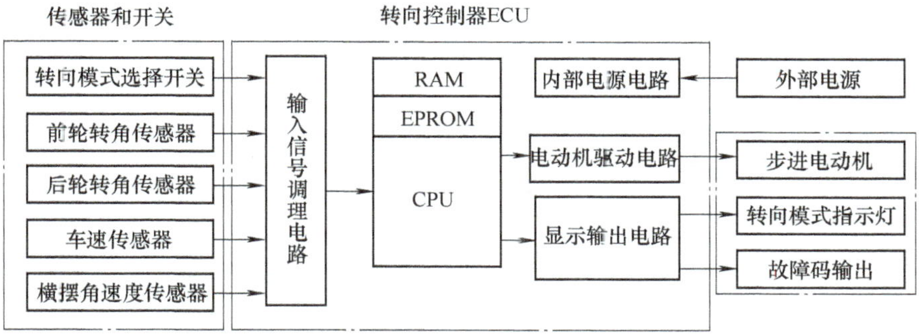

图 4-58　电控电动式 4WS 控制框图

机构相同，为机械式转向机构，而后轮则由步进电动机驱动助力转向执行机构来转向。转向时，传感器将前轮转向的信号和汽车运动的信号送入 ECU，ECU 根据预定的控制策略进行分析计算，向步进电动机发送控制命令，步进电动机动作，通过后轮转向机构控制和驱动后轮偏转。同时，ECU 实时监视汽车状况，计算目标转向角与后轮实际转向角之间的差值，以实时调整后轮的转角。这样，可以根据汽车的实际运动状态，实现汽车的四轮转向。

电控电动式 4WS 设有两种转向模式，既可进入 4WS 状态，也可保持传统的 2WS 状态，驾驶员可通过驾驶室内的转向模式开关进行选择。当 4WS 汽车在行驶过程中电子控制系统出现故障时，后轮自动回到中间位置，汽车自动进入前轮转向状态，保证汽车像普通前轮转向汽车一样安全地行驶。同时，仪表板上的“4WS”指示灯点亮，以警告驾驶员，故障情况同样被存储在 ECU 中，以便于维修时读出故障码。

2）控制模式。电控电动式 4WS 系统有两种，一种是普通型（见图 4-59），另一种是改进型。普通型电控电动式 4WS 系统，当车速低于 40km/h 时，后轮偏转的方向与前轮偏转的方向相反；而当车速高于 40km/h 时，后轮偏转的方向与前轮偏转的方向相同，如图 4-59 所示。由于实际行车转弯时车速变化较快（通常转弯时都伴随有减速过程），所以车速的判断必须有一定的范围，即在车速为 40km/h 左右的某一偏差范围内后轮不应改变其原有偏转方向。

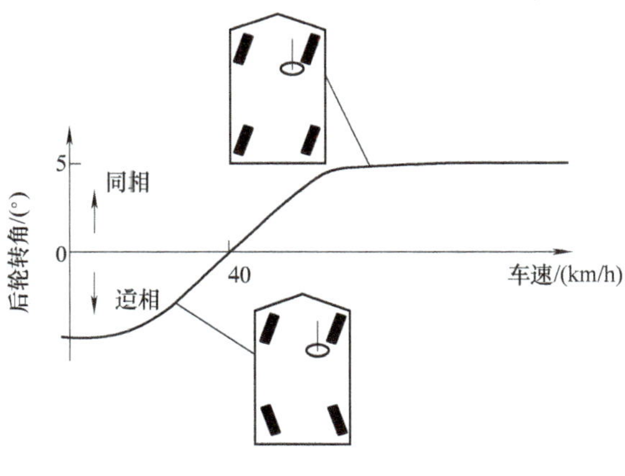

图 4-59　汽车后轮转角与车速之间的关系

改进型四轮转向控制系统的设计，能使其车身位置与行驶方向匹配，以增强其转向能力。该系统能检测汽车转向时车身的偏转情况，并按车身偏转量最小为控制原则去控制后轮偏转。即使在侧风、制动等非前轮转向而使车身与行驶方向发生偏转的因素影响下，该系统仍可通过控制后轮的偏转来获得汽车行驶的稳定性。

三、锐志电动助力转向系统电路原理图

锐志汽车电动助力转向系统电路原理如图 4-60 所示。

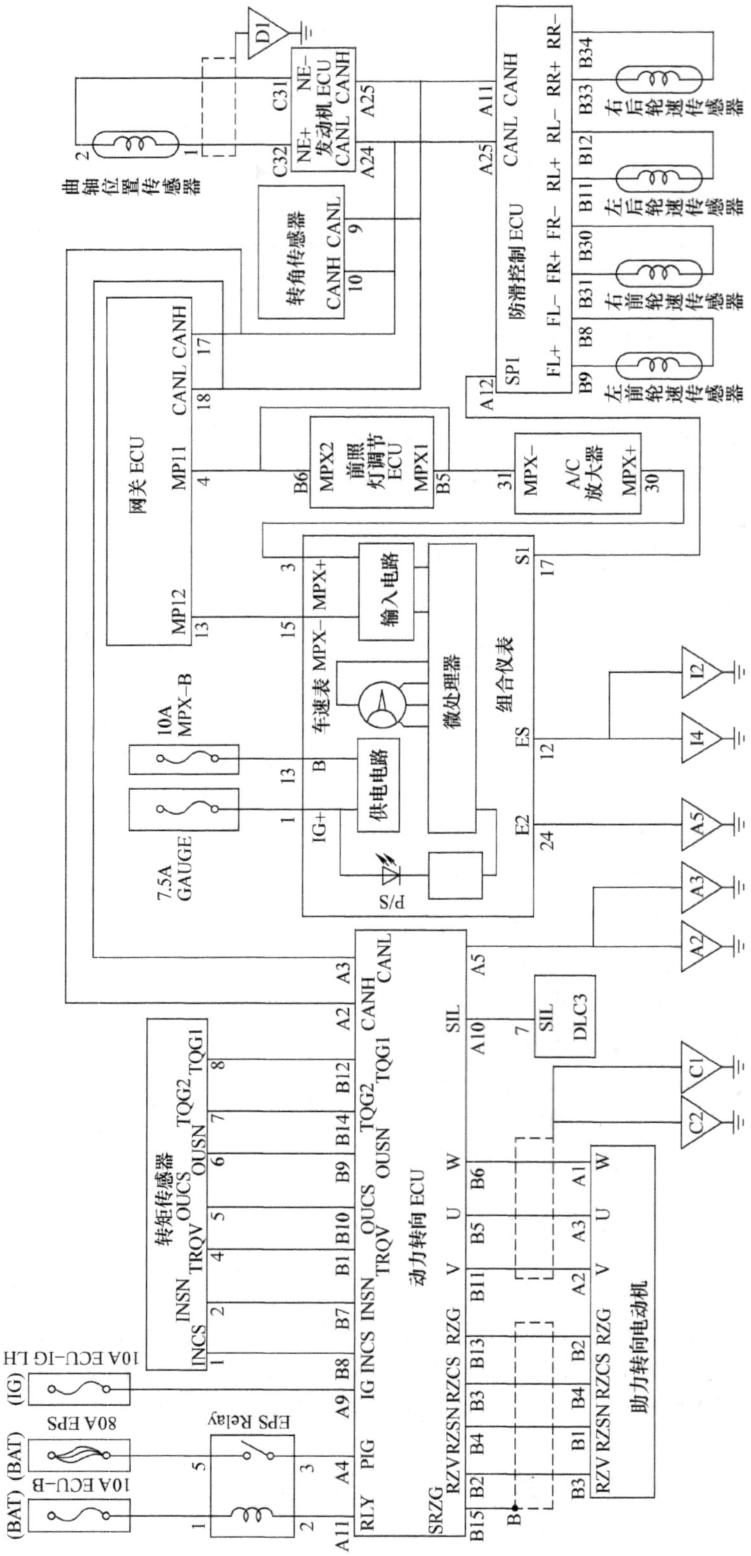

图4-60 锐志汽车电动助力转向系统电路原理图

【课堂训练与测评】

填空题

(1) 按照助力工作介质不同，助力转向系统分为（　　）助力转向系统、（　　）助力转向系统和（　　）助力转向系统三种类型。

(2) 机械液压助力转向系统一般由助力液压泵、（　　）、（　　）、机械转向器、储油罐和输油管组成。

(3) 如果转向液（　　）或（　　），则表示转向油液内已渗入空气，此时应进行（　　）操作。

(4) 汽车助力转向系统油压测试的条件包括液压油（　　）、（　　）转速和（　　）位置。

(5) 转向油泵传动带打滑会引起转向盘（　　）。

(6) 转向控制阀（　　）损坏或太软，难以克服转向器逆传动阻力，使阀套不能及时回位，会引起转向跑偏。

(7) 动力转向泵损坏或磨损严重或液体中（　　）导致噪声过大。

(8) 油泵内（　　）失效，使输出压力过低，可引起转向沉重。

(9) 转向控制阀或动力液压缸活塞发卡，可引起转向（　　）。

(10) 液控液压助力油泵的主体结构与（　　）油泵相同，只是在油泵的（　　）处加装了调压器。

(11) 液控液压助力油泵在发动机低速时，输出油量（　　）。

(12) 现代索纳塔乘用车 EPS 在液压式助力转向系统的基础上增加了（　　）、电子控制模块和（　　）传感器等。

(13) EPS ECU 根据（　　）信号给电磁阀通一可变（　　）。车速（　　），电流变大，助力油压（　　）；反之，助力油压（　　）。

(14) 若出现转向（　　）或车辆在（　　）速行驶时转向力轻，应检查 EPS 电子控制系统工作是否正常等。

(15) 电动助力转向装置有电动机驱动（　　）、电动机减速后直接驱动（　　）和电动机经电磁离合器偶合将力矩传给（　　）三种传动形式。

(16) 电动助力系统，在同一车速下，转向力矩（　　），助力电动机电流（　　），助力作用越大。

(17) 电动助力系统，在同一转向力矩下，车速（　　），助力电动机电流（　　），助力作用越大。

(18) 电动助力转向系统的故障诊断程序与一般电控系统（　　）。

(19) 电动助力转向控制单元总成未正确（　　）会引起左右转向力矩不同或不均。

(20) 当更换动力转向 ECU、更换转向拉杆总成、左右转向力矩不同时需进行（　　）转角传感器值初始化和转矩传感器（　　）。

(21) 进行助力转向电动机转角传感器值初始化和转矩传感器零点校正（　　），需清除故障码“转矩传感器零点调整未完成”“转角传感器初始化未完成”。

项目五 电控制动系统维修

项目描述

从汽车诞生时起，制动系统就在汽车安全方面起着至关重要的作用。近年来，随着汽车行驶速度的提高，这种重要性表现得越来越明显。目前关于汽车制动的研究主要集中在控制方面，包括制动控制的理论和方法，以及采用新的技术。比较成熟的应用技术有电子控制防抱死制动系统（ABS）、驱动轮防滑转系统（ASR）、电子制动力分配装置（EBD）以及电控行驶平稳系统（ESP），近年来又出现了电子制动控制系统（EBC）。随着汽车网络技术的发展，出现了转向、制动协同控制的车辆动态控制系统——车辆动态集成管理（VDIM）等，使汽车主动安全性能得到了很大提高。

电控制动系统的维修主要包括液压系统的检测与维护、电控系统各元件及其电路的检测及故障诊断等。

知识要点

电控制动系统的组成；各组成元件的作用及基本工作原理；各种电气元件的检测参数；常见故障检测、试验及分析思路。

技能要点

电控制动系统维护；各组成元件的检修，故障诊断方法以及分解、组装、试验和调整。

知识准备

一、常用名词

1. 附着力与附着系数

附着力是轮胎与路面之间切向作用力的最大值。附着力的大小等于附着系数和路面对轮胎垂直约束力的乘积。附着系数的大小与轮胎类型、轮胎气压、路面情况、车速、负荷和温度等因素有关。

2. 滑移率

滑移率表示车轮纵向运动中滑动成分所占的比例，定义为

$$S = \frac{(v - r\omega)}{v} \times 100\%$$

式中　v——车轮中心的速度，单位为 m/s；

ω——车轮的角速度，单位为 rad/s；

r——车轮的滚动半径，单位为 m。

试验表明：当滑移率为 15% ~30%（轮胎处于滑移的临界状态）时，纵向附着系数最大，而横向附着系数在滑移率为 0 时最大，如图 5-1 所示。

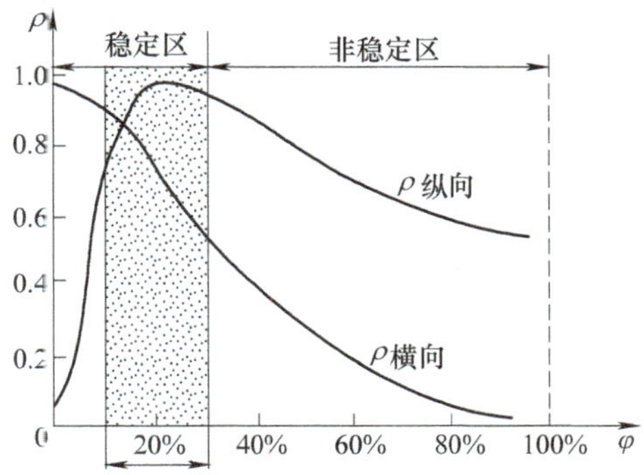

图 5-1　附着系数 ρ 与滑移率 φ 的关系

二、电控制动系统的功能、组成和工作过程

1. 防抱死制动系统（ABS）

（1）防抱死制动系统的功能　ABS 的作用就是在各种路面和行驶状态紧急制动时，保持滑移率在 15% ~30%之间，从而保证最佳制动状态，使制动方向稳定性和方向操纵性得到改善。

（2）防抱死制动系统的组成　图 5-2 所示为富康车采用的 BOSCH5. 3ABS 系统的组成。可以看出，ABS 系统是在原液压制动系统的基础上增加了轮速传感器、传感器感应齿圈、

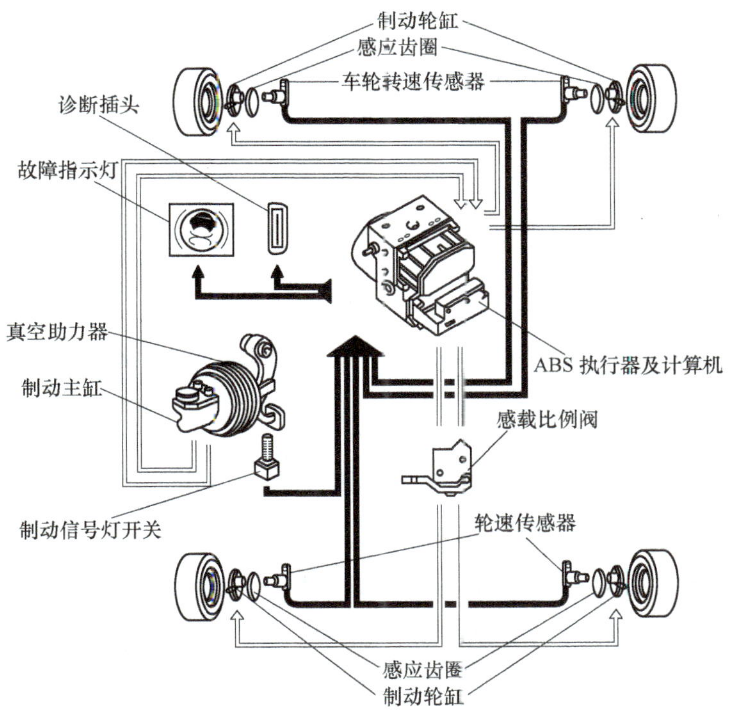

图 5-2　BOSCH5. 3ABS 系统组成

ABS 计算机、ABS 执行器、故障指示灯和诊断插头等组成。电路原理如图 5-3 所示。

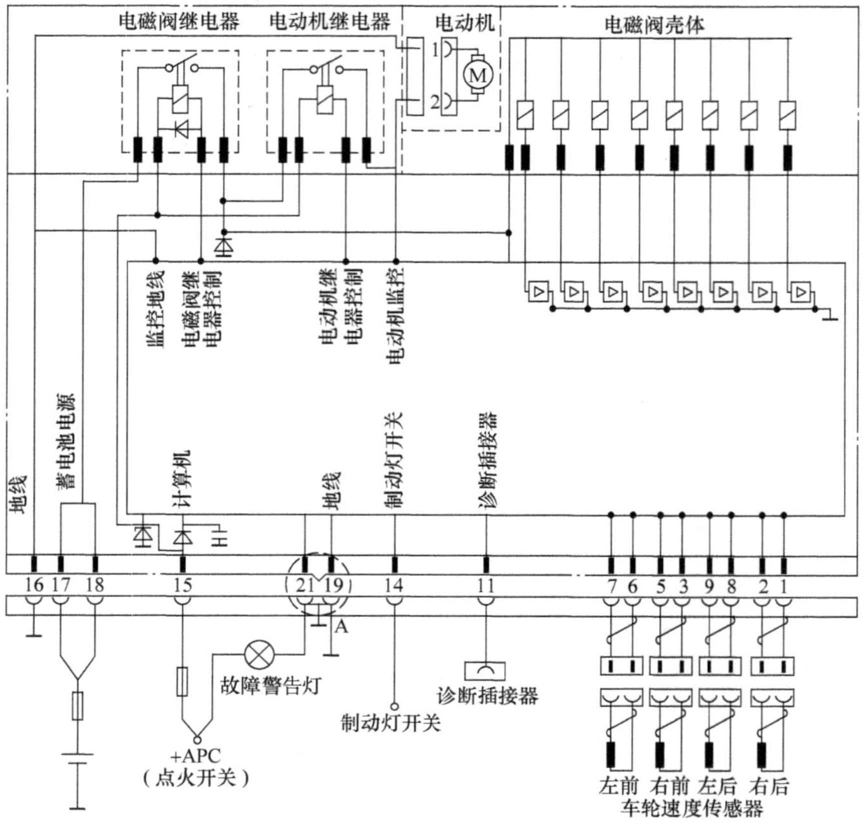

图 5-3 BOSCH5. 3ABS 计算机连接电路

（3）防抱死制动系统的工作过程　各种 ABS 的电路及工作过程稍有差异，但基本规律一致，见表 5-1。

表 5-1 ABS 的工作规律

1	自检状态	点火开关处于“ON”时，ABS 灯亮 2～6s 后熄灭为正常；或起动后灯灭也为正常，此时回油泵短暂工作
2	等待状态	自检后向 ABS 主继电器提供工作电压，ABS 灯灭，电路处于平衡状态；否则，警告灯常亮报警
3	制动状态	ABS 系统工作的前提条件是制动开关闭合。搭铁电压信号给 ABS ECU，等待将要抱死的轮速信号的到来
4	调压状态	任何一个车轮出现将要抱死的信号，调压电磁阀进行调压，制动踏板产生反弹，回流泵连续工作

BOSCH5. 3ABS 的具体工作过程如下：

1）点火开关处于“ON”位，蓄电池为计算机、电磁阀继电器、电动机继电器线圈提供电源。ABS 计算机进行自检，同时点亮故障警告灯，自检时间约 3s。

2）自检结束，若系统正常，故障警告灯熄灭。若系统有故障，警告灯继续亮，ABS 退出工作状态。

3）制动灯开关闭合，为 ABS 计算机提供制动开始信号。ABS 计算机开始监控轮速传感器信号，并接通电磁阀继电器线圈搭铁回路，于是电磁阀继电器触点闭合，为电动机继电器、电磁阀供电。

4）若车轮转速符合升压条件，计算机切断电磁阀和电动机继电器线圈搭铁回路，轮缸制动压力升高。

5）若车轮转速符合降压条件，计算机接通负责该车轮的两个电磁阀和电动机继电器线圈搭铁回路，电动机带动回油泵工作，轮缸制动压力下降。

6）若车轮转速符合保压条件，计算机接通负责该车轮的进油电磁阀搭铁回路，该车轮进、排油电磁阀均关闭，轮缸制动压力保持不变。

7）电控系统出现故障，ABS 进入失效保护状态。故障灯点亮报警，所有电磁阀断电、电动机断电，制动系统转换为常规制动，ABS 不起作用。

（4）防抱死制动系统的制动压力调节过程　如图 5-4所示，当汽车开始制动时，制动压力上升，车速直线下降，滑移率上升，车轮开始抱死滑移。ABS 系统迅速降压，使车轮的滑移率回复到稳定区，并保持一定的制动压力。当车轮开始转动时又将制动压力升高，稍微超过稳定界限，又再次降压，使滑移率又回到稳定区，如此反复。其升降频率为 10～20 次/s，可将车轮的滑移率保持在最佳范围内，以获得最佳制动效果。

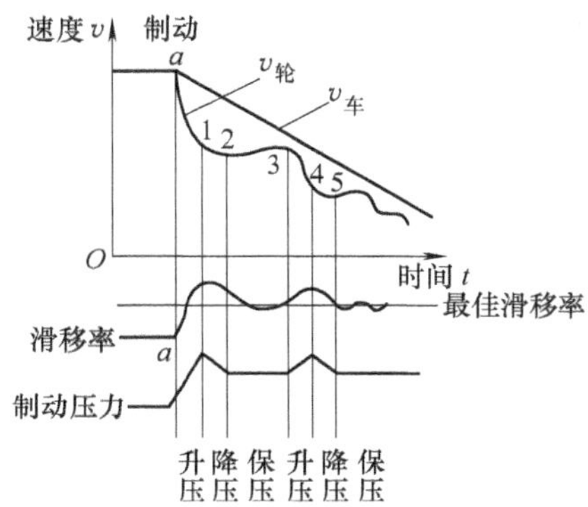

图 5-4　ABS 工作过程

1）常规制动（升压）过程。如图 5-5 所示，在车轮转速高于设定值，没有趋于抱死之前，进油电磁阀（常开型）、排油电磁阀（常闭型）和油泵电动机均不通电。进油电磁阀接通总泵与分泵之间的油路，轮缸制动油压随总泵油压上升。

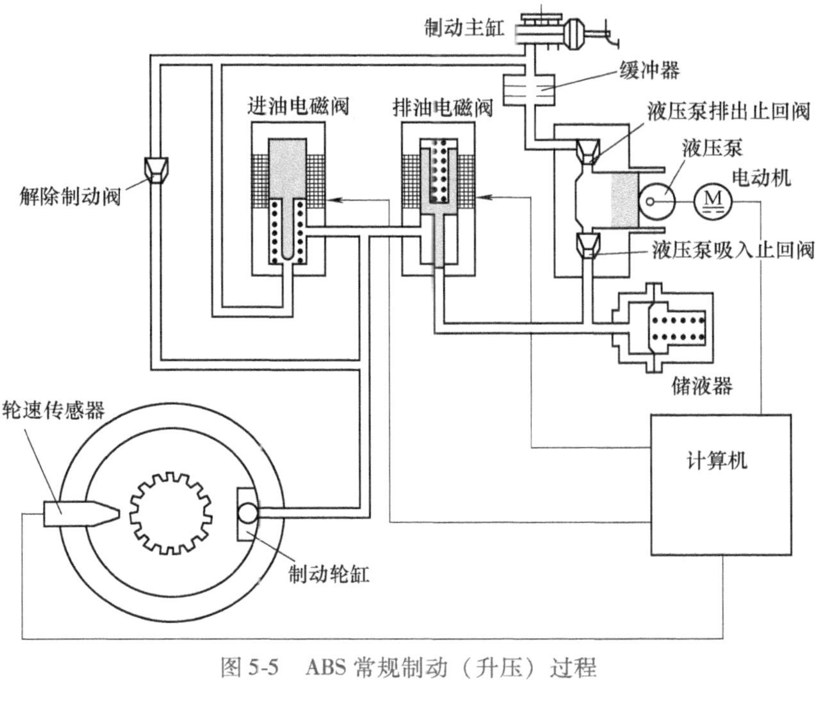

图 5-5　ABS 常规制动（升压）过程

2）保压过程。如图5-6所示，在车轮转速达到设定值时，计算机控制进油电磁阀通电闭合，排油电磁阀断电闭合，油泵电动机不通电。进油电磁阀截断主缸与轮缸之间的油路，轮缸制动油压保持不变。

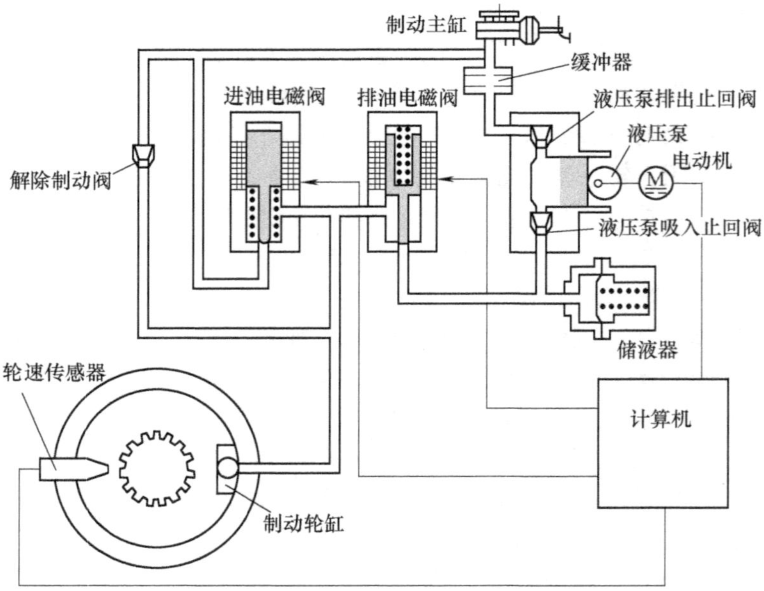

图5-6 ABS保压过程

3）降压过程。如图5-7所示，当车轮转速低于设定值趋于抱死时，计算机控制进油电

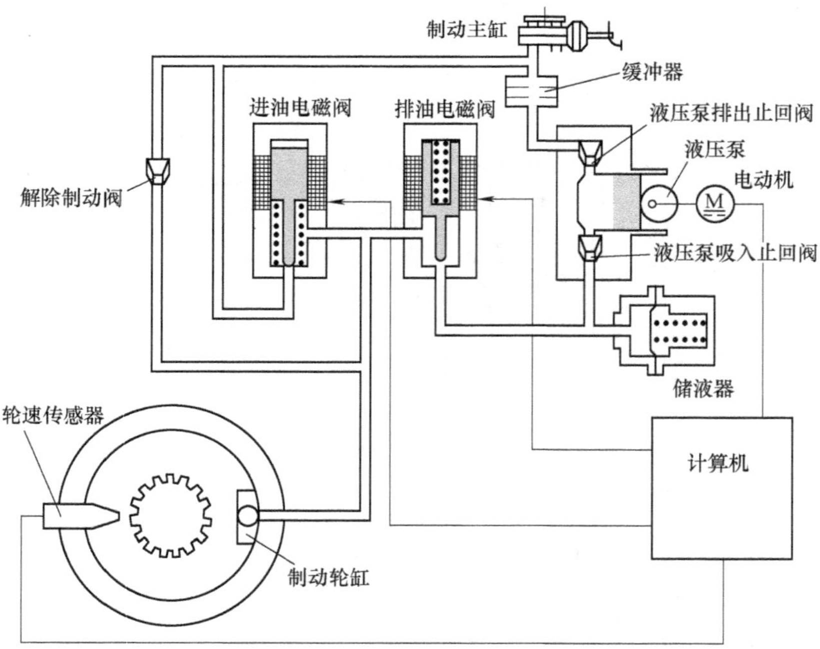

图5-7 ABS降压过程

磁阀通电闭合，排油电磁阀通电打开，油泵电动机通电带动油泵运转，将制动轮缸中的制动油液泵回主缸。轮缸制动压力下降，制动踏板因油液回流而反弹，产生顶脚现象。

2. 电子制动力分配（EBD）系统

EBD是Electric Brake force Distribution的缩写。

理论与实践证明，在平直道路上，汽车制动过程中若前轮先抱死滑移，汽车能够维持直线减速停车，汽车处于稳定状态。如果后轮比前轮提前抱死，汽车在横向干扰力作用下将发生甩尾或回转运动。制动车速越高，这种现象越明显，所以后轮先抱死极易导致车辆失去制动方向稳定性。

EBD可依据车辆的重量和路面条件来控制制动过程，自动以前轮为基准去比较后轮的滑移率，如发觉前后车轮有差异，而且差异程度必须被调整时，它就会调整汽车后轮的制动液压，使前、后轮的液压接近理想的制动力分布。因此，在ABS动作起动之前，EBD已经平衡了每一个轮的有效抓地力，防止出现后轮先抱死的情况，改善制动力的平衡并缩短汽车制动距离。

EBD实际上是ABS的辅助功能，它可以提高ABS的效用。在装备有ABS的汽车上不需增加任何硬件，只需通过软件就可以实现制动力分配的功能。

3. 电子差速系统（EDS）

EDS是Electronic Differential System的缩写。

普通差速器由于其转矩等量分配特性，当汽车的一侧驱动轮滑转时，另一侧的驱动轮所分配到的转矩也很小，汽车将不能行驶。如果遇到此种情况，可对滑转的驱动轮施加适当的制动力，则另一驱动轮就会得到同样的驱动力，从而驱动汽车行驶，这正是EDS的作用。故EDS只对某一个滑转驱动轮的制动压力进行调节。

图5-8所示为BOSCH5.3ABS/EDS液压系统简图（常规制动状态）。可以看出，EDS在

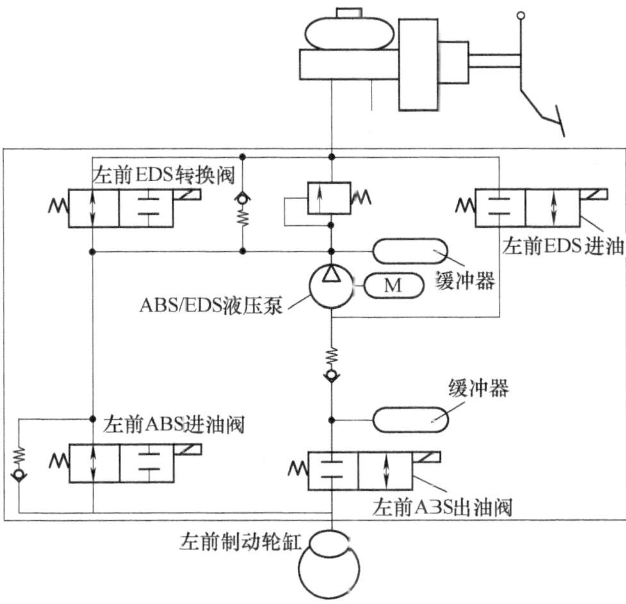

图5-8　BOSCH5.3ABS/EDS液压系统简图

ABS 的基础上对每个驱动车轮增加了两个电磁阀，即 EDS 转换阀（常开型）和 EDS 进油阀（常闭型）。轮速传感器与 ABS 公用。

ABS 单独起作用时，EDS 转换阀和 EDS 进油阀均处于断电状态。ABS 进油阀、出油阀的工作过程不再赘述。

EDS 作用液压原理如图 5-9 所示，当检测到（左前）车轮驱动滑转时，EDS 转换阀、EDS 进油阀通电触发，ABS/EDS 油泵运转，将制动液从制动液罐中抽出并在（左前）制动轮缸中产生压力，制动（左前）车轮。

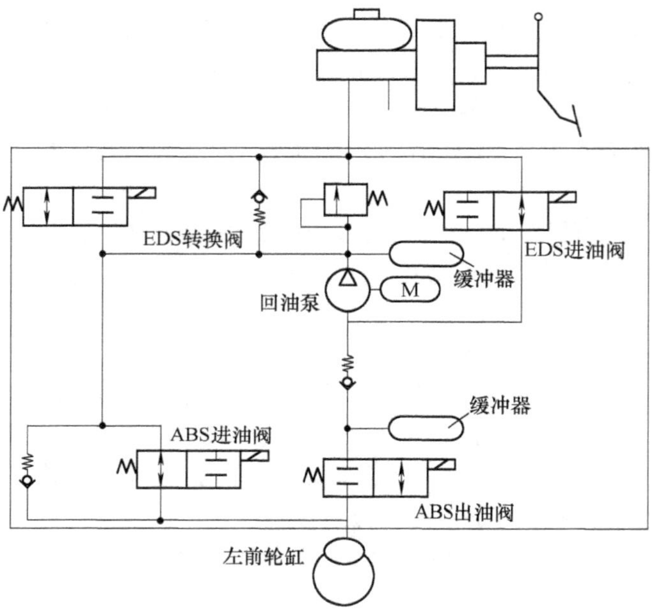

图 5-9　EDS 作用液压原理图

4. 驱动防滑转（ASR）系统

ASR 是 Acceleration Slip Regulation 的缩写。

ASR 是在 ABS 的基础上发展起来的，ASR 通过调节驱动轮的牵引力防止汽车急起步、急加速和急转向工况下的驱动轮滑转，将滑移率控制在 15% ~30% 范围内，提高车辆稳定性。因此，驱动防滑转系统 ASR 也被称为牵引力控制系统 TCS（Traction Control System）或 TRC。

（1）ASR 控制驱动轮最佳滑移率的方式主要有以下两种。

1）对发动机输出转矩进行控制。当系统检测到两驱动轮滑转时，即通过减小喷油量、减小点火提前角、减少进气量等方法降低发动机的输出转矩，使汽车获得最大驱动力。

2）对驱动轮进行制动控制。当发动机输出转矩减小后仍然检测到有驱动轮滑转时，可对滑转的驱动车轮直接实施制动（增加制动轮缸的压力）。该方式反应快，作用迅速，且具有差速锁的效果。

（2）ABS 系统与 ASR（TCS/TRC）系统异同比较

1）相同点：两者都是利用轮速传感器信号控制车轮制动力矩，使其在最佳滑移区工作，从而缩短制动距离，改善行驶稳定性、操纵性。

2）不同点主要有：

① ABS 系统对所有车轮都进行控制。ASR 系统只对驱动轮进行控制，并由驾驶员通过选择开关来确定是否使用 ASR 系统。

② ASR 系统只在一定车速范围内调节，一般在 80km/h 以上时不调节。

③ ABS 系统只调节制动压力，ASR 系统的调节包括发动机输出转矩调节和制动压力调节。

（3）ABS/TCS 系统的工作过程

1）电路工作过程。由图 5-10 所示的伊兰特 ABS/TCS 电路原理可以看出，与 ABS 系统相比，增加了 TCS 警告灯、TCS OFF 功能灯、TCS 开关、TCS 电磁阀（两个）、与 PCM 之间的通信线 CANBUS 线（低）、CANBUS 线（高）。电路工作过程如下：

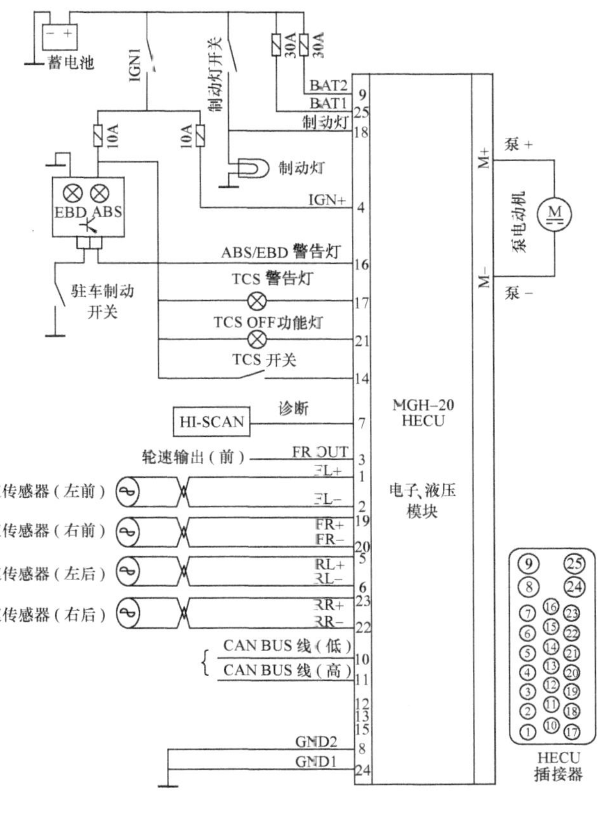

图 5-10　ABS/TCS 电路原理图（伊兰特）

① 点火开关处于“ON”位，ABS ECU 开始自检，ABS 警告灯、TCS 功能灯、TCS 指示灯、EBD 警告灯均点亮或闪烁。

② 约 3s 后自检结束，ABS 处于等待工作状态，若 TCS 开关处于“OFF”位，TCS 也处于等工作状态。ABS 警告灯、TCS 功能灯、TCS 指示灯均熄灭，EBD 警告灯在驻车开关处于“OFF”位时熄灭。

③ 行驶过程中，ABS 控制模块随时监控驱动轮速信号、制动开关信号、从 PCM 传来的

车速信号及经 CAN 数据线传来的发动机转速、节气门开度等信号，当相应信号达到控制门限时，TCS 进入干预状态，如图 5-11 所示。

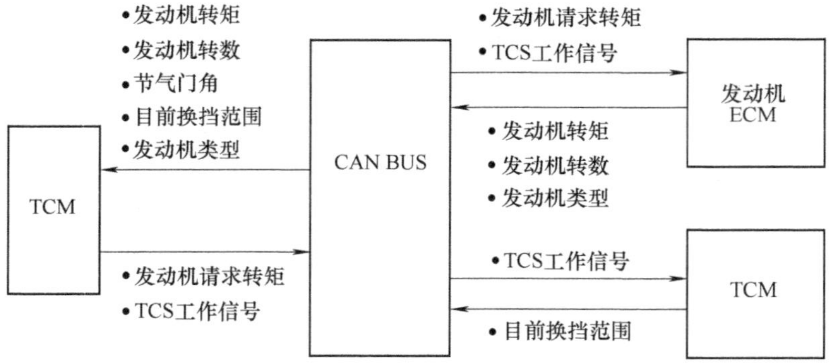

图 5-11　TCS 与 ECM、TCM 信息交换

紧急制动时，ABS 控制模块首先通过 CAN 数据线向 PCM 发出减小发动机输出转矩请求，PCM 减小发动机点火提前角，降低驱动转矩，减轻滑转。

若 ABS 控制模块在发出减小发动机转矩请求后，仍然检测到有驱动轮滑转，则起动 ABS 泵电动机带动油泵工作产生液压，同时向 TCS 电磁阀发出指令，将适当的油压送到滑转驱动轮的轮缸对其实施制动。此时，TCS 功能灯闪亮。

④ 若 TCS 开关处于“ON”位，TCS 退出工作，TCS 功能灯点亮。TCS 系统仅在湿滑路面上行驶时使用，在好路面或在举升机上检查传动系统时应停止 TCS 的工作。

2）ABS/TCS 液压系统工作过程。液压系统组成原理如图 5-12 所示，由图可以看

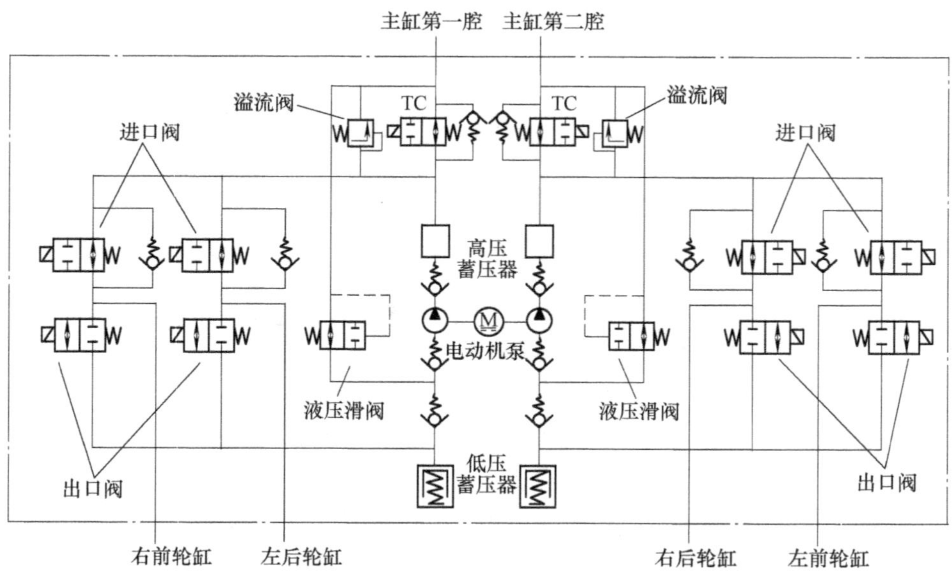

图 5-12　ABS/TCS 液压系统原理图

出，ABS/TCS 比单独的 ABS 增加了两个 TC 2/2 电磁阀、两个 2/2 液压阀和两个溢流阀。

① 常规制动时，所有电磁阀均断电，主缸与轮缸相通，轮缸制动压力随主缸增大而增大。

② ABS 工作时，TC 2/2 电磁阀接通，电控单元根据各轮速信号控制各轮缸进口和出口电磁阀的打开或关闭以及电动油泵的起动或停止，以调节制动油压，控制滑移率。

③ EBD 工作时，电控单元根据各轮速信号比较前后轮的制动压力大小，控制后轮缸进口和出口电磁阀的打开或关闭以及电动油泵的起动或停止，调节后轮制动油压，使前后轮制动力分配接近理想状态。

④ TCS 制动干预。若驱动轮滑转（如左前轮），需要进行制动干预，其液压油路工作过程如下：

a. TCS 增压状态。TCS 增压状态液压油路如图 5-13 所示，此时 TC2/2 电磁阀通电关闭、右后轮缸进口阀通电关闭、左前轮缸进口阀断电打开、左前轮缸出口阀断电关闭，且油泵电动机起动，液压油由主缸第二腔、液压滑阀和单向阀被吸入油泵。加压后，经高压蓄压器、左前轮缸进口阀进入左前轮缸，对左前轮实施制动。

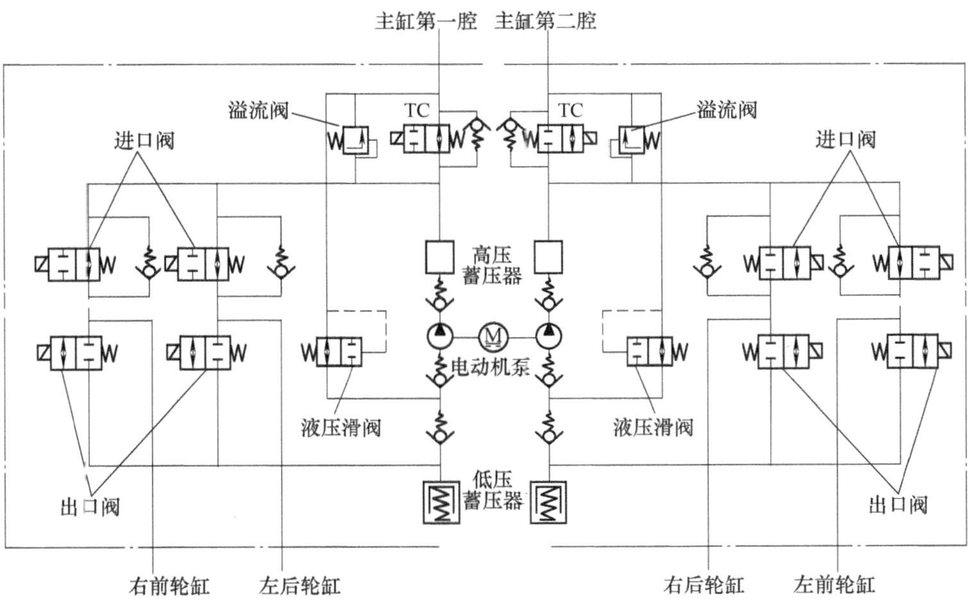

图 5-13　TCS 制动增压状态

b. TCS 保压状态。当检测到左前驱动轮的滑移率达到规定值时，在增压状态的基础上，左前轮缸进口阀通电关闭，如图 5-14 所示，轮缸内油压保持不变。

c. TCS 降压状态。若检测到左前驱动轮的滑移率小于规定值时，则会在保压状态的基础上，左前轮缸出口电磁阀通电打开，轮缸中的液压油经出口阀、单向阀流回液压泵的进油口，如图 5-15 所示，左前驱动轮缸的制动油压下降。

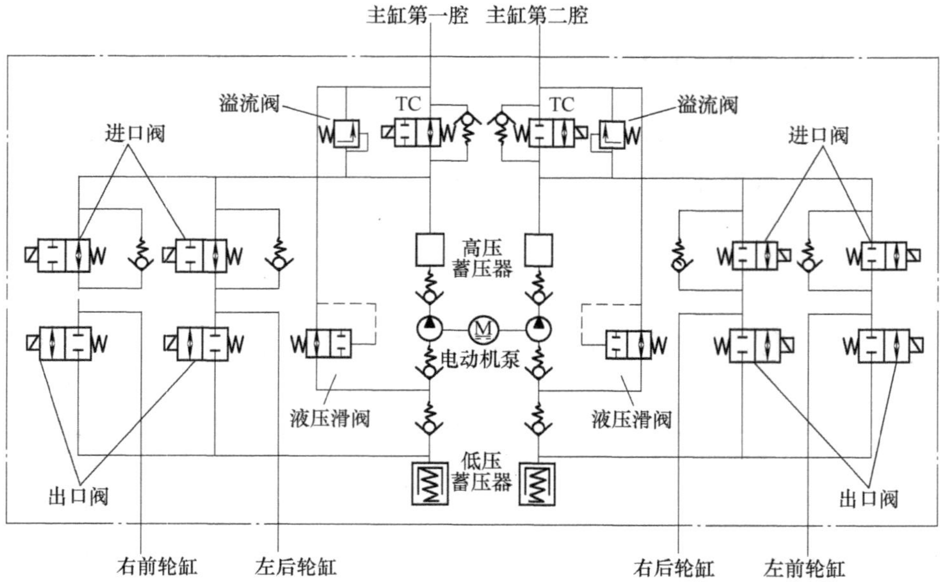

图 5-14 TCS 保压状态

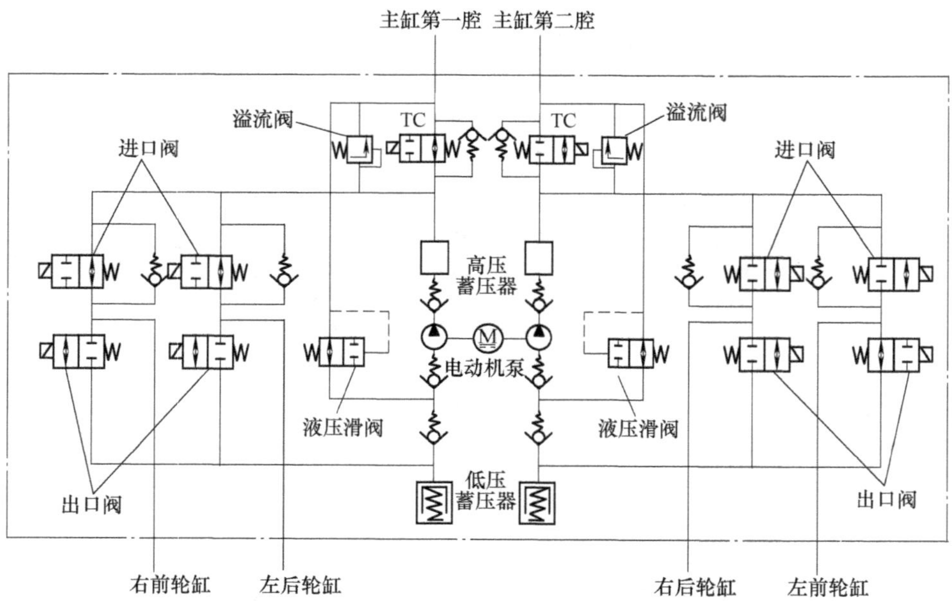

图 5-15 TCS 降压状态

5. 电子稳定程序（ESP）系统

ESP 是 Electronic Stability Program 的缩写，其主要功能是校正汽车转向行驶循迹方向，稳定汽车，提高汽车的主动安全性。

(1) ESP系统的组成　ESP系统是在ABS的基础上，增加了转向盘转角、横向偏摆率两个主要传感器。别克荣御BOSCHESP8.0系统的组成及主要元件的安装位置如图5-16所示。

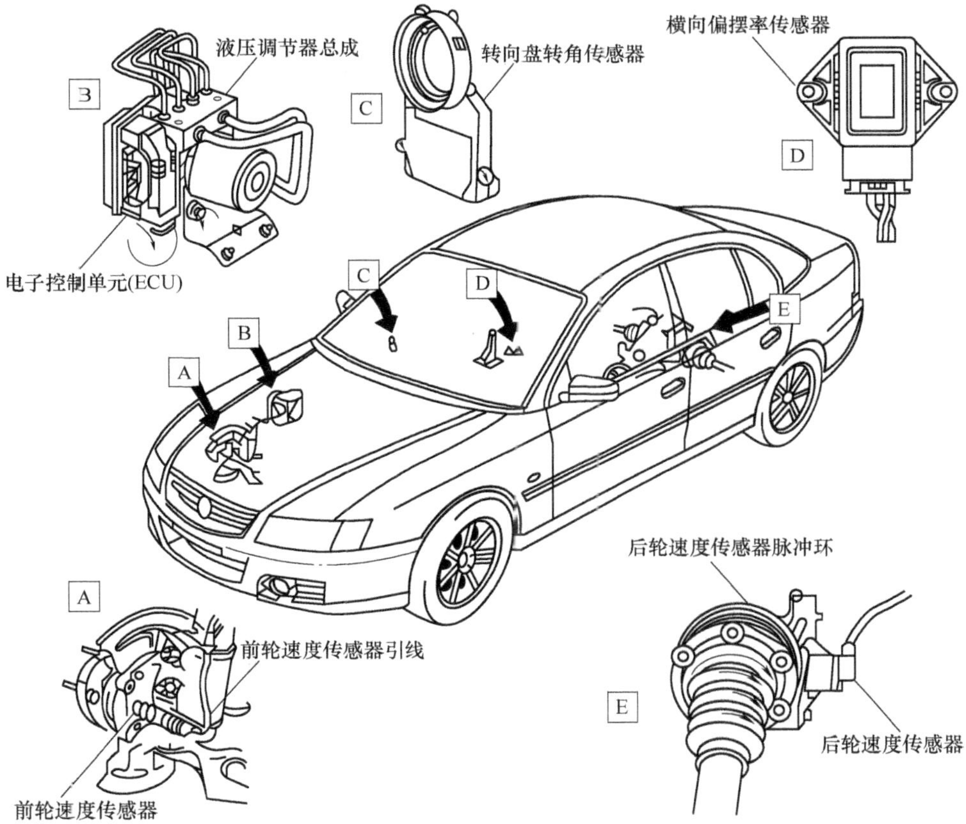

图5-16　别克荣御ESP系统组成

(2) ESP系统的油路工作过程　别克荣御ESP系统液压系统的组成及布置如图5-17所示，图中出口阀、隔离阀为常闭型，进口阀、起动阀为常开型。

ESP系统兼有常规制动、ABS、EBD、EDS和TCS功能，下面分别作简要说明。

1) 常规制动过程。常规制动时，所有电磁阀均断电，制动主缸与轮缸直接相通，如图5-17所示。

2) ABS工作过程。在ABS调节过程中，隔离电磁阀、起动电磁阀仍保持断电，ESP电控单元根据轮速信号控制各轮进口阀、出口阀关闭或打开并适时起动油泵电动机，调节相应车轮制动轮缸油压，控制车轮滑移率。详细过程可自行分析。

3) EBD工作过程。在EBD调节过程中，隔离电磁阀、起动电磁阀、前轮进口阀和前轮出口阀均断电。在制动力增长阶段车轮没有出现抱死趋势之前，ESP电控单元根据前后轮速信号控制后轮进口阀、出口阀关闭或打开并适时起动油泵电动机，调节后轮制动轮缸油压，使前后轮制动力分配保持在理想状态。

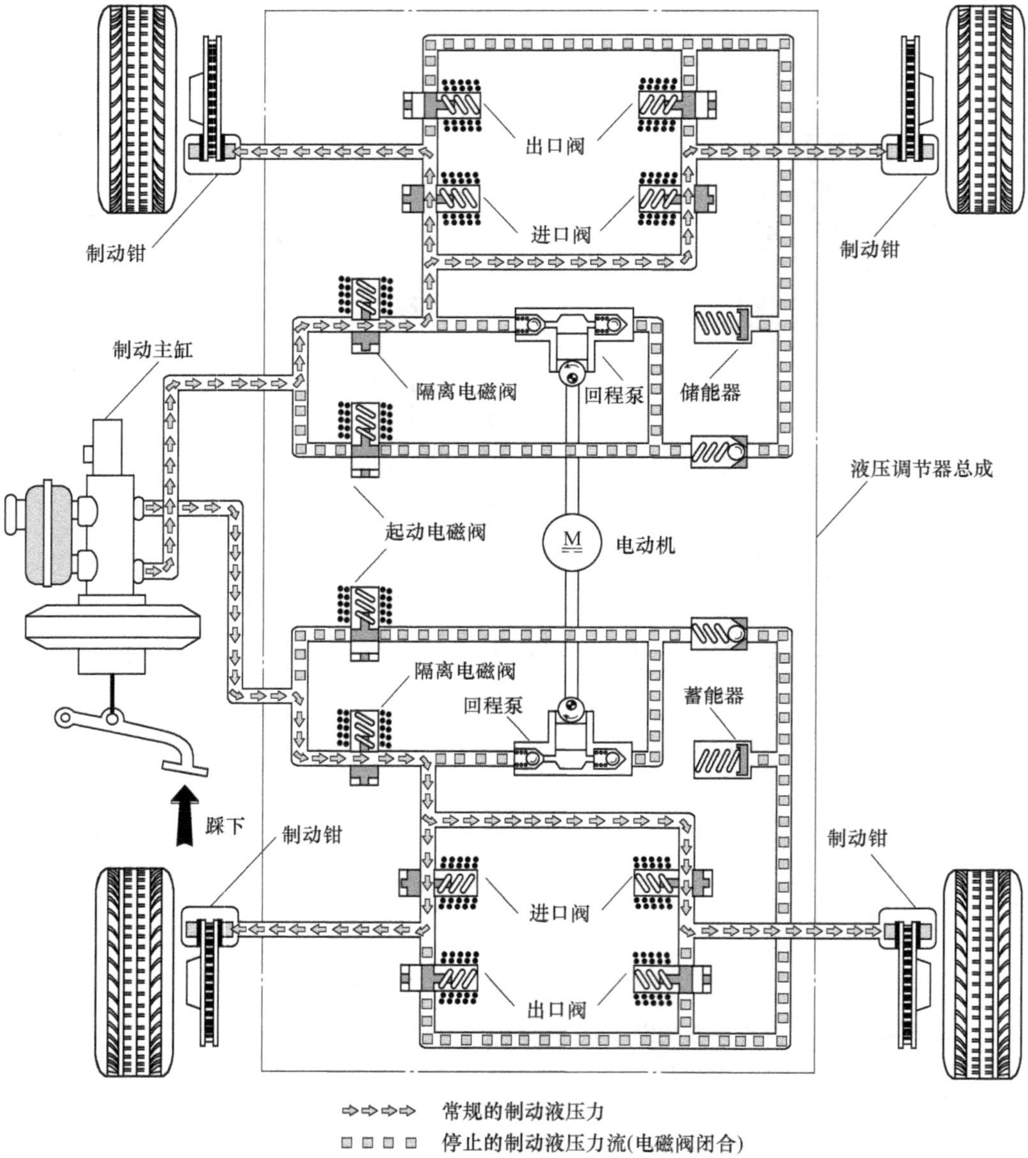

图 5-17 荣御 ESP 液压系统（常规制动）组成

4）TCS/EDS 工作过程。在汽车驱动过程中，ESP 发现驱动轮滑转时，首先向发动机电控单元发出请求减小发动机转矩信号，若在发动机电控单元执行减小转矩输出功能后仍检测到驱动轮滑转，则起动 TCS/EDS 调节。此时隔离电磁阀通电关闭、起动电磁阀通电打开，非滑转驱动轮的进口阀通电关闭、出口阀断电关闭，滑转驱动轮的进口阀断电打开、出口阀断电关闭，电动机带动回程泵运转，将制动液压油从制动主缸经起动电磁阀、进口电磁阀压入滑转驱动轮的制动轮缸，实施制动干预。在制动过程中，ESP 根据滑转情况通过进口阀和出口阀调节制动压力，如图 5-18（左后驱动轮）所示。

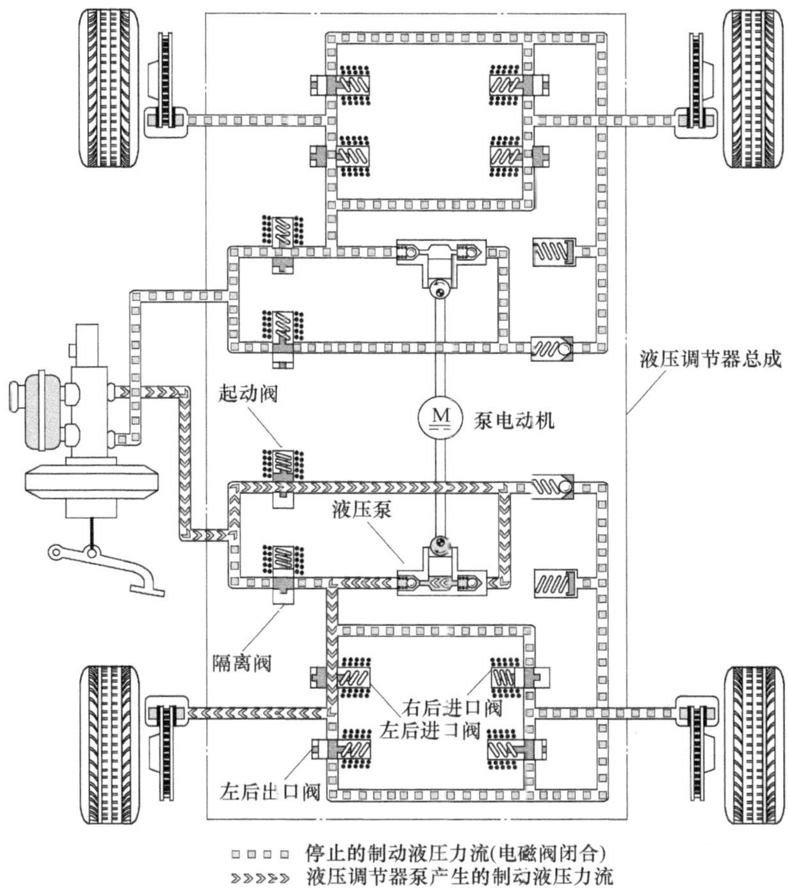

图 5-18　ESP 系统 TCS 制动干预油路图

5）ESP 工作过程如下：

① 当 ESP 检测到汽车出现转向不足时，可以对一个或两个内侧车轮施加制动，以保证汽车按照驾驶员理想的转向角度行驶，如图5-19所示。

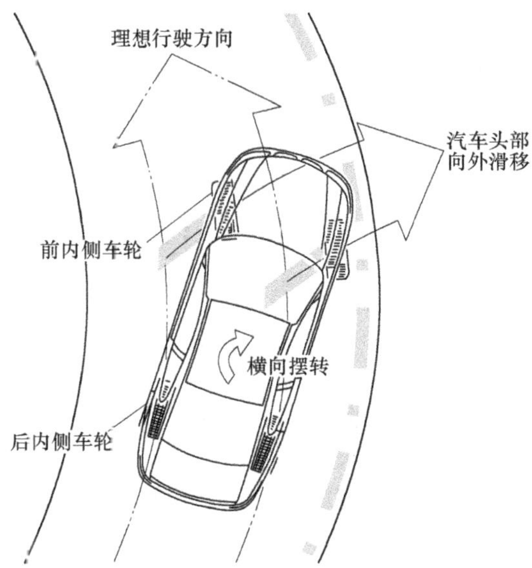

图 5-19　汽车转向不足示意图

液压调节器的工作如图 5-20 所示，隔离电磁阀通电关闭、起动电磁阀通电打开，内侧车轮的一个或两个进口阀断电打开、出口阀断电关闭，外侧车轮的进口阀通电关闭、出口阀断电关闭，电动机带动液压回程泵运转，将制动液压油从制动主缸经起动电磁阀、进口电磁阀压入一个或两个内侧车轮制动轮缸，实施制动干预。在制动过程中，ESP 根据汽车的横向摆转情况通过进口阀和出口阀调节制动压力。

② 当 ESP 检测到汽车出现转向过度时，

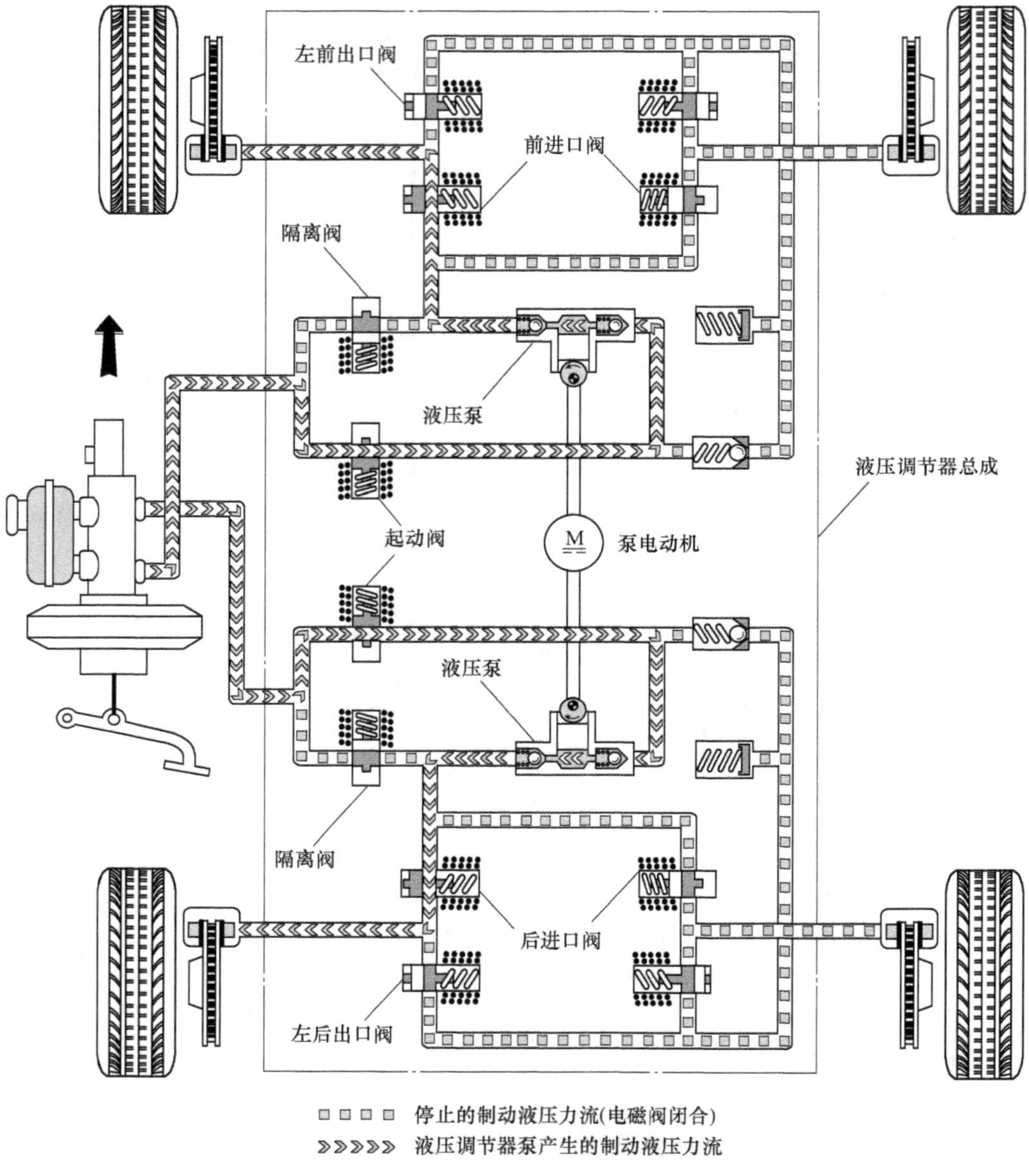

图 5-20 ESP 转向不足控制油路图

可对一个或两个外侧车轮施加制动，以保证汽车按照驾驶员理想的转向角度行驶，如图 5-21 所示。

液压调节器的工作如图 5-22 所示，隔离电磁阀通电关闭、起动电磁阀通电打开，外侧车轮的一个或两个进口阀断电打开、出口阀断电关闭，内侧车轮的进口阀通电关闭、出口阀断电关闭，电动机带动液压回程泵运转，将制动液压油从制动主缸经起动电磁阀、进口电磁阀压入一个或两个外侧车轮制动轮缸，实施制动干预。在制动过程中，ESP 根据汽车横向摆转情况通过进口阀和出口阀调节制动压力。

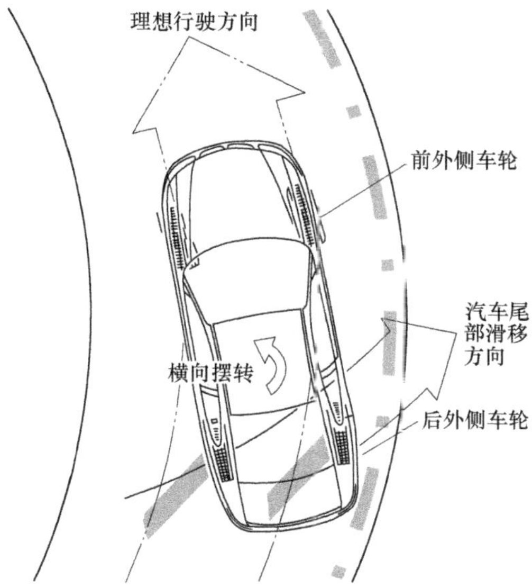

图 5-21　汽车转向过度示意图

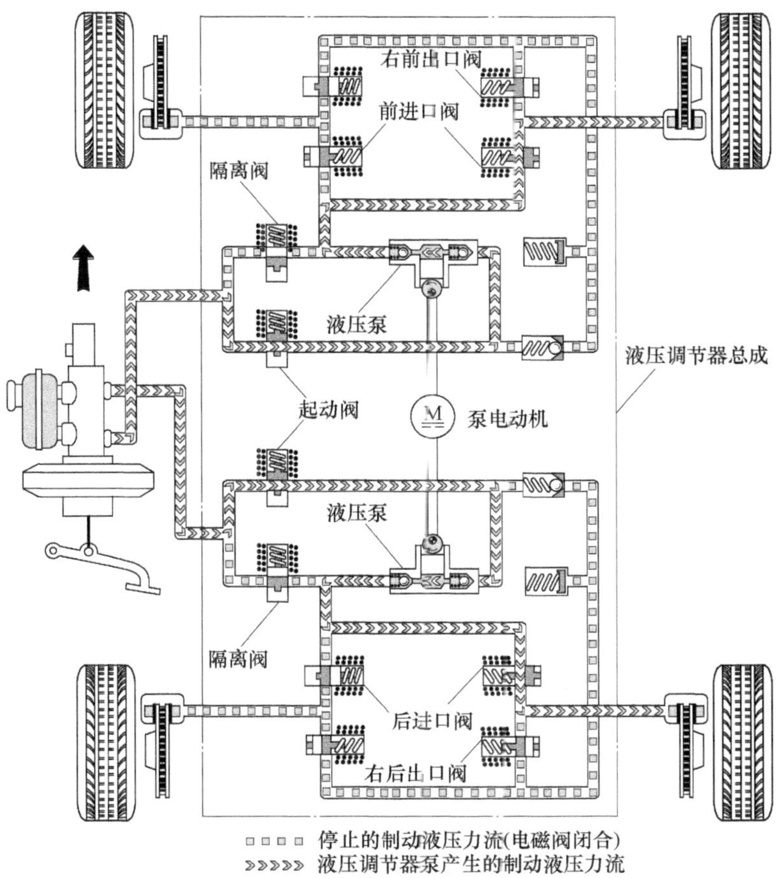

图 5-22　转向过度控制油路图

6. 气压制动 ABS/ASR 系统

气压制动 ABS/ASR 系统的工作原理与液压制动 ABS/ASR 系统类同，不同之处在于工作介质是否循环使用。在液压制动控制系统中，用专设的油泵控制，制动液循环使用；而气压制动控制系统，因气源充足，直接将工作后的压缩空气排入大气放掉。

（1）气压制动 ABS/ASR 系统的组成　气压制动 ABS/ASR 系统主要由电子控制单元、轮速传感器和气压调节阀等组成，如图 5-23 所示。

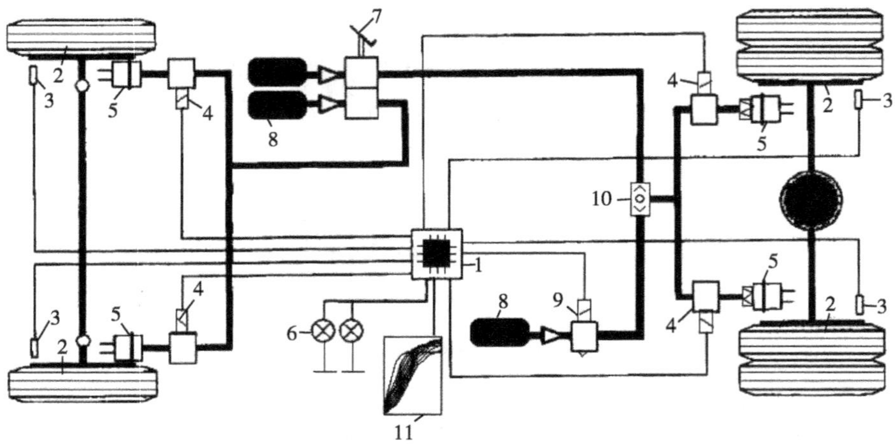

图 5-23　气压制动 ABS/ASR 系统的组成（4×2）

1—电子控制单元（ECU）　2—齿圈　3—轮速传感器　4—气压调节阀　5—车轮制动气室　6—ABS、ASR 灯　7—行车制动阀　8—储气筒　9—ASR 差动阀　10—双通单向阀　11—ASR 发动机控制界面

（2）气压制动 ABS/ASR 系统的控制电路　气压制动 ABS/ASR 系统的控制电路如图 5-24 所示，电控单元端子说明见表 5-2。

表 5-2　电子控制单元（基本型）接口端子说明

端子号	类型	说明	端子号	类型	说明
18—1	输出	转向轴右侧气压调节阀的进气阀	14—1	输入/输出	控制器局域网-低端（CAN-L）
18—2	输出	驱动轴左侧气压调节阀的进气阀	14—2	——	控制器局域网-保护接地（CAN-G）
18—3	输出	转向轴左侧气压调节阀的进气阀	14—3	输入/输出	控制器局域网-高端（CAN-H）
18—4	输出	转向轴右侧气压调节阀的出气阀	14—4	电源接地	ECU 接地线
18—5	输出	驱动轴左侧气压调节阀的出气阀	14—5	输入	ABS 功能开关（选装）

（续）

端子号	类型	说明	端子号	类型	说明
18—6	输出	转向轴左侧气压调节阀的出气阀	14—6	输入	ASR 功能开关（选装、E代）
18—7	输出	ASR 差速制动阀（E 代）	14—7	电源	ECU 电源（点火电源）
18—8	输出	驱动轴右侧气压调节阀的进气阀	14—8	电源	气压调节阀恒压电源（蓄电池电源）
18—9	输出	驱动轴右侧气压调节阀的出气阀	14—9	电源接地	气压调节阀恒压电源接地线
18—10	输入	转向轴右侧轮速传感器	14—10	输入/输出	诊断线 K/RXD
18—11	输入	驱动轴左侧轮速传感器	14—11	输入	诊断线 L/TXD
18—12	输入	转向轴左侧轮速传感器	14—12	——	警告灯弹簧触点
18—13	输入	转向轴右侧轮速传感器	14—13	输出	ASR 指示灯（E 代）
18—14	输入	驱动轴左侧轮速传感器	14—14	输出	控制辅助制动（缓速器）继电器（选装）
18—15	输入	转向轴左侧轮速传感器	14—15	输出	ABS 警告灯
18—16	输出	ASR 差速制动阀（E 代）			
18—17	输入	驱动轴右侧轮速传感器			
18—18	输入	驱动轴右侧轮速传感器			

（3）气压制动 ABS/ASR 系统的工作过程

1）静态测试。点火开关置于“ON”，仪表 ABS 警告灯灯亮，系统静态测试开始。包括电控单元自检，气压调节阀、继电器和传感器电路检查等。自检过程中，气压调节阀会发出轻微响声，发声顺序依次为：左前轮—右前轮—左后轮—右后轮—第三轴左轮—第三轴右轮。

2）动态测试。车辆起步后，电控单元收到轮速信号（通常车速在 8～10km/h）后立即对轮速传感器进行动态测试。动态测试完成后，ABS 警告灯熄灭；若不能熄灭，则显示系统存在故障。

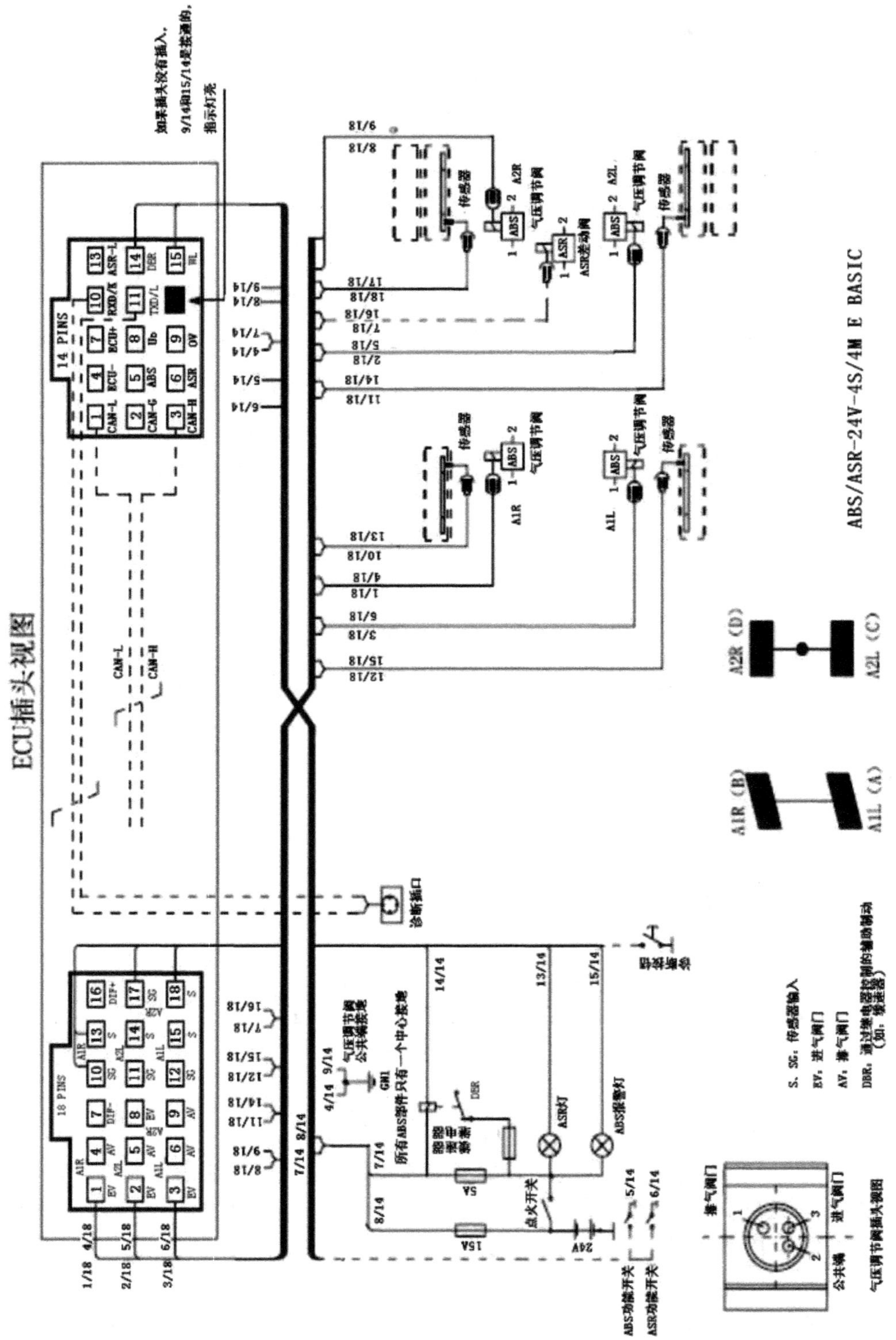

图5-24 气压制动ABS/ASR系统电路原理图（DETC）

3）制动开关闭合，为ABS电控单元提供制动开始信号，ABS电控单元开始监控轮速传感器信号。

4）若车轮转速符合升压条件，电控单元切断进、排气电磁阀线圈搭铁回路，该车轮进气阀打开，排气阀关闭，车轮制动气室内压力升高。

5）若车轮转速符合保压条件，电控单元接通负责该车轮的进气电磁阀搭铁回路，该车轮进、排气阀均关闭，车轮制动气室内压力保持不变。

6）若车轮转速符合降压条件，电控单元接通负责该车轮的进、排气两个电磁阀搭铁回路，进气阀关闭，排气阀打开，车轮制动气室内气体排入大气，压力下降。

7）电控系统出现故障，ABS进入失效保护状态。故障灯点亮报警，所有电磁阀断电，制动系统转换为常规制动，ABS不起作用。

（4）气压制动ABS/ASR系统的制动压力调节过程

1）制动气室内压力升高。当进、排气电磁阀均断电时，来自双通单向阀的制动压缩空气向上顶起进气阀膜片而打开进气阀，排气阀在其膜片下方气压和弹簧作用下保持关闭，制动气室压力逐渐升高，如图5-25所示。

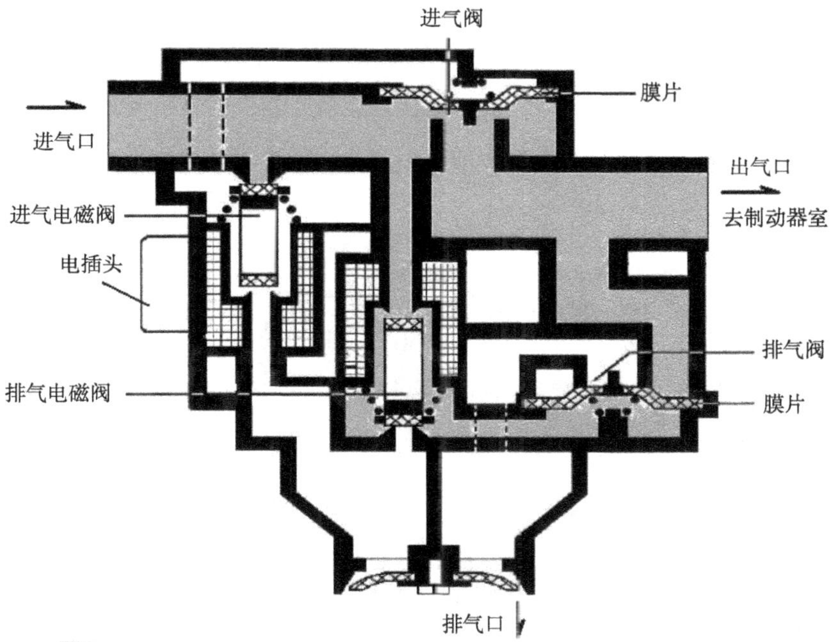

图5-25　制动气室内压力增加

2）制动气室内压力保持不变。当进气电磁阀通电时压缩弹簧下移，制动气压进入进气阀膜片上方，与弹簧力一起推动进气阀膜片下移而关闭进气阀，排气阀仍保持关闭，此时制动气室内的压力保持不变，如图5-26所示。

3）制动气室内压力下降。当进、排气电磁阀均通电时，进气电磁阀下移使进气阀关闭，排气电磁阀上移使排气阀膜片下方与大气接通而气压下降，排气阀在膜片上方气压作用下打开，制动气室与大气接通而排气，使制动气室内压力下降，如图5-27所示。

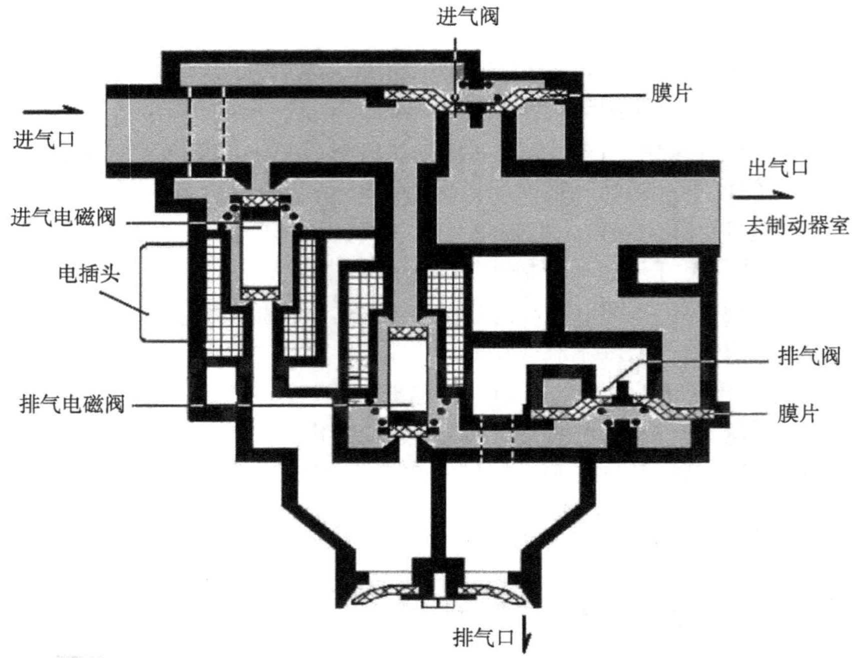

图 5-26　制动气室内压力保持不变

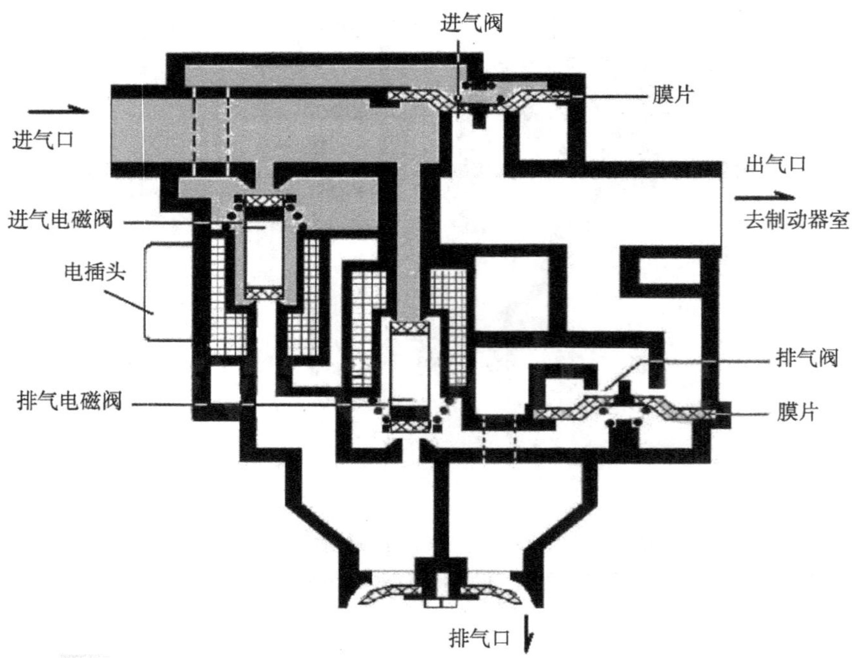

图 5-27　制动气室内压力下降

三、电控制动系统主要元件的工作原理

1. 轮速传感器

（1）磁电式轮速传感器　目前大部分车型采用的传感器为磁电式结构，工作原理如图5-28所示。当齿圈随轮毂旋转时，在线圈中产生交变电压信号，如图5-29所示。

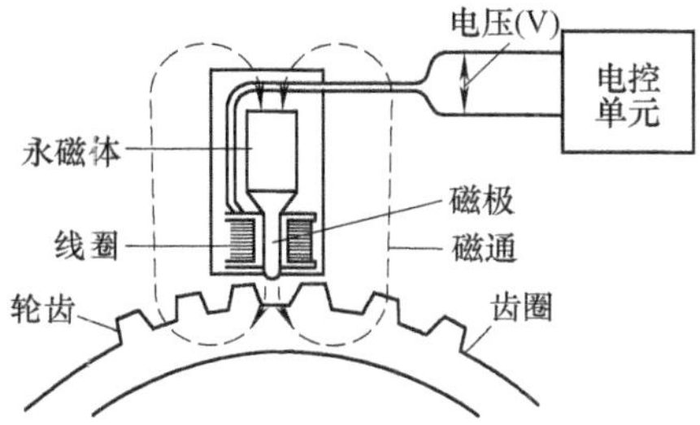

图5-28　磁电式轮速传感器原理图

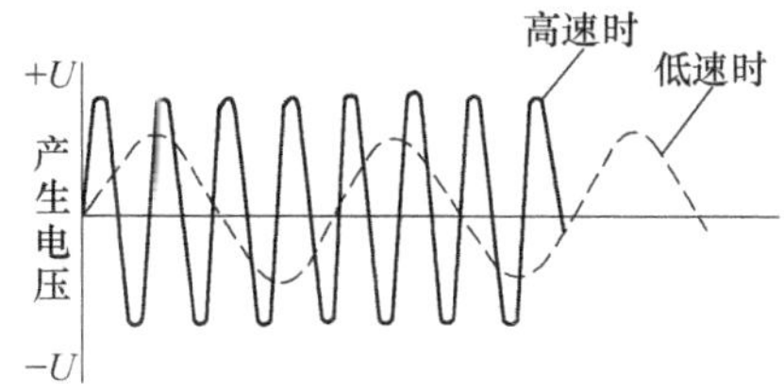

图5-29　轮速信号波形

（2）霍尔式主动型轮速传感器　传感器磁极与轮毂轴承密封圈合成一体，用于测量的三个霍尔元件位于传感器内，如图5-30所示。这种新型轮速传感器不但能测量车轮转速，而且能测量车轮的旋转方向。

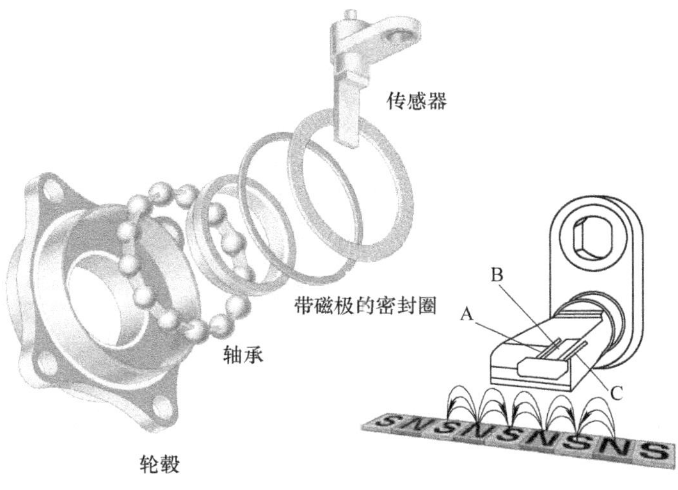

图5-30　主动型轮速传感器

三个霍尔元件是错开布置的，元件之间的距离使得当元件C测出的磁通量最小时，元件A测出的磁通量最大，产生差动信号A-C，如图5-31所示。

霍尔元件B布置在A和C之间，当信号A和C以及差动信号为零时，元件B测出的磁通量最大。信号B何时达到最大值（正或负）就作为判定旋转方向的依据，如图5-32所示。例如：如果差动信号A-C的过零点是由信号的下降沿得到的，且信号B的最大值为负，那么就认为车轮在逆时针转动。

传感器两个插头输出信号为脉宽调制信号，如图5-33所示。

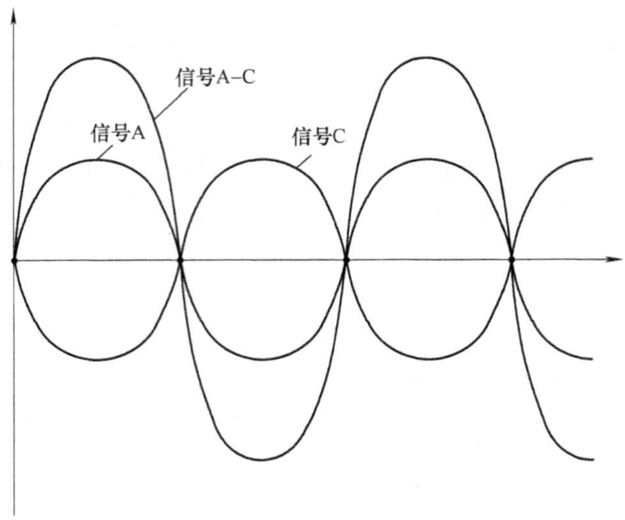

图 5-31　测量元件 A、C 的信号

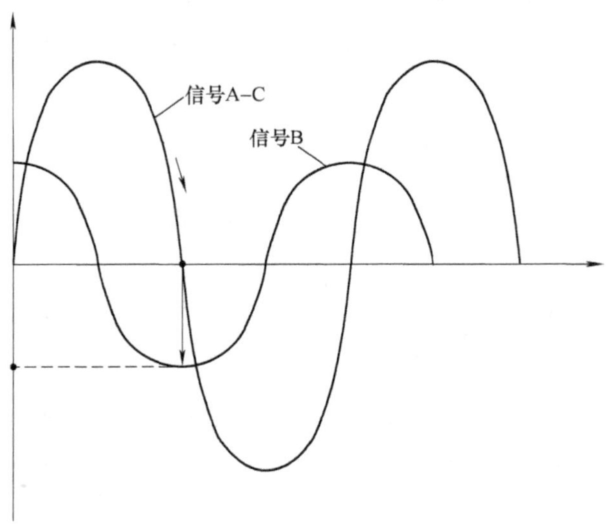

图 5-32　差动信号 A-C 与信号 B 的关系

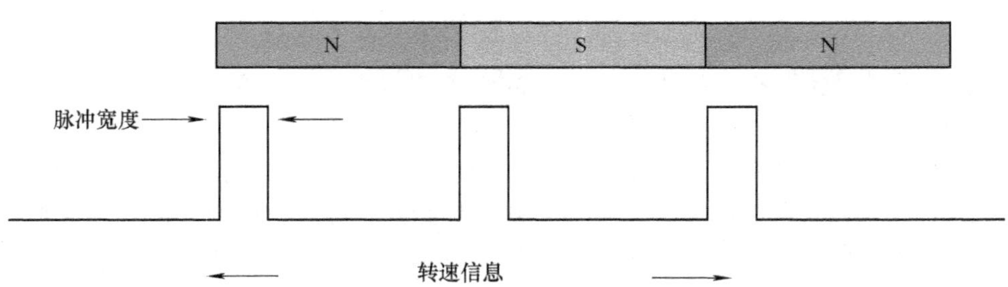

图 5-33　轮速传感器输出信号波形

2. 转向盘转角传感器

转向盘转角传感器的工作原理可参考“项目三”有关章节。

3. 横向偏摆率传感器

横向偏摆率传感器总成安装在汽车地板中央，仪表板中央控制台下部。它包括一个横向偏摆率传感器和一个横向加速度传感器，分别测量车辆绕纵向轴线旋转的角度和车轮侧向滑移量并将二者变化转换成电信号传送给 ESP 控制模块。

（1）加速度传感器　加速度传感器的原理如图 5-34 所示。在两固定侧板上装有差分电容，加速度为 0 时，质量板与两固定侧板之间的距离相等，两电容值相等。当有加速度产生时，质量板相对于固定侧板移动，且移动量与加速度大小成正比，两电容值随之变化。测量出电容的变化并转换成电压信号即可测出加速度大小。

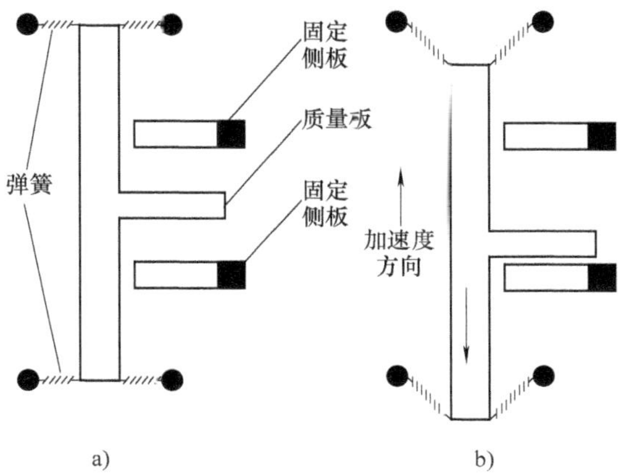

图 5-34　加速度传感器原理图

（2）横向偏摆率传感器　横摆率传感器原理如图 5-35 所示，其实质是两个加速度传感器的组合。当车辆绕纵轴 Z 旋转时，固定侧板随车辆一起摆动，质量板随晶振板一起趋向于当前位置。于是，固定侧板与质量板之间的距离随汽车绕纵轴旋转角度而改变。判断电路比较两个加速度传感器的信号即可测出汽车绕其纵轴的旋转量。

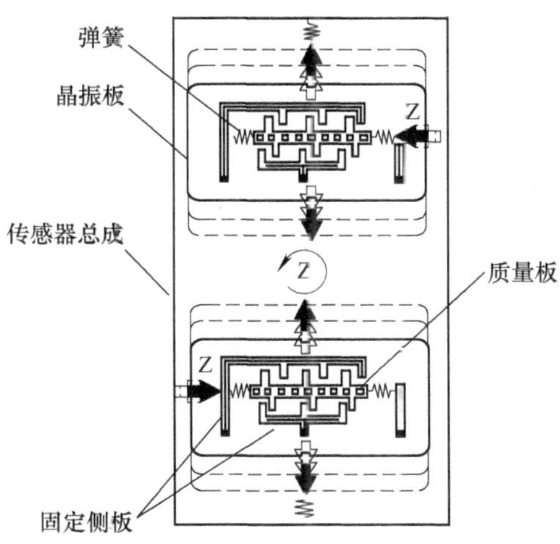

图 5-35　横摆率传感器

4. 电磁阀

制动电控系统采用的电磁阀有三位三通（3/3）和二位二通（2/2）两种。目前多采用2/2电磁阀，其结构有常开型（通电关闭）和常闭型（通电打开）两种，如图5-36所示。

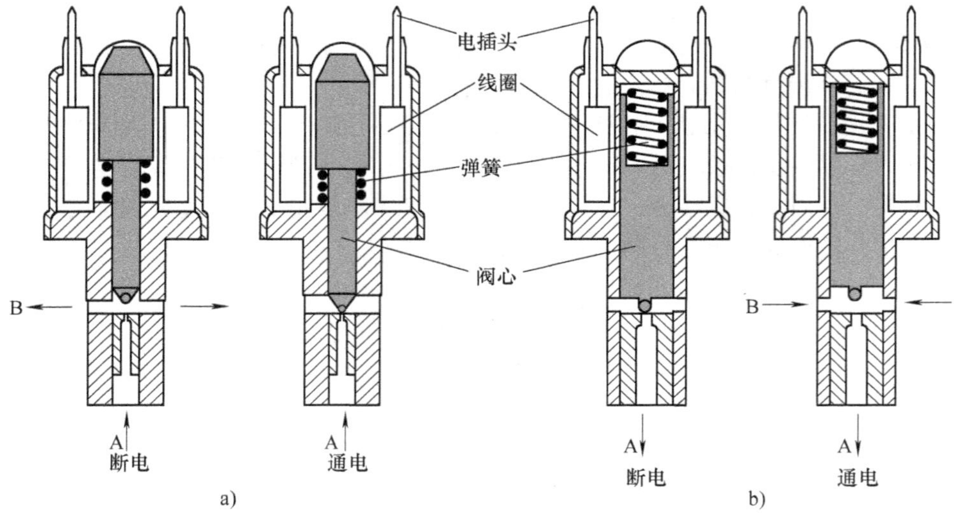

图5-36 电磁阀

a）常开型 b）常闭型

任务实施

任务一 维护ABS系统

活动一 明确ABS系统的维护项目和要求

ABS的维护项目及要求在维修手册中有明确的规定，应严格遵守和执行。如富康车采用的BOSCH5.3ABS的维护要求如下：

1）制动系统必须使用PSA牌号TOTAL HBF4或中国牌号4606合成制动液，二者不能混用。

2）每次定期维护时检查液面高度，应接近上限，必要时添加。

3）一般行驶条件下，24个月更换一次制动液，苛刻条件下，12个月更换一次制动液。

4）每行驶2万~3万km，检查故障码，必要时排除故障并清除故障码。

活动二 ABS制动液的更换与排气

1）排空旧制动液。将软管一头接在打开的放气螺塞上，另一头插到一个容器中，接着用力踏制动踏板，从各制动分泵中放出全部制动液。

2）用无水酒精将制动系统清洗干净，接着用压缩空气将其吹干。

3）加注新制动液至上限记号处，每车制动液的用量为0.55L。

4）排除制动系统中的空气。

排气分为两级，其一级管路排气是指制动总泵至分泵管路的排气，排气的操作方法与普通制动系统的排气完全相同，在此不再赘述。但在排气过程中，应确保ABS系统不工作。其二级管路排气是指对ABS执行器（即液压单元）的排气，这种排气要求使用专用工具ELIT检测仪（见图5-37）进行。

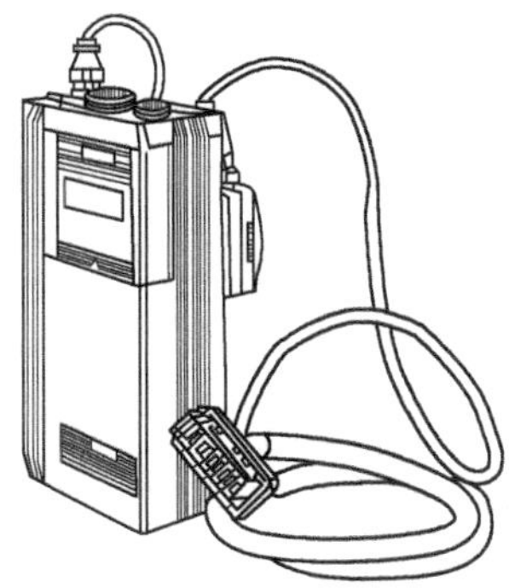

图5-37　ELIT检测仪

通常情况下，进行制动总泵和分泵管路维修时，只需要进行一级管路排气即可，只有在更换ABS执行器（液压单元）或制动液时，才需要进行二级管路排气。

二级管路排气方法如下：

① 进行一级管路的排气。在ABS不工作时，其排气操作方法与普通制动系统的排气相同。

② 连接ELIT诊断仪，在ELIT诊断仪测试系统的ABS BOSCH5.3功能菜单中，选择“PURGE”（排气），并按“※”键，则仪器显示：

显示	译文
※※※ PURGE ※※※ Ce test fait Vehicule arête Valid：>※ Sinon：↑ ---FIN DE PAGE---	※※※ 排 气 ※※※ 这项测试必须在 车辆静止时进行 按“※”键执行，按“↑”键返回 --- 结束 ---
按“※”↓	
Avez vous fait la Purge circuit Primaitre Valid：>※ Sinon：↑	必须首先 完成 第一级排气 按“※”键执行，按“↑”键返回
按“※”↓	
Ouvrir la vis de Purge de la roué AV.DROITE Valid：>※	拧松右前轮 排气螺钉 按“※”键执行

③ 拧松右前轮排气螺钉，并按“※”键，ELIT即打开ABS的电磁阀，配合排气设备完成右前轮的二级管路排气。

④ 排气完成后，ELIT将自动提示进行左前轮（AV. GAUCHE）、右后轮（AR. DROITE）和左后轮（AR. GAUCHE）的排气，其操作过程与右前轮的二级排气相同。

在整个排气过程中，ABS执行器的液压泵和电磁阀由ELIT诊断仪控制。

注意：在排气操作中，应保证储液罐液面高度在最低刻度线与最高刻度线之间；如有必要，可添加制动液。

任务二　检测轮速传感器电路

活动一　识记轮速传感器相关电路及电路参数（以富康 BOSCH5. 3ABS 为例）

富康 BOSCH5. 3ABS 电路图如图 5-38 所示，ECU 端子排列如图 5-39 所示。

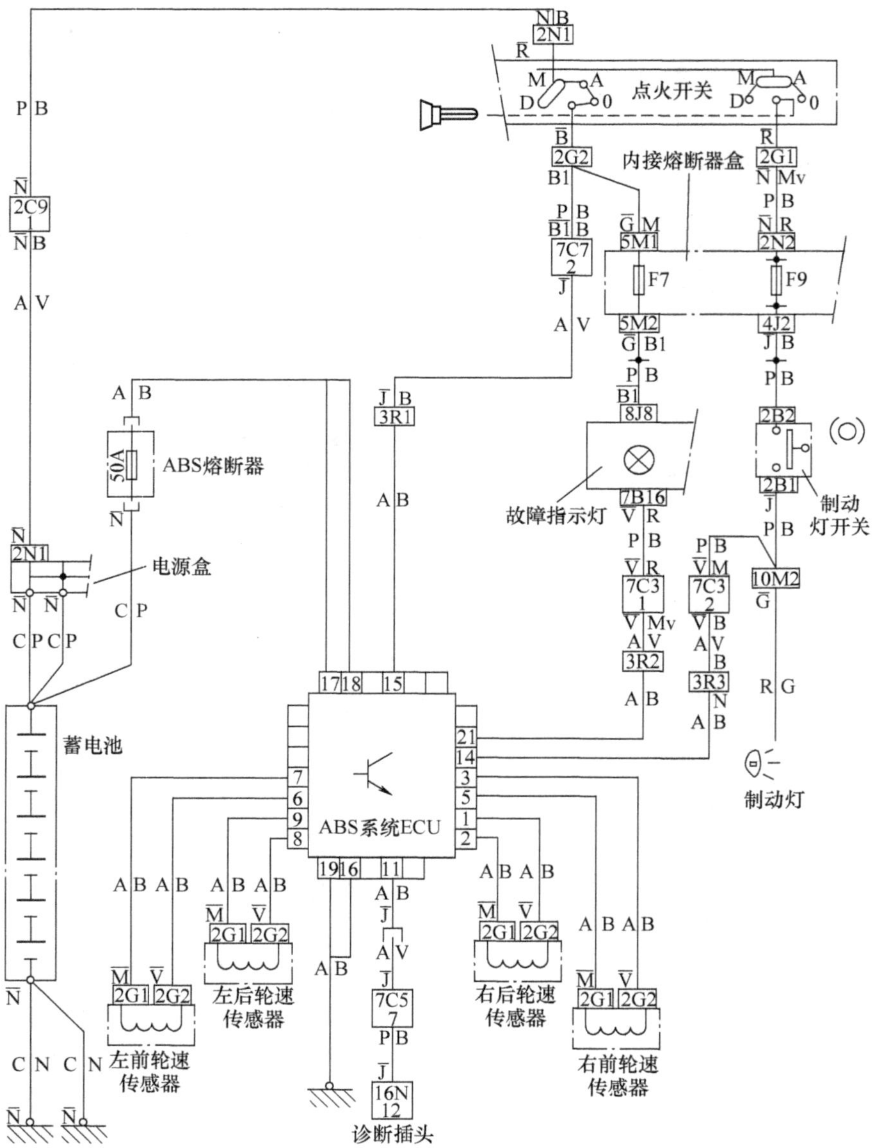

图 5-38　富康 BOSCH5. 3ABS 系统电路图

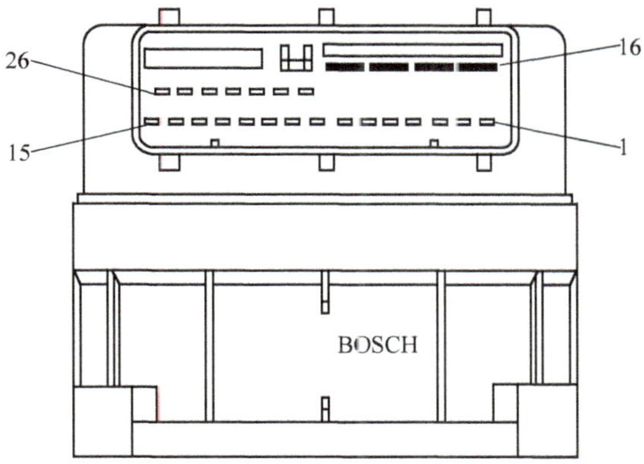

图 5-39　BOSCH5. 3ABS ECU 端子排列

该电路有关检测参数见表 5-3。

表 5-3　BOSCH5. 3ABS 电路参数

插　孔　号	检测条件	参　数　值
17-19	ABS ECU 插接器接通	蓄电池端电压
18-16	ABS ECU 插接器接通	蓄电池端电压
15-19	ABS ECU 插接器接通，点火开关 ON	蓄电池端电压
21-19	ABS ECU 插接器接通，点火开关 ON，报警灯亮	0V DC
	ABS ECU 插接器接通，点火开关 ON，报警灯灭	蓄电池端电压
15-19	ABS ECU 插接器接通，点火开关 ON，踩下制动踏板	蓄电池端电压
	ABS ECU 插接器接通，点火开关 ON，抬起制动踏板	0V DC
11-19	ABS ECU 插接器接通，点火开关 ON，不接诊断仪	10V DC
3-5	ABS ECU 插接器接通，转动右前轮	大于 0. 1V AC
	ABS ECU 插接器断开	1. 7kΩ 电阻
1-2	转动右后轮	大于 0. 1V AC
	ABS ECU 插接器断开	1. 7kΩ 电阻
6-7	转动左前轮	大于 0. 1V AC
	ABS ECU 插接器断开	1. 7kΩ 电阻
8-9	转动左后轮	大于 0. 1V AC
	ABS ECU 插接器断开	1. 7kΩ 电阻

活动二　检测轮速传感器数据流

检测轮速传感器数据流可以确认轮速传感器及其相关电路是否存在故障。

1）点火开关 OFF。

2）连接诊断仪。

3）一人驾驶汽车，一人操作诊断仪，在汽车行驶中读取并记录轮速传感器在相应车速下的数据流。

4）改变车速，分别记录加速、减速工况下数据流的变化。

5）分析测试结果：

① 所有车轮的轮速数据应相同。

② 数据值应与车速一致。

③ 数据值随车速改变而正比例变化。

否则，应进一步检测有关轮速传感器的相关电路故障。

活动三　检测轮速传感器元件

1）拆下车轮，检查轮速传感器的安装情况，并清洁传感器感应端子，必要时应进行调整安装。

2）检查传感器和转子之间的间隙应为 0.3～1.1mm，如图 5-40 所示。

3）拆下传感器插头，检查传感器电阻。两端子之间应为 1.3～1.7kΩ（20℃），任一端子对地电阻应为无穷大；否则，应更换轮速传感器。

4）检查传感器输出信号：传感器输出信号可以采取电压检测或波形检测方法。

① 电压检测法。举升车轮，使四轮悬空，拆下 ABS 传感器插头。以每秒转一圈的速度转动转子，检查传感器输出信号电压，应为 0.25～1.2V（AC）；否则，应更换 ABS 轮速传感器。

② 波形检测法。举升车轮，使四轮悬空，拆下 ABS 传感器插头。旋转车轮，用示波器检查传感器输出信号波形，如图 5-41 所示。若波形与图示不符，则应更换传感器。

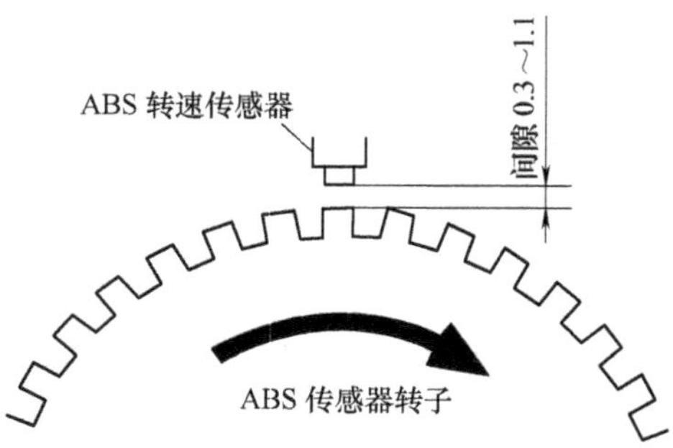

图 5-40　轮速传感器间隙

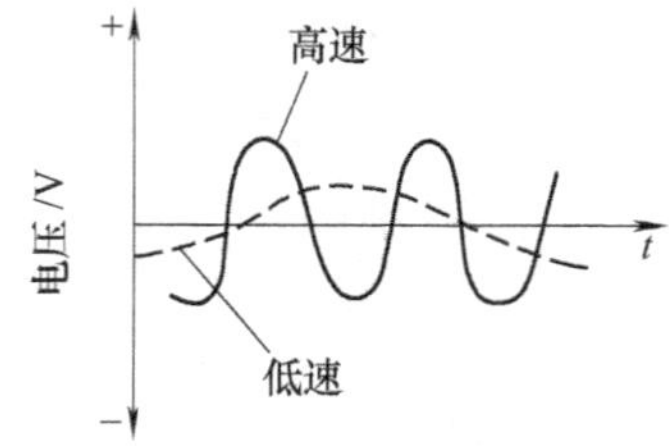

图 5-41　轮速传感器信号波形

活动四　检测轮速传感器连接线路（以右前轮为例）

点火开关 OFF，脱开传感器及电控单元线束插接器。用万用表检测“3”与“2G2”、“5”与“2G1”端子之间及对地电阻，检测方法及结果如图 5-42 所示。否则，应进一步检测导线是否有短路、断路或搭铁故障。

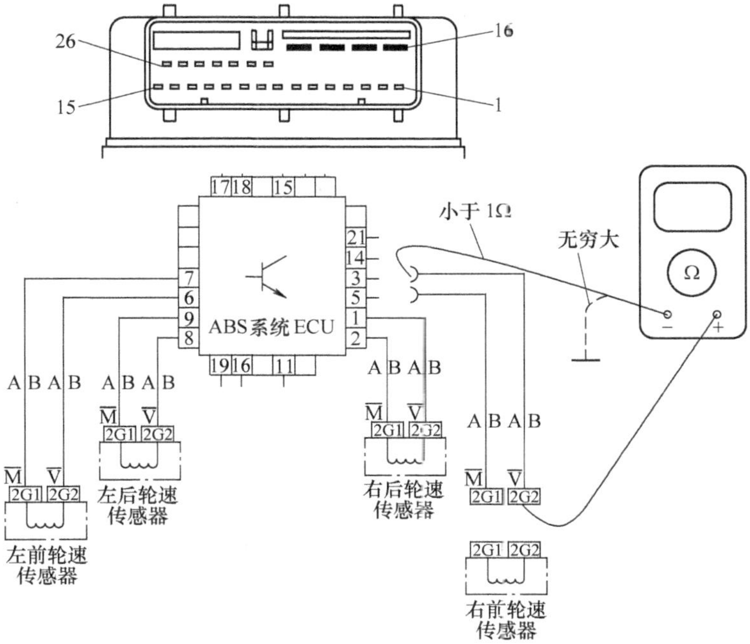

图 5-42　传感器连接线路检测

活动五　检测轮速传感器线束插接器（以右前轮为例）

装回传感器线束插接器，保持电控单元线束插接器脱开。用万用表检测线束端“5”与“3”之间的电阻，如图 5-43 所示。测量值为 1.3 ~ 1.7kΩ，且与“活动三”所测值相差不大于 2Ω，否则，应进一步检测插接器是否接触不良。

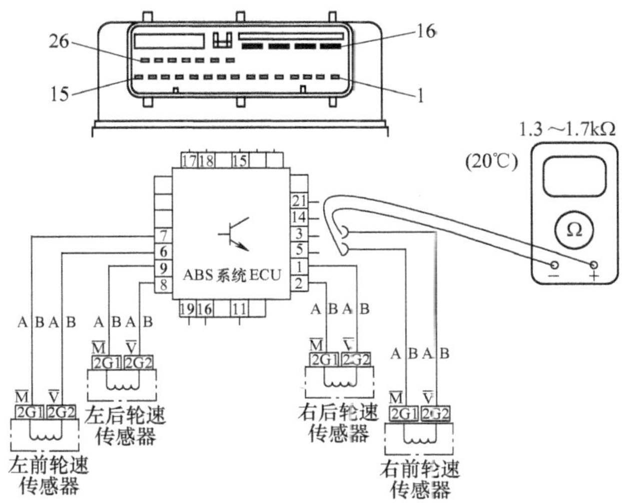

图 5-43　传感器线束插接器检测

活动六　检测电控单元电路（以右前轮为例）

装回电控单元线束插接器，脱开传感器线束插接器。点火开关 ON，用万用表检测“2G1”、“2G2”之间的电压，检测方法及结果如图 5-44 所示。否则，应进一步检测电控单元连接器是否接触不良或电控单元是否有故障。

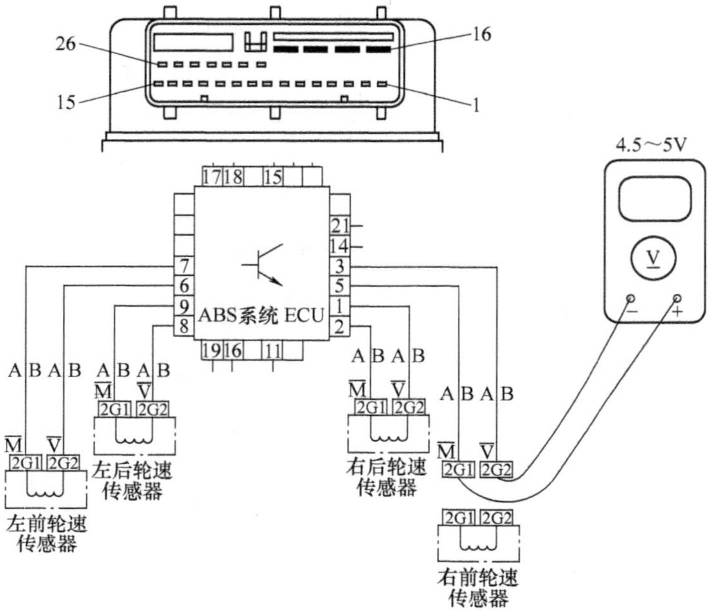

图 5-44　电控单元电路检测

任务三　检测横摆率传感器电路（以荣御为例）

活动一　识记横摆率传感器电路及相关电路参数

横摆率传感器电路如图 5-45 所示。

相关电路参数见表 5-4。

表 5-4　横摆率传感器电路参数

端子号	检测条件	检测结果
X1-1—搭铁	点火开关 ON，脱开传感器插接器	5V
X1-2—X1-37	脱开传感器插接器	<1Ω
X1-3—搭铁	点火开关 ON，脱开传感器插接器	蓄电池端电压
X1-4—X1-16	脱开传感器插接器	<1Ω
X1-5—X1-20	脱开传感器插接器	<1Ω
X1-6—X1-15	脱开传感器插接器	<1Ω

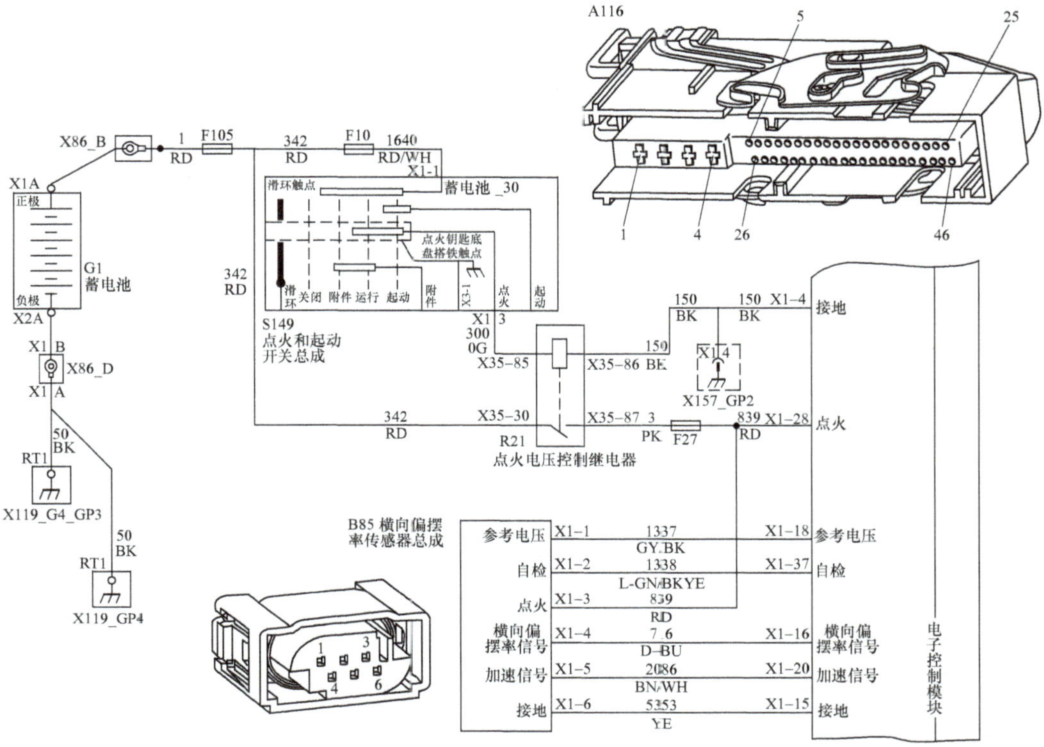

图 5-45　横摆率传感器电路（荣御）

活动二　检测横摆率传感器数据流

1）点火开关 OFF。

2）连接诊断仪。

3）保持点火开关 OFF 10s 以上。

4）一人驾驶汽车，一人操作诊断仪，按照诊断仪提示读取并记录横向加速度和横摆率传感器数据流。

5）分析测试结果：数据显示应为 0 ~ 5V，且随汽车横摆速度的变化而变化，当汽车处于静止状态时为 2.5V；否则，应进一步检测相关电路。

活动三　检测横摆率传感器连接线路

点火开关 OFF，脱开横摆率传感器（安装位置见图 5-16）线束插接器和电控单元线束插接器。用万用表分别检测相应端子 X1-6 与 X1-15、X1-5 与 X1-20、X1-4 与 X1-16、X1-3 与 F27、X1-2 与 X1-37、X1-1 与 X1-18 之间及任一端子对地的电阻，检测方法及结果如图 5-46 所示。否则，应进一步检测有关线路是否短路、断路或搭铁故障。

活动四　检测横摆率传感器供电电路

装回电控单元线束插接器，保持传感器线束插接器脱开，点火开关 ON。用万用表分别

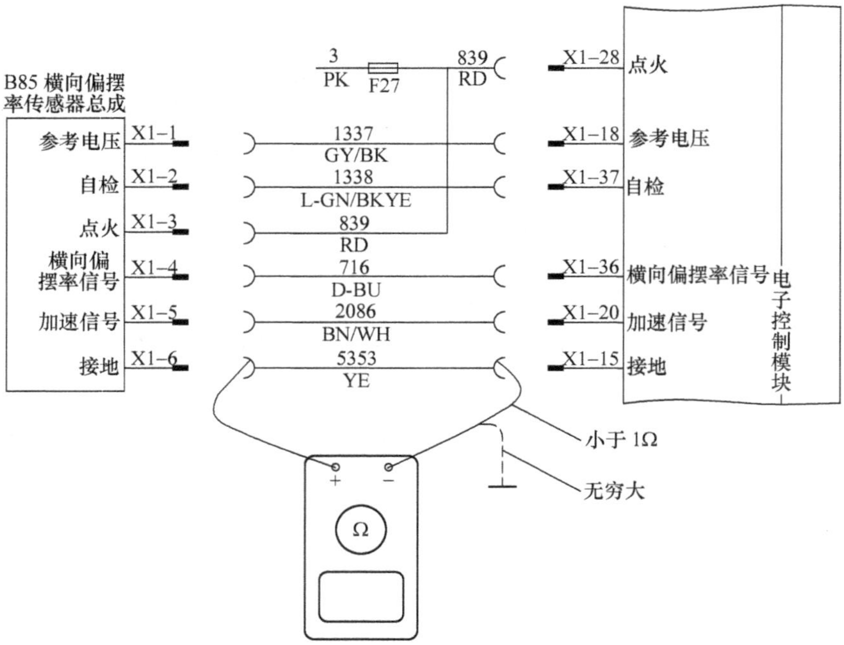

图 5-46 传感器连接线路检测

检测 X1-1 与 X1-6、X1-3 与 X1-6、X1-4 与 X1-6、X1-5 与 X1-6 之间的电压，如图 5-47 所示。否则，应进一步检测电控单元线束插接器是否接触不良或电控单元有无电压输出或继电器电路有无故障。

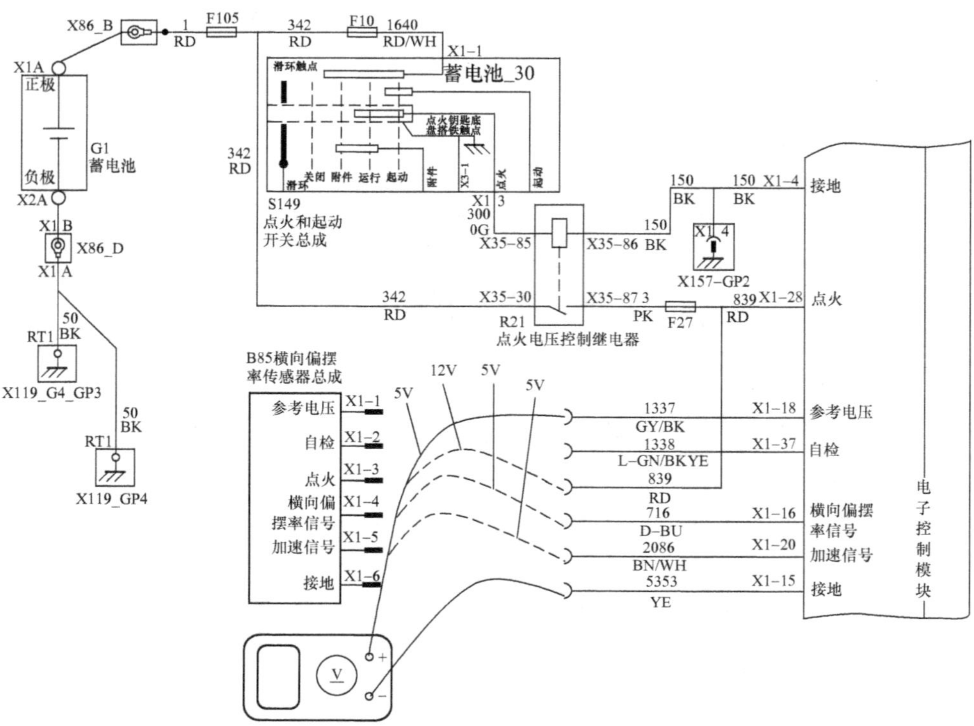

图 5-47 横摆率传感器供电电路检测

活动五　检测横摆率传感器输出信号电压

装回横摆率传感器线束插接器，点火开关 ON，用万用表检测“X1-4”与“X1-6”、“X1-5”与“X1-6”之间的电压，如图 5-48 所示。当汽车静止时，应为 2.5V；汽车行驶在横摆状态时，电压应在 0～5V 之间变化。否则，应进一步检测传感器线束插接器是否接触不良或传感器是否损坏。

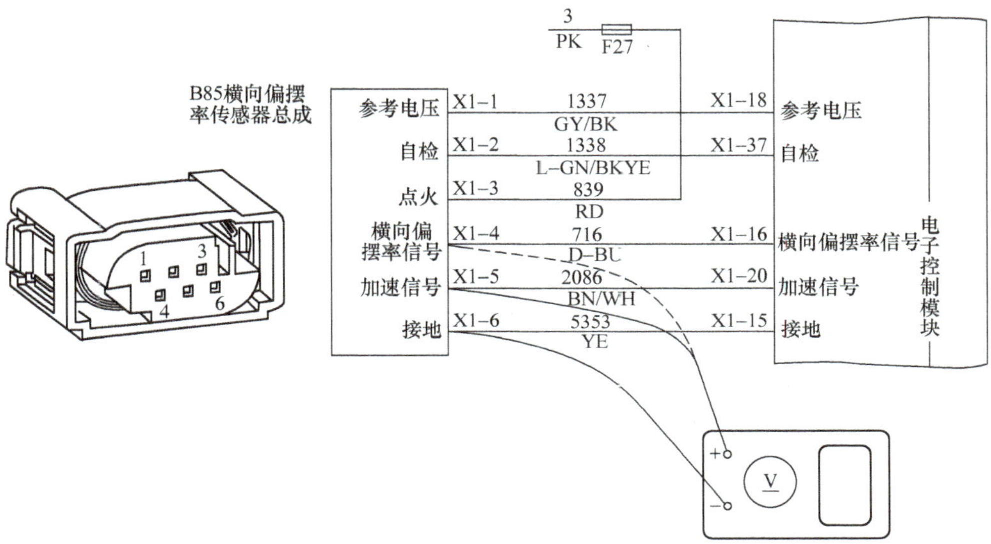

图 5-48　横摆率传感器检测

任务四　检测、校准转向盘转角传感器

制动控制系统与转向助力电控系统共用一个转向盘转角传感器，其信号通过 CAN 总线传送给制动电控单元。其检测、校准方法可参照转向助力电控系统的相关内容，在此不再赘述。

任务五　检测制动灯开关电路

活动一　识记制动灯开关电路及其电路参数

制动灯开关电路（BOSCH5.3ABS）如图 5-49 所示。制动灯开关为常开型。

活动二　检测制动灯开关信号

点火开关 OFF，脱开电控单元线束连接器。点火开关 ON，用万用表检测“14”号端子与“车身搭铁”之间的电压；抬起和踩下制动踏板时的测量结果如图 5-50 所示。否则，应

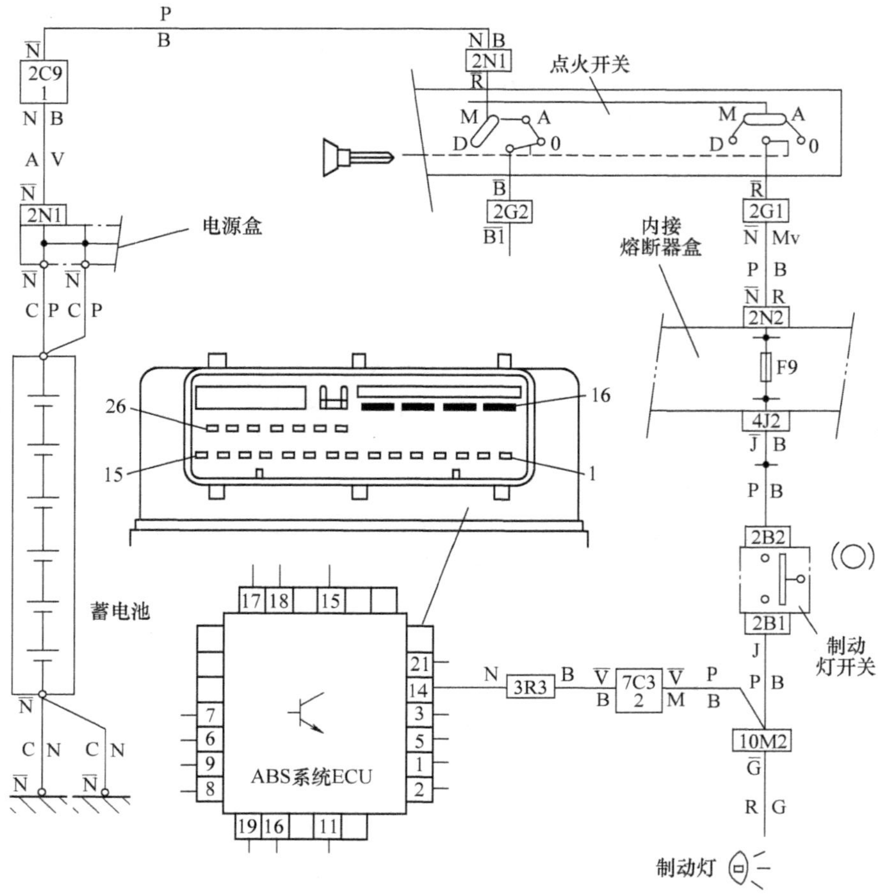

图 5-49　富康 BOSCH5. 3ABS 制动灯开关电路

进一步检测有关电路和制动开关。

活动三　检测制动灯开关

点火开关 OFF，脱开制动灯开关线束插接器，用万用电表检测开关侧端子“2B1”与“2B2”之间的电阻。当制动踏板抬起时，电阻为无穷大；当制动踏板踩下时，电阻小于 1Ω。否则，更换制动灯开关。

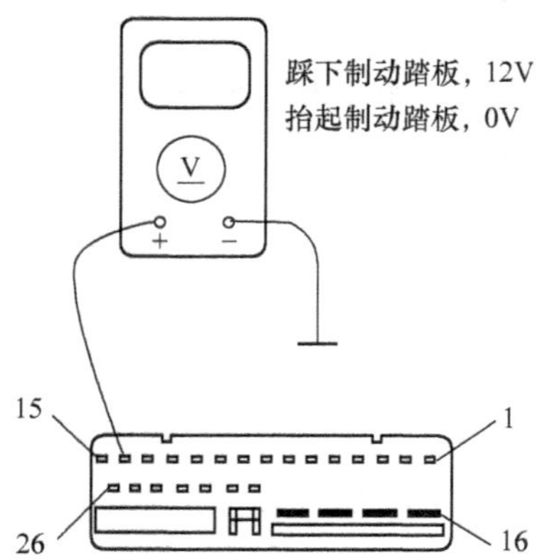

图 5-50　测量制动开关信号

活动四　检测制动灯开关线路

保持制动灯开关线束插接器脱开，点火开关 ON，用万用表检测线束侧插接器端子“2B2”与“车身搭铁”之间的电压，应为 12V。“2B1”与“14”之间的电阻应小于 1Ω。否则，应进一步检测熔丝 F9 是否烧坏，相应导线是否有短路、断路或搭铁。

任务六　气压制动 ABS/ASR 系统故障码读取与清除

活动一　熟悉诊断开关及故障码显示方式

诊断开关一般为翘板式，其图标如图 5-51 所示。其功能一般有三个：点火开关接通后，按住诊断按钮 0.5 ~ 3s，可以启动闪光码诊断；按住诊断按钮 3.5 ~ 6.5s，可以清除故障存储；按住诊断按钮 7.5 ~ 10.5s，可以重新配置 ECU。

图 5-51　ABS 诊断开关图标

故障码由两组数字组成，第一组数字表示故障部件，第二组数字表示故障部位，数字由 ABS 警告灯的闪烁次数表示，如图 5-52 所示。

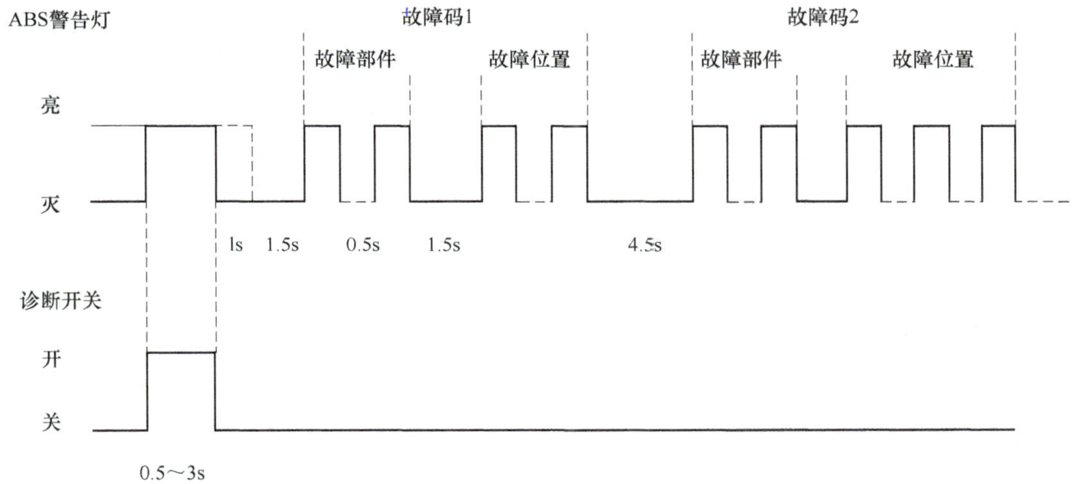

图 5-52　故障码闪烁方式

故障码含义见表 5-5。

表 5-5　ABS/ASR 故障码含义

第　一　组		第　二　组	
次　　数	故 障 部 件	次　　数	故 障 位 置
1	无故障	1	无故障
2	气压调节阀	1	右前轮
3	传感器间隙大	2	左前轮
4	传感器断/短路	3	右后轮
5	传感器信号不稳定	4	左后轮
6	齿圈损坏	5	辅助轴（第三轴）右轮
		6	辅助轴（第三轴）左轮

（续）

第一组		第二组	
次数	故障部件	次数	故障位置
7	系统功能	1	数据接口
		2	ASR 差动阀
		3	辅助制动（缓速器）继电器
		4	ABS 警告灯
		5	ASR 布置（发动机控制 CAN 接口）
		6	ASR 比例阀
第一组		第二组	
8	电控单元（ECU）	1	电压低
		2	电压高
		3	内部故障
		4	系统配置故障
		5	接地

活动二　读取故障码

1）点火开关 ON，观察 ABS 警告灯的状态。

① 若 ABS 警告灯不亮，表明线路失效或 ABS 警告灯损坏，应予排除。

② 若 ABS 警告灯亮大约 3s，然后熄灭，表明系统正常。

③ 若 ABS 警告灯一直亮至汽车起步后熄灭，表明系统内存有历史故障或清除过故障码，暂时不用处理。

④ 若车辆起步后 ABS 警告灯一直点亮，表明系统中存有当前故障。

2）按下诊断开关并保持 0.5～3s 后松开，记录故障码。

活动三　清除故障码

检测修复完毕后，恢复所有电路连接，点火开关接通，按住诊断开关 3.5～6.5s。ABS 警告灯闪烁 8 次，随后闪出系统结构代码，表明所有故障码已成功被清除；只闪出系统结构代码，没有见到 8 次闪烁，表明系统中仍有当前故障未排除，应继续检修。

系统结构代码是在清除模式中显示的一个数字代码，DETC ABS / ASR 系统结构代码见表 5-6。

表 5-6　系统结构代码

2S/2M	闪 5 次
4S/3M	闪 3 次
4S/4M	闪 2 次
6S/4M	闪 4 次
6S/6M	闪 1 次

任务七　气压制动 ABS/ASR 系统气压调节阀检测

气压制动 ABS/ASR 系统在每个车轮上装有一个气压调节阀，其电路参数、检测方法相同，下面仅以左前轮气压调节阀为例加以说明。

活动一　插接器端子检查

关闭点火开关，脱开 ECU 18PINS、14PINS 插接器（见图 5-53），检查 3 / 18、6 / 18、9/14 插针、插孔有无松动、锈蚀、安装不到位等接触不良故障并予以排除。若正常，进行下一步检查。

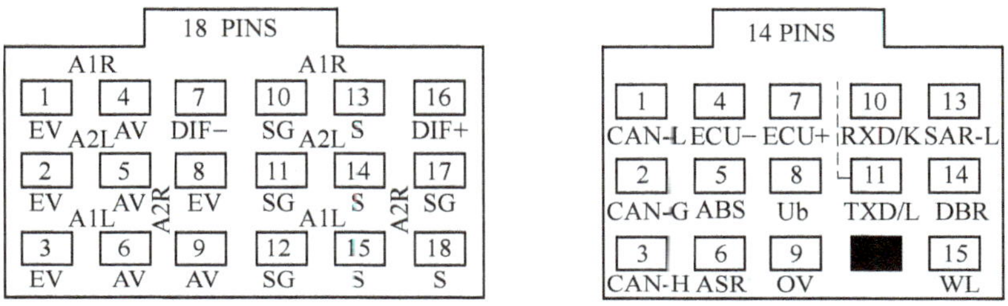

图 5-53　ECU 插接器端子排列

活动二　执行动作测试

分别在 ECU 插接器线束侧端子 3 / 18（+）—9/14（−）、6 / 18（+）—9/14（−）之间施加蓄电池电压，如图 5-54 所示。通电时，应能听到电磁阀的动作声。否则，说明左前气压调节阀及其电路有故障，需进一步检查。

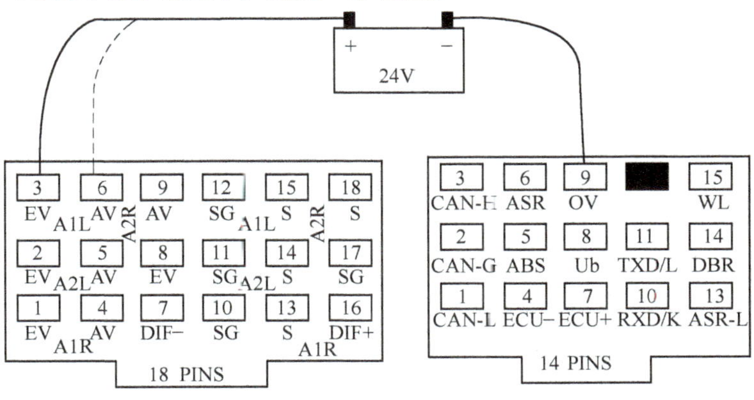

图 5-54　电磁阀电路执行动作测试

活动三　气压调节阀电路电阻检测

用万用表分别检测线束侧插接器端子 3 / 18—9/14、6 / 18—9/14 之间的电阻，如图 5-55 所示。测得值应不大于 17Ω，否则，说明该调压阀及其线路有短路、短路或接触不良故障，应进一步检查并排除。

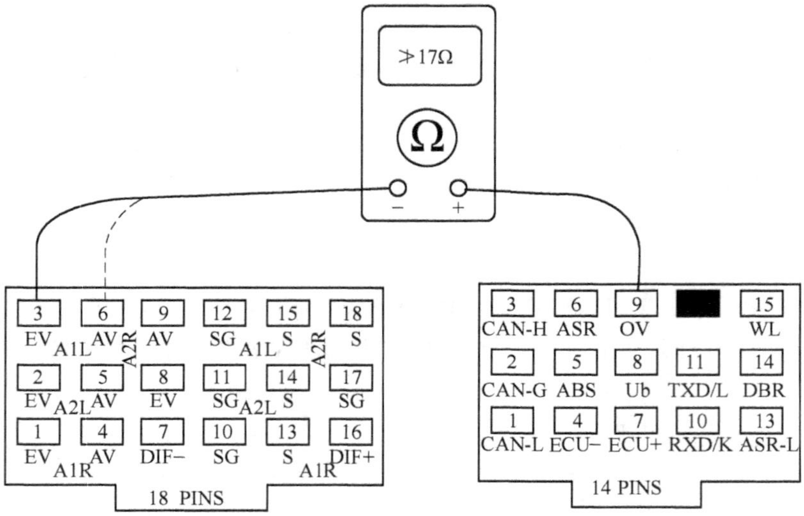

图 5-55 气压调节阀电路电阻检测

活动四 气压调节阀连接导线检测

脱开 ECU 及左前轮气压调节阀线束插接器，用万用电表分别测量调压器插接器端子 3 至 ECU 插接器端子 3/18、6/18、9/14、车身搭铁之间的电阻，如图 5-56 所示。测的结果应为：导线电阻小于 1Ω，线间电阻及与车身搭铁之间的电阻应大于 10kΩ。否则，应检查并排除导线断路、短路、搭铁故障。

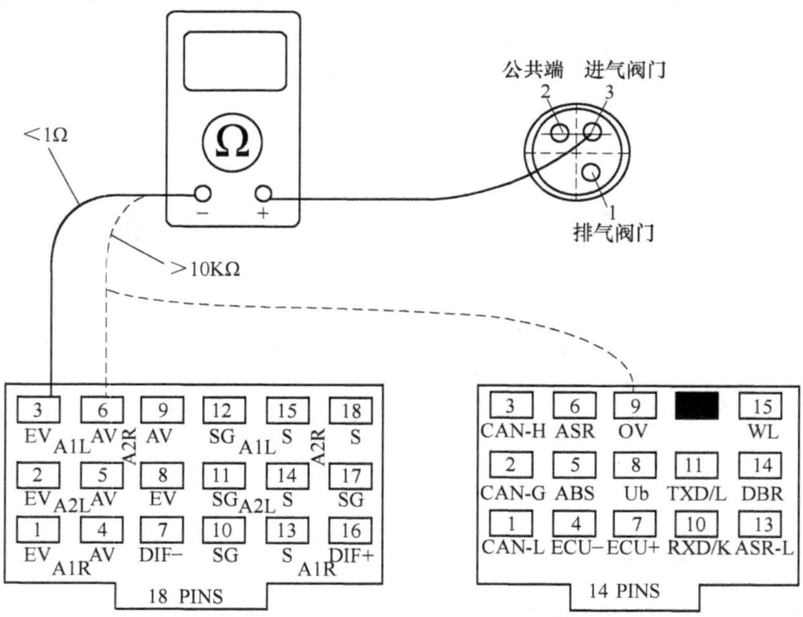

图 5-56 气压调节阀连接导线检测

同样的方法检测调压器插接器端子 1 与 ECU 插接器端子 6/18、3/18、9/14、车身搭铁之间的电阻以及调压器插接器端子 2 与 ECU 插接器端子 9/14、6/18、3/18、车身搭铁之间的电阻。

活动五　检测气压调节器电磁阀

脱开调压器电磁阀线束插接器，用万用表检测端子 1—2、3—2 之间的电阻，如图 5-57 所示。测得电阻值应为 14 ~ 15Ω；否则，说明电磁阀线圈损坏，应更换。

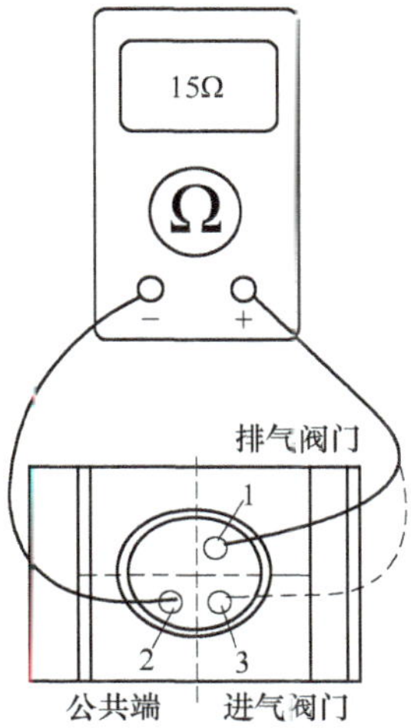

图 5-57　气压调节电磁阀检测

活动六　气压调节阀内部密封性检测

拆下气压调节器连接线束，露出插头端子。轻踩制动踏板，在制动气室推杆伸出过程中，在插头端子 3（+）—2（−）之间施加蓄电池电压时，推杆应停止动作且调压阀内无漏气声；在端子 3—2、1—2 之间不施加蓄电池电压时，制动气室推杆应继续伸出；在端子 3（+）—2（−）、1（+）—2（−）之间施加蓄电池端电压时，制动气室内压缩空气会经气压调节阀排气口排出，制动气室推杆应缩回，制动气室内气体排完后不应再有漏气声。否则，说明气压调节阀内部密封不良，应更换。

任务八　诊断电控制动系统故障

活动一　明确故障诊断注意事项

1）如果常规制动系统存在故障，则在进行电控系统故障诊断之前先排除这些故障。

2）只能使用维修手册规定的检测设备，以防对系统造成损害。

3）在检查系统故障时，注意使用驻车制动，保证车辆安全。

4）清除故障码前要做好记录，以防丢失。

5）按照维修手册中故障码诊断表诊断时，必须再现故障，以免造成误诊断。

6）检测线束插接器时，应使用测试转接插头，以免损坏插接器端子。

7）必须仔细检查线路和插接器，这是诊断程序的一部分；否则，可能会发生误诊断。

8）连接器常见损坏形式有：端子脱落、端子损坏（腐蚀、变形）、配合不良、锁扣断裂和线束损坏等。

9）如果使用诊断仪进行检测，在路试前应将其从 DLC 上断开，点火开关至少关闭 10s 以上，以便电控单元复位。

10）在完成所有的诊断和维修操作后，应路试车辆，确保电控系统工作正常。

活动二　电控制动系统故障诊断

故障诊断要通过电控系统电路图的分析，利用电控系统的自诊断、诊断仪诊断及人工的快速诊断来综合进行。故障诊断的详细步骤请参考维修手册，一般步骤如下：

1）确认故障存在和故障症状。

2）初步检查：先对导致故障的易于接触的部位进行检查，目视检查和外观检查能够确定的故障无需再作进一步诊断。具体内容包括：

① 轮胎规格、气压是否符合要求。

② 制动系统是否有液压油泄漏。

③ 系统有关熔丝是否正常。

④ 蓄电池端电压是否正常，端子连接是否可靠，有无松动和锈蚀。

⑤ 电控系统部件线束连接是否正常，有无松脱、错接和绝缘损坏等。

⑥ 电控系统线束是否十分靠近高电压和大电流装置，这样容易出现电磁干扰。

⑦ 售后加装的防盗、音响装置是否正常，必要时可先解除其工作。

3）利用诊断仪读取故障码并在做好记录后清除。

4）关闭点火开关 10s 以上。

5）在运行所测故障码的条件下操作车辆或在高于 15km/h 的车速下路试车辆，以便让故障再现。

6）利用诊断仪读取故障码。

7）对故障码涉及的有关电元件及其电路进行测试并修复故障部位。

8）清除故障码。

9）在运行所测故障码的条件下操作车辆或在高于 15km/h 的车速下路试车辆。

10）利用诊断仪读取故障码。

11）测试电控制动系统的工作是否正常。

知识链接

一、电控制动系统电路图

1. 北京现代伊兰特汽车采用的 ABS/TCS 系统电路图（见图 5-58、图 5-59）

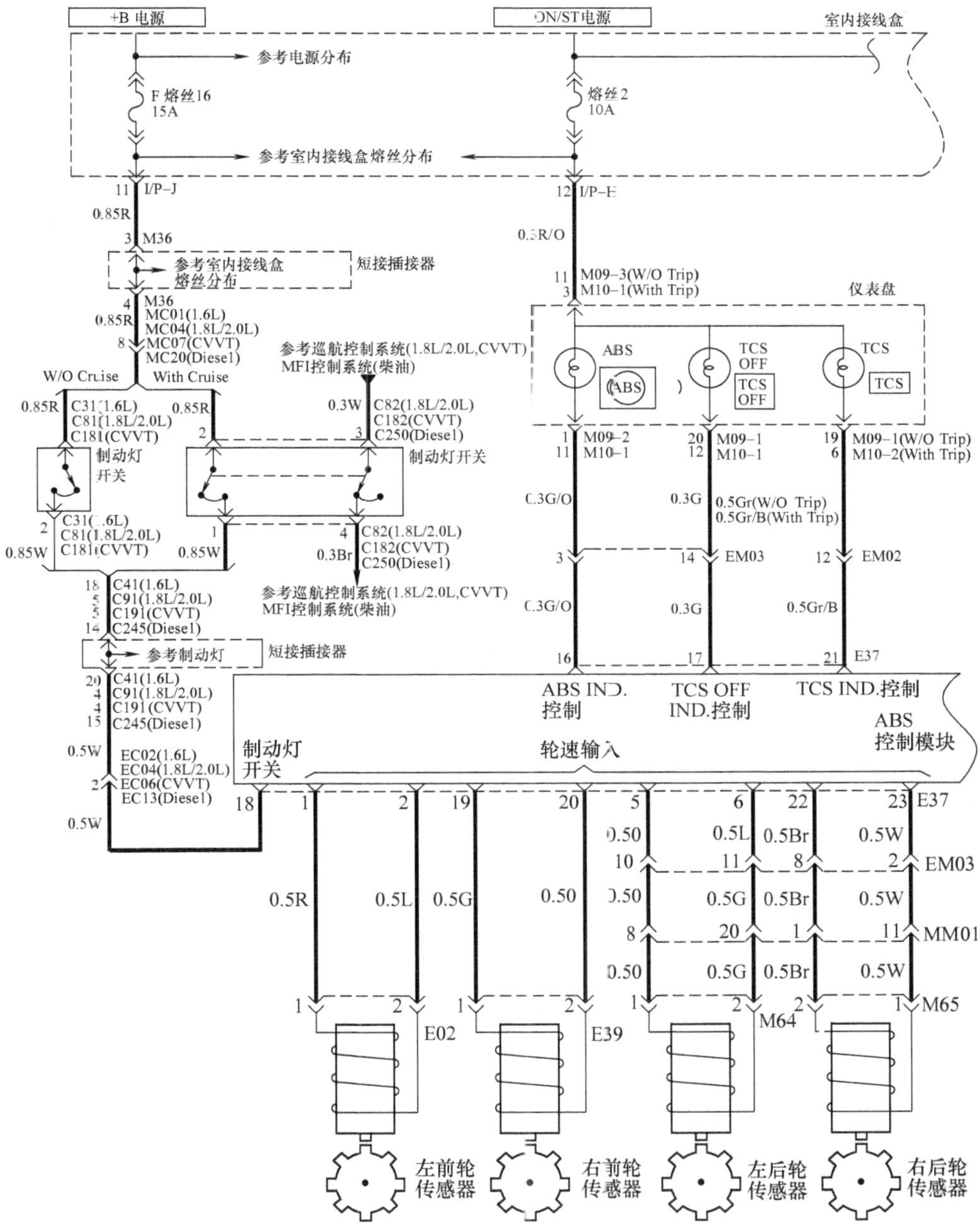

图 5-58　北京现代伊兰特 ABS/TCS 系统电路图（1）

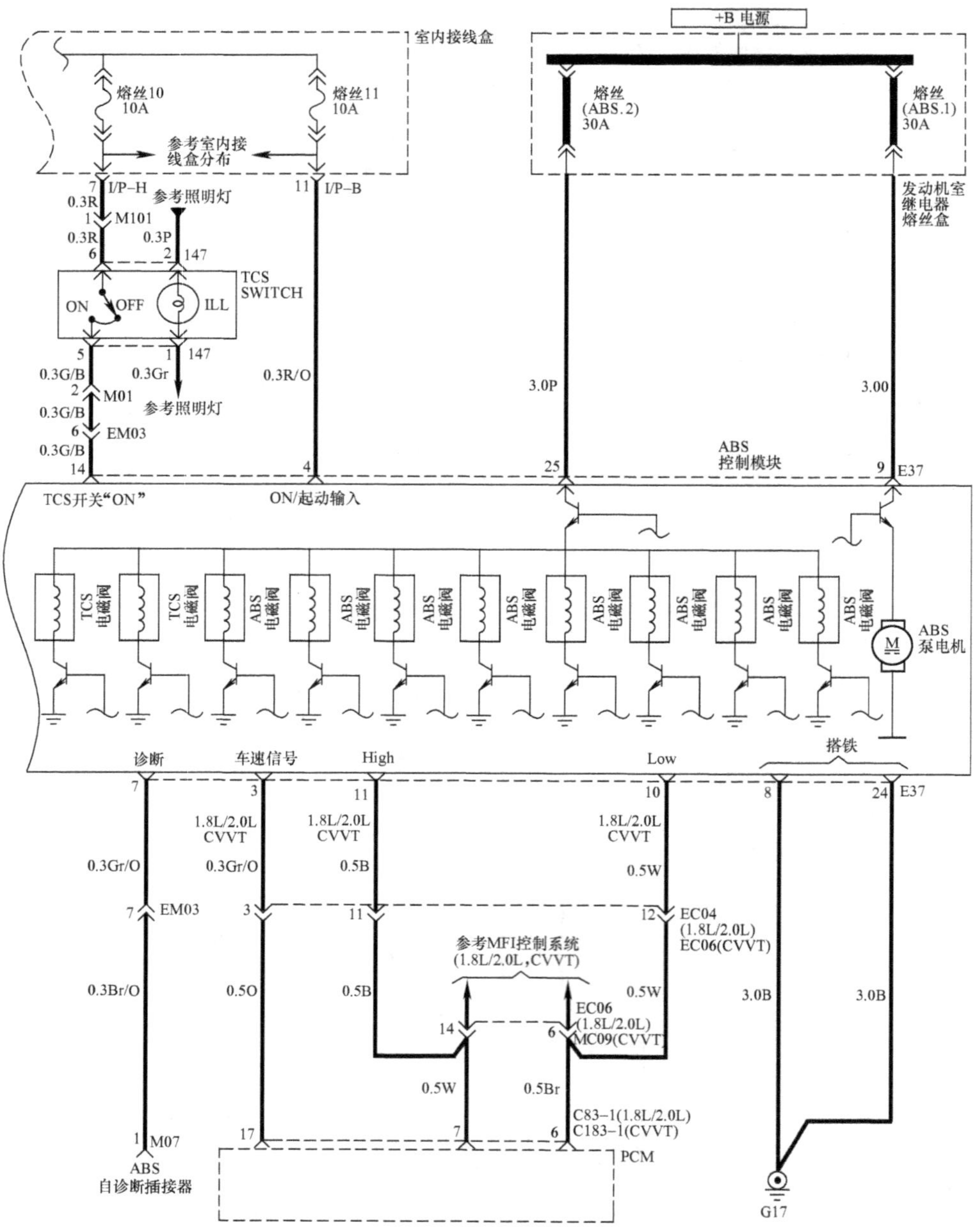

图 5-59　北京现代伊兰特 ABS/TCS 系统电路图（2）

2. 别克荣御 ESP 系统电路图（见图 5-60）

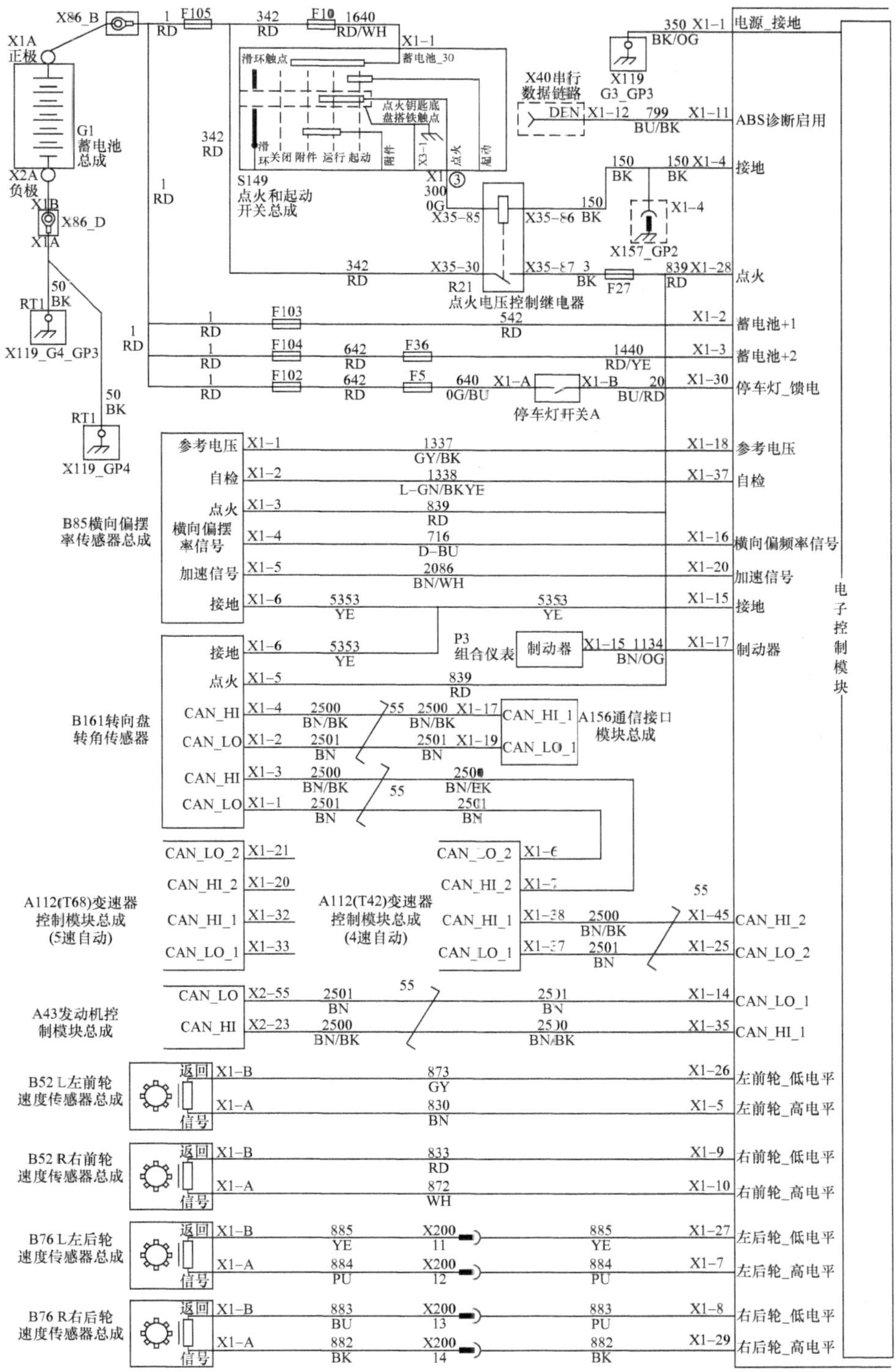

图 5-60　荣御 ESP 系统电路图

项目五　电控制动系统维修

二、车辆动态控制系统

在汽车制动系统中采用了 ABS、TCS 和 ESP 后，实现了对汽车的稳定控制，但这些控制都是被动的，相互之间的衔接不平滑，如图 5-61 所示。因此，一种新的控制系统——车辆动态控制系统应运而生，它可以对车辆实现类似球面的动态平滑控制，如图 5-62 所示。

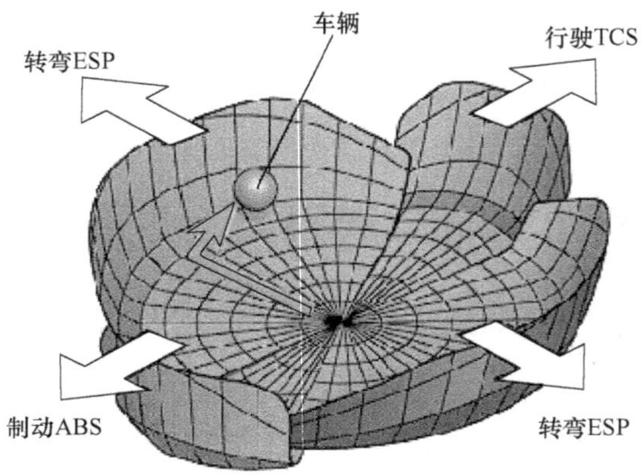

图 5-61 ABS/TCS/ESP 对汽车的控制示意图

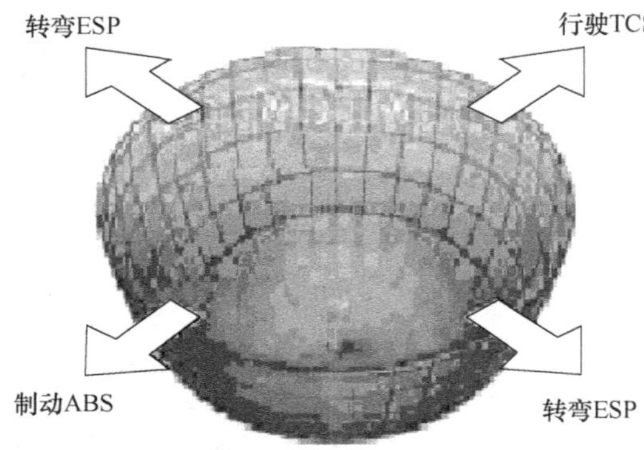

图 5-62 车辆动态控制系统对汽车的控制示意图

下面以丰田雷克萨斯 GS430 VDIM 为例加以介绍。

1. VDIM 的概念

VDIM 是 Vehicle Dynamics Integrated Management 的缩写，意为车辆动态集成管理，在 GS430、GS300、LS460/460L、RX400h 和 LS600hL 车辆上均有应用。

VDIM 综合了防抱死制动（ABS）、电子制动力分配（EBD）、陡坡起步辅助控制（HAC）、制动力辅助控制（BA）、牵引力控制和车辆稳定控制 VSC（ESP）功能。电子制动控制 EBC 系统构成了实现这些功能的硬件，VDIM 的实质是以 EBC 系统为基础的转向协同控制。

EBC 属于线控电子制动控制系统，传感器输入信号主要有：转向盘转角、加减速、横摆率、主缸制动液压力、轮缸制动液压力、VGRS（可变传动比转向系统 Variable Gear Ratio Steering）控制角、EPS（电子动力转向 Electronic Power Steering）助力转矩、制动踏板行程、车轮速度、加速踏板位置和节气门位置等。EBC 电控单元根据输入信号进行车辆目标和车辆状况计算，然后计算控制值，其控制目标为：制动控制、转向传动比控制、转向助力转矩控制、节气门控制，也就是对制动执行器、VGRS、EPS 和发动机之间进行协同控制，以实现 VDIM 的动态稳定性能。

2. EBC 系统的组成

EBC 的组成如图 5-63 所示。系统 ECU 通过 CAN 网络输入横摆传感器信号和转向盘转角传感器信号，同时协调控制发动机、EPS、VGRS 和 4WD。DLC3 为诊断接口，通过网关 ECU 与舒适系统 ECU 通信，EBC 工作状态可在组合仪表上显示出来。

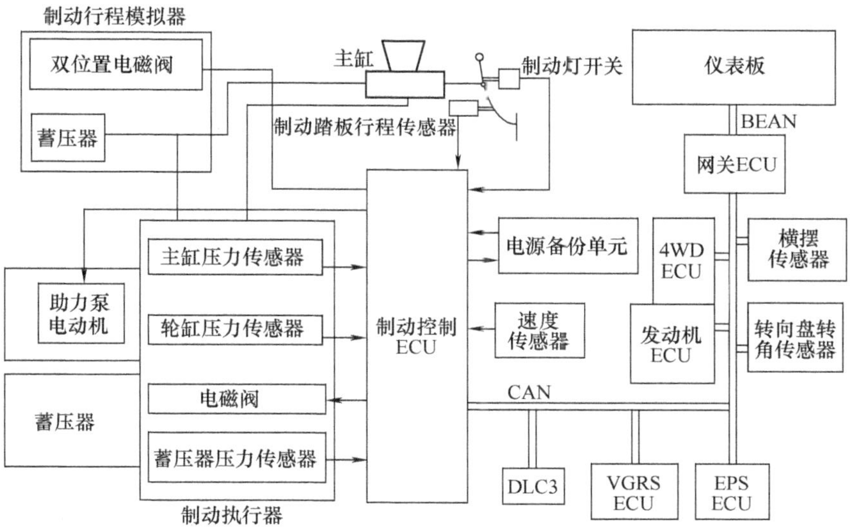

图 5-63　EBC 的构成框图

3. EBC 系统的工作原理

EBC 电脑通过制动踏板位置传感器和主缸压力传感器输入信号识别驾驶员对车辆制动的快慢和力度要求，同时根据车辆状态传感器（车速、横摆率、转向盘转角、EPS 及 VGRS 等传感器）的输入信号及制动执行器的状态传感器（主缸、轮缸和蓄压器压力传感器）信息，进行以下控制：

（1）对制动执行器的控制　EBC 电脑根据主缸、轮缸、蓄压器压力传感器控制助力泵电动机和制动执行器的电磁阀，当 EBC 需要对某个车轮进行制动力干预，便对控制该车轮液压油路的相应电磁阀发出制动指令，使分泵制动压力满足 VDIM 的控制要求。这种形式能及时根据驾驶员意图主动进行压力控制，分泵能获得比传统形式的制动系统更大的制动压力和压力升高率，大大提高了制动效能。

（2）EBC 通过 CAN 网络的协同控制　当需要对汽车进行制动力控制时（如 VSC），发动机不应该输出大转矩和高转速，同时也要避免发动机转速骤降对车轮的制动作用，此时 EBC 对发动机 ECU 发出控制指令，立即对节气门进行控制，使发动机转速与制动状态相适应。

当对车辆进行 VDIM 控制时，EBC 通过 CAN 向 EPS 和 VGRS 发出协同控制信息，以便配合制动力控制和转向轮的转向控制，修正汽车的不稳定状态，这种协同控制存在于任何行驶状态，实现球面平滑控制的 VDIM 效果。

（3）EBC 系统的 VDIM 转向协同控制功能　当汽车行驶中出现转向不足时，对车轮进行制动力干预，同时制动两个后轮和右前轮。制动后轮的目的是使汽车减速并使前轮恢复附着力，制动右前轮是产生顺时针的偏转力矩，使汽车的转向不足得到纠正，如图 5-64 所示。

当汽车出现转向过度时，由于后轮出现侧滑，系统对左前轮进行制动干预，产生逆时针偏转力矩，纠正汽车的过多转向特性，如图 5-65 所示。

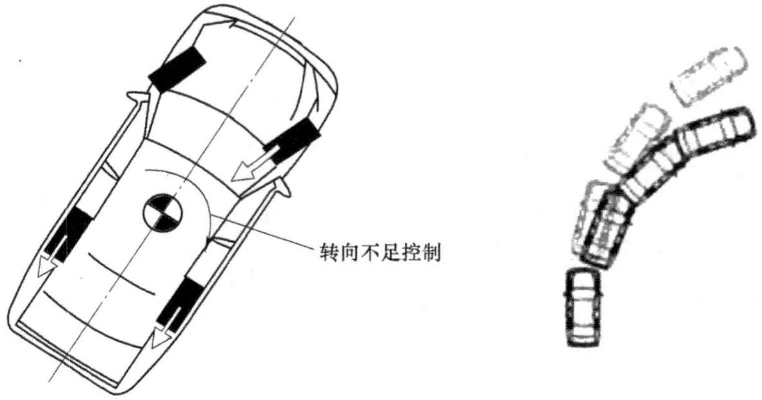

图 5-64 转向不足控制

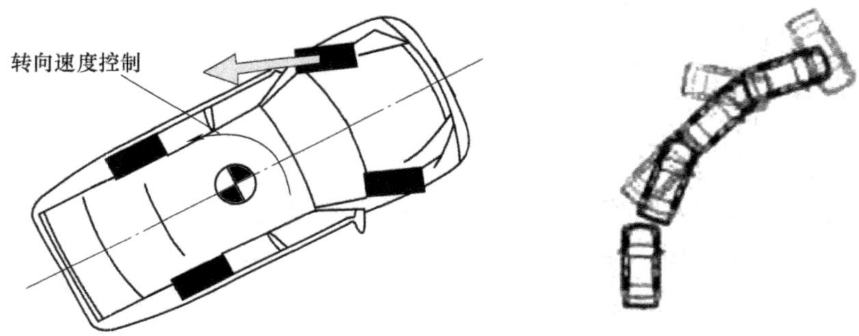

图 5-65 转向过渡控制

系统对以上两种情况的控制实质上仅仅属于 VSC 动态稳定控制功能，因为汽车行驶过程出现不稳定状况往往都是由于驾驶员操纵转向盘不当所致。也就是说当驾驶员操纵转向盘过度或不足时汽车前轮转角超出了与路面和车速相适应的稳定状态，汽车出现了动态不稳定，VSC 仅仅是用制动力干预的方法修正了汽车行驶的这种不稳定状态，而未对驾驶员的不当转向盘操纵进行及时修正。

在实施 VSC 控制过程中，车辆会出现短暂不稳定的情况。为解决 VSC 的不足，EBC 的 VDIM 动态控制过程除了对车轮进行制动力干预外，还同时协调控制 EPS 和 VGRS。

当驾驶员操纵转向盘刚开始出现操纵过度趋势时，传感器已经检测到后轮也将要出现侧滑趋势，EBC 立即发出指令到 VGRS 及时主动调整转向减速比，避免过度转向趋势继续，如图 5-66 所示。

当驾驶员操纵转向盘开始出现操纵过度趋势时，前轮开始出现侧滑趋势，EPS 和 VGRS 同时对前轮进行协调控制，EPS 立即产生反向转向助力，增大驾驶员操纵转向盘的阻力，此时 EPS 的作用是阻止驾驶员继续往错误的方向操纵转向盘，如图 5-67 所示。

综上所述，VDIM 具有如下优点：

1）实现了先进的线控制动（brake-by-wire）方式，驾驶员操纵制动踏板时不但具有真实感，而且操作更加灵敏和准确。

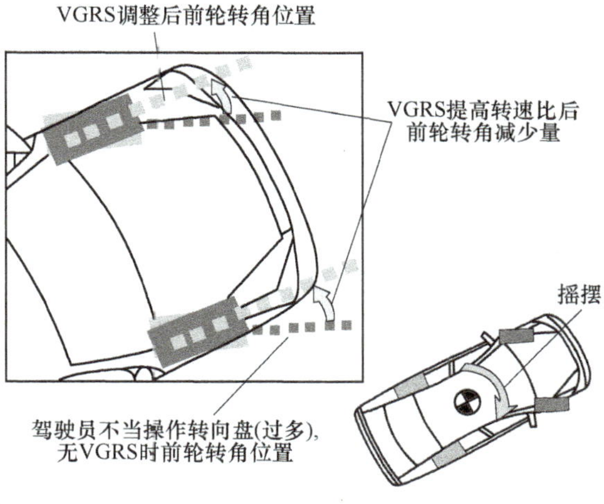

图 5-66 VGRS 对前轮转角的预调整

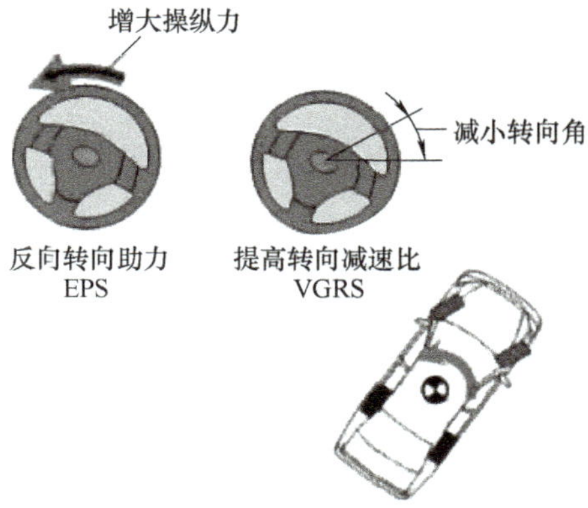

图 5-67 EPS 和 VGRS 同时作用的预调整

2）EBC 系统的辅助制动力功能使该系统比普通真空助力液压系统具有更高的制动效能。

3）EBC 系统先进的控制技术对各个车轮制动压力进行精确的主动动态控制，实现 ABS、TRC、EBD、HAC、BA、VSC 和 VDIM 功能。

4）在驾驶员对转向盘操作不当时，VDIM 通过与 EPS 和 VGRS 的协同控制，及时进行预调节，使汽车在出现不稳定的状态之前及时消除车辆的不稳定，从而实现 VDIM 的平顺驾驶操纵，大大提高汽车在各种行驶状态下的稳定性。

三、电子驻车制动系统

电子驻车制动系统 EPB（Electric Park Brake）的组成如图 5-68 所示，该系统有驻车和动态制动两种基本功能。

驻车制动拉索的拉紧和放松由伺服单元内的电动机执行，如图 5-69 所示。伺服单元位于备胎凹坑与后排座椅隔板之间的行李箱底板内。

1. 基本功能

（1）驻车制动功能

1）发动机运转时或车辆移动时，驻车制动器通过 DSC 液压系统作用在前桥和后桥的盘式制动器上。

2）发动机关闭且车辆静止时，驻车制动器通过电动机械伺服单元操纵拉索作用在后桥制动器上。

（2）动态制动　如果行驶期间按下驻车制动按钮则会通过 DSC 系统执行规定的制动。该制动由 ABS 调节功能监控，在按住按钮期间会一直进行制动。

如果车辆正在移动而发动机已关闭，则车速 3km/h 以下时按住按钮就会通过后轮制动器进行制动，车速超过 3km/h 时 DSC 回流泵被起动，制动以液压方式施加到所有四个车轮上。

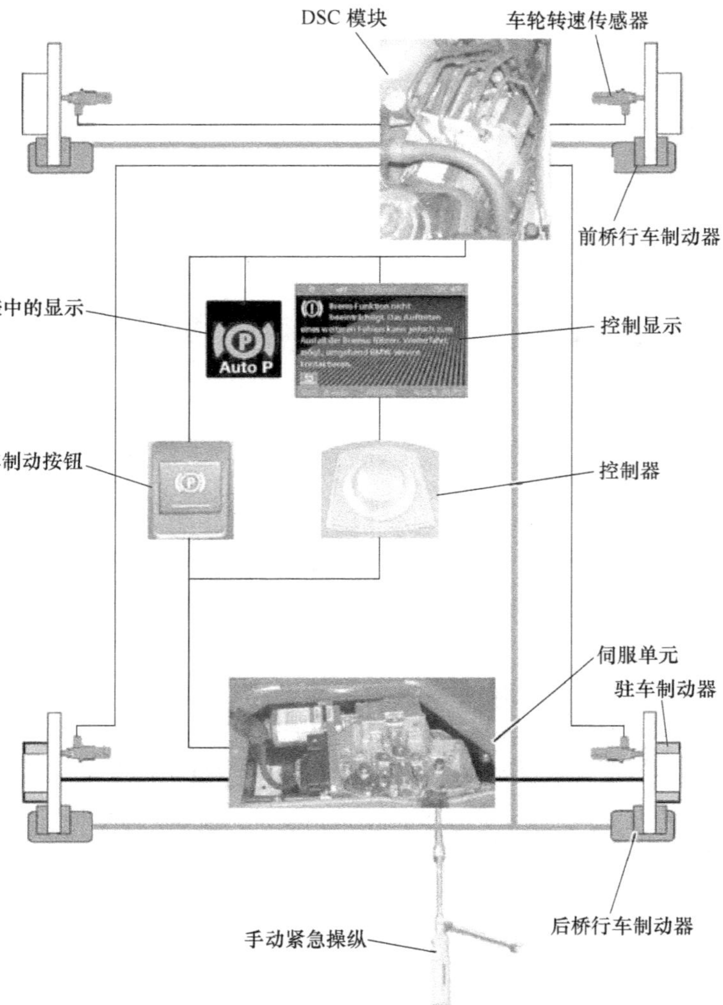

图 5-68　电子驻车制动系统的组成（宝马 E65）

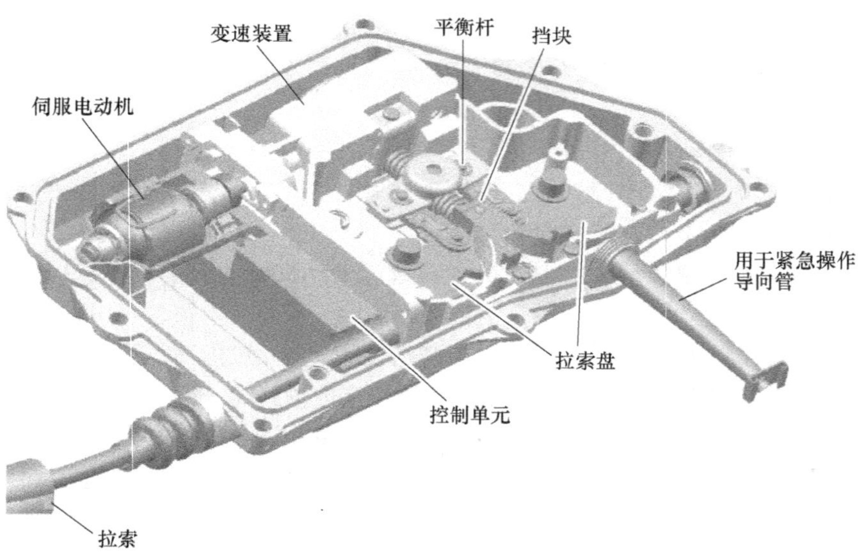

图 5-69　电子驻车伺服控制单元（宝马 E65）

行驶期间发动机运转状态下按压按钮，车辆以 $3m/s^2$ 的减速度制动 0.8s，在以后 2s 内制动减速度以线性方式提高到 $5m/s^2$，在按住按钮期间会一直保持这个制动减速度。

因为制动以液压方式施加到所有四个车轮上，所以与常规驻车制动器不同的是可以在操作力最小（按钮）的条件下实现很高的减速度，因此这种制动控制方式提高了行驶安全性。

在进行动态制动时通过打开制动信号灯对随后车辆发出警告，这一功能只能作为紧急功能使用，无论如何都不允许替代普通行车制动。

2. 自动驻车

如果通过控制器选择了这个便捷功能，则停车后驻车制动器以液压方式保持车辆制动。踩下加速踏板车轮制动器就会松开，车辆就可以起步了。

因为制动器自动接合和松开可避免车辆向后溜车（坡道驻车），所以该功能使坡道起步更方便。

3. 紧急解锁装置

为了在伺服单元失灵或供电不足时能松开驻车制动器，系统中有一个手动紧急解锁装置。该装置采用直接手动操纵传动装置的方式，利用随车工具中的一个紧急解锁工具和一个呆扳手即可将机械伺服单元和驻车制动器松开。

4. 特殊功能

为了优化制动效果，行驶模式下会以固定时间间隔进行磨合制动，以消除制动器制动蹄或制动鼓可能有的锈蚀。磨合制动每 1000km 或每月进行一次，300 次磨合制动会使制动蹄磨损 0.3 ~0.5mm。

该过程自动进行且尽可能不让驾驶员感觉到，磨合制动时伺服单元拉紧驻车制动器的力比驻车时小，只有最大操纵力的 20%。

5. 服务功能

如果维修及维护时更换了制动蹄，为保证驻车制动效果足够好，必须对制动蹄进行磨合制动。在驻车制动器控制单元的软件中有一个可以通过 DIS 调用的“磨合制动专用程序”。

在组合仪表内通过显示/警告灯来显示系统是否处于准备状态或有故障。有错误的信号通过 CAN 总线被记录为故障，如有必要将根据情况部分关闭或完全关闭该系统，在控制显示中驾驶员也会得到有关功能可能被限制的提示。

6. 提示

只能在变速器挂入 N 位时让车轮滚动或推移车辆。空挡位置保持挂入状态的时间通常最大为 30min，如果车辆静止时间超过 30min，则自动变速器内的驻车锁止器自动锁止。

7. 驻车制动器的初始化设置

更换制动器的制动摩擦片后必须对驻车制动器进行初始化设置。此时新的制动拉索空行程将通过伺服单元内的霍尔传感器获得，在以后的使用中可以通过这项功能可靠识别拉索是否断裂。

【课堂训练与测评】

1. 选择题

(1) ESP 主要功能是校正汽车（　　）行驶循迹方向，稳定汽车，提高汽车主动安全性。

A. 转向　　B. 制动　　C. 加速

(2) ESP系统在（　）的基础上，增加了转向盘转角、横向偏摆率两个主要传感器。

A. TCS　　B. ABS　　C. EDS

(3) 当ESP检测到汽车出现转向不足时，可以通过向一个或两个（　）施加制动，以保证汽车按照驾驶员理想的转向行驶。

A. 内侧车轮　　B. 外侧车轮　　C. 前轮

(4) 当ESP检测到汽车出现转向过度时，可以通过向一个或两个（　）施加制动，以保证汽车按照驾驶员理想的转向行驶。

A. 内侧车轮　　B. 外侧车轮　　C. 前轮

(5) 转向盘转角传感器位于转向盘下面，为ESP电控单元提供转向盘偏转方向和（　）信号。

A. 偏转速度　　B. 偏转角度　　C. 偏转力度

(6) 横向偏摆率传感器总成安装在汽车底板（　），仪表板中央控制台下部。

A. 左侧　　B. 中央　　C. 右侧

(7) 横向偏摆率传感器总成包括一个（　）传感器和一个横向加速度传感器。

A. 侧向加速度　　B. 横向偏摆率　　C. 纵向加速度

(8) 如果常规制动系统存在故障，则在进行ABS TCS/ESP故障诊断（　）排除这些故障。

A. 之后　　B. 之中　　C. 之前

(9) 如果使用Tech2进行检测，在路试前应将其从DLC上断开，点火开关至少关闭（　）秒钟以上，以便ESP控制模块复位。

A. 5　　B. 10　　C. 15

(10) 在更换转向盘转角传感器或ESP控制模块后，需要对（　）进行基本设定。

A. 转向盘转角传感器　　B. 控制模块　　C. 横摆率传感器

2. 判断题

（　）(1) ASR通过调节驱动轮牵引力实现汽车急起步、急加速、急转向工况下防止驱动轮滑转，将滑移率控制在15%～30%范围内，提高车辆稳定性。

（　）(2) ASR控制驱动轮最佳滑移率的方式主要通过制动压力调节。

（　）(3) ABS系统对所有车轮都进行控制，ASR系统只对驱动轮进行控制，并由驾驶员通过选择开关来确定是否使用ASR系统。

（　）(4) 伊兰特汽车ABS/TCS比单独的ABS增加了两个TC 2/2电磁阀、两个2/2液压阀。

（　）(5) 伊兰特汽车ABS/TCS常规制动时，所有电磁阀均断电，主缸与轮缸相通，轮缸制动压力随主缸增大而增大。

3. 填空题

(1) 当滑移率为15%～30%时，（　）附着系数最大。

(2) ABS的作用就是在各种路面和行驶状态制动时，保持滑移率在15%～30%之间，从而保证最佳制动状态，使制动方向（　）和方向（　）得到改善。

(3) BOSCH5.3ABS系统是在原液压制动系统的基础上增加了轮速传感器、传感器感应齿圈、ABS（　　）、ABS（　　）、故障（　　）和诊断插头等组成。

(4) ABS系统的制动压力调节包含（　　）、（　　）和（　　）三个过程。

(5) 点火开关ON，ABS计算机进行自检，同时点亮（　　）灯，自检时间约3s。

(6) 电控系统出现故障，ABS进入失效保护状态，故障灯点亮报警，所有电磁阀断电、电动机断电，制动系统转换为（　　）制动，ABS不起作用。

(7) BOSCH5.3ABS系统排气分为两级管路排气，其（　　）管路排气是指对ABS执行器的排气。

(8) 在一般情况下，进行制动总泵、分泵管路维修时，只需要进行（　　）管路排气即可，在更换ABS执行器或制动液时，需要进行（　　）管路排气。

(9) 轮速传感器有（　　）、（　　）两种，其工作原理与发动机采用的转速传感器相同。

(10) ABS系统故障确认后，应先进行（　　）。

项目六　电控空气悬架系统维修

项目描述

随着人们对汽车乘坐舒适性的不断追求，已有不少豪华轿车和豪华 SUV 装上了性能优越的电子控制式主动悬架，以满足越野与公路行驶的双重舒适性需要。

从悬架的组成来看，大致分为两大类：一类是电子控制式主动液压悬架，它能通过车载电脑计算出悬架受力大小和加速度，利用液压减振器的伸缩来保持车身平衡；另一类则是电子控制式空气悬架，它也是通过车载电脑计算悬架的受力及感应路面情况，适时调整空气减振器的刚度和阻尼系数，令车身的振动始终保持在一定范围内。目前电控主动空气悬架比液压悬架应用更广泛。

知识要点

电控悬架主动空气系统的组成；悬架刚度、阻尼力的调节原理；电路图识读。

技能要点

电控空气悬架系统的检查，故障诊断，使用维修注意事项。

知识准备

电控空气悬架以空气弹簧和减振器为基础，引入 ECU 控制单元、转向角度传感器、车身高度传感器、空气压缩机、速度和制动传感器，通过 ECU 的精密计算，利用电磁阀改变空气弹簧内的气体容量和压力来实现软硬调节，使悬架兼有舒适性和运动性的特性。例如直线行驶偏软，提高舒适性；转向和高速运动时加硬，增加侧向支撑，提供更好的路感。此外还可通过 ECU 和空气压缩机实现车身高度的自动或手动调节。

下面以奥迪轿车采用的电控自适应空气悬架系统为例加以说明。

一、电控空气悬架系统的功能

奥迪 A8 标准底盘（自适应悬架）可以手动或自动设置"automatic"（自动）、"comfort"（舒适）、"dynamic"（动态）、"lift"（提升）四种模式，具备转弯、制动、起步、休眠、使用千斤顶和应急等特殊工况下的悬架刚度、阻尼力调节功能。

1. "automatic"（自动）模式

基本底盘高度，以舒适性为主并配有与之相适应的减振特性。在车速超过 120km/h 的 30s 后，底盘会下沉 25mm（高速公路底盘下沉）。底盘下沉可以改善空气动力学性能并降低燃油消耗。当车速低于 70km/h 的时间达到 120s 或车速低于 35km/h 时，底盘会自动恢复到基本高度。

2. "comfort"（舒适）模式

底盘高度与"automatic"（自动）模式是一样的，但在车速较低时减振要弱一些，因此与"automatic"（自动）模式相比，舒适性更好一些。这时不会出现所谓的"高速公路底盘下沉"。

3. "dynamic"（动态）模式

与"automatic"（自动）模式相比，底盘下沉 20mm，并且自动调整到运动模式的减振特性，在车速持续超过 120km/h 的 30s 后，底盘会再下沉 5mm（高速公路底盘下沉）。当车速低于 70km/h 的时间达到 120s 或车速低于 35km/h 时，底盘会自动恢复到运动高度。

4. "lift"（提升）模式

与"automatic"（自动）模式相比，底盘提升了 25mm，与"automatic"（自动）模式一样是以舒适为主的。

只有当车速低于 80km/h 时才能选择这个模式。当车速超过 100km/h 时会自动脱离此模式，这时车会回到先前选择的模式，即使车速又降到 80km/h 以下，也不会再自动回到"lift"（提升）模式了。

5. 转弯、制动、起步

在汽车转弯、制动和起步工况下，通过调节减振器的阻尼力使车辆保持平稳。

6. "休眠"模式

进入"行驶后"模式 60s 后，若仍无输入信号，系统就进入节能的"休眠"模式了。系统在 2.5h 和 10h 后会短时脱离"休眠"模式，以便再次检查高度状态。当前状态与规定值的高度差（如因空气悬架内空气冷却而产生的）由蓄压器进行补偿。

7. 使用千斤顶（维修模式）

这种模式是不会被自动识别出来的。如果要使用千斤顶，必须先关闭自适应空气悬架。点火开关 ON→按压 CAR→出现"adaptive air suspension（自适应空气悬架）"→按压 SETUP→出现"adaptive air suspension（自适应空气悬架）"→将旋转/按压控制按钮旋转到"Car jack mode（汽车千斤顶模式）"并选择"ON（打开）"来打开汽车千斤顶模式→点火开关 OFF。之后，方可举升车辆。

有两种方法可以关闭这种模式，即按照上述步骤操作，在最后一步选择“OFF（关闭)”，或以超过 15km/h 的车速行车。

8. 应急运行状态

如果识别出系统部件故障或信号故障，一般来说就没有保证系统功能的可靠性了。根据故障的严重程度，会起动一个应急运行程序。故障码会存入故障存储器，组合仪表上的警告灯会点亮。

当悬架的调节功能完全失效时，该系统就会被中断供电，于是悬架就呈“硬”状态。

应急状态是为了保证行驶稳定性，这样可避免悬架过软。

二、电控空气悬架系统的构造

1. 电控空气悬架系统的组成及安装

奥迪 A8 汽车电控空气悬架系统的组成部件如图 6-1 所示。

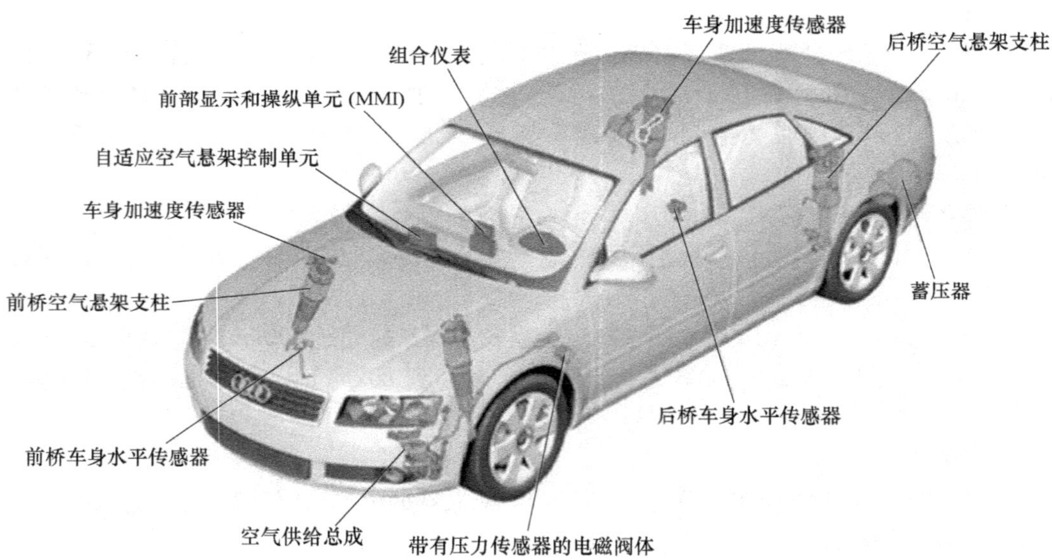

图 6-1 奥迪 A8 汽车电控空气悬架系统的组成

电控系统原理如图 6-2 所示。

2. 电控空气悬架系统的电路图

奥迪 A8 电控悬架系统电路原理如图 6-3 ~ 图 6-5 所示。

3. 电控悬架系统的控制原理

电控悬架系统的控制原理如图 6-6、图 6-7 所示。

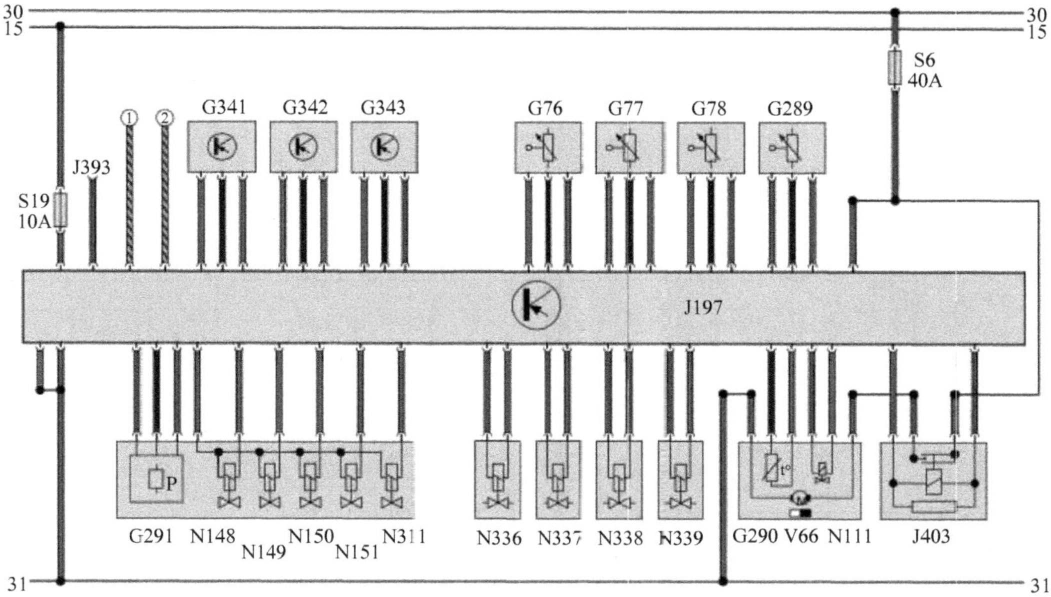

图 6-2　电控空气悬架系统原理图

J393—舒适系统中央控制单元（用于车门信号）　①—CAN 总线，High；
②—CAN 总线，Low　G341—左前车身加速度传感器　G342—右前车身加速度传感器
G343—后部车身加速度传感器　G76—左后车身水平高度传感器
G77—右后车身水平高度传感器　G78—左前车身水平高度传感器
G289—右前车身水平高度传感器　G291—空气悬架压力传感器
N148—左前减振器支柱阀　N149—右前减振器支柱阀
N150—左后减振器支柱阀　N151—右后减振器支柱阀
N311—蓄压器阀　N336—左前减振器调节阀
N337—右前减振器调节阀　N338—左后减振器调节阀
N339—右后减振器调节阀　G290—空气压缩机温度传感器
V66—空气压缩机　N111—空气悬架排气阀
J403—空气压缩机继电器　J197—悬架系统电控单元

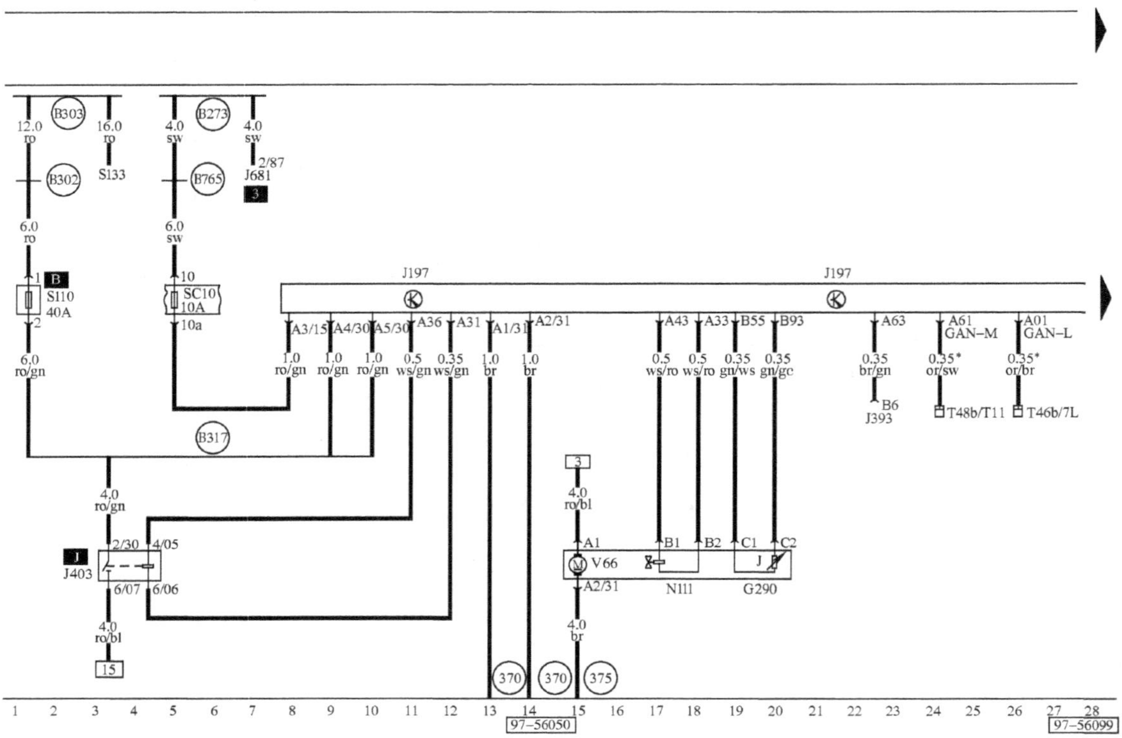

水平高度调节系统控制单元、水平高度调节系统压缩机继电器、水平高度调节系统熔丝

J197– 水平高度调节系统控制单元
J403– 水平高度调节系统压缩机继电器
J681– 供电继电器 -2-，总线端 KL15
S110– 水平高度调节系统熔丝
S133– 熔断式熔丝 3
SC 10– 熔丝夹上的熔丝 -10-

(370) – 接地连接 -5-，在主导线束中

(B765) – 正极连接 -2-(15)，在车内空间导线束中

(B273) – 正极连接 (15)，在主导线束中

(B302) – 正极连接 -6-(30)，在主导线束中

(B303) – 正极连接 -7-(30)，在主导线束中

(B317) – 正极连接 -3-(30a) 在主导线束中

水平高度调节系统控制单元、水平高度调节系统压缩机电动机、水平高度调节系统排放阀、水平高度调节系统压缩机温度传感器

G290– 水平高度调节系统压缩机温度传感器
J393– 舒适系统中央控制单元
N111– 水平高度调节系统排放阀
T48b–48 芯黑色插头连接，右 CAN 分离插头
V66– 水平高度调节系统压缩机马达

(375) – 接地连接 -10-，在主导线束中

* – CAN 总线（数据导线）

ws = 白色
sw = 黑色
ro = 红色
br = 棕色
gn = 绿色
bl = 蓝色
gr = 灰色
li = 淡黄色
gc = 黄色
or = 桔黄色

图 6-3 奥迪 A8 电控悬架系统电路图（1）

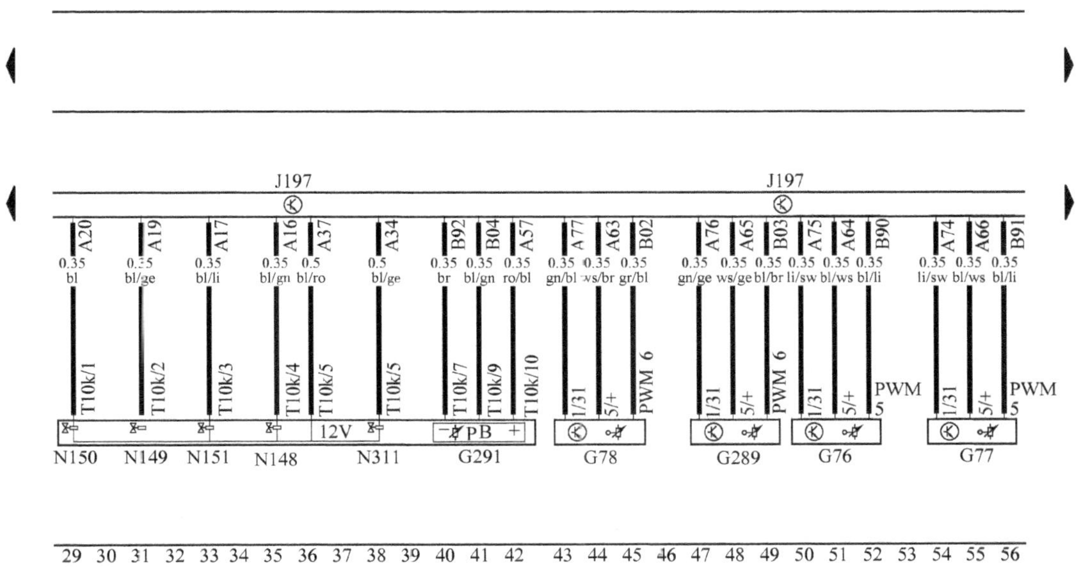

97–56100

97–56101

水平高度调节系统控制单元、阀体、水平高度调节系统压力传感器

G291–水平高度调节系统压力传感器
J197–水平高度调节系统控制单元
N148–左前减展支柱阀门
N149–右前减展支柱阀门
N150–左后减展支柱阀门
N151–右后减展支柱阀门
N311–蓄压器阀门,水平高度调节系统
T10k–10芯黑色插头连接，在阀体上

水平高度调节系统控制单元，汽车高度传感器

G76–左后汽车高度传感器
G77–右后汽车高度传感器
G78–左前汽车高度传感器
G289–右前汽车高度传感器

ws=白色
sw=黑色
ro=红色
br=棕色
gn=绿色
bl=蓝色
gr=灰色
li=淡紫色
ge=黄色
or=桔黄色

图 6-4　奥迪 A8 电控悬架系统电路图（2）

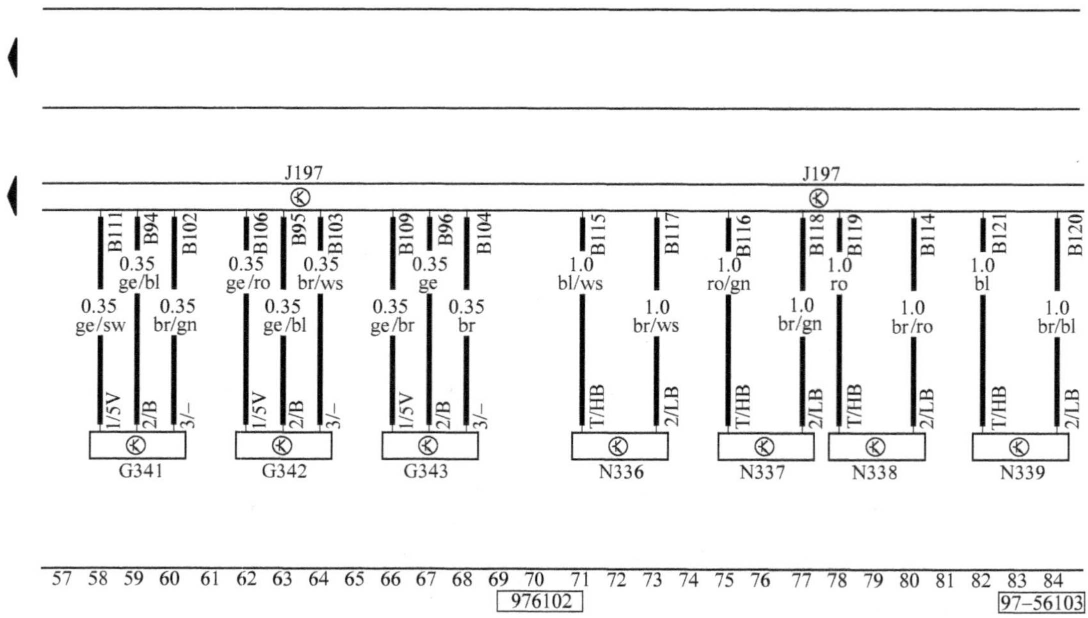

水平高度调节系统控制单元、车身加速传感器

G341–左前车身加速传感器
G342–右前车身加速传感器
G343–后部车身加速传感器
J197–水平高度调节系统控制单元

水平高度调节系统控制单元、阻尼调节阀

N336–左前阻尼调节阀
N337–右前阻尼调节阀
N338–左后阻尼调节阀
N339–右后阻尼调节阀

ws=白色
sw=黑色
ro=红色
br=棕色
gn=绿色
bl=蓝色
gr=灰色
li=淡紫色
ge=黄色
or=桔黄色

图 6-5　奥迪 A8 电控悬架系统电路图（3）

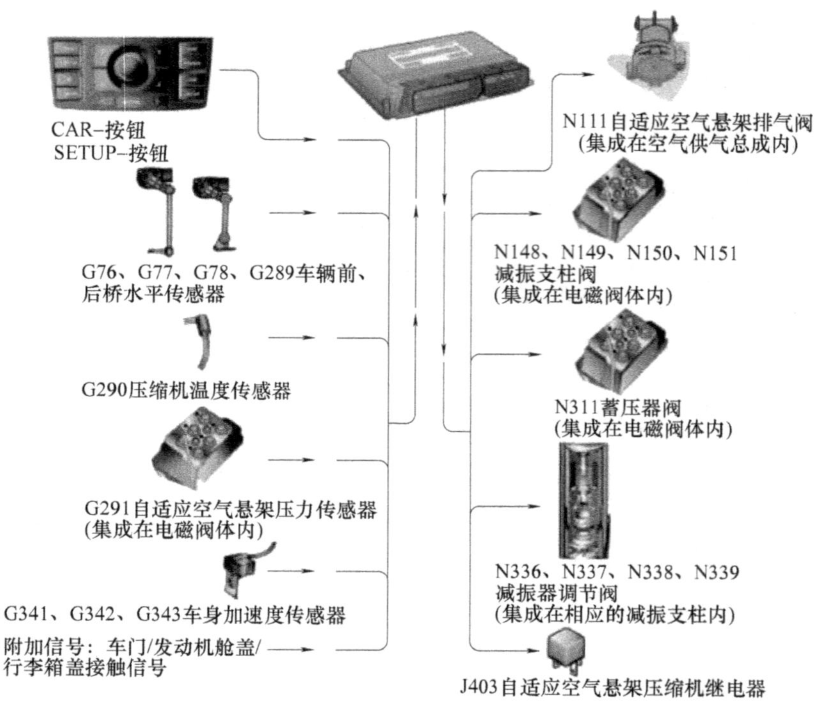

图 6-6　电控悬架系统控制原理图（未联网部件）

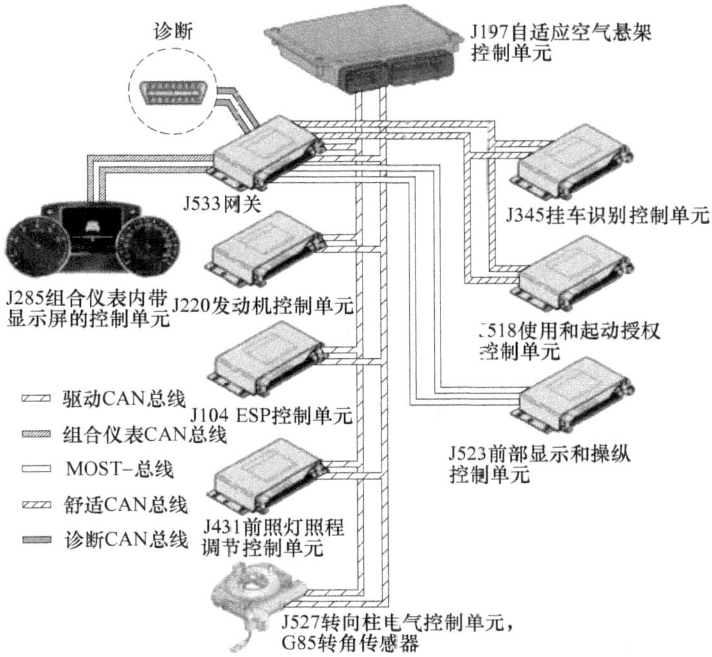

图 6-7　电控悬架系统控制原理图（联网部件）

4. 电控悬架系统的气动工作原理

点火开关 ON 或前车门打开、行李箱盖打开时，系统休眠模式唤醒，开始工作。前后桥车身水平高度传感器持续检测车身高度（车桥与车架之间的距离）变化。

当乘员上下车或车速改变或驾驶员指令改变车身高度时，水平高度传感器 G76、G77、G78、G289 检测到变化并将信息送到 ECU，ECU 对当前高度进行判断并发出调节指令。或起动空气压缩机（通过 J403），或打开排气电磁阀 N111，或同时控制五个 2/2 电磁阀 N148、N149、N150、N151、N111 的打开或关闭，维持所需高度，如图 6-8 所示。

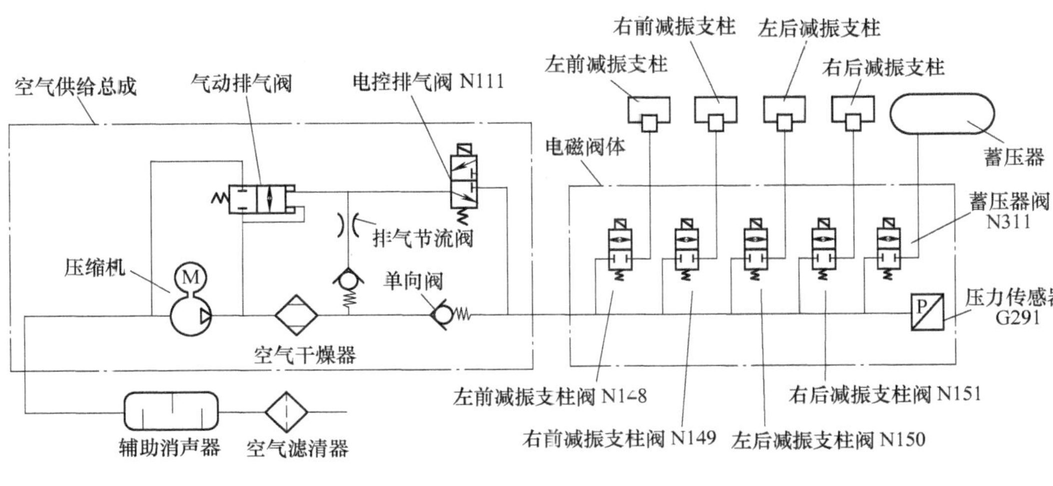

图 6-8　电控空气悬架气动控制系统

（1）建立气压　空气压缩机运转，空气由空气滤清器、辅助消声器吸入，经空气干燥器、单向阀、减振器支柱阀（通电接通）和蓄压器阀（通电接通）分别进入减振支柱空气弹簧和蓄压器。此时，电控排气阀断电，压力传感器 G291 随时监控系统气压。

当达到规定高度时，减振支柱电磁阀断电关闭。达到规定气压时，蓄压器阀断电关闭，压缩机停转。蓄压器与空气弹簧之间的压力差至少为 0. 3MPa。

（2）抬高车身高度　若需要抬高车身高度，蓄压器阀通电打开，相应减振器支柱阀通电打开，蓄压器对减振支柱空气弹簧充气，抬高车身。达到规定高度后，两阀断电关闭，停止充气。

（3）降低车身高度　若需要降低车身高度，相关减振支柱阀通电打开，电控排气阀通电打开，压缩气体由减振支柱空气弹簧经减振支柱阀、电控排气阀打开气动排气阀。压缩气体由空气弹簧经减振支柱阀、电控排气阀、气动排气阀、辅助消声器和空气滤清器排入大气。同时有部分气体经排气节流阀、单向阀和空气干燥器进入气动排气阀，干燥剂被还原。

三、电控空气悬架系统各主要部件的功能及原理

1. 减振支柱

（1）空气弹簧　前后减振支柱的结构如图 6-9、图 6-10 所示，减振支柱内部结构完全相同，后减振支柱为了让出更多的行李箱容积，增加了辅助空气罐，这样可以最大限度地减小减振支柱空气弹簧的直径。

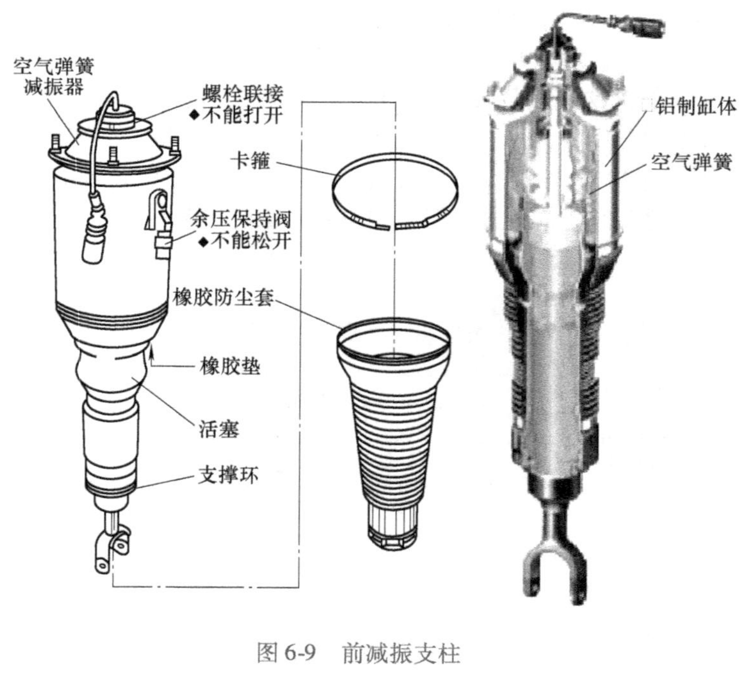

图 6-9　前减振支柱

（2）减振器阻尼力调节　减振器阻尼力调节原理如图 6-11（压缩过程）所示。主减振阀的位置由电磁吸力 F_M、弹簧力 F_F、下方油液压力 F_P 共同维持。当车架与车桥靠近时，

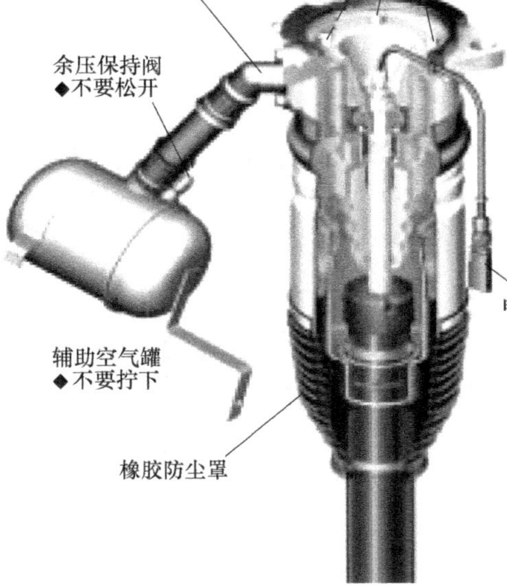

图 6-10　后减振支柱

活塞总成在缸套内向下运动，若电磁线圈中电流变大，电磁吸力 F_M 增大，主减振阀向上移动，开口面积变大，下方腔内油压下降，阻尼力减小；反之，阻尼力变大。

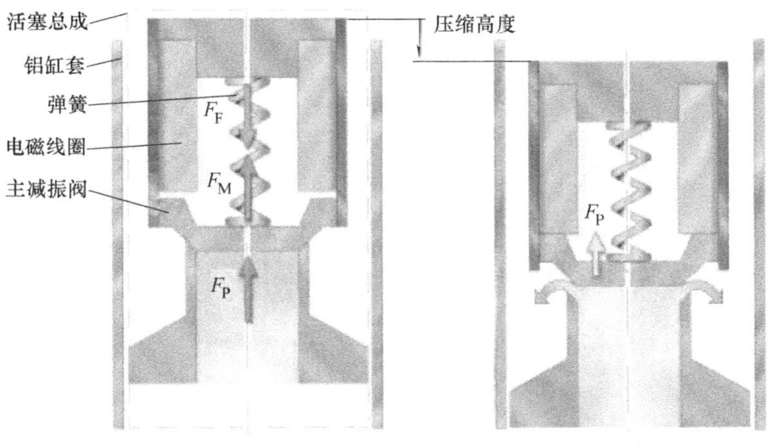

图 6-11　减振器阻尼力调节示意图

2. 空气供给总成

空气供给总成安装在发动机舱内的左前部，便于冷却和隔音。压缩机温度传感器、空气干燥器、排气电磁阀、气动排气阀、驱动电动机和压缩机等均集成在一起，如图 6-12 所示。

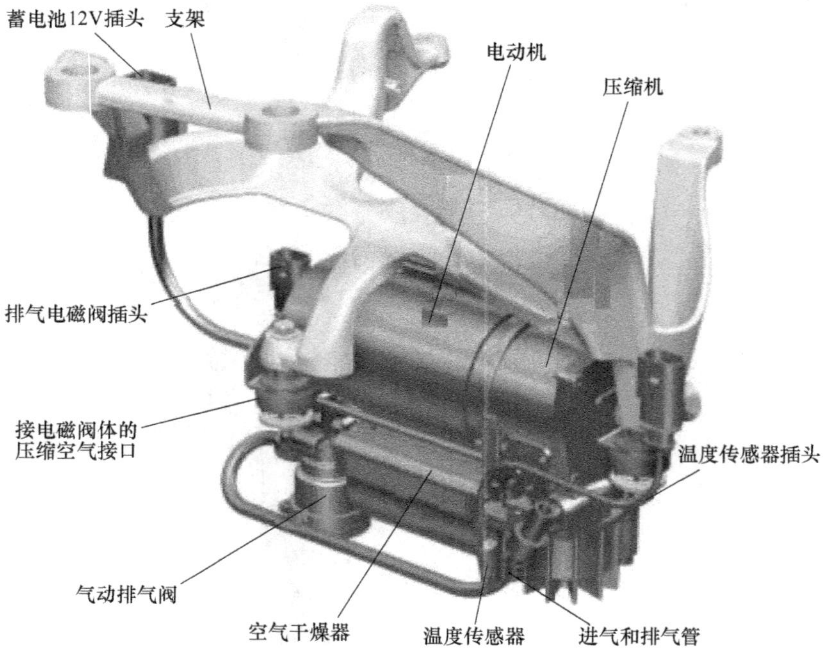

图 6-12　空气供给总成

压缩机温度传感器为负温度系数热敏电阻式，用于监控空气压缩机温度，控制压缩机工作时间。最大静态系统压力为 1.6MPa。

3. 电磁阀体

电磁阀体安装在车辆左侧的轮罩衬板与 A 柱之间。阀体内包含蓄压器阀、减振器支柱阀和压力传感器等，如图 6-13 所示。

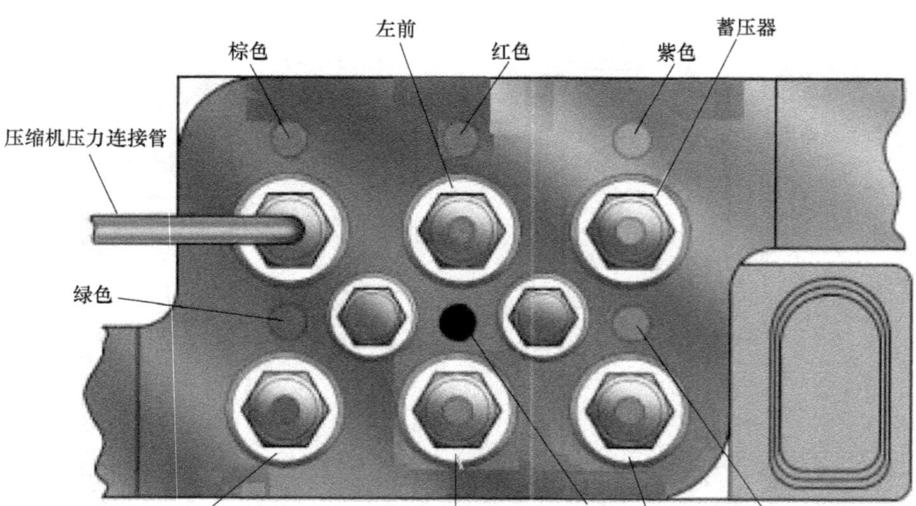

图 6-13　电磁阀体

压力传感器用于测量蓄压器或减振支柱空气弹簧内的压力（取决于电磁阀的状态），采用电容测量原理，如图 6-14 所示。

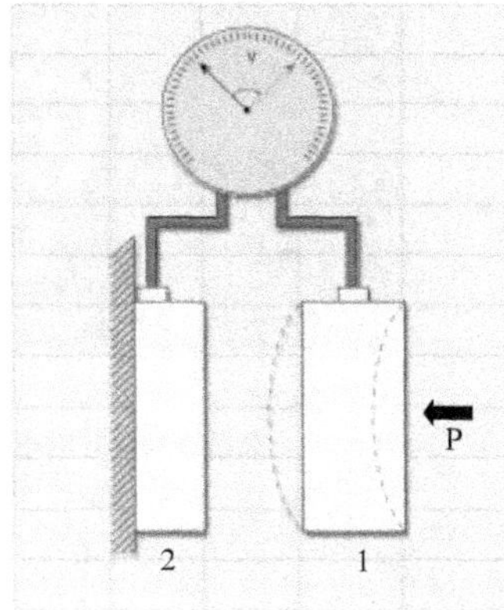

图 6-14　压力传感器的测量原理

4. 加速度传感器

加速度传感器用来测定汽车的运行状态，共有三个。其中两个位于前桥减振支柱座上，另一个位于右后轮罩内。其原理与 ESP 系统的加速度传感器相同，也是采用电容测量原理。

加速度传感器有安装标记，如图 6-15 所示，箭头朝上。

5. 车身水平高度传感器

车身水平高度传感器安装在车身与车桥之间，用于检测两者之间的距离（车身高度）变化，如图 6-16 所示。

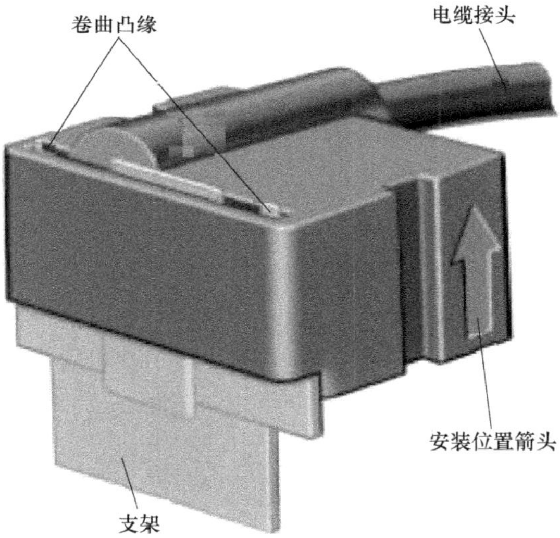

图 6-15　加速度传感器

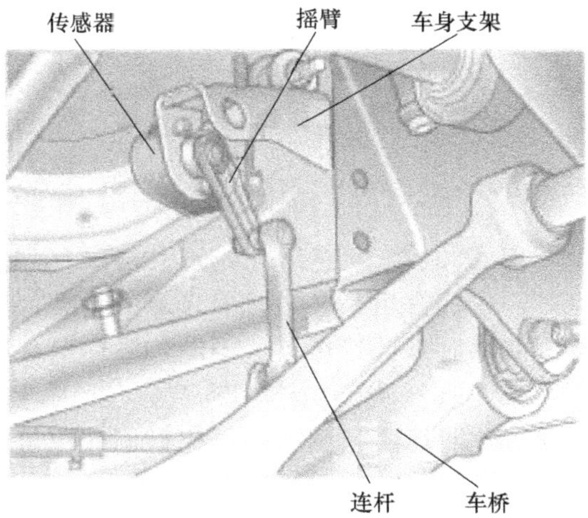

图 6-16　车身水平高度传感器

传感器采用霍尔效应原理，以磁场为工作媒体，将车身的运动参数转变为数字电压（频率信号）形式输出，使 ECU 能精确地测算出行驶高度，也有的传感器采用光电原理。

传感器更换或拆装后必须适配调节位置。

6. 系统操纵和调节

空气悬架系统从一种模式切换到另一种模式以及系统状态的显示和指示都是通过 MMI（多媒体交互系统）来完成的，如图 6-17 所示。

按下“CAR”按键就可以在中央副仪表板的 MMI 显示屏上直接调出自适应空气悬架菜单。

转动控制旋钮切换到另一种模式，随后按下控制旋钮来启用这个新模式。

按下“SETUP”按钮可以查询系统的状态信息以及完成专项设定。

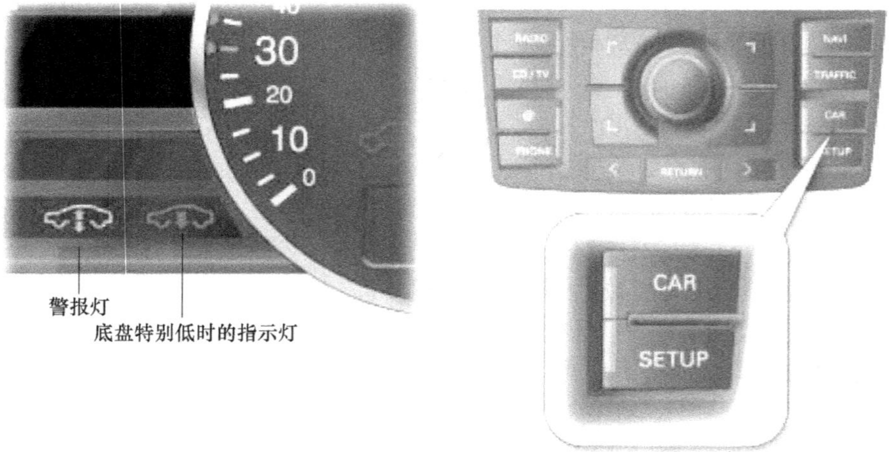

图 6-17　电控空气悬架操纵显示装置

任务实施

任务　电控空气悬架系统的检测与故障诊断

活动一　电控空气悬架系统车身水平调节功能检测

车身水平高度变化过程如图 6-18 所示。提升时，先提升后桥，后提升前桥。下降时，先降低前桥后降低后桥。这个动作顺序可以保证有前照灯照程调节功能（装有氙气灯）的车，即使在前照灯照程调节功能失效时，也可避免在调节过程中给对面来车造成炫目。

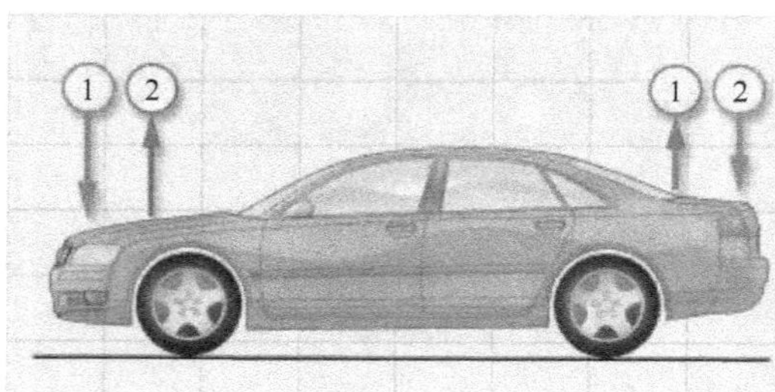

图 6-18　车身高度调节过程

1）通过 MMI 手动设置调节模式，在“automatic”自动、“comfort”舒适模式下，汽车处于基本高度，约 120mm（标准底盘），如图 6-19 所示。

图 6-19　自动、舒适模式下汽车基本高度

6 PROJECT

2）在“dynamic”动态模式下，汽车高度会在基本高度基础上下降20mm，如图6-20所示。

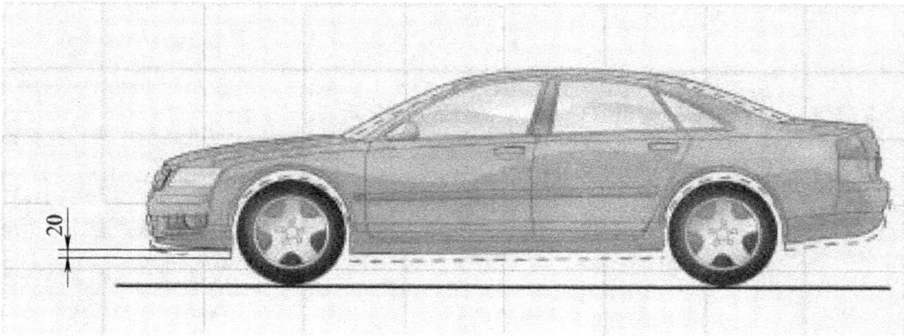

图6-20 动态模式下汽车高度降低

3）在“lift”提升模式下，汽车会在基本高度基础上升高25mm，如图6-21所示。

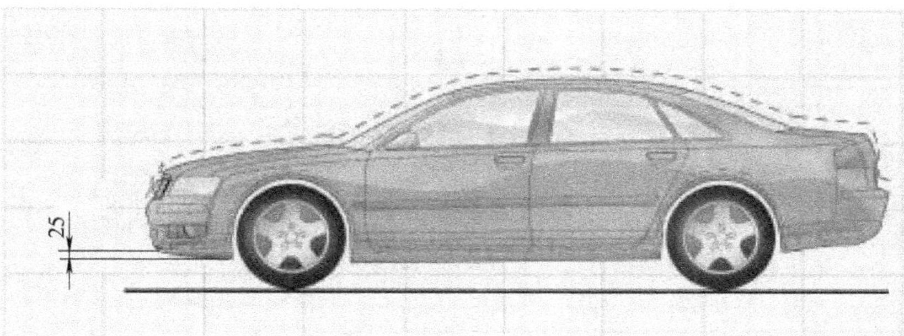

图6-21 提升模式下汽车升高

活动二 气动管路检查

1. 气动排气阀检测

拔下空气压缩机继电器，如图6-22所示，跨接继电器座30、87端子，强行起动空气压缩机，点火开关ON，过一段时间后，气动排气阀应该排气。

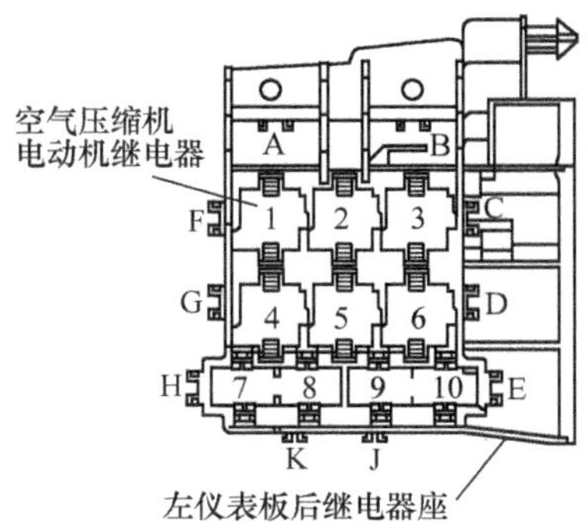

图6-22 空气压缩机电动机继电器位置

检查完毕，应清除故障码。

2. 漏气检查

选择“lift”提升模式，汽车抬高，发动机熄火，检查连接管和插头，不能有任何漏气。

活动三 故障症状查询

故障症状查询见表6-1。

表 6-1 故障症状表

故障症状	故障识别	可能原因
“缓慢性”压力损失，汽车较长时间倾斜	在一段较长时间内观察汽车离地高度，用常用的泄漏喷剂检查是否泄漏	减振器空气弹簧泄漏
		空气管路泄漏
		余压保持阀泄漏
汽车倾斜（排除泄漏）	诊断仪检测	水平高度传感器损坏
		水平高度传感器拉杆或支架变形
汽车处于高位，无法降低	检查汽车是否具有足够的离地间隙	汽车已支起
	检查空气管路和管线的走向	空气管路堵塞、弯折或结冰
	诊断仪检测	排气阀或减振支柱阀失灵
	经前述检查未发现缺陷	余压保持阀卡住
汽车处于低位，不能或极缓慢升高	诊断仪检查	继电器、熔丝、插头、线束损坏，车载网络通信故障
	用常用的泄漏喷剂检查蓄压器泄漏	蓄压器损坏/泄漏
		蓄压器管路接口损坏泄漏
	诊断仪检查	排气阀损坏/打开/泄漏
	经前述检查未发现缺陷	供气装置损坏
“较快的”失压	汽车水平高度不均匀，试着升降到另一高度水平时，听到减振弹簧空气泄漏	空气弹簧损坏
		空气管路损坏
减振不足	试车，行车时调节减振器高度，减振系统在不平道路行驶时应感觉有明显变化，同时注意察听“砰砰”作响声	减振调节阀损坏
		减振器磨损过度

活动四　系统初始化（高度传感器校准）

当更换悬架电控单元或任意一个水平高度传感器后，均需运用 VAS 5051 检测仪进行系统初始化，步骤如下：

1）连接操作诊断仪，找到地址 34（自适应空气悬架），如图 6-23 所示。

2）进入功能 10（自适应）。

3）测量每个车轮从车轮中心到车轮罩下边缘的高度值，如图 6-24 所示。

4）将测得的值通过诊断仪逐一传送到控制单元内。

5）电控单元对比测量值和规定值确定出校正系数，并将车身高度调整到基本高度。

图 6-23　诊断仪的连接

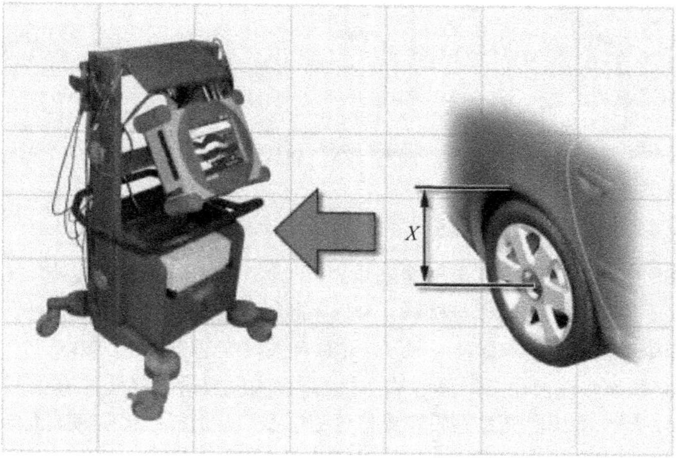

图 6-24 系统初始化示意图

【课堂训练与测评】

填空题

(1) 电子控制式主动悬架大致可以分为两大类：一类是电子控制式（　　）悬架，另一类则是电子控制式（　　）悬架。

(2)（　　）是基本高度底盘，以舒适性为主并配有与之相适应的减振特性。

(3)（　　）与自动模式相比，底盘下沉 20mm，并且自动调整到运动模式的减振特性。

(4) 必须先（　　）自适应空气悬架，打开（　　）模式之后，方可举升车辆。

(5) 点火开关 ON 或前车门打开、行李箱盖打开时，系统（　　）唤醒，开始工作。

(6) 后减振支柱为了让出更多的行李箱容积，增加了（　　），这样可以最大限度地减小减振支柱空气弹簧的直径。

(7) 压缩机温度传感器为负温度系数热敏电阻，用于监控空气压缩机温度，控制压缩机（　　）。

(8) 加速度传感器用来测定汽车的运行状态，共有三个，其中两个位于（　　），另一个位于(　　)。

(9) 车身水平高度传感器安装在（　　）与（　　）之间，用于检测两者之间的(　　)变化，传感器更换或拆装后必须适配调节位置。

(10) 车身水平高度变化：（　　）时，先后桥再前桥；（　　）时，先前桥再后桥。

参考文献

[1] 吴际璋．当代汽车电控系统结构原理与维修［M］．北京：人民交通出版社，2002.
[2] 王遂双．汽车电子控制系统的原理与检修［M］．北京：北京理工大学出版社，2002.
[3] 吴玉基．汽车自动变速器构造与维修［M］．北京：人民交通出版社，2003.
[4] 李春明．奥迪 A6 轿车构造使用与维修［M］．北京：人民交通出版社，2001.
[5] 李东江，张大成．广州本田雅阁系列轿车维修手册［M］．北京：北京理工大学出版社，2001.
[6] 张凤山，庄洪涛．北京现代索纳塔轿车使用维修手册［M］．北京：国防工业出版社，2003.
[7] 孙越，张大勇．一汽宝来轿车维修手册［M］．北京：人民交通出版社，2002.
[8] 姜立标，等．现代汽车最新安全控制装置构造与检修实务［M］．北京：人民交通出版社，2003.
[9] 张士江．汽车底盘新结构［M］．北京：高等教育出版社，2006.
[10] 张春华，等．广本飞度轿车维修手册［M］．北京：机械工业出版社，2005.
[11] 栾琪文，金星波．北京现代索纳塔轿车维修手册［M］．北京：机械工业出版社，2005.
[12] 夏天．捷达王与都市先锋轿车维修手册［M］．北京：国防工业出版社，2001.
[13] 麻友良，赵英勋．富康轿车维修手册［M］．北京：国防工业出版社，2002.
[14] 吴际璋，徐刚．雪佛兰新赛欧 EMT 自动变速器原理和常见故障［J］．汽车维修与保养，2012.
[15] 李东江，宋良玉．汽车底盘维修基本技能训练与考核［M］．北京：高等教育出版社，2013.